交通版高等学校交通工程专业规划教材

JIAOTONG SHUNIU GUIHUA YU SHEJI
交通枢纽规划与设计

周爱莲 主　编
姚胜永　傅成红　李利华 副主编
程赐胜 主　审

人民交通出版社

内 容 提 要

交通枢纽规划与设计是一门跨度大、知识覆盖面广的专业课程。本教材从综合交通的角度，系统搭建了交通枢纽规划与设计的理论、方法和相关知识体系。服务于宏观层面交通枢纽规划的主要内容包括：交通枢纽相关概念的辨析、综合交通枢纽的系统特性、交通枢纽规划与设计的宏观思路与原则、交通枢纽规划基础调查方法、交通枢纽运输需求预测和交通枢纽布局规划的方法与模型等。服务于微观层面针对具体枢纽内部的布局设计的内容主要包括：铁路交通枢纽功能布局设计、公路交通枢纽功能布局设计、枢纽港口功能布局设计、枢纽机场功能布局设计和城市交通枢纽功能布局设计等。本教材融入了综合交通的理念和国内外最新的理论与实践内容。

本书适用于交通工程、物流工程、交通运输等专业的本科生和研究生教学，也可作为相关专业人员的培训和学习参考用书。

图书在版编目（CIP）数据

交通枢纽规划与设计/周爱莲主编.—北京：人民交通出版社，2013.8
ISBN 978-7-114-10787-0

Ⅰ.①交… Ⅱ.①周… Ⅲ.①交通运输中心-规划②交通运输中心-设计 Ⅳ.①U115

中国版本图书馆 CIP 数据核字（2013）第 161782 号

交通版高等学校交通工程专业规划教材

书　名：	交通枢纽规划与设计
著 作 者：	周爱莲
责任编辑：	郭红蕊　赵瑞琴
出版发行：	人民交通出版社
地　　址：	(100011)北京市朝阳区安定门外外馆斜街 3 号
网　　址：	http://www.ccpress.com.cn
销售电话：	(010)59757973
总 经 销：	人民交通出版社发行部
经　　销：	各地新华书店
印　　刷：	北京鑫正大印刷有限公司
开　　本：	787×1092　1/16
印　　张：	20.25
字　　数：	462 千
版　　次：	2013 年 8 月　第 1 版
印　　次：	2021 年 8 月　第 3 次印刷
书　　号：	ISBN 978-7-114-10787-0
定　　价：	39.00 元

(有印刷、装订质量问题的图书由本社负责调换)

交通版高等学校交通工程专业规划教材编审委员会

主 任 委 员：徐建闽（华南理工大学）

副主任委员：马健霄（南京林业大学）

王明生（石家庄铁道大学）

吴　芳（兰州交通大学）

张卫华（合肥工业大学）

陈　峻（东南大学）

委　　　员：王卫杰（南京工业大学）

王建军（长安大学）

龙科军（长沙理工大学）

朱成明（河南理工大学）

刘廷新（山东交通学院）

杜胜品（武汉科技大学）

李淑庆（重庆交通大学）

郑长江（河海大学）

胡启洲（南京理工大学）

常玉林（江苏大学）

蒋阳升（西南交通大学）

蒋惠园（武汉理工大学）

韩宝睿（南京林业大学）

靳　露（山东科技大学）

秘 书 长：张征宇（人民交通出版社）

（按姓氏笔画排序）

前 言

  随着城市规模大型化,城市内部以及城市之间人员流动与物流的高速化,最大限度地利用城市土地资源,建设高效、快速、便捷的交通枢纽成为现代城市解决交通问题、促进城市之间快速交流的重要手段。同时,随着现代信息技术的飞速发展,各种运输方式之间的衔接和融合成为交通运输业发展的必然趋势,因而综合交通枢纽作为综合交通体系的重要组成部分已越来越受到人们的重视。

  为了体现综合交通体系和综合交通枢纽的基本理念,本着突出实践性、实用性、科学性和前瞻性的特点,人民交通出版社组织高等院校从事交通工程、交通运输和物流工程等领域内的教师和专家编写了"交通版高等学校交通工程专业规划教材"。

  本教材以综合交通枢纽为主线,系统论述了交通枢纽规划布局的理论与方法,并在此基础上全面详细地阐述了以铁路、公路、港口和机场为主体的综合交通枢纽设计方法与操作步骤。其主要内容包括:交通枢纽的基本概念、主要功能、交通枢纽的发展历程和趋势;综合交通枢纽的基本知识;交通枢纽规划的理论与方法;交通规划基础数据调查的方法和需求预测方法;以各种交通运输方式为主体的枢纽规划布局和规模的确定;常规公交枢纽、BRT换乘枢纽和地铁枢纽的功能和平面布局等。

  作为"交通版高等学校交通工程专业规划教材"之一,本教材具有如下特点:

  一、体现各种运输方式相互衔接、融合的综合交通理念

  本教材系统地阐述了交通枢纽规划和设计过程中的基本概念、基本理论、方式方法和实践运用。无论从概念的阐述、理论的剖析、方式方法的论述还是针对各种依托主体不同的交通枢纽的规划设计的实践运用,均是从综合交通的理念出发,强调各种运输方式之间的相互衔接、融合和影响。

  二、编写的材料注重创新性、时代性和前瞻性

  本教材在编写过程中,参考和吸收了同类教材的精华,注重从宏观理念到微观方法上的创新,以满足综合交通枢纽规划设计理念的需要。

  在调研材料的整理和数据的应用上尽量采用最新的结果,在发展趋势的分析和相关方式方法的采用上尽量保持与国际接轨。

  三、编写注重实践性、实用性和教学的适用性

  考虑到交通枢纽规划与设计是一门实践性和实用性较强的课程,因此在教材的编写过程中,概念和理论部分的阐述尽可能清晰、简洁、层次分明。枢纽设计部分的内容则做到详

尽、可操作和有案例支撑，方便教师的讲授和学生的学习。

本教材的编审人员既有长期从事教学的专业教师，也有本领域实践经验丰富的专家学者。教材配有合适的案例和复习思考题。本教材的理论性、实践性、实用性和教学适用性较强，可作为高等院校交通工程、物流工程和交通运输专业本科生和研究生的教材，也可作为相关从业人员的学习参考用书。

本教材由长沙理工大学周爱莲主编。编写分工如下：长沙理工大学周爱莲（第一章）、石家庄铁道大学姚胜永（第十章）、福建工程学院傅成红（第八章）、长沙理工大学李利华（第二章、第五章）、中南林业科技大学薛行健（第七章、第九章）、北京交通大学卢源（第六章）、山东交通学院曹连英（第四章）、河南理工大学宋晖颖（第三章）。全书由周爱莲总纂和定稿，由长沙理工大学程赐胜教授主审。

本教材涵盖了除管道以外，各种交通运输方式枢纽规划与设计的多方面内容。在综合交通的基本理念下对交通枢纽规划类教材进行了新的尝试和探索，由于编写的水平有限，教材难免存在不足之处，欢迎各位专家和同行批评指正。

编 者
2013年6月

目 录

第一章 绪论	1
第一节 交通枢纽基本概念	1
第二节 综合交通枢纽	9
第二章 交通枢纽规划(设计)概论	22
第一节 交通枢纽规划的内涵与思路	22
第二节 交通枢纽规划目标与原则	24
第三节 交通枢纽规划的流程	25
第三章 交通枢纽规划基础调查	28
第一节 交通枢纽基础调查流程	28
第二节 社会经济调查	29
第三节 城市土地使用规划调查	31
第四节 城市交通运输发展状况调查	31
第五节 OD需求调查	32
第四章 交通枢纽运输需求预测	43
第一节 预测思路及原则	43
第二节 交通枢纽运输需求预测	47
第五章 交通枢纽规划理论与方法	58
第一节 交通枢纽选址策略与方法	58
第二节 交通枢纽布局规划方法	67
第六章 铁路交通枢纽功能布局设计	87
第一节 铁路交通枢纽概述	87
第二节 铁路客运枢纽功能布局设计	94
第三节 铁路货运枢纽功能布局设计	114
第七章 公路交通枢纽功能布局设计	139
第一节 公路交通枢纽概述	139

  第二节 公路客运枢纽功能布局设计 …………………………………… 143
  第三节 公路货运枢纽功能布局设计 …………………………………… 170
第八章 枢纽港口功能布局设计 ……………………………………………… 194
  第一节 港口概述 ………………………………………………………… 194
  第二节 港口规划与布置 ………………………………………………… 200
  第三节 港口物流园区规划设计 ………………………………………… 223
第九章 枢纽机场功能布局设计 ……………………………………………… 231
  第一节 机场概述 ………………………………………………………… 231
  第二节 机场功能布局设计 ……………………………………………… 237
  第三节 空港物流园区规划设计 ………………………………………… 268
第十章 城市公共交通枢纽功能布局设计 …………………………………… 277
  第一节 概述 ……………………………………………………………… 277
  第二节 常规公交枢纽功能布局设计 ………………………………… 280
  第三节 BRT 换乘枢纽功能布局设计 ………………………………… 285
  第四节 轨道交通枢纽平面布局设计 ………………………………… 294
参考文献 ……………………………………………………………………………… 314

第一章 绪 论

【课前导读】 本章讨论交通枢纽和综合交通枢纽的基本概念。第一节介绍了交通枢纽的概念、分类、基本功能及其发展历程与趋势;第二节详细阐述了综合交通枢纽的概念、形成过程与系统特性以及综合交通枢纽系统的协调发展等问题。

【知识学习目标】 掌握交通枢纽的概念、分类与功能;了解交通枢纽的发展历程与趋势;掌握综合交通枢纽的概念、分类;了解综合交通枢纽的形成与系统特性;掌握综合交通系统的协调发展。

【能力培养目标】 建立交通枢纽和综合交通枢纽的基本认识,为后续章节的学习打好基础。

【教学重点】 交通枢纽的概念、分类;交通枢纽的主要功能;综合交通枢纽的概念、分类;综合交通枢纽的形成、系统特性与功能;综合交通枢纽系统的协调。

【教学难点】 综合交通枢纽的形成;综合交通枢纽系统的协调。

第一节 交通枢纽基本概念

一、基本概念

(一)交通枢纽的概念

辞海中,"枢"指事物的重要部分或中心部分;"枢纽"比喻冲要的地点或事物的关键之处。从而可知,交通枢纽是交通的"冲要地点"和"关键之处"。

外国学者 H.B 普拉夫金在《枢纽内各种运输方式的协调》一书中指出:交通枢纽自成体系,处于两条或几条运输干线和运输方式交叉点上,是运输过程和实现运输所拥有的设备之综合体。我国运输界的张务栋教授将交通枢纽定义为:在两种或两种以上运输干线和运输方式衔接地区办理长途、短途及城市客货运输的各种技术设备的综合体,是交通运输网的重要组成部分。尽管国内外学者对于交通枢纽的定义各不相同,但是理论界具有基本一致的认识。一般认为,交通枢纽是在两条或两条以上运输线路的交汇与衔接之处,是交通运输网的重要组成部分,是由若干种运输所连接的固定设备和移动设备组成的一个整体,共同完成货物及旅客运输的中转作业和地方作业。

我国《物流术语》对交通枢纽的定义为：在一种或多种运输方式交通干线的交叉与衔接之处，共同为办理旅客与货物中转、发送、到达所建设的多种运输设施的综合体。本教材采纳该定义为最终定义。

（二）交通枢纽与运输站场

交通运输站场，简称运输站场，是功能或用途比较专一的进行运输生产组织、客货换乘换装、中转衔接、货物仓储及过境的场所。运输站场根据其主要功能可以划分为货运站场、客运站场和客货综合站。运输站场是从一个点到面的过程，运输站场由于吸纳范围较小，服务的范围可视作"点"；交通枢纽将多个站场有机联系起来，使其覆盖的范围扩展到城市或经济区域的整个"面"上。运输站场体系见图1-1所示。

由图1-1可以看出，交通运输枢纽位于高层次运输网络上，主要实现大运量与低成本的干线运输功能；运输站场位于低层次运输网络上，主要实现大范围的支线集散功能。交通运输枢纽是运输站场的高级形式。

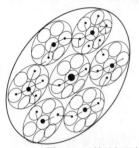

- 村际运输站场
- 镇际运输站场
- 区内运输枢纽
- 对外运输枢纽

图1-1 运输站场层等级结构示意图

二、交通枢纽分类

（一）按交通方式划分

交通枢纽按交通方式组合划分，可分为单式交通枢纽和综合交通枢纽。

（1）单式交通枢纽。由同种运输方式的两条或两条以上干线组成的枢纽为单式交通枢纽，它是为某种运输方式自身而设置的，主要是按枢纽地区主要的交通方式划分，可分为铁路枢纽、水运枢纽、公路主枢纽、航空枢纽、城市公共交通枢纽、城市轨道交通枢纽、城市管道交通枢纽等。

（2）综合交通枢纽。综合交通枢纽是全国或区域交通运输系统的重要组成部分，是两种或两种以上运输方式的交通网络的交汇点，是为各种运输服务所设置的，如铁路—公路；铁路—水路；水路—公路；公路—铁路—水路等运输方式的综合运输枢纽。

（二）按交通功能划分

交通枢纽根据交通功能划分，可分为城市对外交通枢纽和城市对内交通枢纽。

（1）城市对外交通枢纽。这类枢纽主要分布在城市对外交通的出入口，是城市内外交通网络交接的地方，最常见的就是火车站、大型长途汽车站、机场等。其功能是将城市公共交通与铁路、水路、航空、长途汽车交通连接起来，使多种运输方式之间实现无缝衔接。这种枢纽的定位，都以相对运量大的那种交通方式的站点为依据。

（2）城市对内交通枢纽。这类换乘枢纽多处于多条公交线路的交汇处和集散点，其功能是沟通市内各分区间的交通。

（三）按承担客货运输业务性质划分

交通枢纽按承担客货运输业务性质划分，可分为中转型交通枢纽、集散型交通枢纽和混合型交通枢纽。

（1）中转型交通枢纽。中转型交通枢纽是以承担公共交通之间或公共交通与其他客

(货)运交通方式之间的换乘客(货)流为主,而区域性集散客(货)流较小。

(2)集散型交通枢纽。集散型交通枢纽是以承担公共交通枢纽所在区域的集散客(货)流为主。

(3)混合型交通枢纽。混合型交通枢纽是既有大量换乘客(货)流,又有大量区域集散客(货)流的公共交通枢纽。

(四)按服务的主要对象划分

交通枢纽按其服务的主要对象划分,可分为城市客运交通枢纽和城市货运交通枢纽等。

(1)城市客运交通枢纽。城市客运交通枢纽是城市客运交通系统中的重要节点,是一种综合的客流转乘中心,不同的交通方式在此实现换乘,完成客流的集结与疏散。其主要目标是提高换乘效率,形成顺畅通达、高效运行的综合交通体系。

(2)城市货运交通枢纽(物流中心)。城市货运交通枢纽是城市货运集散中心,承担着城市货物的集理、分理、称重、简单加工、仓储(尤其是对一些特殊的货物,如鲜活物品、易碎物品、危险品和要求保温、冷冻的物品)及交通工具的停放、维护保养、加油、调度等功能,在城市货物运输及中转中起着重要的作用。货运交通枢纽布局是否合理,决定了枢纽所在地区货流集疏的通畅程度、枢纽功能的发挥、枢纽的运营效益以及城市交通的效益等,同时不同的枢纽位置也决定了枢纽的建设成本和对城市的影响。

(五)按规模大小划分

交通枢纽按规模大小划分,可分为大型交通枢纽、中型交通枢纽、小型交通枢纽和一般交通枢纽。

(1)大型交通枢纽。大型交通枢纽是指在城市中地位特别重要,对城市内外交通的连接、各种交通方式的换乘衔接、交通网络的布局起决定作用的枢纽。

(2)中型交通枢纽。中型交通枢纽是指地位重要、在城市公共交通中起着交通构架作用、客流集中、区域通达性强的枢纽。

(3)小型交通枢纽。小型交通枢纽是指中心城区范围内两条轨道交通相交或主要轨道交通站点与地面多条公交线路交汇的枢纽,具有客(货)流较集中、换乘频繁的特点。

(4)一般交通枢纽。一般交通枢纽是指结合居民小区公交配套、以地面公交为主体、具有3条以上地面公交终点站的换乘节点的枢纽。

(六)按布置形式划分

交通枢纽按布置形式划分,可分为立体式交通枢纽和平面式交通枢纽。

(1)立体式交通枢纽。立体式交通枢纽站分地下、地面和地上多层,设有换乘、商业、问询甚至休闲等多种综合性服务,并能实现多种交通方式(如公共汽车、地铁、出租车等)的换乘。这种枢纽一般设在大厦之中,如日本名古屋铁路车站的"名铁公共汽车站"大楼,公共汽车在大楼的第三、第四层。在大楼内可以换乘铁路和地铁。

(2)平面式交通枢纽。平面式交通枢纽站客(货)流集散和换乘、交通工具的进出均在同一平面的建筑物内完成。这一形式的换乘枢纽又可分为地面换乘枢纽和地下换乘枢纽。地面换乘枢纽一般为公共汽车和公共电车换乘枢纽;地下换乘枢纽一般为地铁等换乘枢纽。

三、交通枢纽的主要功能

交通枢纽集中了综合运输系统的多种运输方式,是综合运输网的重要节点,是协调交通运输的基础设施和组织保证之一。交通枢纽的功能主要体现在以下几个方面。

(1) 城市服务功能

交通枢纽是整个运输系统信息传递、收集、处理、发送的集中地,具备通信设施以及信息收集和处理的计算机网络。通过这些设施和设备,可以进行货物跟踪、仓库管理、运费结算、货运业务处理和运输信息交换等作业,进而使全国乃至全球交通运输枢纽形成一个有机系统。它同时也向社会提供货源、运力、货源信息和车、货配载信息等服务,带动和支撑区域经济的发展,为所在城市的经济发展和居民生活提供客运服务,是城市对外联系的桥梁和纽带。

(2) 实现不同方向和不同交通方式间客货运的连续性

以信息化、网络化为基础,改进交通组织方式,实现各种交通方式一体化管理,提高公共交通的服务水平和客货流吸引力,充分发挥城市交通体系的运行效益。

(3) 为运输网络吸引和疏散客货流,促进交通运输产业的发展

交通枢纽是各种运输方式交通干线的汇集点,是大宗客流和货流中转、换乘、换装与集散之点,是各种交通运输方式衔接和联运的主要基地。交通运输产业发展的基础是日益增长的运输需求,在经济高度发达,需求日趋多样化的现代社会,交通运输产业的发展正朝着综合集成和一体化运输的方向发展,以满足客货运多样化的需求。交通枢纽对运输网络吸引和疏散客货流具有重要意义,同时促进了交通运输产业的发展。

(4) 发挥枢纽的"截流"功效,减小城市内部道路交通的压力

城市边缘区的交通枢纽通过有效组织城市内外交通,区分城市过境交通和市内交通,充分发挥枢纽的"截流"作用,通过枢纽内场站的合理布局,将其他城市及周边地区进入枢纽所在城市的区域客货流通过换乘枢纽转移到常规公交、轨道交通等城市交通方式上,方便、快捷、舒适地进入城区。避免其他城市和周边地区的客货流直接涌向城市中心,造成城市内部道路交通压力巨大、公共交通资源利用率低,阻碍城市交通的和谐、健康发展。

四、交通枢纽发展历程与趋势

(一) 国外交通枢纽发展的历程

从客运交通枢纽的角度看,1662年法国巴黎就有了世界上第一辆城市马拉公共班车;1832年美国纽约出现了第一条马拉有轨街车线,随着街车的广泛使用,城市的面貌才逐渐分明起来。1825年英国修建了世界上第一条铁路。随后,铁路成为人们与外界进行交流的最重要的交通工具,铁路车站逐渐成为城市对外的门户,并为人们提供了在不同铁路线路之间进行换乘的场所。

此后,随着地铁、公共电车、汽车的相继出现并投入使用,城市规模迅速扩大,为解决乘客在交通方式内部不同线路之间换乘问题的单式交通枢纽以及在不同方式之间换乘问题的复式交通枢纽(综合交通枢纽)相继出现了。

从货运交通枢纽的角度看,20世纪50年代,世界一些发达国家正处在第二次世界大战后的恢复和发展时期,工业和交通运输业也得到了恢复和快速发展,有些国家开始走联合运输的道路。这种不同运输方式、不同企业之间的联合运输,需要有一个合理的货物集散点,即各种运输方式的换装点。到50年代末,开始出现了具有进出货门、分货设备、理货装置、

专用货物流通大厅、业务办公及一些综合性服务设施的货运中转站,后来进而发展成为货物流通中心,这实质上是传统意义上货运交通枢纽的一种演变。

20世纪60年代,各国的货物流通中心已发展到一定数量和相当规模,并逐渐具有集拼、分发、中转、存储货物等综合性联运服务设施。该设施除流通大厅外,另设有维修车间、停车场和加油站等附属设施。

70年代,一些国家建成了新型的货物流通中心。其特点是具有现代化的流通设施、传送设备、自动转运系统和计算机管理系统等。货物流通中心还设有服务楼、维修车间、加油站、包装车间和副食品加工车间等。

80年代货物流通中心更加完善,可承办各种零担货物的转运,服务更加现代化。此外,货物流通中心还设有保险业务,一旦货物发生丢失或损坏,由保险公司承担赔偿。这样,既维护货主的利益不受损害,又提高了货物流通中心的吸引力。目前,世界上一些经济发达的国家,在其中心城市和交通枢纽周围都设有货物流通中心而且大都已联成网络系统(见案例1)。

(二)国外发达国家交通枢纽的发展趋势

随着社会经济的发展及高新技术的不断开发和大量应用,发达国家的交通枢纽在发展过程中呈现出以下趋势:

(1)大量最新的科技成果应用于交通枢纽的建设、运营和管理

运用高新技术建立高效信息系统,保证交通枢纽的高效率和低成本运营。近几年来,在交通枢纽中应用较成功的科技成果有:计算机管理系统、条形码识别技术、货物追踪电子计算机系统、卫星定位技术、计算机最佳运输路径技术、长距离车辆调度技术、电子商务技术、标准化技术等。

(2)不断完善交通枢纽的规划、设计理念

交通枢纽的规划设计理论已基本成熟。在发达国家,交通枢纽的建设较少有行政干预和人为影响因素,交通枢纽的布局规划主要根据城市发展和运输需求来决定。交通枢纽的设计始终把方便旅客、提高服务水平和运输效率放在首位。政府根据产业发展变化和城市发展自身的要求,做好政策引导和服务工作。

(3)注重交通枢纽与城市的协调发展

世界上不少工业发达国家十分重视城市,特别是作为政治、经济、文化中心的大城市的现代化交通枢纽的建设,趋向于建筑空间和交通空间相契合,形成高空、地面、地下三度空间的交通网络。

(4)高度重视环境质量

在交通枢纽的规划过程中,通过先进的规划设计理论及现代科学技术,减少甚至消除因交通枢纽的建设而产生的交通阻塞、污染和噪声等问题,同时也非常注意枢纽的运营对环境的影响以及对居民日常生活的影响。

(三)我国交通枢纽发展历程与趋势

1. 公路交通枢纽发展历程

伴随着公路运输事业的快速发展,作为公路运输体系中重要组成部分的公路运输枢纽建设在我国也取得了较大的发展,并在综合运输体系的形成、运输效率的提高、运输市场的

规范等方面发挥着重要的作用。

1992年,交通部经过调查、分析、研究提出在全国范围内建设45个公路主枢纽,把公路主枢纽作为"三主一支持"发展规划中的重要组成部分,即由公路主骨架、水运主通道、港站主枢纽(由公路主枢纽和港口主枢纽共同组成)和相应交通支持系统逐步发展和形成公路及水运"三主一支持",以适应国民经济和社会发展的需要。目前,45个公路主枢纽的规划已基本完成,大都正处于建设阶段,各省、市、自治区也积极对区域性、地域性运输枢纽进行规划建设。

1998年末,全国共有等级客运站7355个,其中一级站323个,二级站1898个,三级站2351个,四级站2783个,日发班次698354班次,日均发送量13041331人次;共有等级货运站1414个,其中货运零担站736个,年完成吞吐量2553.4万吨,集装箱中转站225个,年完成吞吐量89676.96万吨,其他货运站453个,年完成吞吐量6149.35万吨。

2004年12月,国务院审议通过了《国家高速公路网规划》。为适应新时期公路交通发展的要求,加快与国家高速公路网相协调,与铁路、港口等其他运输方式紧密衔接,交通部在《全国公路主枢纽布局规划》的基础上,制定了《国家公路运输枢纽布局规划》。国家公路运输枢纽总数为179个,其中12个为组合枢纽,共计196个城市。

2. 铁路交通枢纽发展历程

从新中国成立到20世纪80年代初期,我国铁路有编组站84处,其中由铁道部掌握的38处。在这38处主要编组站中,从站型看,按区段站型布置的5处,一级三场的4处,一级四场的7处,二级二场的4处,二级三场的2处,二级四场的10处,三级三场的4处,三级四场的2处。铁路的通过能力及站场设备能力虽然还远远不能满足国民经济发展对铁路提出的运输能力要求,但是,就铁路站场(包括客运站、货运站、中间站、区段站及编组站)本身的建设来说,确实已经发生了根本性的变化。

截至1998年初,中国铁路共有车站5822处、枢纽75处。其中,主要客货运站各约150余处,编组站49处,区段站、工业站和港湾站约130余处。这些铁路车站和枢纽,都是新中国成立以后改建和新建的,无论平面布局、配线设置还是平纵断面设计和设备现代化,均有很大改善和提高。特别是一些主要铁路枢纽、编组站、区段站和客货运站的现代化,已取得很快的进展。编组站的自动化和半自动化驼峰已建成40余座,约占编组站驼峰总数的55%;采用内燃调车机和无线通信设备的编组站已超过编组站总数的60%;采用编尾微机集中控制和实现货车信息计算机处理的编组站已有30余处,主要客运站已逐步实现计算机售票;主要货运站已逐步实现计量、制票、收费和货场管理现代化和自动化等。

截至2012年,全国18个铁路局共有60个铁路枢纽中心站。

3. 港口枢纽发展历程

新中国成立以来,我国港口发展大体分为5个阶段。

20世纪50至70年代初,由于帝国主义的海上封锁,加上经济发展以内地为主,交通运输主要依靠铁路,海运事业发展缓慢。我国仅有大小泊位200多个,其中仅沿海6个港口拥有深水泊位,码头长度仅3万多米,各类装卸机械200余台。经过20多年自力更生、艰苦创业,到1972年全国主要港口泊位数增加到617个,其中沿海深水泊位增加到92个,码头长度增加到5.1万米,各类装卸机械增加到7200台,新增吞吐能力6384万吨。这一阶段港口的发展主要是以技术改造、恢复利用为主。

20世纪70年代,随着中国对外关系的发展,对外贸易运量猛增,沿海港口货物通过能力不足,船舶压港、压货、压车情况日趋严重。为此,国务院于1973年发出3年改变港口面貌的号召,开始了第一次建港高潮。从1973年至1982年全国总建成深水泊位51个,新增吞吐能力1.2亿吨,首次自行设计建设了中国大连5万/10万吨级原油出口专用码头。这一时期锻炼和造就了中国港口建设队伍,为以后港口发展奠定了良好基础。

20世纪70年代末至80年代,中国政府在1981—1985年,共建成54个深水泊位,新增吞吐能力1亿吨。经过5年建设,中国拥有万吨级泊位的港口15个,完成吞吐量3.17亿吨。1985—1989年,共建成泊位186个,新增吞吐量1.5亿吨。拥有深水泊位的港口已发展到20多个,年吞吐量超过1000万吨的港口9个。这一时期,是港口第二次建设高潮。

20世纪80年代末至90年代,随着改革开放政策的推行与实施以及国际航运市场的发展变化,中国开始注重泊位深水位、专业化建设。为适应社会主义市场经济发展的进一步深化,出现了第三次建港高潮。建设重点之一是处于中国海上主通道的枢纽港。至1997年年底全国沿海港口共拥有中级以上泊位1446个,其中深水泊位553个,吞吐能力9.58亿吨,是改革开放之初的4倍。基本形成了以大连、秦皇岛、天津、青岛、上海、深圳等20个主枢纽港为骨干,以地区性重要港口为补充,中小港适当发展的分层次布局框架。

20世纪90年代末至21世纪初,随着贸易自由化和国际运输一体化的发展,现代信息技术及网络技术也伴随着经济的全球化高速发展,现代物流业已在全球范围内迅速成长为一个充满生机活力并具有无限潜力和发展空间的新兴产业,现代化的港口将不再是一个简单的货物交换场所,而是国际物流链上的一个重要环节。

经过60多年的建设,我国港口已初步形成码头种类齐、布局日趋合理的总体格局。我国部分海港的技术装备和管理水平总体上已接近世界先进水平,港口功能已由以装卸、集散货物为主的运输功能逐步扩展到仓储、加工和商贸等多个领域。

2012年年末,全国港口拥有生产用码头泊位31862个,比2011年年末减少了106个。其中,沿海港口生产用码头泊位5623个,增加91个;内河港口生产用码头泊位26239个,减少197个。

全国港口拥有万吨级及以上泊位1886个,比2011年年末增加124个。其中,沿海港口万吨级及以上泊位1517个,增加95个;内河港口万纯级及以上泊位369个,增加29个。

全国万吨级及以上泊位中,专业泊位997个,通用散货泊位379个,通用件杂货泊位340个,比2011年年末分别增加55个、41个和18个。

4. 机场发展历程

新中国建立以前,我国拥有(含港、台)民用航空运输机场36个,大多为军民合用机场。除上海龙华、广州白云、南京大校场等机场可起降DC-4型运输机外,一般只适应起降DC-2、DC-3型等中小运输机。

从建国后到改革开放前,陆续新建、改扩建了天津、首都、虹桥、广州、武汉南湖、太原武宿、兰州中川、合肥骆岗、哈尔滨闫家岗等一批民用机场。1978年,运输机场的数量增加到78个,但除北京首都、上海虹桥、广州白云、天津张贵庄等部分省会机场可起降波音、麦道等大中型喷气飞机外,大多数机场规模较小。

改革开放以后,中国民航事业迎来了快速发展的新时期,民用机场建设进入一个高峰期。从1979年到1985年,为适应民航陆续引进的一批较先进的喷气飞机的运行需要,先后新建了厦门高崎、北海福成、温州永强、南通兴东等机场,扩建大连周水子、汕头外砂等机场,并对成都双流、海口大英山、桂林奇峰岭、福州义序等机场进行了改造和扩建。1984年,历时10年的首都机场第一次扩建工程结束,北京首都机场成为我国第一个拥有两条跑道的民用机场。在这一时期,机场建设在投资、设计、施工技术等方面进行了大胆的尝试。

1986—1990年,我国陆续引进了大型中、远程宽体式喷气飞机,这进一步促使了我国的民用机场在建设标准、规模以及安全保障等各方面不断提高。同时,随着国家经济发展,各地方政府修建机场的积极性更为高涨。这期间,重点建设了洛阳北郊、西宁曹家堡、沈阳桃仙、长沙黄花、宁波栎社、重庆江北、西安咸阳、深圳宝安、三亚凤凰等机场,改扩建了南京大校场、常州奔牛、成都双流等机场。这一时期机场建设的特点是中央及地方政府投资不断增大,军民合用机场建设相互支持和协调加强,重视项目前期工作,基本建设程序的执行更为规范,机场建设项目中,航站区比重增大,对项目经济效益及技术分析更为重视,施工开始采用总承包和招标方式,机场安全和保安设施不断得以完善。

1991—2000年是民航机场建设发展的高峰时期。其中,1991—1995年,民航基本建设投资122亿元,技术改造投资61亿元。1995—2000年,民航基本建设投资增至680亿元,技术改造投资达126亿元。在此期间,机场的建成从根本上改变了我国民用机场基础设施较为落后的局面,满足了我国航空运输发展的需要,促进了各地经济建设的发展。

截至2012年年底,我国(不含港澳台地区)共有民用航空机场183个,其中定期航班通航机场180个,定期航班通航城市178个。2012年旅客吞吐量6.8亿人次,完成货邮吞吐量1199.4万吨。经过几十年的建设与发展,我国机场总量初具规模,机场密度逐渐加大,机场服务能力逐渐提高,现代化程度不断增强,初步形成了以北京、上海、广州等枢纽机场为中心,以成都、昆明、重庆、西安、乌鲁木齐、深圳、杭州、武汉、沈阳、大连等省会城市和重点城市机场为骨干以及其他城市支线机场相配合的基本格局,我国民用运输机场体系初步建立。

5. 我国交通枢纽发展趋势

大型综合交通枢纽的发展已经不仅仅作为城市交通枢纽的职能解决交通换乘问题。交通枢纽设计实质已上升至城市设计高度。它的发展趋势呈现以下特点:

(1)功能多元化。目前,许多大城市都面临着人口和工商业活动高度集中问题,这是造成大城市交通、住房和基础设施拥挤的重要原因之一。要根本解决大城市的拥挤问题,需改善大城市的空间结构,发展多中心的网络城市,提高城市的自然环境承载能力。可通过发展多功能的客运枢纽来分散这种过度集中,从而缓解城市中心区的压力。例如,在城市交通枢纽(火车站、地铁站以及主要交通干道交汇处),发展集办公、购物和娱乐于一体的大型综合性设施,使之成为次级的商业办公中心,从而减轻市中心区的压力。

(2) 空间集约化。枢纽的土地利用应该遵循集约化的原则。多种运输客流的集散与换乘应由平面布置转变为立体布局，建筑结构多层化，建筑空间垂直发展，地下、地面相结合，这样的设计不但能节省枢纽的土地面积，同时也为乘客的换乘提供了便利，并减少交通枢纽对周围交通的影响。

(3) 组织现代化。城市客运枢纽是车流与人流的集散地。多种交通方式在枢纽中汇聚，人流与车流形成交通枢纽内两大运作主体。研究交通枢纽内各种交通方式的组织形式对枢纽的规划具有重大的指导意义。针对目前我国换乘枢纽内存在的停车空间和停车设施不足、公交站点设置混乱及用地分配不合理、出租车管理混乱、行人组织混乱、缺乏自行车停车场等问题，应采取合理的车辆、行人组织模式，积极利用信息化、网络化手段，实时发布信息，对旅客和车辆进行及时诱导，以提高枢纽内资源利用的合理化及服务的快捷化。

第二节　综合交通枢纽

一、综合交通枢纽的概念

对于综合交通枢纽的定义，一般认为：首先，在地理位置上，综合交通枢纽地处两种或两种以上的交通方式衔接处或客货流重要集散地。其次，在交通网络上，综合交通枢纽是交通网络上多条交通干线通过或连接的交汇点，是交通网络的重要组成部分，连接不同方向上的客货流，对交通网络的畅通起着重要作用。再次，在交通组织上，综合交通枢纽承担着各种交通方式的衔接，实现不同方向和不同运输方式间交通的连续性，完成交通出行的全过程。

综合交通枢纽是综合交通体系的重要组成部分，综合运输中各种运输方式都有其适用范围，许多客货运输往往不是一种运输方式就能完成的，需要各种运输方式衔接和联系，这种联系要借助于综合交通枢纽来完成。同时，综合交通枢纽对其所依托城市的形成和发展有着很大的带动作用，是城市对外交通的桥梁和纽带，并与城市交通系统有着密切的联系。

二、综合交通枢纽分类

根据枢纽承担的交通功能和规模大小，综合交通枢纽可分为四大类，我们把它归纳为A、B、C、D类。

(1) A类枢纽。以航空、铁路等大型对外交通设施为主，配套设置轨道交通车站、地面公交站、社会停车场、出租车营运站等市内交通设施，共同形成的大型市内外综合客运交通枢纽。

(2) B类枢纽。以轨道交通车站为主，结合地面公交站点、出租车营运站、社会停车场和长途客运站等其他交通设施，共同形成的大中型综合客运交通枢纽。根据不同的客流规模，B类枢纽又可以分为两类，我们把其归纳为B1、B2类。B1类枢纽：是以3线及3线以上轨道交通换乘站为主体的大型枢纽。B2类枢纽：是以1线或2线轨道交通站点为主体的中型枢纽。

(3)C类枢纽。以轨道交通、地面公交和机动车换乘为主体的停车换乘枢纽。此类枢纽主要适用于中心城市用地紧张、交通负荷重的地区。因此在外环附近及外环以外、靠近主要公路和轨道交通站点的区域设置大中型社会停车场,提供优惠的停车收费标准和便捷的换乘条件,起到适当截流进城机动车、引导换乘公交的作用。

(4)D类枢纽。以多条地面公交换乘站点为主体的小型枢纽。D类枢纽通常是距离轨道交通站点较远的、多条常规公交线始末站集中布局而形成的枢纽,例如:军工路枢纽、南浦大桥枢纽等。

三、形成过程及系统特性

(一)形成过程

交通枢纽经历了从无到有、从简单到复杂、由低级到高级的形成发展过程。这种形成发展有两个特征:一是随着交通运输技术的发展所出现的枢纽技术构成的演变,二是伴随着城市空间形态的演变所发生的布局和构成的变化。

交通运输技术发展对枢纽技术构成的影响主要包括:交通运输方式枢纽线路和场站规模及数量的增加;货物换装和旅客换乘设施的更新;枢纽信息化发展的水平;枢纽运输组织管理的手段;枢纽服务水平;物流及枢纽专业化程度;城市交通方式及发展。从综合交通枢纽布局形态演变来说,其形成与发展可分为4个阶段,如图1-2所示。

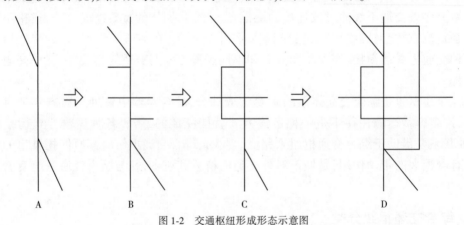

图1-2 交通枢纽形成形态示意图

(1)A阶段。由多方向的连接线路形成枢纽雏形,设备集中配置,技术作业线路呈链状;

(2)B阶段。链状作业线路向外分支,出现新的运输连接线;

(3)C阶段。链状技术作业线交织形成具有封闭型的图形;

(4)D阶段。形成网状结构,多种运输方式的设施分散配置。

综合交通枢纽形成、发展与城市空间发展有直接的联系,在城市空间发展的不同时期,综合交通枢纽亦有其相应结构形态。从步行时代到现代的汽车时代,城市空间结构也相应地发生着变化。按照交通工具的影响,城市的发展大致可以分为步行和马车时代、有轨电车时代、汽车时代等不同发展时期。不同的交通方式所引导的城市布局形态变迁过程如图1-3所示。

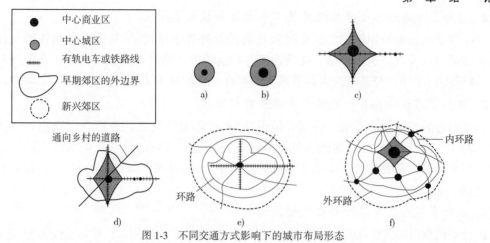

图 1-3 不同交通方式影响下的城市布局形态

综合交通枢纽形成、发展过程的基本规律为：规模由小到大；运输方式由单一到多种；运输组织由混合到专业；服务功能由一般到现代化。其演变过程与城市布局形态相对应，交通枢纽从布局形态及技术结构上由低级到高级、由简单到复杂、由单一到综合，分阶段逐步发展到最高阶段的综合交通枢纽（见案例2）。

（二）综合交通枢纽的系统特性

从系统和综合交通枢纽的基本定义来看，综合交通枢纽是一个由多个相关要素组成的具有特定功能的系统，它不仅具有系统的一般特征，同时还具有区别于其他系统的特性，主要表现在以下方面。

1. 功能与目标的统一性

综合交通枢纽由多种交通方式的多种运输设备组成，每一种交通方式或运输设备在综合交通枢纽中具有不尽相同的功能和作用。但作为一个系统整体，综合交通枢纽系统具有统一的功能与目标，即完成枢纽内客货运输的中转和集散到发作业，确保客货运输全过程的实现和运输过程的连续性，满足综合运输网及枢纽区域交通运输需求。

2. 构成与结构的复杂性

综合交通枢纽内每一种运输方式的多种运输设备为实现运输过程而按一定布局原则和技术要求统一配置而成。为实现各种运输方式间的相互协调，有关运输设备的布局配置又需统筹安排，由此构成了综合交通枢纽结构的复杂性。综合交通枢纽系统具有由多个子系统构成的多级递阶的复杂结构，如图1-4所示。

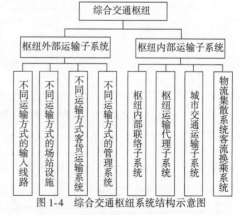

图 1-4 综合交通枢纽系统结构示意图

3. 元素的多样性和元素间高度的耦合性

各种运输方式交通枢纽的技术作业（直通作业、中转作业、枢纽作业和地方作业）和服务的多样性与差异性构成综合交通枢纽的元素多样性。各种运输方式高度协调和协同是完成运输的重要保障。任何一种运输都不能独立完成运输服务，协调和协同是运输方式有机结合性的特点也是高度耦合的象征。

4. 综合交通枢纽各个子系统发展不平衡性和技术差异性

由于各交通运输枢纽形成的历史过程及自然条件等不尽相同，从而枢纽内各种交通运输方式形成过程及发展也不平衡。交通枢纽各种运输方式的具体作业和技术设备配置各有特点，这就决定了综合交通枢纽内各子系统间存在一定的技术差异性。

5. 综合交通枢纽具有一定的自适应或自组织性

当交通运输网或城市系统等外部环境发生变化，需要改变或调整综合交通枢纽的功能或目标时，综合交通枢纽自身的结构及特征即可自动进行相应的改变。如城市交通运输网个别区段负荷过大从而导致了运输流本身进行调整，自动寻求负荷较小的方向，保证向稳定状态过渡。

6. 综合交通枢纽与其外部环境相互作用

综合交通枢纽的区位梯度特征突出体现在其对区域的拉动作用。由于综合交通枢纽主要是客货流汇集的地方，通常在区域的中心城市或人口密集集散量大的通道交汇处，经济将沿着交通运输网络干线通道呈现点、线、面的方式扩散，从而使得地区经济具有极强的区位优势，对周边地区有拉动作用。如在我国长江流域，运输干线诱发经济格局变化，如图1-5所示。

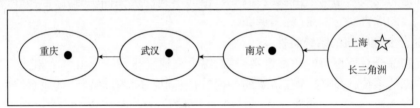

图1-5　长江流域运输干线诱发经济格局示意图

(三) 综合交通枢纽的功能

综合交通枢纽作为交通运输的生产组织基地和交通运输网络中客货集散、转运及过境的场所，具有运输组织与管理、中转换乘及换装、物流功能、多式联运、信息流通和辅助服务六大功能。综合交通枢纽系统的总体功能如图1-6所示。

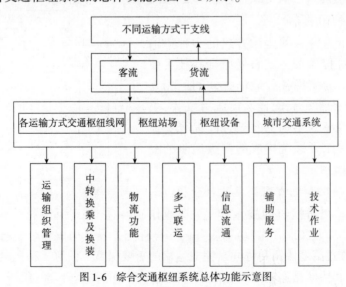

图1-6　综合交通枢纽系统总体功能示意图

1. 运输组织功能

(1)运输生产组织。对于客运系统,包括为组织旅客上下车而提供的各种管理服务工作、为参营车辆安排运营班次、拟定发车时刻。对于货运系统,包括货物运输的发送、中转、到达等作业;组织联合运输和组织货物的装卸、分发、换装作业;制订货物运输计划,进行货物运输全过程的质量监督与管理等工作。

(2)客货流组织。客运系统:收集客流信息和客流变化规律资料,根据客流特征合理安排营运线路,以良好的服务和公关活动吸引新客源。货运系统:货源信息和货流变化规律资料,掌握货源特征实现货物的合理运输。

(3)运力组织。运输枢纽站场通过向公众提供客货源、客货流信息,组织营运车辆进行客货物运输,开辟新班线、班次和运力,运用市场机制协调客货源与运力之间的匹配关系,使运力与运量保持相对平衡,为社会运力提供配载服务等。

(4)运行组织。包括办理参营车辆到发手续,组织客车按班次时刻准点正班发车。根据货流特点确定货运车辆行驶的最佳线路和运行方式,制订运行作业计划,使货运车辆有序运转。掌握营运线路通阻情况,向司乘人员提供线路通阻信息,联合有关部门处理行车事故,组织救援等等。

2. 中转换乘和换装功能

综合交通枢纽站场为旅客的中转换乘提供方便,为货物中转和因储运需要而进行的换装提供方便,配备相应的站场服务设施,在时间、要求、物耗等方面为中转旅客、货主提供服务,确保旅客安全、迅速、方便地完成换乘作业,保证中转货物安全可靠地完成换装作业,及时地到达目的地。

3. 物流功能

货运枢纽站场面向社会开放提供物流服务,为货主提供仓储、保管、包装服务,代理货主销售、运输所仓储的货物,在此基础上进行功能延伸,开展流通加工、物流咨询、设计等综合物流业务。

4. 多式联运功能

枢纽站场可承担运输代理,为旅客、货主和车主提供双向服务,选择最佳运输线路,合理组织多式联运,实行"一次承运,全程服务"。

5. 信息流通功能

通过计算机及通讯设备,使全国综合交通枢纽形成网络,使公路运输枢纽与水运枢纽、铁路站场和航空港有机联系、相互衔接,并使各种营运信息得以迅速、及时、准确地传递和交换;面向社会提供货源、运力信息和配载及通信服务。

6. 辅助服务功能

为旅客、货主、司助人员提供食、宿、娱乐、购物一条龙服务,代货主办理报关、报检、保险等业务,提供商情等信息服务。为营运车辆提供停放、加油、检测和维修服务。

综合交通枢纽除具备运输组织、中转换乘换装、物流、联运代理、信息流通和辅助服务功能外,还从系统整体上显现以下功能:

(1)系统优化功能。在综合交通枢纽内部,站场不再是单独运作的个体,它作为一个要素同其他运输方式的站场及同种运输方式的站场共同构成综合交通枢纽站场系统,即综合交通枢纽的重要组成部分。根据系统科学原理,系统实现的功能必然大于各要素功能之和。综合交通枢纽在全局角度规划协调不同位置、规模、功能的站场,通过宏观管理来协调站场间的整体运作,有利于实现资本规模收益,将站场间竞争关系变为协作关系,有效实现社会效益和企业效益的双重最大化。

(2)"网"上运输衔接功能。衔接功能是指综合交通枢纽从整体上作为一个衔接点,根据综合运输的需求,把不同线路、不同运输方式的运输活动连接成整体。具体说,第一是枢纽和所服务区域内的大量需求点连接,实现客货从需求点到枢纽中心的汇集和从枢纽中心到目标点的分散;第二是综合交通枢纽之间的连接,组织跨区域的城间长途客货运输,实现网络的输送功能,这也是建设综合交通枢纽的初衷和主要作用;第三是城市内外交通的衔接,有效改善内外交通由于运输组织方式差异造成的"瓶颈"现象。

(3)"面"上客货集散功能。综合交通枢纽可以利用各枢纽站场系统及其连线,将业务覆盖所有服务的区域,实现由"点"到"面"的扩张。综合交通枢纽的集散主要是针对运输对象而言,综合交通枢纽利用枢纽内部站场、线路的吸引性,以扩大吸引面为指向,为综合交通干线运输提供客货源和疏散客货流,实现向干线运输的汇集和向支梢运输的渗透。

(4)疏导城市交通功能。综合交通枢纽通过有效组织城市内外交通,区分城市过境交通和市内交通,充分发挥枢纽的"截流"作用;通过枢纽内站场的合理布局,使进出货物"化整为零"和"集零为整",并通过公共客运和共同配送货物减少市区的车流,从而达到缓解城市交通压力、减少城市污染的目的。由于枢纽客货站场的客、货流集散特性,这些地方往往是造成交通拥挤的根本所在,综合交通枢纽通过系统组织客、货流在枢纽内的合理流动,来减小站场周围的交通压力,也改善了城市的交通状况。

四、综合交通枢纽的系统组成

综合交通枢纽系统包括运送过程子系统、设备子系统、信息子系统、人员子系统以及技术管理子系统等组成部分。只有在对综合交通枢纽系统的组成全面了解后,才有可能对综合交通枢纽进行布局规划。

1. 运送过程子系统

综合交通枢纽系统包括两种以上性质不同的交通运输方式,一是沟通综合交通枢纽与其所在城市外部区域间联系的干线运输方式,成为外部运送子系统,具体可分为铁路、公路、水路、航空等对外运输方式(根据枢纽类型,外部运输子系统由上述运输方式中的几种或全部组成);二是实现综合交通枢纽系统内部运输联系的运送方式,成为内部运送子系统,包括枢纽内部联络方式、城市交通运输方式(如轨道交通、地面常规公交、私人交通等)以及城市工业运输方式。

2. 设备子系统

设备子系统可分为枢纽外部运输方式交通设备、内部运输方式交通设备。枢纽外部运输方式交通设备主要包括各种运输方式的线路及相对应的运输站点(如车站、站场、机场、港

第一章 绪 论

口等);内部运输设备主要包括枢纽内仓储设备及各种转接设备(联络线、换乘或转运设备及场所)。

3. 信息子系统

综合交通枢纽信息子系统包括交通信息服务、综合枢纽旅客换乘引导、货运集疏引导、综合枢纽协调管理以及枢纽结合部的安全救援等功能,以此改善对枢纽用户的服务质量,使枢纽用户能方便、及时地得到关于枢纽内综合交通的各种信息,包括静态的、动态的和优化的交通信息,使旅行更舒适方便、物流更安全通畅,提高枢纽的综合效率。

4. 人员子系统

综合交通枢纽人员子系统组成要素主要有两类:一类是乘客,即被服务者,包括直通乘客、中转换乘乘客和集散乘客等。乘客的出行需求各不相同,要求各异,因而对系统的运营带来了较高的要求。另一类是系统内部的职工,包括第一线的基层职工和后勤、管理以及技术人员等,他们是服务的提供者,要求有较高的素质。

5. 技术管理子系统

技术管理子系统主要包括各种作业技术、方法和管理制度,属于系统软件部分,主要是保证枢纽内部不同交通方式间运量合理分配以及枢纽内各子系统在运送过程中的相互协调等功能的实现。综上所述,可用图1-7表示综合交通枢纽系统的组成情况。

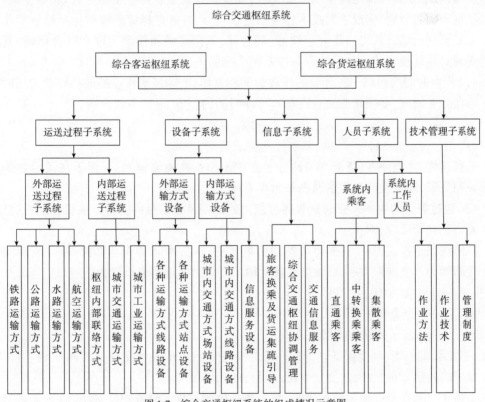

图1-7 综合交通枢纽系统的组成情况示意图

五、综合交通枢纽系统的协调发展

(一)各种运输方式之间的协调

运输方式间的协调是一个沿着发展、协调、协调发展的路线循序渐进、不断发展的过程,它是通过对原有系统不断分析、调整、评价,再周而复始逐步实现的。而对运输方式间协调发展的分析是综合交通枢纽实施协调发展的前提、指导和实现途径。因此,对各种交通方式关系的分析就变得极为重要。

1. 运输方式间协调的基本条件

综合交通枢纽正常运转需要具备一定的技术物质条件和相应的组织保障,即应具备以下基本条件。

(1)运输过程的连续性。保证运输过程的连续性即不间断、无延误地完成技术作业过程中的全部必需作业,可用下式表示:

$$T \wedge H \wedge E \ldots \rightarrow \tag{1-1}$$

式中:T、H、E——技术作业中的各种交通运输方式;

$\ldots \rightarrow$——运输过程连续的符号;

$\wedge$——结合符。

运输过程的连续性包含两层内容,一是单一运输方式内部干线运输同枢纽作业体系之间的连续性,主要靠内部运输组织系统完成,如铁路运输通过其枢纽作业计划、列车运行图、技术计划和编组计划,实现不同技术作业的连续进行,并通过相应运输指标反映连续作业效率。二是不同运输方式之间作业连续性,如公路、铁路集装箱接续运输和联合运输,其连续性的实现必须从规划建设和运输服务体系两个方面进行。

(2)作业时间的协调。各环节的作业时间相互协调,即流水作业的前项作业占用时间应小于后项作业时间,各项作业必须在基本作业时间内完成,可用下式表达:

$$T_{前} \leq T_{后} \leq T_{基}$$

式中:$T_{前}$、$T_{后}$、$T_{基}$——前项、后项、基本作业完成时间。

只有这样,才能使客、货流均匀地分布在整个衔接换乘流程上,不至于在前后各个环节上滞留和集聚,保证换乘过程的通畅和紧凑有序。

(3)通过能力的协调。交通枢纽通过能力的协调是指枢纽内各种运输设备的通过能力、输送能力彼此相适应,即:

枢纽线路通过能力←→枢纽场站通过能力←→技术装备作业能力←→装卸换装能力∧仓储能力∥换乘能力←→城市客货运输工具能力∧道路通行能力

文中:←→——能力相适应符号;

∧——结合符;

∥——表示并列的类型关系。

(4)必要的组织、制度保证。为确保综合交通枢纽内部各种交通方式间的相互协调,应配置相应的各级管理组织,并制定有配套可行的相应制度。

上述4个基本条件是相辅相成的,前三条是协调的技术设备物质基础,后一条是组织保障。保证运输过程的连续性是协调的基本要求,各环节作业时间的协调是协调的外部表征,设备能力的协调是保证运输过程连续和各环节作业时间协调的物质基础。它们之间的具体关系如图1-8所示。

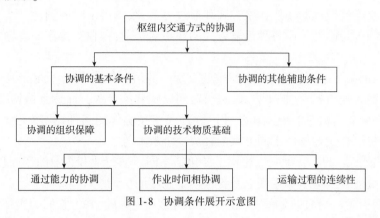

图1-8 协调条件展开示意图

2. 协调过程的分类与协调形式

1) 协调过程的分类

综合交通枢纽内各种交通方式间的协调过程,可按协调方式计划期的长短、空间相互关系、协调子系统的等级和协作方式等进行分类,见表1-1。

协调过程分类表　　　　　　　　　　表1-1

按空间协调特征		综合交通枢纽与周围土地开发布局形态与环境的协调
		综合交通枢纽与综合交通运输网的协调
		综合交通枢纽与城市道路网络的协调
按协调方式计划期长短		远期计划协调
		近期计划协调
		日常作业计划协调
按相互协调子系统的等级	第一级	交通枢纽输入、输出交通流与枢纽固定设备间的协调
	第二级	交通枢纽内各种运输方式间的协调
	第三级	交通枢纽内同种运输方式主要子系统间的协调
	第四级	枢纽内各组成要素及其子系统间的协调
按协调形式		技术作业过程协调、信息协调、管理制度协调、经济协调

从空间相互关系角度考察协调过程,可以使综合交通枢纽的布局与功能配置更好地与城市社会经济的发展、枢纽周围用地的性质、开发强度和布局形态以及其他环境的要求相适应,进一步优化综合交通运输网,使综合交通枢纽的分工与布局更趋合理,减少由于枢纽的聚集作用而产生的对城市交通的冲击。

按相互协调的子系统等级分类,实质上表明了综合交通枢纽协调的层次。交通枢纽输入、输出交通流与枢纽固定设备间的协调属最高层次,以下层次依次为交通枢纽内各种运输方式间的协调、交通枢纽内同种运输方式主要子系统间的协调及枢纽内各组成要素间的协调。这为深入分析和实现综合交通枢纽的协调提供了有效途径。

2) 主要协调形式

(1) 技术作业过程协调。技术作业过程协调的前提是枢纽内各种交通方式的技术作业统一,以保证交通流最优的衔接换乘方式和通过方式,减少换乘时间消耗。实现技术作业协调的主要途径有:绘制和采用各种运输方式的联系运行图,在相互协作的运输方式间组织直达化运输等。

(2) 信息协调。信息协调是指枢纽内建立统一的信息集成系统,使相互协作的子系统在信息的内容、输入输出标准、提供方式、提供时间以及载体等各方面达到协调统一,依此可更全面地研究综合交通枢纽的现状和各种运输方式相互协作的条件、运输流形成的过程与规律,更好地评价综合交通枢纽不同方案的社会经济效益等。

(3) 管理制度协调。管理制度协调主要包括不同运输行业和企业的产业政策、法规和规划条例、各种交通方式的运输规程以及各种规章制度的协调统一等。

(4) 经济协调。经济协调是以上述各种协调形式为基础,并为它们的实施可行性提供经济方面的保障,是最终选择的各种运输方式最优作业方式的协调形式。更好地实行经济协调,包括编制枢纽内各种运输方式发展总体规划,制订统一的客货运输计划和协调一致的运价表等。

(二) 综合交通枢纽系统与综合交通网络的协调

综合交通枢纽系统与综合交通网络的协调归根于综合交通枢纽系统规划与综合交通网络规划的协调。综合交通枢纽系统与综合交通网络规划是区域交通规划中两个紧密联系、互为补充的重要内容,两者具有密切的互动关系,其相互关系如图1-9所示。

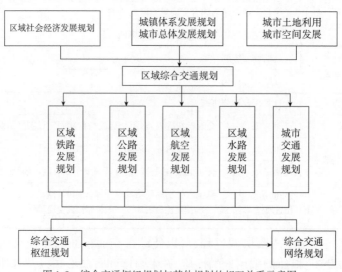

图1-9 综合交通枢纽规划与其他规划的相互关系示意图

综合交通枢纽的优化布局必须以交通运输网络的合理规划为前提,而综合交通枢纽的规划和建设又会影响其所在区域的交通运输网络的运转。即使是一个已经达到最优化的交通运输网络,在布设了综合交通枢纽后,也可能导致网络的交通流分布发生变化,从而改变其原有的最优平衡状态。在综合交通枢纽规划中,应充分反映两者之间的这种互动关系,在交通运输网络规划与综合交通枢纽规划之间建立一定的反馈机制,使综合交通枢纽与交通运输线路在建设上和能力上相适应。做到枢纽与其相衔接的各条交通运输线路同步建设，同时进行技术改造并投入使用，以确保线路畅通、各环节的运输能力都得到合理利用，并能相互调剂补充。

综合交通网络规划是枢纽总体规划的主要依据。综合交通网络规划是根据国家工农业生产布局与货流规划，同时考虑政治、经济、文化和国防等各方面的要求，所定制的交通发展远景规划。在其分阶段发展中，综合交通网络规划应明确综合交通枢纽的分布和车流集散规律，指出综合交通枢纽的性质、规模、范围及它们之间的大致分工，从而确定出综合交通枢纽在交通运输网络上的作用。

常规交通枢纽一般是在遵循枢纽布局原则的前提下，以体现城市未来发展要求为目标，依照客流分布规律、城市分区功能、用地可能以及对外交通的特点，选择并确定站场位置与空间分布、站场规模以及服务范围，使得城市各种交通方式衔接配套。

（三）综合交通枢纽系统与城市交通的协调

综合交通枢纽总是以一个城市为依托的，它的主要功能就是连接城市内外交通，因此综合交通枢纽与所在城市的性质和功能有着密切的联系。在研究综合交通枢纽布局规划时，必须考虑城市交通系统与综合交通枢纽的相互关系。

综合交通枢纽的运营，是由旅客（或货主）、运输企业和政府三个部分共同参与的。它不仅与枢纽所在区域的交通网络的物理特征有关，还与三个参与枢纽运营的主体的相互关系有关。以货物运输为例，我们可以把交通枢纽的运转分为"枢纽内部的短距离散货运输"和"枢纽与运输网络上其他枢纽之间的长距离集中运输"两部分，而枢纽就是联系两个阶段的节点。综合交通枢纽的运行机制可以用图1-10中的两个层次来说明。

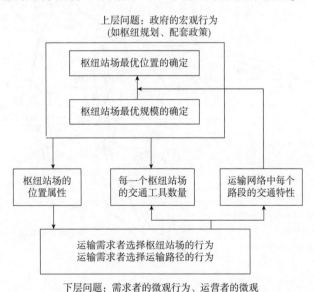

图1-10 综合交通枢纽的运行机制示意图

枢纽内部的短距离运输实际是货运需求者利用城市内道路进行的，它与货运需求者对运输路径和站点位置的选择行为有关，并与城市交通融为一体。从微观意义上讲，选择什么路径、什么站场完成取决于需求者（旅客或货主）个人对整个交通运输网络的判断和期望，政府只能借助完善城市内部交通网络的方式实现对需求者个人行为的合理诱导。

枢纽之间长距离运输是利用城市间的公路、铁路、水路和航空线路等进行,运输企业会在这个阶段对自己的运力、运输线路的安排进行较为详细的研究,以保证运输企业的经济效益最大化。

常规交通枢纽在考虑与城市交通的衔接问题时,主要注重两方面:一方面保证枢纽站场与城市联系方便,使旅客和货物及时集散和中转;另一方面尽量减少集散交通流与城市交通流的干扰。

【本章小结】

本章对交通枢纽和综合交通枢纽相关概念进行了介绍,讨论了交通枢纽和综合交通枢纽的基本概念、分类和功能特性,探讨了交通枢纽和综合交通枢纽的发展历程和趋势,详细分析了综合交通枢纽的形成过程和系统内部各种运输方式之间、综合交通枢纽系统和综合交通网之间以及综合交通枢纽系统与城市交通之间的协调问题,为后续章节作基本概念支撑。

【案例分析】

案例1 国外交通枢纽发展趋势案例。图1-11为日本大阪的货物流通中心分布图。由图可知,大阪周围有7个货物流通中心。这些货物流通中心与高速公路连接,形成了现代化的货物运输系统,有力地促进了城市间的经济交流。

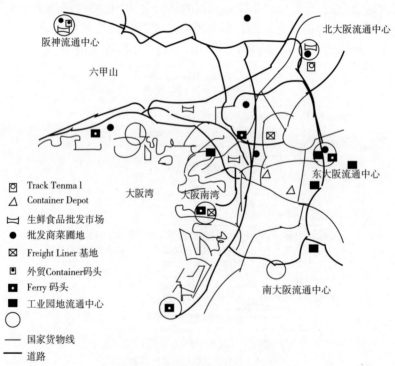

图1-11 大阪货物流通中心分布图

案例2 综合交通枢纽形成与演变案例。我国上海铁路枢纽的演变过程如图1-12所示。

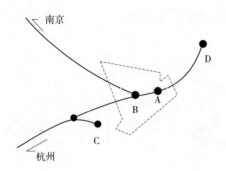

A-上海站（客）　　　　C-日辉港站
B-秣陵路站（编组、货运）　D-江湾站

a) 解放前

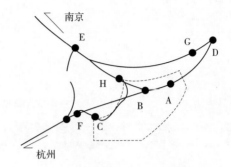

A-上海站（客）　　E-南翔编组站
B-上海东站（货）　F-新龙华编组站
C-上海南站（货）　G-何家湾工业站
D-江湾站　　　　H-真如站（客、货）

b) 20世纪60年代

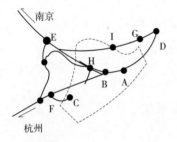

A-客技站
B-上海站（新客站）　F-新龙华编组站
C-上海南站（货）　　G-何家湾工业站
D-江湾站　　　　　H-上海西站（客、货）
E-南翔编组站　　　I-北郊站（客、货）

c) 20世纪80年代

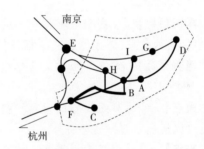

━━ 地铁一号
── 轻轨3号线　　E-南翔编组站
A-客技站　　　　F-第二客站（在建）
B-上海站　　　　G-何家湾工业站
C-南浦站（货）　H-上海西站（客、货）
D-江湾站　　　　I-北郊站（客、货）

d) 2000年

图 1-12　上海铁路枢纽布局演变简图

【实训题】

1. 分析我国交通枢纽总体布局状况。
2. 讨论综合交通枢纽与一般单一性交通枢纽对区域交通的贡献。

【复习思考题】

1. 简要说明交通枢纽和综合交通枢纽的概念。
2. 简述交通枢纽和综合交通枢纽的各种分类方法。
3. 分析国外交通枢纽发展对我国交通枢纽发展的启示。
4. 简要分析交通枢纽与综合交通枢纽的联系与区别。
5. 综合交通枢纽主要由哪些子系统组成？
6. 简要分析综合交通枢纽的系统功能。
7. 简述综合交通枢纽系统的协调。

第二章　交通枢纽规划（设计）概论

【课前导读】　本章讨论交通枢纽规划宏观层次的思路与原则等问题。第一节介绍了交通枢纽规划的内涵和思路,讨论了交通枢纽规划与一般交通规划的关系;第二节阐述了交通枢纽规划目标与原则。

【知识学习目标】　掌握交通枢纽规划的基本内容和规划思路;了解交通枢纽规划与一般交通规划之间的关系;掌握综合交通枢纽规划的目标与原则。

【能力培养目标】　建立学生对交通枢纽规划的宏观认识和思路,为后续章节的学习打好基础。

【教学重点】　交通枢纽规划的内容和基本思路;交通枢纽规划的与一般交通规划之间的关系;交通枢纽规划的原则与目标。

【教学难点】　交通枢纽规划思路。

第一节　交通枢纽规划的内涵与思路

一、交通枢纽规划（设计）的主要内容

交通枢纽的规划与设计是直接为运输服务的,在经济与交通事业快速发展的今天,交通网络的优化水平决定着交通运输行业的整体效率和水平,也是区域经济和其他关联产业稳定发展的关键和先导。交通枢纽的规划与设计包含 3 个层次,即:区域性的规划布局、整体枢纽规划布局与设计,以及枢纽内部分区规划布局与设计。

（一）区域性交通枢纽的规划布局

区域性交通枢纽的规划布局是指在一个既定的区域范围内,可能会有多个枢纽的选址与决策,其主要目标就是要进行区域性的整体分析,运用一定的规划布局模型,进行整体性的布局设计,属于宏观层面的规划设计问题。如在一个城市范围内要进行其汽车客运站的布局,要求在整个城市区域范畴内,考虑需求特性、城市布局、网络特征等,布局设计各种不同类别、不同等级、不同规模的汽车站的位置。这一类交通枢纽的规划布局通常在政府及行业部门宏观性规划中常见,属于宏观层面,选址布局主要内容包括:

(1)区域内部行业发展环境分析。

(2)交通枢纽规划布局所依托的城市发展特征分析。
(3)交通枢纽规划布局调整的必要性分析。
(4)现状交通调查。
(5)未来交通需求预测。
(6)区域性新的布局分布方案。
(7)各交通枢纽的规模。

(二)整体枢纽规划布局与设计

整体枢纽规划布局与设计是指对于某一个既定的交通枢纽(位置已经选定),其基本要求就是要通过规划布局,设计其整体规模的大小、内部各分区的协调布局与设计、整体流程设计等。如某某物流园区的规划布局,要求对该物流园区的整体规模、占地面积、内部各分项设施的布局与相互衔接等问题进行布局与设计,该层次通常属于一个具体性的设计层次,通常在某某节点的规划布局设计中常见。其主要内容包括:

(1)交通枢纽周边环境分析。
(2)交通枢纽与外部交通协调性分析。
(3)整体规模设计。
(4)主要分项设施的规模和占地面积确定。
(5)交通枢纽整体协调布局设计与内部流程设计。
(6)交通枢纽与外部协调设计。

(三)交通枢纽内部分区规划布局与设计

交通枢纽内部分区规划布局与设计是指对于某一个既定的交通枢纽,其内部可能存在一个相对独立的分区,项目开展的目的就是要对该独立分区进行布局设计,既要考虑本分区的独立性特征,又要考虑本分区与整个交通枢纽的从属关系,要做好协调设计。如某航空港新的航站楼的布局与设计问题,由于航空港是一个交通枢纽,本身已具备一个较为完善的运行系统,而新的航站楼只是属于该航空港的独立分区,其布局设计既要考虑作为独立航站楼的特定功能,又要考虑该航站楼与已存在的其他航空港设施之间的协作关系。其主要内容包括:

(1)分区在整个交通枢纽体系中的定位。
(2)分区规模的标定。
(3)分区与整体交通枢纽其他设施的协调性设计。
(4)分区的布局设计。
(5)分区与外部交通的协调设计。

二、交通枢纽规划与一般交通规划的关系

交通枢纽规划属于节点性的规划问题,而节点是依托于网络生存的,因此,不管哪个层面的交通枢纽规划与设计都必须结合交通网络进行。但在具体的开展中,不同层面交通枢纽规划布局设计对网络的要求不一样。一般交通规划是一个整体性的规划问题,既要考虑网络,又要考虑节点,二者同样重要、相辅相成。交通枢纽规划与一般交通规划既存在一定的差异性,也有较强的关联性。

1. 二者的相同性

（1）服务属性相同。交通枢纽规划与一般交通规划的最终目的都是为了构建一个合理的交通运输服务体系，优化交通运输网络与节点系统，为运输服务，为行业发展服务。

（2）行业依赖性相同。交通枢纽规划与一般交通规划都是交通行业内部问题，其调研、数据分析、需求预测、方法与理念都依赖于整个行业。

2. 二者的差异性

（1）包容性差别。交通枢纽规划作为节点性的交通规划问题，属于一般交通规划的主要内容之一，因此，二者间应该是一个从属性的关系，即一般交通规划包含交通枢纽规划，交通枢纽规划是一般交通规划的专项规划。

（2）规划设计的目标不同。交通枢纽规划重点在于网络的节点。尽管在设计过程中同时要考虑网络与节点，但网络的设计的目的是为节点决策服务的，因此通常也将交通枢纽的规划看作交通设施设备的布局与设计问题，其侧重点在于点，在整个规划过程需要利用交通网络的辅助性。一般交通规划的目标是为了构建合理完善的交通网络结构，尽管交通枢纽也是一般交通规划的一个重点内容，但事实上，其规划理念是以网络设计为主导，网络优化与交通枢纽的规划在一般交通规划中是一个一体化的问题。

（3）网络属性存在一定的差异性。交通枢纽规划是为运输服务的，整个规划过程中所依赖的网络为运输网络，在规划方法求解过程中，一般以虚拟网络结构的形式标定，故节点之间通常用"点到点"的方式衔接，是一种直线的结构形式。而一般交通规划从需求特征与结构上，是一种理性的交通流问题，以实际交通网络结构为依赖，是一种实体网络态，网络设计是从路段阻抗的 OD 交通流出发，因此从此角度分析，二者存在一定的差异性。

第二节　交通枢纽规划目标与原则

一、交通枢纽规划的目标

交通枢纽布局是指枢纽内部各种交通设施的合理配置，以实现整个交通枢纽的运输效率最大化的目的。交通枢纽所在区域，由于受到发生交通吸引源的分布、交通运输网络特点和自然环境等因素的影响，使得在同样的地域范围和同样的交通运输网络上，布局不同的枢纽站场会导致不同的交通运输效率和社会经济效益。因此，交通枢纽的合理布局，是根据对社会经济发展和交通需求的预测结果，利用交通规划和网络优化理论和方法，综合考虑发生交通吸引源的分布情况、交通运输条件及自然环境等因素，对枢纽站场的数目、地理位置、规模及与其他枢纽的相互关系进行优化和调控，实现整个交通枢纽运输效率的最大化。

二、交通枢纽规划的原则

交通枢纽规划布局应遵循以下原则：

（1）与城市规划相协调，依托干线路网，保证有良好的出入条件。

交通枢纽大都要依托城市而生存的，因此交通枢纽是整个城市建筑的一个基本元素，交通枢纽规划布局也相应的成为城市规划的一个组成部分，它不仅要为运输服务，而且还要符合和服务于城市的发展,充分考虑城市的发展战略及城市经济对外辐射的区域和辐射的方向,便于与其他运输方式的换装、联运和直达运输。同时,对城市的土地利用规划中的产业布局、居民区、商业区、商贸区等充分研究,使得枢纽的站场布局均衡合理,用地落实。

交通枢纽规划布局应考虑到城市内外交通及运输需求的对接。当前我国很多大型交通枢纽事实上就是城市内外的衔接点,在进行交通枢纽规划布局时既要方便城市需求,不给城市交通引发压力,又要满足出入城市的良好通道要求,因此城市路网与外部道路的衔接是交通枢纽规划布局要考虑的重要因素,应结合城市内外主干线和干线路网的规划,方便对外联系和便捷运输,使得城市对外的客货运输合理、高效。

(2)强调多种交通方式的综合协调,遵从综合运输服务的原则。

结合各种交通方式在整个交通运输体系中的分担比率,通过交通枢纽的合理规划布局使各种交通方式有机衔接,从而实现各种交通方式的相互协调和整个规划区域的规划目标。目前很多城市交通枢纽都是一个综合性的交通枢纽,有多种运输方式在此进行衔接,因此交通枢纽的规划应遵从综合运输体系要求,不能过度满足某一主体交通的需求而忽视其他交通方式。

(3)统一规划,远近结合。

交通枢纽的规划布局应在规划上体现整体性、综合性与统一性,根据特征年和目标年的枢纽需求预测,以适应目标年运输需求为布局规划的依据,但同时要考虑近期建设的可能性和完整性,急需先建,量力而行,逐步完善。

(4)新旧兼容,充分利用既有站场设施。

充分考虑利用已有运输站场设施,通过改造、完善原站场用地、设施和经营运行机制,使其满足枢纽客货站场的功能要求,并将其纳入到枢纽中来,以节省投资,易于实施。

(5)客货枢纽站场分设、集中管理。

旅客和货物的运输对象、性质及站场的硬件设施具有不同的特点和需要,故客货站场在空间布局上应分开设置,并可以根据客货不同的特点,制定有针对性、可操作性的不同的管理方法。但决不能分散管理,而必须采取集中管理、统一调度的管理方法。从"软件"上实现与全国其他枢纽的联网和宏观调控,并能很好地在信息、法规、协调等方面对运输市场进行管理,以满足客货运输不同层次、不同时段的要求。

(6)站场布局应与环境保护相结合,坚持可持续发展原则。

客货运输过程本身有一定的噪声、空气污染,且货运的中转、装卸也对其周围环境有一定的污染,故在站场的选址、规划过程中应统筹考虑,降低对周围环境的污染。

(7)运输经济,方便用户。

客运站位于居民居住区和大型客流集散点,使人便其行、易于换乘;货运站靠近工业区及大型货流集散点,使货畅其流,便于联运。客货站均应设在干线路网附近,以方便客货运输。

第三节 交通枢纽规划的流程

交通枢纽规划布局一般包括4个阶段,具体流程如图2-1所示。

1. 前期准备阶段

前期准备是交通枢纽规划布局的一个重要历程,这期间主要包括的任务有:枢纽规划布局的目标的确定、功能定位分析、现状调查分析、枢纽布局的相关影响因素(如人口、社会经济、用地规划、城市功能分区、城市对外交通、生产力布局等)分析等。

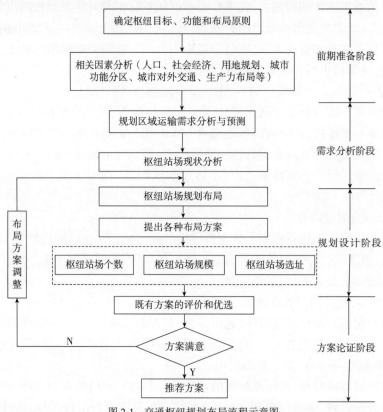

图 2-1 交通枢纽规划布局流程示意图

2. 需求分析阶段

需求分析阶段的主要任务是在现状调查的基础上,采取相应的方法进行现状资料的处理与分析,找出当前存在的问题,枢纽布局需求中的显性及隐性特征,并进行需求预测。

3. 规划设计阶段

在需求分析的基础上,结合交通枢纽规划布局的理论方法,进行枢纽规划布局方案的设计,主要包括枢纽的规模、位置、数目以及市场分担率等。

4. 方案论证阶段

通过规划设计能够得出一定的交通枢纽规划布局可行及可选方案,应结合多方面的考虑进行方案论证与决策。整个过程中可能要涉及多轮调整与反馈,不断进行方案的优化设计,最终得出满意的最优推荐方案。

【本章小结】

本章对交通枢纽规划的设计内容与思路进行了分析,讨论了交通枢纽规划与一般交通规划的关系,阐述了交通枢纽规划的目标与原则。

【复习思考题】

1. 交通枢纽规划(设计)包括哪几个层面？不同层面的交通枢纽规划布局的主要内容有哪些？

2. 交通枢纽规划与一般交通规划的异同性比较。

3. 交通枢纽规划的目标和原则是什么？应遵守从什么样的流程？

第三章　交通枢纽规划基础调查

【课前导读】 本章讨论交通枢纽规划基础调查问题。第一节介绍了交通枢纽规划基础调查的流程,第二、三、四节分别讨论了社会经济调查、城市土地使用规划调查和城市交通运输发展状况调查的主要概念、内容、方式和方法;第五节详细阐述了OD需求调查的概念、区域界定、样本选取、调查方法和数据处理等内容。

【知识学习目标】 掌握交通枢纽规划基础调查主要项目、流程和相关的方式方法,掌握OD调查的概念、基本操作方法和数据处理方法。

【能力培养目标】 建立学生对交通枢纽规划过程中基础资料调查的知识框架,培养学生项目调研的宏观规划能力和微观操作能力。

【教学重点】 交通枢纽规划基础调查的主要内容、流程、方式和方法;OD调查的概念、区域界定、样本的选取、抽样方法和数据的处理方法。

【教学难点】 OD调查影响区域的界定;样本的选取;调查数据的处理。

第一节　交通枢纽基础调查流程

交通枢纽规划所要进行的基础调查,主要包括社会经济调查、城市土地使用规划调查、城市运输发展调查和OD需求调查等。各项基础调查的基本流程如下:

(一) 准备阶段

调查的第一个阶段是准备阶段。

(1) 确定调查任务。

(2) 设计调查方案,明确目的、设计项目、确定时间和空间、调查对象、调查方法、调查人员、工作安排、经费。

(3) 组建调查队伍。

(二) 实施阶段

第二个阶段是实施阶段,亦即资料搜集阶段,如社会经济调查应包括历史及现状的资料数据,资料的来源可以是直接资料或间接资料。

(1) 间接资料的收集。间接资料也称为二手资料,包括内部资料与外部资料,企业相应可建立内部资料库与外部资料库。外部资料中的二手资料主要来自于统计资料、业务资料、财务资料和其他资料。这些资料一般可以从统计部门(如经济公报、情况简报、经济年鉴、统计年鉴)、交通部门等政府机构获得。获得这些资料后,再根据需要进行适当的加工。间接资料的收集工作一般遵循以下步骤:

①确定资料收集范围,包括内容、时间和类别。

②做好收集资料的准备,包括设计资料收集大纲、联系相关单位等。

③采用多种方法收集资料。第一,利用索引收集文献;第二,利用情报网络收集资料;第三,专家咨询;第四,阅读、记录资料。详而略地阅读,精而全地记录。

(2)直接资料的收集。直接资料也称为一手资料,为调查人员通过实地调查获得的资料,即由调查者自己采用各种调查方法对社会经济信息进行搜集整理分析。

(三)整理研究阶段

(1)原始资料的核实、校订与误差检验。资料核实和校订主要为了保证资料的完整性和可靠性。误差检验包括两类:一是抽样误差,即由样本推算总体时产生的误差;二是非抽样误差,包括汇总错误、过录错误、谈话记录不完整、调查对象前后回答矛盾等。这里主要指非抽象误差部分。

(2)资料汇总。凡经核实校订的资料,应当根据调查提纲或方案的要求进行分类汇总、编号归档,以便查找、使用。如使用计算机还要做好资料录入工作。

(四)总结阶段

运用统计分析方法对统计资料进行分析、综合,找出影响市场变化的客观因素,提出切实可行的解决方法。

第二节 社会经济调查

一、社会经济调查的基本概念与内容

无论单式交通枢纽规划或综合交通枢纽规划,都需要进行社会经济调查。社会经济调查是通过对事实的考察、现状的了解、材料的搜集来认识社会经济问题,以及探讨社会经济现象之间的相互联系。为交通枢纽规划而进行的社会经济调查正是指采用一定方法,为取得社会经济运行某一方面或者某一现象、问题的信息而进行的资料收集整理,并对资料进行统计分析的一种量化的社会研究方法,主要包括以下内容:

(1)人口:农业人口、非农业人口、城镇人口、外出务工人口等;

(2)国民经济:国民生产总值、工农业总产值、外贸进出口总额、居民消费水平、城镇居民家庭人均可支配收入、农民家庭人均纯收入、社会商品零售总额、主要投资方向等;

(3)产业:农林、矿产资源开发、产业分布、产品结构和城镇体系结构、城市功能定位、产业发展现状、对外贸易发展情况、加工业、商贸流通业、仓储业、物流业(包括物流企业、物流中心、物流园区)等的发展情况;

(4)区域内各城市的经济社会发展宏观政策、中长期规划、国土开发规划、城镇发展规划、城市总体规划、资源开发规划、物流发展规划以及其他有关行业发展规划等。

二、社会经济调查的方式与方法

调查方式有普查、重点调查、典型调查和抽样调查。

1. 普查

(1) 普查的含义。所谓普查指为特定目的专门组织的统一的、普遍的、一次性全面调查,如:第三产业普查、商品库存普查、工业企业普查等,以搜集一定时点下的信息。

(2) 普查的特点。普查涉及研究总体的全面资料或某一方面的全面资料,可获得调查对象的全面信息,调查结果可信度较高;调查对象多、范围广、规模大;成本较高;要求统一时间、统一项目、统一方法,因而对组织管理要求较高;速度慢,资料整理时间长,不适用于时间性强的调查项目。

(3) 普查的方式。其一,组织专门的普查机构和普查队伍,由该机构组织调查人员对调查对象直接进行登记。其二,不专门设立统一的普查机构,也不配备专门的普查人员,而是利用企业(单位)的原始记录和核算资料进行登记,如:商品或物资库存普查,图书馆藏书普查等。

2. 重点调查

(1) 含义。重点调查是指在研究总体中选取部分重点个体单位进行调查,依取得的资料估计总体基本情况的调查方式。通过重点调查,能够掌握调查对象的基本情况。

(2) 特点。重点调查的特点有:调查个体少、费用少、时间短;可集中了解对象总体状况,资料详细、全面;一般不采用标准化、程序化技术方法;数据精度不高。

(3) 组织方式。重点调查一般有两种组织方式:专门性调查,由调查人员到重点单位进行;重点单位布置定期报表的经常性调查。

3. 典型调查

(1) 含义。典型调查指调查者根据对调查目的的要求和总体的了解,主观地、有意识地选取少数有代表性的个体单位进行调查,以推算、估计总体状况。所谓"典型"即代表性,指这些单位能反映总体的一般情况和共性。如北京市统计局和各区计划部门都有一批比较固定的典型户,常年对它们进行购买力和家计调查。

(2) 特点。典型调查的特点:调查对象少、资料全面可靠;代表性强、认识深入;节省费用;主观性强,调查结果一般不宜用以推断总体;对调查人员素质、水平、工作经验等要求较高。

(3) 典型的选取。典型的选取一般有两种情况:总体中个体差异较小时,选取最能代表一般性情况的个体。亦称为一次性典型调查。总体中个体差异较大时,根据差异程度划分为若干层次,选取各层次最具代表性的个体,再汇总推算总体状况。亦称为系统性典型调查。

4. 抽样调查

(1) 含义。抽样调查就是根据一定原则从总体中抽出一部分调查单位,并以调查结果推断总体的调查方法。

(2) 特点。抽样调查方法是在概率论和数理论基础上建立的一种科学、规范的调查方法,具有如下特点:节约人力、节省费用、提高时效,并能由样本推断总体;按随机原则选取样本,使样本选择科学、有代表性;信息准确性高,随机误差可控,人为误差较小,抽样误差可控制,以保证调查结果的可靠性(置信度)。

(3) 抽样调查的方式。根据抽样原则的不同,抽样调查方法包括概率抽样方法和非概率抽样方法。其中概率抽样方法，根据随机原则抽取样本，再以样本特征值推断总体特征值。具体方式有：简单随机抽样（纯随机抽样）、分层随机抽样、分群随机抽样、等距随机抽样和多阶段随机抽样等。非概率抽样方法是指按人的主观意志从调查总体中抽取样本，根据调查资料推断总体。具体方式有：便利抽样（任意抽样）、判断抽样、配额抽样、固定样本持续调查。

第三节　城市土地使用规划调查

土地资源紧缺是全国各地最突出的问题，也是未来经济发展的最大障碍。为了合理地使用土地资源，必须在枢纽的布局和规划之前进行土地使用规划调查，从而形成真正有效的交通运输枢纽。土地利用调查一般只在城市的交通规划中进行，在区域交通规划中不做这项工作。土地利用调查的内容包括整个城市各交通小区用地现状和规划的土地开发计划。具体应包括：特殊用地的用地量，主要包括交通用地和绿地等；基础产业用地，主要包括工业、政府机构和大学用地等；非基础产业用地，包括商业和医院用地等；住宅用地量及开发密度等。

土地利用调查一般可以从有关政府部门如规划部门、土地管理部门获得，一般都有统计好的数据和统计分析图标，拿来后根据需要适当加工。统计分类的依据是我国《城市用地分类与规划建设用地标准》（GB 50137—2011）。

第四节　城市交通运输发展状况调查

城市交通运输发展状况调查是交通枢纽规划所要进行的一项基础调查，由于客货运枢纽规划关于这部分的调查内容有所不同，下面将分客运和货运两部分来分别叙述。

一、客运枢纽规划调查

客运交通枢纽规划调查主要包括：交通运输网络调查、运输站场调查、交通基础设施网络调查等。

（一）交通运输网络调查

交通运输网络调查包括区域内各城市的公路网现状，例如现有公路里程、等级结构现状及相关规划；调查区域内各城市铁路、水运、航空、管道运输业发展现状及相关运量、周转量等；调查区域内铁路、公路、水路、民航等运输方式历年客运量，港口、铁路客运站、航空港历年旅客发送量，各运输方式的运输发展规划，公路客运班线数、实载率、客运量等，公路旅客运输流量、流向、时间、距离等的分布。

（二）运输站场调查

运输站场枢纽调查的主要内容包括：位于交通网络上的重要节点城市的交通区位条件和节点容量；现有运输站场发展总体情况；运输营运车辆现状，包括数量、车型结构特点；现有公路客运站的地理位置和建设规模等；水运、铁路、航空等客运港站的位置、规模、功能和适应性等；城市公交枢纽的分布、规模、功能和适应情况等；国外有关客运枢纽规划、建设方面的资料。

(三)交通基础设施网络调查

交通基础设施网络调查主要包括：规划区域内干线公路发展现状与相关规划；城市对外主要运输通道规划（包括公路、铁路等）；城市综合交通规划、城市公共交通规划、城市道路交通规划（包括城市主要干道、地铁、轻轨）及城市大型交通枢纽现状及规划；周边区域交通道路网密集程度、交通等时圈、区位条件、城市空间发展结构图和道路系统规划图等。

二、货运枢纽规划调查

货运交通枢纽规划调查与客运交通枢纽规划调查的方向基本一致，主要包括：交通运输网络调查、运输站场调查、交通基础设施网络调查等。

(一)交通运输网络调查

交通运输网络调查主要包括：规划区域内铁路、公路、水路、民航等运输方式历年货运量及货类构成（包括数量、流向特点和货类等）；港口、铁路枢纽、航空港历年货物吞吐量和国际集装箱吞吐量等；集装箱、多式联运、零担、快件以及危险品等运输的发展现状；公路货物运输的流量、流向、时间、类别和分布的调查；公路货运企业的现状；公路货运发展现状及公路货运业相关规划和综合交通运输规划（包括相关港口布局规划和铁路运输规划）等。

(二)运输站场调查

运输站场状况调查的主要内容包括：水运、铁路、机场等货运港站的分布、规模、类别以及货物吞吐量和适应状况等；现有各类货运站的类别、地理位置、规模、运营状况、货物发送量和货车实载率等；国外货运枢纽规划和建设资料等；运输企业、货运代理商、物流企业、生产加工企业等典型企业对货运枢纽站的需求意愿等（如服务功能、建设内容、站场位置、建设模式和信息服务等）。

(三)交通基础设施调查

交通基础设施调查主要包括：规划区域内各种运输方式的基础设施建设及发展状况；规划区域对外主要货运网络规划（包括铁路、公路、水运和航空等）；相关的城市货运交通规划、城市货运通道规划、城市物流业规划等。

第五节 OD 需求调查

一、OD 调查的基本概念

起讫点调查即 OD（Origin-Destination）调查，在交通规划中占有极为重要的地位。OD 调查主要包括行人出行 OD 调查、车辆 OD 调查和货流 OD 调查三大内容。OD 调查的最大特点是将人、车、货的出行活动视作交通形成的细胞，据此研究交通的产生与分布。国内外的调查实践表明，OD 调查是交通运输规划研究最基础的调查，可以全面地再现城市交通随机性、动态性，可以揭示交通需求与土地利用、经济活动的规律，也可以反映城市交通问题的成因。

1. 基本术语

（1）出行：指人、车、货从出发点到目的地移动的全过程。

(2)出行端点:出行端点是出行起讫点的总称。出行起点,指一次出行的出发地点,讫点指一次出行的目的地。每一次出行有且只有两个端点,即出行端点的总数为出行次数的两倍。

出行作为交通出行的计测单位,它必须具有三个基本属性:其一,每次出行都有起讫两个端点。其二,每次出行有一定目的。其三,每次出行采用一种或几种交通方式。根据出行调查的目标和具体要求,在计测中可以附加一些更为详细的规定,例如,每次出行必须利用有路名的街道或公路;或步行单程时间必须在 5min 以上。

(3)境内出行:起讫点都在调查区域范围内的出行。

(4)过境出行:起讫点都在调查区域范围外的出行。

(5)区内出行:调查区域分成若干交通小区后,起讫点都在一个交通小区的出行。

(6)区间出行:调查区域分成若干交通小区后,分别位于不同交通小区的出行。

(7)小区形心:指小区出行端点密度分布的重心位置,即小区内交通出行的不一定是小区的几何面积重心。

(8)期望线:期望线又称愿望线,为连接各小区形心间的直线。它的宽度表示区间出行的次数。因其反映人们期望的最短距离而得名,与实际出行距离无关。

(9)综合期望线:综合期望线又称主流倾向线,是将若干条流向相近的期望线合并汇总而成,目的是简化期望线图,突出交通的主要流向。

(10)OD 表:即表示起讫小区之间出行交换数量的表格,见表 3-1、表 3-2。

OD 矩阵(甲) 表 3-1

起点\讫点	A	B	C	D
A	10	30	20	60
B	34	40	50	124
C	18	54	26	98
D	62	124	96	282

OD 矩阵(乙) 表 3-2

起点\讫点	A	B	C	D
A	20	64	38	122
B		80	104	248
C			52	194
D				564

(11)调查区域境界线:为包围全部调查区域的一条假想线。有时还分设内线和外线,内线常为城市中心商业区的包围线,见图 3-1 所示。

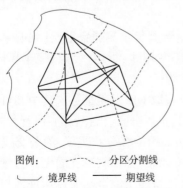 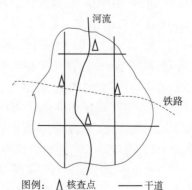

图例: ---- 分区分割线 ⌒ 境界线 —— 期望线

图例: △ 核查点 —— 干道

图 3-1 期望线、核查线示意图

(12)分隔核查线:为校核OD调查结果精度而在调查区域内按天然或人工障碍设定的调查线,可设一条或多条。它们将调查区域划分成几个部分,用以实测穿越该线的各道路断面的交通量。

(13)出行产生:包括交通分区内下述出行端点;家庭出行中的家庭一端端点,不论其为出发点还是到达点;非家庭出行的出发点。

(14)出行吸引:相对于出行产生,包括交通分区内下述出行端点;家庭出行中的非家庭一端的端点,不论其为出发点还是到达点;非家庭出行的到达点。整个调查区域的出行吸引数应等于出行产生数。

(15)出行分布:又称OD交通量。调查区域内各交通小区之间的车、人出行次数,当限为车辆出行时,亦称交通分布。现状出行分布由OD调查得到。

2. 起讫点调查目的与意义

起讫点调查的实质是把出行(人、车、货)从技术与社会综合的角度进行研究。这种方法改变了传统的单靠断面交通量的调查与增长率估计来研究交通需求与交通运输能力的关系,是交通研究进程中的一个重大进步。

起讫点调查的具体目的是:通过搜集出行类别与数量资料,在计算机上模拟现状的出行,为发现主要交通症结,调整与改善道路系统功能,从系统和政策上对近远期工程项目排序提供依据;由OD调查资料、土地使用资料建立各类交通预测模型,为远期交通规划提供依据;客观地分析评价各类交通出行的特征,特别是公共交通服务水平,为提高公共交通体系运行效率,制定近期、远期交通政策提供有效信息。

3. 起讫点调查类别与方法

起讫点调查类别如下:

(1)个人出行。包括城市居民和流动人口的出行,调查内容主要包括出行目的、出行方式、出行时间、出行距离、出行起讫点以及用地设施等。城市居民出行调查属世界各国开展交通调查最常用的方法之一。

(2)车辆出行。机动车辆包括货车与客车。机动车出行调查包括所有牌照车辆和调查日进入调查区域的外地车辆。摩托车、出租车和公共汽车应包含在客车调查范畴。在我国大中城市,由于管理上集中,一般可以做到按车辆所属系统全样调查。

车辆出行OD包括车型、营业特点、装载客(货)、出行目的、出行次数、出发和到达时间、地点、经过主要江河桥址以及主要路口等。

(3)货物流通出行。一般分为两部分:一部分是调查货物流通集散点(列明单位),调查运输设施能力(岸线、码头、泊位、年吞吐量以及铁路专用线、货运汽车)、停车场地、存储情况;另一部分是货物种类、运入量、运出量、运输方式等。

通常利用个人出行调查和机动车OD调查等来获取OD交通量。这其中又可分为客流OD调查和货流OD调查。前者的调查内容主要有起止点分布、出行目的、出行方式、出行时间、出行距离、出行次数等。由此可以确定公交线网上的乘客分布规律,为公交线网优化提供数据,也可以确定各线路的乘客平均乘距及乘客平均乘行时间,建立居民出行量与车流量之间的换算关系。通过个人出行调查获得的数据是进行城市综合交通体系规划与评价的基础数据。货流OD调查内容主要有各单位的货运人、运出量、调查日各交通区之间及各交通区与外地之间的货物来往量、各单位历年的一些基础数据等。由此可以为分析、预测货物发生(即各交通区的货运人、运出量),分布(即各交通区之间及交通区与外地之间的货物来往量)提供必要的基础数据。

二、影响区域的界定

对于一个已经确立的起讫点调查项目,应对调查的区域选择、调查小区的布局划分、抽样大小的拟定、调查的表格进行周密仔细的考虑。这四个方面就构成了调查方案设计的内容。

1. 确定调查区域范围

调查区域应该包括其整个行政管辖范围,如全省或全地区。对于运输枢纽规划而言,调查区域除包括全部建成区以外,还应该包括城市外围预期开发的部分。调查区域的外部界限称之为边界线。划定调查区域范围实际上就是确定境界线。区域的大小与交通规划的目标是密切相关的。同时又要考虑调查所受到的约束,既要包括需要调查的整个地域,又要尽量减少数据收集的工作量。一定时期开展调查的区域应该适应城市规划在一定发展阶段的规模。

出行在一个区域内可分成 4 种类型,如图 3-2 所示。调查区域定的太大,当外内、内外和外外过境出行很少时,而投入调查人力、物力不能少,这显然是不合理的;反之,区域定得太小,就有可能将比重较大的内外、外内和外外出行遗漏。

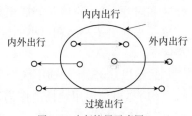

图 3-2 出行境界示意图

我国一些大中城市在开展出行调查时,以往较多迁就人力、物力和市中心眼前的交通问题,调查大多局限于市区,从大城市综合交通规划的目标上看这是不够的。一个大城市的吸引力及影响范围是很大的,交通规划一定要和城市总体规划协调一致。国外有许多这样的例子,随着人口增长、用地扩大,城市布局不断发生变化,为了适应城市空间由单中心团状布局向敞开式分散布局的合理演变,调查范围应包括建成区和城市发展可望达到的郊区。在开展调查时建议从以下几点做具体分析。

(1)城市化水平的增长程度,一般应以 60%~70% 作为大中城市近中期发展的目标。一般,城市化水平越高城市空间地域越大。

(2)城市的区域规模与人的出行活动有密切的联系。根据我国近年调查,不同交通方式的平均单程出行耗时大致是:步行小于 20min,自行车小于 30min,乘公交小于 45min。如果将各种交通方式的实际行程时间取 30min 为限,并定义某种交通方式行程 30min 的距离为当量活动半径,则可粗略算出相应的单中心同心圆模式的城市建成区的用地规模,如表 3-3 所示。

不同出行方式近期活动半径与城市用地规模　　　表 3-3

交通方式	步行	自行车	公交车	地铁	轻轨	小汽车
行驶速度(km/h)	4~5	8~14	15~22	25~35	35~40	35~45
计算速度(km/h)	5	12	20	30	35	40
活动半径(km)	2.8	6	10	15	17.5	20
城市建成区用地规模计算值(km²)	20	110	315	700	960	1250

前苏联的研究表明:出行活动半径与城市圈用地面积有如下关系:

$$L_{CP} = 1.3 + 0.3\sqrt{F} \tag{3-1}$$

式中:L_{CP}——出行平均活动半径(km);

F——城市圈用地面积(km^2)。

2. 确定交通分区

调查区域的外部边界确定之后,还需要把区域划分成交通小区。交通分区是结合调查和规划后续阶段的研究考虑的。交通小区的大小,与调查目的、所要求的数据项目、调查区域的面积、人口密度以及所采用的模型方法有关。

分区太细、太多,会使分析难度加大;分区太粗、太少则会影响抽样精度,且产生不切实际的出发端点和出行线路。一般都是采用分级处理的方法。第一级为片区(Sector),包括市中心商业区和其他几个楔形状区。自然屏障、河流、铁路、高速干道,是片区之间理想的分界线。第二级是大区(District),是每个片区的主要组成部分,划分的原则是土地利用特征相似或行政区划相同。第三级是交通小区(Zone),以道路分界或住宅群分界(例如街道办事处、社区和居委会)。小区是开展出行调查、搜集数据的基本单位。在小区的基础上可以根据需要进一步划出子小区和更小的街坊。例上海1986居民出行调查划出30大区、172中区、503小区。

总结以往经验,交通小区划分应注意三点:

(1)尽可能以用地性质作为划分小区单元的依据。小区大小依据调查区域面积、人口密度、调查目的和数据项目决定。一般市中心区和交通密集地小区面积小;郊区或交通稀疏地小区面积大。国外认为小区范围应以驾驶时间在3~5min为界。据美国1983年229个城市统计,小区面积平均在$1.38 \sim 7.38 km^2$,区内人口平均为0.87万~7.34万。据我国天津、上海、广州等城市调查,一般市内交通小区面积为$1 \sim 3 km^2$,人口为2万~4万,近郊区小区面积$5 \sim 15 km^2$,人口3万~5万不等。

(2)应使小区划分与道路网协调一致,尽可能使交通小区出行形心位于路网节点上,越近越好。

(3)为便于交通小区内人口数字统计和调查组织,最好使小区与行政管辖范围(街道、居委、社区等)相一致。

三、样本的选取

样本选取是根据调查目的和抽样方法、抽样率决定的。居民出行调查是一种综合性社会调查,在权衡调查的内容、耗资和精度要求时,总是采用抽样方法来推断总体。由样本获得的各项特征值与总体真值之间总存在一定误差,这种误差来自两方面:一方面是调查误差。在调查过程中发生,如调查方法考虑不完善、口径不一致、调查表的资料不可靠等,这部分误差靠正确的表格设计、调查人员培训和实施调查过程的把握来降低。另一方面是抽样误差。取决于采用的抽样方法和选择的抽样率大小。居民出行调查可以看成是不重复抽样的调查,具体分析如下。

(一)抽样方法

基本抽样方法有简单随机抽样、分层抽样和分群抽样等几种。

1. 简单随机抽样

1)含义

简单随机抽样又称纯随机抽样,指完全排除任何有目的选择,而是单纯采取随机原则来抽取。常用简单抽样方法包括直接抽选法、抽签法和随机数表法。

(1)直接抽选法:从调查对象中直接抽选样本。

(2)抽签法:是利用骰子的转动来指明样本的方法。骰子不能是普遍的立体正六面形,必须是立体正20面形,并且每面刻上0,1,2…,9的同样有关数字,这是为使0,1,2,…,9的数字都能有同等出现的可能性。

(3)随机数表法:又称乱数表法,这是常用的随机抽样方法。随机数表是把0~9的数字随机排列,使表内任何数字的出现都具有同等可能性。

①将总体的各个个体编号根据编号大小确定使用多少行(列)数字。

②在乱数表中任意指定一个数字,然后按上下左右方向顺序或一定间隔顺序取数,碰到编号内数字就取到一个样本,直到取满为止。

2)适用性

(1)对调查对象的情况了解很少;

(2)总体单位排列没有秩序;

(3)抽到的单位比较分散时也不影响调查工作。

2. 分层抽样

调查研究中有时会遇到个体差异较大的总体,这时可按照初步了解的差异特征将总体划分成若干层,再从各层中随机抽取样本,这样可减小调查误差。

分层抽样主要采取按比例分层抽样、最优分层抽样和最低成本分层抽样等具体方式。

(1)按比例分层抽样。指各层样本数按各层个体数占总体个体数的比例确定,适用于各层间差异不大的总体。

(2)最优分层抽样。指根据各层样本标准差调整各层样本数目,这样,在各层差异过大、某些层重要性大于其他层情况下,可降低各层差异,提高样本可信度。分层抽样适用于层间差异过大的总体。各层样本标准差 S_i 和样本总容量 n 确定后,各层样本数 n_i 可计算:

$$n_i = n \cdot \frac{N_i S_i}{\sum_{i=1}^{k} N_i S_i} \tag{3-2}$$

(3)最低成本分层抽样。指根据抽样费用支出确定各层样本数。当样本总容量 n、各层抽样费用 C_i、各层样本标准差 S_i 确定后,各层样本数 n_i 可由下式计算:

$$n_i = n \cdot \frac{N_i S_i / \sqrt{C_i}}{\sum_{i=1}^{k} (N_i S_i / \sqrt{C_i})} \tag{3-3}$$

3. 分群抽样

调查研究中,有时会遇到总体为不同地区的相同市场,这时为避免简单随机抽样的较大误差,将总体按地区划分为不同群体进行调查。显然,分群抽样方法主要运用于不同地区市场构成的总体,而且要求各群之间有相同性,群体内部有差异性。

(二)抽样率的计算

当调查区域、城市居民总体数(户数或人数)确定之后,抽样率大小就是最重要的问题了。抽样率太高,容易造成人力、物力浪费,外业调查时间延长;抽样率太低又易产生过大的抽样误差。一个城市的出行抽样调查,可以按市中心区(CBD)、建成区、规划近郊区和远郊区几个层次作为分层依据,按照规定的抽样率在各小区采用以户为单位的等距抽样。根据数理统计的误差分析,可知采用分层比例抽样误差最小。国内外推荐的抽样率如表 3-4 所列。

家访出行抽样率推荐值　　　　表 3-4

调查区人口(万人)	最小抽样率(%)	推荐抽样率(%)	
		美国	一般
<5	10	20	20
5~15	5	12.5	12.5
15~30	3	10	10
30~50	2	6.6	6.6
50~100	1	4	5
>100	1	4	4

从出行调查样本反映出的总体情况看,可以用两项指标来控制抽样误差。一是要使出行调查获取的信息总量与实际的总量尽可能接近,这可用人均出行次数来控制;二是要使 OD 调查矩阵表上现状的出行分布 t_{ij} 与实际的分布尽可能吻合。

根据抽样理论,一般总是拟定一个容许的相对误差,在选定抽样方法并使调查误差控制较小原则下,计算出一个最小的抽样率(或样本容量)。由数理统计参数估计原理,可以获得分层抽样的基本公式为:

$$n=\frac{t^2\sigma^2 N}{\Delta^2 N+t^2\sigma^2} \tag{3-4}$$

式中:n——样本容量;

　　N——总体容量;

　　Δ——对于某个控制特征值估计的容许误差(绝对误差);

　　σ^2——对于某个控制特征值(如人均出行次数)的总体方差;

　　t——对于一定置信度的百分位限值(当置信度为 90%时,$t=1.65$;当置信度为 95%时,$t=1.96$)。

σ^2 是总体方差,可以用样本的方差 S^2 来代替估计,参照已有的调查资料或进行试调查拟定;Δ 值与置信度要求有关,一般用相对误差 $E=\dfrac{\Delta}{\overline{X}}<10\%\sim20\%$ 来控制较为合适。这里 $\overline{X}$ 为控制指标的样本均值,例如,我国人均出行次数一般为 2.0~7.0 次/人·日。

对于抽样率 $\gamma=n/N$,应当用出行分布量作为控制特征来检验其合理性,可以用二项分布原理的成数抽样误差公式计算。

令 p 为从 i 区与 j 区出行交换的比重真值,则

$$p = p_1 \pm t\sqrt{\left(1 - \frac{Q}{T}\right)\frac{p_1 p_2}{Q}} \qquad (3-5)$$

式中：p_1——i 区与 j 区之间抽样出行量 t_{ij} 占总的抽样出行量比重；

p_2——不在 i 区与 j 区之间抽样出行量占总的抽样出行量总比重；

Q——总的抽样出行量（人次）；

T——全部出行量总体（人次）。

由式(3-4)计算出 p 在控制条件下的相对误差 E_1，以判断抽样率是否合理。这里 E_1 取 10%~20%。

四、调查方法

OD 需求调查方法有很多，包括家访、发表调查、路边询问、明信片、对车辆牌照等等。其中家访调查和发表调查分别与社会经济调查中所提到的访问法和问卷调查法一致，这里不再赘述。其他方法简述如下：

1. 路边询问调查

在主要道路或城市出入口设置调查站，让车辆停下，询问该车的出行起讫点以及其他出行信息。访问地点的选择要注意，如果调查只涉及一条孤立路线上的数据，取一个中间点位置进行驾驶员访问就可以了；如果要取得一个城市全部出入交通资料，应在该城市放射出去的所有路线上选择访问点。在调查人员有限的情况下，此方法很有用，每天调查可限于一个站点，调查周期可延至一周以上。路边询问一般要让驾驶员停车，一要交警协助；二要注意问答简练、准确，不致引起对方反感。应避免交通堵塞和注意交通安全。

2. 明信片法

当交通繁忙不能长时间停下来作路边询问时，就采用在访问站对驾驶员发明信片的办法，要求驾驶员填写后投递寄回。访问站尽量设在交通减速地段，如通行收费处、交通信号或有停车标志处。

明信片法的回收率一般只有 25%~35%。在我国明信片法调查使用不多。

3. 工作出行调查

对调查区内的职工抽样进行居住点（O 点）和工作地点（D 点）的调查。由于这项资料可以从工作单位的现成档案中获得，能大大减轻调查工作量。虽然只是工作出行，但都是城市客流的主体，很适用于公共交通规划。自行车专题调查也可以采用此方法进行。

4. 车辆牌照调查

由各调查站分时段记下通过测点的全部车辆牌照末几位数字，然后汇总各调查站记录进行汇总校对。凡第一次记牌照的地点即为该车的起点，凡最后一次记录牌照的地点即为该车的讫点。这种方法的缺点是得到的信息太粗略，且投入的人力很大，因此仅在研究一个枢纽地区的流量流向分布时采用。

5. 公交站点调查

为了了解公交客流分布，派人去车上或站上对乘客进行询问调查，了解乘客起、讫点与中转情况。主要内容有：乘车路线、哪站上车、哪站下车；下车后是否转车；终点是哪里。这种调查抽样率高,可达20%。

6. 购月票填卡调查

持月票者是一些城市公交客运的基本客流。利用月票换卡和购买之际,发表给购票者填写家庭地址、单位地址、上班出行、转车、上下车步行时间、候车时间、行程时间等项目。我国上海、南京、武汉都采用过这种调查,回收率达95%以上,信息也很可靠。

7. 境界线出入调查

在调查区的境界上设调查站,对所有穿越该路线的车辆作统计,在干线路边作询问调查,此法可做家访调查的补充。小城市的OD调查通常不作家访,而直接采用此方法。

8. 货物流通调查

货物流通调查是指在货源点和吸引点调查货源种类、数量、调查日的货流流向与流量、采用运输工具等。

五、调查数据的处理

1. 资料编辑

(1)审核。检查已收集的资料是否齐全,是否重复或遗漏,是否有可比性,是否差错,数据和实际情况是否有相互矛盾之处,并及时复查核实、订正、删除或补充。

①资料的准确性。看资料准确度能否满足调查要求。一是剔除不必要的资料,筛选出重要资料,并统一成一致形式,如计量单位、价格单位、时间标准等。二是排除不可靠资料,检查资料范围、计算途径、计算单位、计算方法、填写方法是否与规定相符,是否有逻辑矛盾、技术差错等。

②资料的完整性、齐备性(资料信息量、详细程度、分组是否符合要求)。资料审核的具体方法主要有:

加总法:将资料中可以相加的指标和有关项目进行加总,看是否等于合计数。

对比法:把相互联系的数字如企业规模与销售量、统计数字与合计数字进行对比,看是否合理。

平衡法:将有平衡关系的指标数字如商品购进、销售、运转、库存、加工等联系起来进行平衡计算,看是否平衡。

观察法:把统计数字和人们的经验、业务活动的实际情况进行比较观察,看是否符合实际。

(2)处理。资料审核后,问题资料需进行处理,一般是进行补充调查。先抽样复查,当补充调查或复查有困难时,可采用统计方法处理。对残缺不全的资料,可采用平均数填补法、比例推算法、线性填补法。有疑问的资料可采用背景调查法、滤波法进行处理。

2. 分组归类

已审核、汇总的资料必须予以分组归类。

(1)把资料按涉及内容归入不同题目,而题目要与预先提出的报告主要标题相符合。

(2)按题目排列资料时,必须对大量统计资料按规模、数量(如人数、销售额)或自然条件(如地区、性别、职业)分类。

(3)分类题目选定后,将资料收入每个题目的类目中。

3. 编码制表

(1)编码。为方便采用现代分析技术(如计算机)对分类资料进行处理,往往要给分类资料或答案编排数字或代码。

结构型问卷(或问题)可预先编码;非结构型或其他资料需编辑分类后编码。

(2)制表。将已整理、分类、编码的资料制成表格,以方便进一步工作。

统计表格有很多种,如一览表(把多个调查单位和相应调查项目登记在一张表里)、单一表(将一个调查单位所有资料登记在一张表或卡片上)。此外,从表格作用看,有整理表、计算表、分析表;从表格反映内容资料看,有分类表、频率分布表等。

4. 资料分析

资料分析就是对调查研究材料进行研究和解释。当研究材料证明了研究假设时,要从理论上分析二者一致的意义。当研究材料没有证明研究假设时,要从理论上分析和解释原因,并提出新的问题和研究假设。

在资料初步整理以后进行统计分析。统计分析必须服务于整个调查研究的目的,必须制定具体统计分析计划,包括根据调查研究目的、任务和理论框架,确定具体的统计分析对象,制定详细统计分析提纲。定性研究主要比较事物的不同特征和相互联系,分析事物内部结构和变化发展;定量分析主要用数量表现出性质的差别和关系的强弱。研究社会经济现象既要研究经济结构的本质和规律,也要对其存在和发展的规模、速度、程度等因素进行度量、计算和说明。OD 调查中搜集到数量十分浩大的资料,如果不利用计算机来处理是无法完成的。统计分析大致有以下几步:

①对所有的 OD 调查表格进行检核、验收;

②按编码要求对每张表格内容进行编码;

③进行计算机输入,按一定程序格式建立起原始数据库;

④根据统计分析要求建立分析程序库,作出多项基础统计并绘制图表。

计算机的数据处理与分析,以及建模、预测、规划和评价过程都需要之前的调查数据来支持。下面简述几种 OD 调查基础统计阶段成果的分析图表。

(1)OD 表。OD 表分为矩形表和三角形表两种(表3-2)。它清晰地表达了以交通分区为单位的各类出行分布情况。应注意的是矩形表(甲)既反映流量,又反映流向,例如由 A 到 B 是 34,B 到 A 是 30;而三角形表(乙)只反映流量,即 AB 间的出行为 64。另外两表对区内出行的表述,(乙)表是(甲)表的 2 倍,这是(乙)表假定区内出行往返相等的缘故,于是(乙)表 OD 总量比(甲)表多。

(2)期望线图、交通等值线图。为了直观地在城市地图或规划图上表达各区之间的出行分布,按期望线的定义,可以用宽度与出行量成一定比例的粗直线将区之间的形心联系起来,绘成期望线图。这种图对分析客流流向和城市干道、公共交通路网布局的适应性十分有用。在期望线图基础上,将地区形心之间的直线改绘成方向与之大致相同而粗细不同的折线,粗细程度就表示分布在该路段上交通量的大小,即形成了等值线图。

(3)交通产生与吸引统计图。按不同交通区所产生或吸引的出行量,用统计资料绘成分布密度图。它清楚地表明了各区交通量的生成。

(4)出行特征分析表。出行特征分析表主要包括:起讫点调查主要资料;市区、郊区的出行分布表;出行目的和出行交通方式选择比例;不同出行交通方式出行时间分布;居民出行调查的出行特征分析,还有出行与性别、年龄、职业、土地利用的关系;不同时间、不同出行目的、出行方式情况表等。

【本章小结】

本章对交通枢纽规划基础调查的基本内容、流程、方式和方法进行了阐述,重点介绍了OD调查法的概念、区域界定、样本的选取以及调查数据处理等内容,从整体上概括了交通枢纽规划调查的主要项目内容和可采取的方式方法。

【实训题】

以某市某区域为背景进行OD调查的方案组织,包括区域界定、样本的选取、可采取的调查方法和调查数据的处理方法等。

【复习思考题】

1. 简要分析规划交通枢纽需要进行哪些基础调查。
2. 简述交通枢纽规划过程中社会经济的调查主要分为哪几个阶段。
3. 客、货运枢纽规划调查主要进行哪些方面的调查?
4. 简述OD调查的主要内容及特点。
5. OD调查主要有哪些调查方法?

第四章 交通枢纽运输需求预测

【课前导读】 本章讨论交通枢纽运输需求预测技术。第一节介绍了交通枢纽需求预测的思路、原则和方法分类。第二节阐述了交通枢纽运输需求预测的影响因素,并详细介绍了几类常规的交通枢纽运输需求预测方法。

【知识学习目标】 掌握交通枢纽运输需求预测的基本思路和原则,了解交通枢纽运输需求预测的方法分类,掌握交通枢纽运输需求预测的影响因素和几类典型的预测方法模型。

【能力培养目标】 建立与运输需求预测相关的知识体系,培养学生具备利用现有调研数据进行运输需求预测的能力。

【教学重点】 交通枢纽运输需求预测的思路与原则;交通枢纽运输需求预测的影响因素;交通枢纽需求预测的典型模型。

【教学难点】 指数平滑法;回归分析预测方法;灰色预测 GM(1,1 模型)。

第一节 预测思路及原则

所谓预测,是指对尚未发生或目前还不明确的事物进行预先的估计和推测,是现在对事物将要发生的结果进行探讨和研究。枢纽运输需求预测,是交通枢纽规划布局的一项重要内容,也是枢纽规划的前提,其目的就是要通过一定的手段和方法推算出研究区域内未来运输量的发展趋势,为运输基础设施的规划和建设提供最基本的依据,避免枢纽规划决策的盲目性,提高枢纽布局决策的正确性。同时,枢纽需求预测还为政府道路运输主管部门进行市场的调控和管理提供有价值的决策信息。

一、基本思路

交通枢纽运输需求预测应充分研究我国社会主义市场经济体制下运输市场的变化趋势和特点,在分析社会经济、交通运输发展特点内在联系的基础上,对规划区域内社会经济和交通运输的未来发展趋势进行研究,并对有关社会经济指标和运量发展值进行预测。具体预测思路如图4-1所示。预测流程可按如下步骤进行:

(1)确定所研究的规划预测范围,明确预测目的,根据需要和可能,说明通过预测要解决的问题。

（2）鉴别、选择和确定预测元素。从大量影响因素中，挑选出与预测对象有关的主要影响因素。

（3）确定逻辑关系，选择预测方法。

（4）建立模型。以较低的费用代价建立效益较高的模型，以达到较好反映客观实际的目的。但是模型越细，所要求的信息越多，计算工作量也就越大，因此对模型的要求应适度。

（5）检验模型。通常采用历史数据检验模型的合理性和客观性，将历史预测结果和实际情况相比较，找出模型的不足点，并加以修正。

（6）假定因素和条件。通过模型对某些假设进行运算，确定某些情况发生变化时预测结果的变化情况。

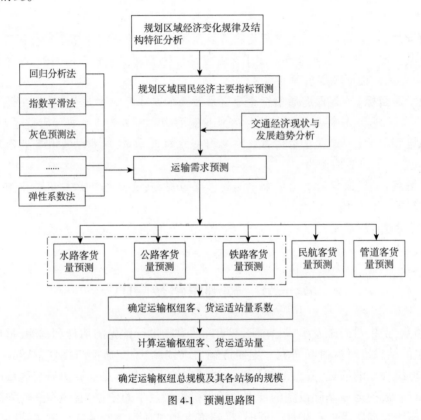

图 4-1 预测思路图

二、预测原则

1. 坚持连续性原则

连续性原则是指事物的发展是其过去的延续，而未来是现在的延续。交通系统中连续性是普遍存在的。如机动车保有量、路网密度、自行车拥有量、人口、国民生产总产值以及交通量等交通因素都具有一定的连续性。

在交通预测中，利用连续性原则是有条件的。一般应以交通系统的稳定性作为前提。也就是说，无论是交通政策，还是交通环境、交通设施，它们都应具有稳定性。只有在系统稳定时，各交通因素之间的内在联系及基本特征才有可能延续下去。然而，由于社会发展环境是多变的,交通问题的发生和发展会受到各种偶然因素的影响,绝对稳定的交通系统是不存在的。在这种情况下,要求预测人员进行预测时一方面要把握住交通因素发展的主要环节,同时又要研究可能出现的偏离现象及偏离程度,并对预测结果作出修正,这样才能使预测工作较客观地反映实际的发展。

2. 坚持相关性原则

相关性原则是说任何影响交通因素的发展变化都不是孤立的,都与其他一个或多个交通因素的发展变化相互联系、相互影响,这种发展变化过程中的相互联系就是相关性。相关性有多种表现形式,其中最主要的、应用最广泛的是因果关系。因而,利用交通发展过程中的相关性是进行预测时首要考虑的一个重要方法,特别是需要定量预测时,如果能够找到一个或几个与预测对象密切相关的并且是可以控制或可以预见其发展变化的因素,利用调查数据(历史数据)建立起它们与预测对象之间的数学模型,则会得到较好的预测结果。

3. 坚持连贯性和类推性原则

连贯性是指在事物未发生质变的情况下,其过去和现在发展变化的规律性可以延伸到未来。许多事物相互之间在发展变化上常有类似之处,可根据某一事物发展变化体现出的规律来预测类似事物的变化发展,把先发展事物的表现过程类推到后发展事物上去,并对后发展事物的前景作出预测,这就是类推原则。在利用类推原则进行交通预测时,首要的条件是事物之间的发展变化具有类似性,否则就不能类推。特别是,当由局部去类推整体时,应注意局部的特征是否能代表、反映整体特征,是否具有代表性。此外,事物之间的相似性并不是完全意义上的"等同"。因此,利用类推原则时既要看到与预测对象相同的部分,也要看到预测对象独特的一面。

4. 坚持概率性原则

由于预测受到其他各种随机因素的干扰,使得预测结果具有一定的不确定性。在这种情况下,为便于决策者更好地做出决策,应该对这种不确定性有更好的表达和体现。为了说明预测结果的不确定性,可采用概率论与统计学概念,在给出预测值的同时,给出预测区间与预测对象发生在该区间的置信度(概率)。这就是概率性原则。

5. 坚持系统性和系统分析的原则

交通系统作为社会的一个子系统,其发展变化必然受到整个社会系统的影响。系统性原则要求预测者要系统地考虑其他子系统的发展变化对交通系统的影响,并多角度预测交通问题。系统性原则要求预测者具有发展的思想,充分考虑未来交通或其影响因素可能出现的新变化,并根据实际情况的变化及时对预测结果进行调整。在具体的应用中,要求预测者对预测结果进行跟踪,以对预测结果或必要时进行修正。

区域运输系统是区域经济这个复杂大系统中的一个子系统,我们在对区域经济进行分析时,必须坚持系统分析的原则。系统中的各个因素都不是孤立存在的,应该将其联系起来考虑,具体体现在以下四个方面:将区域社会经济系统与国家社会经济系统、国际社会经济系统以及周边地区社会经济系统联系起来考虑;将区域交通运输系统与区域社会经济系统联系起来考虑,考虑交通运输系统与社会经济系统之间相互作用;将区域运输系统中的各种运输方式联系起来考虑,考虑各种运输方式之间的协作与竞争;将各运输方式中涉及的各个要素联系起来考虑。

6. 坚持定性与定量相结合的原则

社会经济在发展的过程中带有规律性和偶然性,在进行交通运输需求预测时,我们既要充分应用科学的定量分析手段寻找运输需求发展的规律,也要考虑未来发展中的偶然性(不确定性)、政策影响、专家经验和领导决策等因素,并运用定性分析手段把握预测的方向。

7. 坚持弹性原则

既然未来社会经济发展带有偶然性,那么预测结果也不是唯一的,应充分考虑运输需求的多种可能性,预测结果应当保留必要的弹性范围。

三、预测方法分类

随着预测科学的迅速发展,各种各样的预测方法也不断出现。据统计,现在预测方法已多达 200 多种(最常用的只有十几种),虽然每种方法有一定的使用范围,但是它们常常是可以相互补充的。

(一)按预测方法的特征分类

1. 定性预测

所谓定性预测方法,就是依靠具有丰富经验和综合分析力的人员或专家,根据已经掌握的历史资料和直观材料,运用人的知识、经验和分析判断能力,对事物的未来发展趋势做出性质和程度上的判断。然后,通过一定的形式综合各方面的判断,得出统一的预测结论。一般来说,常用的定性预测的方法有经验判断法、运输市场调查法等。其中德菲尔法是应用较广泛的定性预测方法。

2. 定量预测

定量预测方法是在一定的经济理论和数学、统计学原理基础上,利用已经掌握的比较完备的历史统计数据建立正确的数学模型,寻求有关变量之间的规律性联系,用来预测和推测预测对象未来发展变化趋势的一种预测法。定量预测也称为统计预测。通常可把定量预测方法分为时间序列预测方法、因果关系方法及概率方法三类。

3. 组合预测

组合预测是指两种以上方法的组合运用。这种组合常表现为定性方法和定量方法的组合,有时是两种以上定量预测方法的组合。组合预测兼有多种方法的长处,可以取得较好的预测结果。事实上,定性预测与定量预测本来就是密不可分的,任何定量预测都离不开定性的逻辑分析和判断。而进行定性预测时,为取得准确的结论也常常需要定量分析。现代预测技术发展的特点就是多种方法交叉使用,相互渗透。实际工作中,对一个预测目标往往需要结合多种方法,经过多次"定性问题定量比、定量结果定性分析",才能得到一个科学的、合理的预测结果。

(二)按预测的内容分类

1. 社会预测

社会预测包括对有关社会问题、如社会制度、社会结构、人口问题、教育和文化生活、医药卫生和健康水准、婚姻和家庭等方面的发展和变化的预测。

2. 经济预测

经济预测指对经济领域问题的预测,如对经济体制和结构的改革、经济发展目标和发展策略、经济的规划和计划、市场需求、经济效益及工业企业各方面的预测等等。

3. 其他类预测

其他类预测主要包括科学技术预测与军事预测。交通运输工程方面的预测就其性质来说是属于一种社会、经济、环境等方面的预测的综合,但所用到的数据主要是经济与社会数据。

第二节　交通枢纽运输需求预测

一、运输需求预测影响因素分析

(一)客运需求量影响因素分析

社会经济生活中各种事物往往现象繁杂,关系错综复杂,影响因素众多。在分析客运需求的影响因素时,我们主要考虑的因素如下:

1. 经济发展水平

旅客运输需求中很大一部分是属于工作、生产等客运需求,例如采购原材料、学术交流、参加会议等而产生的出行需求。从静态的角度分析,通常经济发展水平越高的国家和地区,其旅客需求水平就越高;相反,经济发展相对落后的国家和地区,旅客运输需求水平也就相对较低。从动态的角度分析,在经济高速发展的时期,旅客运输需求增速也较快,大量从业人员因工作需要而更加频繁的外出;相反,当经济处于发展缓慢期时,人员出行的频率就会相应的有所降低,这就是引起旅客运输需求的波动的主要原因。除此之外,经济发展水平还直接影响到居民的消费和收入水平,从而间接对旅客运输需求产生影响。因此,总的来说影响旅客运输需求的一个总量性因素就是经济发展水平。

2. 人口数量及结构

旅客运输的服务对象是人,人口数量的变化必然引起旅客运输需求的变化。一般来说,在人口密集的国家和地区,旅客运输需求量也会相应较高,而在人口较少的国家和地区,旅客运输需求量便较低。当人口数量增加时,旅客运输需求量就会相应的增加。另一方面,人口结构也会对旅客运输需求产生一定的影响。从年龄上分析,人口结构为成长型的国家和地区的运输需求要大于人口结构为衰老型的国家和地区。而从人口结构中的城乡结构来看,城镇人口一般对交通运输的需求要比乡村人口大很多。

3. 经济体制和经济政策的影响

计划经济体制下,国家由于实行较为严格的就业和户籍管理制度,导致人员流动量很小,而在市场经济体制下的人们在就业方面则有了较大的自由,人口流动较为频繁,对客运的需求量也就更大。我国市场经济的飞速发展和居民收入水平的日益提高,使得人口的流动性大大提高,客运量出现了较快的增长势头。而在经济政策方面,例如公交的补贴政策则会使市民的出行费用大大降低,这就会增加市民出行时对公交方式的选择概率,从而直接导致公共交通运输需求的增加。

(二)货运需求量影响因素分析

在分析货运需求的影响因素时,我们主要考虑的有:

1. 自然资源和生产力布局情况

（1）自然资源空间分布不均衡。由于自然资源是进行社会生产的主要生产资料，所以，自然资源的空间分布情况将对货运需求造成最直接的影响。自然资源空间分布不均衡作为一种自然地理现象，在世界范围内广泛存在。例如，中东地区的石油储量占全世界已探明石油储量的60%以上；中国、俄罗斯、加拿大、美国、巴西5国拥有世界60%以上的木材蓄积量；而澳大利亚、巴西、加拿大是世界上主要的铁矿石出口国。世界范围内的自然资源空间分布不均衡现象导致了大规模的以初始原材料为运输对象的货物运输。另一方面，蕴藏丰富自然资源的地区，其经济发展模式多为资源输出型，为加速本地区经济的发展，必须努力开拓资源销售市场，以扩大本地区资源的利用效果，实现资源类产品在更大范围和程度上的输出，这就从供给和需求两个方面对区域之间自然资源类货物的运输提出了客观需求。

（2）生产力布局。由于货运需求植根于社会生产活动，生产力布局情况对货运需求特征具有显著的影响。生产力布局作为社会生产力发展和社会生产力分工在空间上的体现，是社会存在的基本形式。生产力布局对货运需求的影响具有广泛性，表现在货流特征的各个方面。在一定的生产力布局条件下，货物运输的流量、流向、流时、流距和结构五要素都会因原材料产地、生产加工产业和产品销售市场的确定而表现出稳定的特征。由于区域生产力布局变化缓慢，因而在较短时期内，受到生产力布局相对静止的影响，区域货运需求变化不大。但对于较长时期，生产力布局的变化不可忽视，如旧矿区的衰竭、新矿区的开发，以及新的加工生产中心和销售市场的形成都会使货物运输的特征发生显著的变化。因此，分析较长时期内的货运需求时，必须全面地把握区域生产力布局的变化情况。

2. 国民经济发展水平与产业结构

（1）国民经济发展水平。货运需求属于派生性需求，其流量的大小主要取决于国民经济发展水平。在经济结构相近的情况下，在一些经济发展水平较高、实力雄厚的地区，货物运输量规模通常都比较大，同时也具有较强空间经济势能，且对外界环境有较强的辐射力和吸引力，其产品一般都大出大入。在经济迅猛发展时期，会产生较强的货运需求，同一国家或地区经济发展的不同时期对货运的需求结构也不同。经济发展初期，因重工业、基础产业的迅速发展，加上技术限制，需运送大量的原材料和初级产品，货运量激增，货运弹性系数较大。随着工业化发展及产业结构的调整，产业结构转向技术密集型，产品运输向轻、小、高附加值方向发展，导致货运量减少，因此GDP的增长速度高于货运量（周转量）的增长速度，货运弹性系数呈下降趋势，一般小于1.0。

（2）产业结构。除国民经济发展水平外，产业结构对货运需求也有较大的影响。不同的产业对货运需求在质和量上的要求是不同的。同传统的低附加值高能耗产业相比，轻工业、加工制造业具有较低的单位产值货运量水平。在一定国民经济发展水平下，若传统的低附加值高能耗产业在区域产业结构中占据较大比例，则工业部门运输需求总量也必定保持在较高水平。相反，一些电子、生物工程、信息产业等新兴工业对运输量的需求很小，而对运输质量要求很高。如果加强工业部门产业结构调整，加速提高经济增长质量，走新型工业化道路，未来工业部门单位产值的货运需求量将会下降。所以，不同国家和地区的产业结构不同，货运强度也就不同。而同一国家和地区经济发展的不同阶段，随着产业结构的不断升级，将表现出阶段性的变化的货运强度特点。

产业结构的变化必将导致一些行业的高速发展和一些行业的衰落,与之对应的是生产要素在产业部门间的重新配置,这就必然会造成货物运输需求的结构性变化。

3. 交通基础设施建设水平

由于货物的空间"位移"必须以交通基础设施为载体,交通基础设施的建设水平对货运需求的数量和分布有着重要影响。

(1)交通线网对货运需求的影响。交通线网作为货物运输得以实现的必要条件,一方面适应了区域货运交通需求,满足了货物运输对交通基础设施在方向、运力分布和地域覆盖范围上的要求。另一方面,交通线网对货运需求具有强烈的反作用。区域内高效、便捷的运输网加强了区域经济的辐射力和影响力,引导着区域生产力的空间布局和发展规模,进而影响了货运需求的结构和数量走向。如具有大运力的新建交通线路的投入运营,会造成货运需求在区域交通线网上的重新分配,同时产生大量的诱增交通量。因此,发达的交通线网在满足既有货运交通需求的同时会诱发大量的新的货运需求,而滞后的交通线网建设水平会大大抑制交通需求的发展。

(2)交通枢纽对货运需求的影响。交通枢纽对货运需求的影响主要表现在交通枢纽的聚集和发散功能上。首先,交通枢纽作为多种运输方式和多条运输线路的交汇点,具有便捷的运输线路和运输方式转换功能,可以从与之相交的各个运输方向上将不同种类、规格的生产资料和产品聚集在一起。同时,交通枢纽还具有强大的辐射和发散功能,可以将聚集起来的生产资料和产品输送到各地。聚集和发散生产资料和产品是社会生产过程中必不可少的环节,交通枢纽正是在发挥其聚集和发散功能的过程中对货运需求的运输方向和运量特征产生了影响。

(3)运输技术对货运需求的影响。运输技术对货运需求的影响是通过提高运输能力、运输速度和运输管理水平,即通过提高运输效率来实现的。

①运输能力。运输技术的改进提高了交通线路的通过能力和运输工具的承载能力,加强了区域货物运输联系的强度并扩大了区域货运联系的范围。运输能力的提高,特别是运输设备的重载化,使大宗廉价的初级产品的运输更加便捷,减弱了原材料产地对生产力布局的影响,使生产力布局呈现出消费地导向的特点,从而使货运需求产生结构性变化。

②运输速度。运输技术的进步提高了运输工具的运行速度,缩短了运输时间,扩大了货物运输的空间范围,从而改变了传统意义上的运输时空二元关系,为长距离的运输联系提供了条件。国际贸易正是在不断提速的国际运输中得到了加强,从而促进了国际化分工和国际市场的形成。

③运输管理水平。综合运输系统是一个连接程度高、协调性强的系统,综合运输系统内各种运输方式及其线路密切配合,共同完成区域货物运输任务。运输管理水平的提高促进了各种运输方式及其线路的合理分工和协同组织能力,有助于实现货运过程的"无缝衔接",从而提高了货物运输周转效率,降低了运输成本,使货物运输具有更高层次的深度和广度。

4. 人口和城市化水平

人口和城市化水平对货运需求的影响主要反映在消费群体的消费结构上。结合货运需求产生机理分析,货运需求源于消费群体对产业部门消费产品的需求,人口增长和分布情况直接决定了"消费产业部门"这一货运需求终端对货运需求在数量和分布上的要求。如区域总人口的增加,必然引起粮食、副食品、日用工业消费品以及食用油料等产品需求的增加;人口密集地区,货物运输需求水平就高,人口稀疏地区,货物运输需求水平就低。城市化水平即人口结构对货运需求也有显著的影响,这主要表现在需求的层次和结构上。城市作为非农业人口的聚集点,第二、三产业发达,人均收入水平较高,对消费类产品的需求远大于非城市地区;同时人口向城市集中也意味着城市基础设施和住宅刚性需求的增加,进而对建筑材料、钢铁、能源等产品的需求大大增加。另一方面,随着城市化水平的提高,我国的城市家庭规模向着小型化方向发展,统计资料表明,规模小的家庭与规模较大的家庭相比有着更高的人均生活所需消费品数量水平。因此,随着城市化进程的加快,人口向城市集中,家庭规模向小型化发展,这些变化都对货运需求都有不同程度的促进作用。

二、运输需求预测方法

预测的方法很多,国外应用的有名可查的已达150种之多,但基本上可以分为经验判断法和数学分析法两种。经验判断法主要是依靠参加预测人员的经验与判断能力,根据已掌握的情况,对预测对象的未来发展做出估计。经验判断法是一种定性描述为主的方法,此方法的优点是简便易行,适合于任何部门和企业,特别是不可控因素和不可定量因素较多的预测对象,采用经验判断的方法更为适合。但经验判断法也有缺点,主要是主观随意性大,易发生疏忽和失误,对参加预测人员的素质要求较高。数学分析法是通过建立数学模型,分析各种影响因素之间的函数关系,计算预测值来预测事物发展的变化。数学分析法以各种统计资料为依据,要求统计资料完整、连续、正确,否则就将影响预测的准确性。

在交通运输中,常要预测的参数有客运量、货运量、运输的周转量,吞吐量,适站量,日均旅客发送量等等参数。常用的方法有指数平滑法、回归分析法、灰色系统模型、乘车系数法、产值系数法、弹性系数法和增长率法等。

(一)指数平滑法

指数平滑法又简称平滑法。所谓平滑之意,是对反映变量历史变化情况的统计数据(时间序列)加以大致修匀平滑,以便分析变量的演变趋势。一般说来,最新的时间序列观察值往往包含最多的关于未来情况的信息。基于这种思想,指数平滑法认为,数据的重要程序按时间上的近远呈非线性递减,近期数据影响价值大,权数亦大。远期数据影响价值小,权数亦小。根据平滑次数的不同,有一次平滑、二次平滑、三次平滑和高次平滑之分。一次平滑一般用于呈现水平趋势的时间序列,二次平滑用于呈线性趋势的时间序列,三次平滑用于呈现非线性曲线趋势的斜率不断地增长变化。

1. 一次指数平滑法

一次指数平滑法的计算公式为:

$$F_t^{(1)} = \alpha y_t + (1-\alpha) F_{t-1}^{(1)} \tag{4-1}$$

式中:$F_t^{(1)}$——第 t 周期的一次指数平滑平均数;

y_t——第 t 周期的实际数;

α——加权系数;

$F_{t-1}^{(1)}$——第 $t-1$ 周期的一次指数平滑平均数。

指数平滑法是将第 t 周期的指数平滑数值原封不动地作为 $t+1$ 周期的预测值,即

$$\hat{y}_{t+1} = F_t^{(1)} \tag{4-2}$$

指数平滑预测法是利用平滑平均数的计算对时间序列进行修正的一种有效方法。在被预测事物中,绝大多数都存在着周期的波动和不规则变动,利用指数平滑预测法就可以在计算时对其进行修正。在修正过程中,对过去的数据分别赋予不同的权数。数据越近,权数越大,数据越远,权数越小。加权系数 α 的大小,也对原时间序列的修正程度有决定性的影响。α 的大小与修正程度成反比。但是,在反映最新数据的敏感性方面,与 α 取值的大小却成正比。因此,如果指数平滑的目的在于用新的指数平滑平均数去反映时间序列中所包含的长期趋势,那么,α 取值以择小者为好。在通常情况下,取 $\alpha = 0.1$ 即可将季节变动的影响基本消除,将循环变动和不规则变动的影响大部分消除。α 的取值范围:$0 \leq \alpha \leq 1$。在长期预测中,α 一般在 $0.1 \sim 0.3$ 之间。

在计算某一期指数平滑平均数时,总会需要前一期的指数平滑平均数作为起点,我们会联想到如何确定第一个指数平滑平均数,即如何估计初始值 $F_0^{(1)}$。从公式(4-1)可以推知 $F_0^{(1)}$ 项的加权系数为 $(1-\alpha)$,是很小的数,即 $F_0^{(1)}$ 的数值对 $F_t^{(1)}$ 的计算结果影响很小,因此,可避免用繁琐的公式计算 $F_0^{(1)}$。采用下述两种方法估计 $F_0^{(1)}$ 的值:

①设 $F_0^{(1)}$ 等于原始数据的第一个值,即 $F_0^{(1)} = y_1$。

②设 $F_0^{(1)}$ 等于最初几期的原始数据的平均值,可为最初 3 个或最初 4 个或 5 个 y_t 的值的平均值。

2. 二次指数平滑法

为了提高指数平滑法对时间序列的吻合程度,可以在一次指数平滑的基础上再进行一次指数平滑,这就是二次指数平滑。其计算公式为:

$$F_t^{(2)} = \alpha F_t^{(1)} + (1-\alpha) F_{t-1}^{(2)} \tag{4-3}$$

式中:$F_t^{(2)}$——第 t 周期的二次指数平滑平均数;

α——加权系数;

$F_{t-1}^{(2)}$——第 $t-1$ 周期的二次指数平滑平均数。

二次指数平滑一般不直接用于预测,而是仿照二次移动平均法的原理,用来修正线性趋势变化的滞后现象。二次指数平滑后,就可以建立预测的公式了。其公式为:

$$\hat{y}_{t+T} = a_t + b_t T \tag{4-4}$$

式中:T——时间序列;

$\hat{y}_{t+T}$——自第 t 周期起,到需要预测的以后第 T 周期预测数。

$$\left. \begin{aligned} a_t &= 2F_t^{(1)} - F_t^{(2)} \\ b_t &= \frac{\alpha}{1-\alpha} [F_t^{(1)} - F(2)_t] \end{aligned} \right\} \tag{4-5}$$

3. 三次指数平滑法

如被预测的数据曲线出现曲率时,二次指数就不适用了,此时必须采用三次指数平滑法。设原始时间系列为:x_1、x_2、$\cdots$、x_n,平滑系数为 α,先对原始数列作三次平滑修匀,生成三个新的数列如下:

$$s_t^{(1)} = \alpha x_t + (1-\alpha) s_{t-1}^{(1)} \tag{4-6}$$

$$s_t^{(2)} = \alpha s_t^{(1)} + (1-\alpha) s_{t-1}^{(2)} \tag{4-7}$$

$$s_t^{(3)} = \alpha s_t^{(2)} + (1-\alpha) s_{t-1}^{(3)} \tag{4-8}$$

$$s_0^{(1)} = s_0^{(2)} = s_0^{(3)} = x_1 \tag{4-9}$$

式中：$s_t^{(1)}$、$s_t^{(2)}$、$s_t^{(3)}$——对原始数列 x_1、x_2、$\cdots$、x_n 分别进行一次、二次与三次平滑后的新生成数列；

α——权系数，在$(0,1)$内取值，通常 α 取 $0.2\sim0.6$。

三次非线性指数平滑法的预测公式为：

$$\alpha_t = 2s_t^{(1)} - 3s_t^{(2)} + s_t^{(3)} \tag{4-10}$$

$$b_t = \frac{\alpha}{2(1-\alpha)^2}[(6-5\alpha)s_t^{(1)} - 2(5-4\alpha)s_t^{(2)} + (4-3\alpha)s_t^{(3)}] \tag{4-11}$$

$$c_t = \frac{\alpha^2}{2(1-\alpha)^2}(s_t^{(1)} - 2s_t^{(2)} + s_t^{(3)}) \tag{4-12}$$

$$y_{t+T} = \alpha_t + b_t T + c_t T^2 \tag{4-13}$$

式中：T——t 时点后 T 个周期数；

t——目前的周期序号；

y_{t+T}——$t+T$ 时点的预测值。

各系数计算公式的意义相同，但应注意到各系数均是指对应于目前周期 t 的系数。

（二）回归分析预测法

回归预测法是以相关原理为基础，回归分析预测的基本思路是通过相关分析把事物发展变化的决定性的影响因素找出来，或者把主要因素找出来，然后再根据数学模型预测其未来状况。

1. 一元线性回归模型

研究变量间的相关关系，确定回归函数，由此预测和控制变量的变化范围等就是回归分析。研究两个变量间的相关关系，称为一元回归分析。一元线性回归预测法是针对两个线性相关的变量进行预测的一种用途很广的方法。一元线性回归方程的一般形式：

$$\hat{y} = a + bx \tag{4-14}$$

式中：x——自变量；

$\hat{y}$——因变量；

a、b——待定参数，又称为回归系数。

按以下公式求出参数 a、b：

$$a = \frac{\sum y - b \sum x}{n} \tag{4-15}$$

$$b = \frac{n\sum xy - \sum x \cdot \sum y}{n\sum x^2 - (\sum x)^2} \tag{4-16}$$

式中：n——数据组数。

a、b 系数求出后，就可根据(4-14)式和 x 值的变化，去推算 y 值得未来变化。

（1）相关系数 r。相关系数 r 是研究两个变量 x、y 之间有无线性关系及其相关程度的系数。计算公式为：

$$r = \frac{n\sum xy - \sum x \cdot \sum y}{\sqrt{[n\sum x^2 (\sum x)^2][n\sum y^2 - (\sum y)^2]}} \quad (4-17)$$

相关系数 r 的取值范围为：$-1 \leq r \leq 1$。r 的绝对值接近 1，说明 x 和 y 线性关系越好；否则线性关系越差；其值接近 0，就可认为二者完全没有线性关系。

(2) 置信区间的估算。通过回归方程可由 x 值预测 y 值（$\hat{y}$）。由于因变量 y 受自变量 x 以外其他因素的影响，实际观测值与其对应预测值 $\hat{y}$ 之间常有误差存在。如果预测值 y 绕拟合回归线散布较大，那么，根据回归方程计算出的预测值与实际观测值的偏差也大，反之亦然。为了判断误差大小，就必须弄清实际值的散布范围，我们需要用数理统计方法来计算置信区间。

(3) $s(y)$ 标准离差。各预测值的标准离差 $s(y)$ 表示回归直线周围个体数据点的密集程度。$s(y)$ 的计算公式为：

$$s(y) = \sqrt{\frac{\sum(y-\hat{y})^2}{n-2}} \cdot \sqrt{1+\frac{1}{n}+\frac{(x_0-\overline{X})^2}{\sum(x-\overline{X})^2}} \quad (4-18)$$

式中：$n-2$——统计量自由度；

x_0——预测点的自变量的数值。

$$\overline{X} = \frac{\sum x}{n} \quad (4-19)$$

(4) 置信区间

上限：$\hat{y} + (t_{\alpha/2}, n-2) \cdot s(y)$

下限：$\hat{y} - (t_{\alpha/2}, n-2) \cdot s(y)$

式中： α——显著性水平；

$n-2$——统计量自由度；

$(t_{\alpha/2}, n-2)$——t 分布临界值，可由 t 分布表查得。

2. 多元线性回归模型

如果影响预测对象变动的主要因素不止一个，可以采用多元线性回归预测法。多元回归方程的一般形式为：

$$y = b_0 + b_1 x_1 + b_2 x_2 + \cdots + b_m x_m \quad (4-20)$$

式中： y——因变量（预测对象）；

$x_1, x_2, \cdots, x_m$——互不相关的各个自变量；对变量 $x_1, x_2, \cdots, x_m, y$ 作 n 次观测，得 n 组观测值：$(x_{i1}, x_{i2}, x_{i3}, \cdots, x_{im}, y_i)$，$i=1,2,\cdots,n$；

$b_0, b_1, b_2, \cdots, b_m$——回归系数，其中 $b_j(j=1,2,\cdots,m)$ 是 y 对 $x_1, x_2, \cdots x_m$ 的偏回归系数，其含义是当其他自变量保持不变时，x_j 变化一个单位所引起的 y 的变化量。则 $b_0, b_1, b_2, \cdots, b_m$ 可根据以上数据按残差平方和最小的原则确定。$b_j(j=1,2,\cdots,m)$ 的值应为以下方程组的解：

$$\begin{cases} L_{11}b_1 + L_{12}b_2 + \cdots + L_{1m}b_m = L_{1y} \\ L_{21}b_1 + L_{22}b_2 + \cdots + L_{2m}b_m = L_{2y} \\ \cdots\cdots \\ L_{n1}b_1 + L_{n2}b_2 + \cdots + L_{nm}b_m = L_{ny} \end{cases} \quad (4-21)$$

式中：$L_{ij} = \sum_{t=1}^{n}(x_{it}-\bar{x}_i)(x_{jt}-\bar{x}_j)$ $i=1,2,\cdots,n; j=1,2,\cdots,m$。

$L_{iy} = \sum_{t=1}^{n}(x_{it}-\bar{x}_i)(y_t-\bar{y})$。

$\bar{x}_i = \frac{1}{n}\sum_{t=1}^{n}x_{it}$ $\bar{y} = \frac{1}{n}\sum_{t=1}^{n}y_t$

$b_0 = \bar{y} - \sum_{i=1}^{m}b_i\bar{x}_i$。

多元线性回归模型的相关检验可通过计算全相关系数进行计算，公式为：

$$R = \sqrt{\frac{U}{L_{yy}}} \tag{4-22}$$

式中：$L_{yy} = \sum_{t=1}^{n}(y_t-\bar{y})^2$；$U = \sum_{i=1}^{m}L_{iy}b_i$。

R 值接近 1，回归模型的预测效果好。在取置信度 IA = 0.95 的情况下，对应于自变量 x_{i0}（$i=1,2,\cdots,m$）的预测值 y_0 的置信区间近似为：$y_0 \pm 2S$

$$S = \sqrt{\frac{Q}{n-k}} \tag{4-23}$$

式中：$k = m+1$；$Q = L_{xy} - U$。

（三）灰色预测 $GM(1,1)$ 模型

灰色系统理论是我国学者邓聚龙教授在 20 世纪 80 年代初提出的处理不完全信息的一种新理论。该理论应用关联度收敛原理、生成数、灰导数等观点和方法建立微分方程模型。近年来，灰色预测在诸多领域（包括交通需求预测）都有较好的应用。

$GM(1,1)$ 表示一阶单个变量的微分方程，是最常用的灰色预测模型，其形式为：

$$\frac{dx}{dt} + \mu x = b \tag{4-24}$$

式中：$x = x(t)$；

μ, b——待估参数。

这个微分方程的解是：

$$x(t) = \left[x(0) - \frac{b}{\mu}\right]e^{-\mu t} + \frac{b}{\mu} \tag{4-25}$$

这个模型是用来对时间序列作预测的，但它不是直接对原始数据，而是针对生成数列的。生成数列是这样来构造的：

设原始数列为：$x^{(0)} = \{x_1^{(0)}, x_2^{(0)}, \cdots, x_n^{(0)}\}$，由它产生的 1 次累加生成数列为：

$$x^{(1)} = \{x_1^{(1)}, x_2^{(1)}, \cdots, x_n^{(1)}\} \tag{4-26}$$

式中：$x_t^{(1)} = \sum_{i=1}^{t}x_i^{(0)} = x_{t-1}^{(1)} + x_t^{(0)}$（$t=1,2,\cdots,n$）。 (4-27)

例如：$x^{(0)} = \{2,5,4,3,6\}$，则：$x^{(1)} = \{2,7,11,14,20\}$

显然对于 $x_t^{(0)} \geq 0$，$x^{(1)}$ 是一个单调上升（至少是不减）的序列。把 $x_t^{(1)}$ 视为某个有连续导数的函数 $x_t^{(1)}$ 在正整数点 t 的值，即 $x_t^{(1)} = x^{(1)}(t)$。

在原始数据中，即 $x_t^{(0)}$ 的变化规律不明显，但一旦变成 $x^{(1)}$ 后，由于累加作用，抵消随机因素的影响，规律容易显露出来。将方程式（4-24）中的 $x(t)$ 换成 $x^{(1)}(t)$，解也相应的改为：

$$x^{(1)}(t) = \left[x^{(1)}(0) - \frac{b}{\mu}\right]e^{-\mu t} + \frac{b}{\mu} \quad (4\text{-}28)$$

或写成：

$$x^{(1)}_{(t+1)} = \left[x^{(1)}(1) - \frac{b}{\mu}\right]e^{-\mu t} + \frac{b}{\mu} \quad (4\text{-}29)$$

或写成离散形式，就是

$$x^{(1)}_{(t+1)} = \left[x^{(0)}_1 - \frac{b}{\mu}\right]e^{-\mu t} + \frac{b}{\mu} \quad (4\text{-}30)$$

将方程(4-24)中 x 换成 $x^{(1)}$，其中导数以离散形式写出就是

$$x^{(1)}_1 = x^{(0)}_1$$

$$\frac{\mathrm{d}x^{(1)}}{\mathrm{d}t} \approx x^{(1)}_{t+1} - x^{(1)}_t = x^{(0)}_{t+1}$$

这里，$\dfrac{\mathrm{d}x^{(1)}}{\mathrm{d}t}$ 应理解为在区间 $[t, t+1]$ 中点 $t+\frac{1}{2}$ 取值，方程中的 $x^{(1)}$ 亦应如此：

$$x^{(1)}_{t+\frac{1}{2}} = \frac{1}{2}\left[x^{(1)}_t + x^{(1)}_{t+1}\right]$$

这样，式(4-24)变成

$$x^{(0)}_{t+1} = -\frac{1}{2}\left[x^{(1)}_t + x^{(1)}_{t+1}\right]\mu + b \quad (4\text{-}31)$$

分别令 $t+1, 2, \cdots, n-1$，得

$$x^{(0)}_2 = -\frac{1}{2}\left[x^{(1)}_t + x^{(1)}_2\right]\mu + b$$

$$x^{(0)}_3 = -\frac{1}{2}\left[x^{(1)}_2 + x^{(1)}_3\right]\mu + b$$

$$x^{(0)}_n = -\frac{1}{2}\left[x^{(1)}_n + x^{(1)}_n\right]\mu + b$$

写成矩阵形式：

$$Y = XB$$

其中：$X = \begin{bmatrix} -\frac{1}{2}[X^{(1)}_1 + x^{(1)}_2] & 1 \\ -\frac{1}{2}[X^{(1)}_2 + x^{(1)}_3] & 1 \\ \cdots & \vdots \\ -\frac{1}{2}[X^{(1)}_{n-2} + x^{(1)}_n] & 1 \end{bmatrix}$

$$Y = \begin{bmatrix} x^{(0)}_2 \\ x^{(0)}_3 \\ \vdots \\ x^{(0)}_n \end{bmatrix}$$

$$B = \begin{bmatrix} \mu \\ b \end{bmatrix}$$

用最小二乘法得

$$B = (X^T X)^{-1} X^T Y \quad (4\text{-}32)$$

应当注意，用式(4-27)得到的是生成序列的预测值。而我们最终需要的是原始序列的预测值，因此，必须将生成序列预测值通过逆累加法生成法(也叫累减生成法)还原为原始序列的预测值。逆累加生成序列这样来构造：

设一次累加生成数列为:

$$x^{(1)} = \{x_1^{(1)}, x_2^{(1)}, \cdots, x_n^{(1)}\}$$

对该数列进行累减生成:

$$x^{(0)} = \{a^{(1)}x_1^{(1)}, a^{(1)}x_2^{(1)}, \cdots, a^{(1)}x_n^{(1)}\} \tag{4-33}$$

其中 $a^{(1)}$ 代表 1 次累减生成算子,且

$$a^{(1)}x_t^{(1)} = x_t^{(1)} - x_{t-1}^{(1)} = x_t^{(0)}$$

(四) 乘车系数法

乘车系数法又称为原单位发生率法,类似于城市交通预测中的类别发生率法。它用区域总人口与平均每人年度乘车次数来预测客运量,乘车系数是区域旅客运量与人口数之比。其一般式为:

$$Q_t = P_t \beta \tag{4-34}$$

式中: Q_t ——预测期客运量值;

P_t ——预测总人口;

β ——乘车系数。

(五) 产值系数法

产值系数法是根据预测期国民经济指标(如工农业总产值、社会总产值、国民收入等)和确定的每单位产值所引起的货运量或客运量来预测的方法。所采用的公式为:

$$Q_t = M_t \beta \tag{4-35}$$

式中: Q_t ——预测期总运量;

M_t ——预测期经济指标;

β ——产值系数。

产值系数法的关键在于把握产值系数的变动趋势。在货运量预测中,产值系数法又可称为运输强度法。国家(或区域)每生产一元产值所需要的运输量称为运输强度。运输强度通常由统计获得。

运输强度=运输量/同期生产总值

运输量预测值=生产总值预测值×运输强度

这里的运输强度即为上述中的产值系数。

(六) 弹性系数法

交通运输业的货运量反映了国民经济发展对运输的需求,它们之间存在着一定的对应关系。国民经济的增长速度常以工农业总产值的增长速度表示,运输增长速度以货运量和货物周转量的增长速度表示,其对应比例称为弹性系数,即:

$$货物运输弹性系数(K) = \frac{货运量(或货物周转量)增长速度(\%)}{工农业总产值增长速度(\%)}$$

用弹性系数预测货运量,要根据历史形成的弹性系数的变化趋势,并根据预测期内工农业总产值推算未来时期的货运量。计算公式为:

$$N = P \times (1 + n \times K)^t \tag{4-36}$$

式中: N ——预测未来时期的货运量;

P ——基础年货运量;

n——预测期内工农业总产值增长速度;

K——预测期弹性系数取值;

t——预测年限。

(七)增长率法

增长率法是根据预测对象(如客货运量、经济指标等)的预计增长速度进行预测的方法。

其步骤是:首先分析历史年度预测对象增长率的变化规律;其次根据对相关因素发展变化的分析,确定预测期增长率;最后进行未来值的预测。其一般式为:

$$Q_t = Q_0(1+\alpha)^t \tag{4-37}$$

式中:Q_t——预测值;

Q_0——基年值;

α——确定的增长率;

t——预测年限。

增长率法的关键在于确定增长率。但增长率随着选择年限的不同而存在较大的差异。所以增长率法一般仅适合于增长率变化不大,且增长趋势稳定的情况。其特点是计算简单,但预测结果粗略,较适于近期预测。在交通运输预测中,由于人口发展受政策性影响较强,所以常常应用增长率法进行人口预测。

交通枢纽的客货流预测具有一定的复杂性,目前在国内还没有形成固定的分析计算模式,预测分析的理论和方法也还在发展完善之中。因此,在实践中要结合枢纽的实际情况,同时结合规划设计的需要,通过灵活的分析手段得到最终合理、完整客流预测数据。

【本章小结】

本章介绍了交通枢纽运输需求预测的思路、原则和分类,分析了需求预测的影响因素,着重阐述了几类典型的需求预测方法。

【实训题】

以某区域为背景进行运输需求预测,并分析不同预测模型的预测结果。

【复习思考题】

1. 交通枢纽运输需求预测的基本思路和原则是什么?
2. 客运交通需求与货运交通需求的区别有哪些?
3. 客运和货运需求量影响因素分别是什么?有什么区别?
4. 常用的运输需求预测方法有哪些?简述其原理。
5. 公路运输枢纽适站量预测的重要性体现在哪里?现阶段对客运和货运适站量预测采用什么方法?

第五章 交通枢纽规划理论与方法

【课前导读】 本章讨论交通枢纽规划的理论与方法,从宏观角度分析交通枢纽规划的逻辑层次、内容以及相关的方法和模型。第一节从交通枢纽类型标定入手,讨论交通枢纽选址的策略与方法。第二节以交通枢纽布局规划理论发展的历程为脉络,讨论了几类典型的布局规划模型,并着重阐述了现代交通理念下的枢纽布局优化方法和模型。

【知识学习目标】 理解交通枢纽选址和交通枢纽布局规划的典型方法与模型,了解传统交通枢纽布局规划理论面临的问题,掌握现当代交通枢纽布局的优化模型及其改进模型。

【能力培养目标】 建立交通枢纽规划宏观层次的理论与方法体系,使学生具备从战略角度进行交通枢纽规划的能力。

【教学重点】 交通枢纽选址方法与模型,交通枢纽布局规划方法与典型模型。

【教学难点】 混合整数规划模型;现代交通布局优化模型及其改进模型。

第一节 交通枢纽选址策略与方法

一、交通枢纽类型的标定

对于一般交通枢纽节点,根据其在交通网络上所在位置的特性可分为三类:已定型、半定型和全定型。

(一) 已定型

已定型交通枢纽是指该枢纽依附于已经建成的较大的建筑实体或地理实体存在,其位置是由该点所具有的用地、经济、社会特性确定的,或由与本交通枢纽相衔接的规模更大的交通枢纽确定的,不存在选址问题。

(二) 半定型

半定型枢纽是指还未建成,而对象网络(目前正选择枢纽位置的交通网络)已经存在,仍然存在一个选址问题,且位置在一定程度上要依靠对象网络的结构特征和之外的社会经济因素的一类交通枢纽。

(三) 全定型

全定型枢纽是指位置全部或主要由对象网络本身的特征,及其上的交通流量的分布情况来决定的一类交通枢纽。

在一个国家范围内,首都、大型港口城市一般是这个国家各种远程交通网络的枢纽,称为"网先城市";在一个城市范围内,已经建成的火车站、机场、码头、长途汽车站等都是城市交通的枢纽,称为"网先建筑"。它们统统称为"网先枢纽",一般先于对象网络而存在。它们所在的位置之所以肯定成为交通枢纽,是因为其本身的用地特性、社会经济地位决定它将产生或吸引大量交通流量,使得在本网络上运行的各种交通方式在此处建立始发站,开通开往各地的交通线路,又反过来吸引客货运输,从而成为一个交通枢纽。网先枢纽就是位置"已定型"枢纽,该类型枢纽不存在选址问题。因此,交通枢纽的选址就是确定半定型、全定型枢纽在交通网络上的位置。

二、交通枢纽选址的方法

交通枢纽选址主要有三种方法:一种是途径流量最大法,或叫"流量决定法"。该法主要用于全定型的客运交通枢纽的选址。另一种是交通成本最小法,又叫"成本决定法"。该法主要用于半定型客运枢纽和货运交通枢纽的选址。第三种方法是多因素综合平衡选址法,其中又包含三层模型。

为了后续章节的表述方便,先介绍一些常用的符号:

N——交通网络中节点的个数;

n——对象区域中分区的个数;

K——对象区域中适合安放枢纽的分区的个数;

M——枢纽的个数;交通网络上路段的集合;

m——拟扩容或新建的路段的数目;

I、j、k——节点或枢纽的下标;

r、s——分区的下标;

a——路段的下标。

(一)流量决定法

这种方法是在网络的节点中挑选交通枢纽点。该方法的基本思路是:一个节点是否能成为枢纽是根据途经它的交通流的大小决定的。这里的关键问题是交通流在线路上的分配。是用单路径分配还是用多路径分配?考虑到实际中大多数乘客都很难精确地判断出最短路线,还是采用多路径分配即随机加载方法比较好。

还有一个问题是:采用阻抗不变的分配法还是用阻抗可变的分配法?因为该方法主要用于确定客运枢纽。现在来分析各种客运交通中阻抗与流量的关系。

公路客运的行驶速度与公路上车流量有关,有一定的随机性,车流量越大,速度越小。但公路上行驶的车辆是多样的,除长途客运汽车外,还有货车、个体汽车,而长途客运汽车只占较小的比例,所以长途客运汽车对速度的影响不是很明显。另外,汽车上的乘客的数量对汽车的行驶速度基本上是没有影响的。

在城市交通中,个体车辆虽然也主要是承担乘客运输,但不需要为它建立枢纽;公共汽车的运行情况与公路长途客运汽车相仿;快速轨道交通运行速度都是人为预先编制规定好的,严格按规定运行,与交通工具的数量和交通工具上乘客的多寡无关。

综上所述,各种客运工具的交通流以及客运工具上的乘客量与其行驶速度没有关系或关系不大。但是我们也应该看到,当一条线路上乘客出行需求量增大到一定程度时,将促使运输管理者增加营运班次,从而使乘客的候车时间可能变短,这样就使旅行时间变短,也就是阻抗变小。这就是说,客流量与旅行阻抗不像公路上车流量与阻抗成正比关系,而是相反,成反比关系。但是这种关系极难把握其规律,这是因为,有时由于乘客的剧增,即使增加了班次,还是有不少乘客买不到票,挤不上交通工具;还有,公共汽车、长途汽车班次的增加在一定程度上使交通拥挤。这种正正反反的作用,十分复杂,很难用数学模型描述其规律,因此,为了方便,我们不考虑乘客流量对旅行阻抗的影响,即假定阻抗是不变的。

综上两方面的分析,在确定客运交通枢纽的流量决定法中,我们采用阻抗不变的多路径分配方法。这个方法是由以下算法实现的。在算法中,客流量只指选择交通方式的客流量,采用个体交通方式的除外。具体算法步骤如下:

步骤 1:初始化。给 PA 点编号:$1,2,\cdots,n$,其余各节点编号为 $n+1,\cdots,N$;令途径各节点的交通流 $W_j=0(1 \leq j \leq N)$。

步骤 2:将所有的 PA 点对时间的乘客出行量 $qrs(1 \leq r,s \leq n)$ 按阻抗不变的多路径分配方法分配到客运交通网络上去,得到各路段的客流量:$x_{ij}(1 \leq i,j \leq N)$。

步骤 3:对每个节点 j 计算驶经它的各客流量之和:

$$W_j = \sum_{i=1}^{n} x_{ij} \quad (1 \leq j \leq n) \tag{5-1}$$

步骤 4:将所有节点按 $W_j(1 \leq j \leq n)$ 从小到大排序,排在最前面的最应该作为枢纽。

算法结束。

根据以上算法的结果,可以根据经济实力和整个交通运输规划确定节点序列中最前面若干个节点作为枢纽点。这些选出来的节点如果有已经存在的,就删掉它们,从随后的节点中补上。这样,整个枢纽地址就确定了。

(二)成本决定法

1. 简单情形

成本决定法又叫成本最小法,其基本思路是所选的位置要使交通成本和相关的位置成本(如拆迁费用)最小。半定型枢纽和货运枢纽一般采用这种方法。我们以货运枢纽为例,探讨成本决定法。首先考虑一类比较简单的情形;只为一个枢纽选址。

货运枢纽大多是呈多层次金字塔结构,一个对象区域有一个总枢纽(对象区域很大时,可能有两、三个总枢纽),总枢纽下又有几个分枢纽,总枢纽主要负责集散分枢纽的货物,各个分枢纽又可能有自己的下一层次枢纽,最下一层枢纽是面对一定范围的客户。如以一个省的交通枢纽为例,在省会或某个合适的城市要有一个总枢纽,而在下面城市则要有一些各自的枢纽。对于其中某一层的一个枢纽的选址主要考虑两个问题:(1) 与上一层的交通联系;(2) 与下一层枢纽的交通联系。目标函数是使总的运输成本最小。由于从上到下,每层枢纽都要考虑第 2 个问题,这本身就是下一层枢纽的第 1 个问题,从而,在研究下一层枢纽时,只要保证它靠近与上一层枢纽联系的交通干线就可以了,故对每一层枢纽其实主要考虑第 2 个问题和靠近连接上一层枢纽的交通干线的问题。为了简单起见,将下一层枢纽统称为"客户"。

下面的问题是，在某个对象区域范围内计划建立一个货运枢纽，这个枢纽建在什么位置？

首先对对象区域进行考察分析，根据地理、环境、社会经济等因素确定若干个适宜建立货运枢纽的地点。货运枢纽不一定要建立在网络的节点上，也可以建立在设定的某条路段上。设这些备选地点是 I_1、I_2、$\cdots$、I_K。

通过调查，获知所要考察的这个枢纽与各个客户之间的货运量。如果存在双向货运量，则将双向货运量相加。如果客户数目太大，可以把一个货运量较大的客户周围的一些小客户并入该客户，或将枢纽的服务范围划分成若干个货运分区，将每个分区看作是一个"大客户"，其货运量等于它所包含的各客户的货运量之和。然后，针对规划年对各向货运量进行预测，得出枢纽与各个客户之间的一年内的货运量 $\{q_r : 1 \leq r \leq n\}$。

假定货运工具都运行在最短路径上，对每个枢纽备选点，求出它到各个客户的最小阻抗。如果某个"客户"其实是一个分区内多个客户合并而成，则在求最小阻抗时以这个分区的质心为端点，设备选位置 $I_k(1 \leq k \leq K)$ 到各个客户的最小阻抗是 $\{l_{kr} : 1 \leq k \leq K, 1 \leq r \leq n\}$。将该位置与连接上层枢纽的干线也看作是一个特殊的客户，令干线的最小阻抗为 l_{k0}，并令 $q_0 = \sum_{r=1}^{n} q_r$。关于地皮费用，设第 k 个位置的地皮费用为 P_K，计算：

$$S_k = \sum_{r=0}^{n} l_{kj} q_r + P_k \tag{5-2}$$

其中 S_k 最小的哪个位置点 I_k 就是要找的枢纽位置。通过以上计算，得出了货运枢纽的位置，这是理论上的计算结果，可以认为是为货运枢纽提供了一个定点范围。还要根据周围用地和交通环境等制约因素综合分析，对理论结果进行必要的调整，提出具体的位置方案。为了得到更好的方案，最好是多个规划者分别提出方案，再将各方案进行比较，选出最优方案。具体方案选优可参照本章第二节的有关方法。

综上所述，货运枢纽的选址步骤如下：

步骤1：确定枢纽服务范围；

步骤2：确定枢纽的备选位置；

步骤3：划分货运分区并确定其中心；

步骤4：货运量调查和预测，得出各分区或客户与枢纽之间的货运量 $\{q_j : 1 \leq r \leq n\}$；

步骤5：计算各分区或客户到各个备选位置的最小阻抗 $\{l_{kr} : 1 \leq k \leq K, 1 \leq r \leq n\}$，计算备选位置到连接上层枢纽的干线的最小阻抗为 l_{k0}，并令 $q_0 = \sum_{r=1}^{n} q_r$，计算各备选位置的地皮费用为 $P_k(1 \leq k \leq K)$；

步骤6：计算 $S_k = \sum_{r=0}^{n} l_{kj} q_r + P_k$，选 S_k 最小的位置点 I_k 作为枢纽的位置；

步骤7：实地调整，设计多套选址方案；

步骤8：方案选优，确定方案。

2. 一般问题

上面讨论的是在对象区域只为一个枢纽选址，并且假定车辆都选择最短路径，问题比较简单，离实际情况也有一定距离。现在我们来讨论在对象区域同时为多个枢纽选址，并且车辆采用用户均衡的方法选择路径的问题。

设对象区域共划分成 n 个分区，现要为 M 个枢纽选址。

令 $Z=[z_{ir}]_{M_n}$，$B=[b_{ir}]_{M\times n}$，其中 b_{ir} 为枢纽 i 安放在分区 r 的用地和建设成本。则整个对象区域建设这 M 个枢纽的用地和建设成本为：

$$\sum_{i=1}^{M}\sum_{r=1}^{n}b_{ir}z_{ir} \tag{5-3}$$

设 $Q=[q_{rs}]_{n\times n}$ 为 PA 矩阵；$P=[p_{ir}]_{M\times n}$，其中 p_{ir} 为枢纽 i 到分区 r 的车辆出行分布量；$U=[u_{ij}]_{n\times n}$。其中，u_{ij} 为枢纽 i 与枢纽 j 之间的车辆出行分布量。则加入这些枢纽后，对象区域的 PA 矩阵变为：$Q'=[q'_{rs}]_{n\times n}$ 其中：

$$q'_{rs}=q_{rs}+\sum_{i=1}^{M}z_{ir}p_{is}+\sum_{i=1}^{M}\sum_{j=1}^{M}z_{ir}z_{js}u_{ij} \tag{5-4}$$

整个对象区域的出行成本为：$\sum_{a\in A}x_a t_a(x_a)$，其中 $x=(\cdots,x_a,\cdots)$，是下面用户均衡分配的数学规划问题的解：

$$\min_{x} F(x)=\sum_{a\in A}\int_{0}^{x_a}t_a(w)\mathrm{d}w \tag{5-5}$$

$$\text{s.t} \sum_{k}f_{k}^{rs}=q'_{rs}, \forall r,s \tag{5-6}$$

$$x_a=\sum_{r,s}\sum_{k}f_{k}^{rs}\delta_{a,k}^{rs}, \forall a \tag{5-7}$$

式中：x_a——表示路段 a 的通行能力（$a\in A$）；

$t_a=t_a(x_a)$，表示路段上的阻抗函数。

因此，选址问题可用以下模型描述：

$$\min: W(Z)=\sum_{i=1}^{M}\sum_{r=1}^{n}b_{ir}z_{ir}+\sum_{a\in A}x_a t_a(x_a) \tag{5-8}$$

$$\text{s.t.}: q'_{rs}=q_{rs}+\sum_{i=1}^{M}z_{ir}p_{is}+\sum_{i=1}^{M}\sum_{j=1}^{M}z_{js}u_{ij} \tag{5-9}$$

$$z_{ir}=0 \text{ 或 } 1(1\leq i\leq M,1\leq r\leq K) \tag{5-10}$$

模型的解法：假定一个分区最多只安放一个枢纽。有些分区是明显不适宜安放枢纽的，设 n 个分区中只有 K 个分区适宜安放枢纽，不失一般性，就设分区 $1,\cdots,K$ 适宜安放枢纽，而分区 $K+1,\cdots,n$ 肯定不安放枢纽。这样就有：

$$\sum_{r=1}^{k}z_{ir}=1 \quad (I=1,\cdots,M) \tag{5-11}$$

$$\sum_{r=1}^{M}z_{ir}\leq 1 \quad (r=1,\cdots,K) \tag{5-12}$$

于是矩阵 Z 每行肯定有一个元素是 1，其余的是 0；每列最多只有一个元素为 1。如果各个枢纽是彼此不同的（如果有些是客运枢纽，有些是货运枢纽等），不难得知，这样的矩阵共有 $K!/(K-M)!$ 个；如果各个枢纽之间彼此没有区别（如 M 个都是货运枢纽），不难得知，选址方案其实就变成了 K 维向量：$Z=(z_1,\cdots,z_K)$。该向量中只有 M 个元素是 1，其余（$K-M$）个元素是 0，这样的向量共有 $K![M!(K-M)!]$ 个。

我们提出的解法是穷举法：列出所有合乎上述条件的 Z，对于每个 Z，选址问题（5-9），将 $x=(\cdots,x_a,\cdots)$ 代入式（5-8）计算出 $W(Z)$ 的值。比较这些 $W(Z)$，取其中最小者，它所对应的 Z 值就是所要求解的选址方案。该解法可写成下列算法：

步骤 1：列出所有合乎条件矩阵 Z；

步骤 2：对每个 Z，做以下工作：解用户均衡问题（5-5），得解 x；将 x 代入式（5-8），计

算 $W(Z)$ 。

步骤 3：选其中 $W(Z)$ 的值最小的 Z 作为选址问题的最优解。

算法结束。

由于共有 $K!/(K-M)!$ 个 Z 合乎条件，因此要进行 $K!/(K-M)!$ 次均衡分配计算。该算法的计算量比较大，在实际选址中使用时还存在一些问题。

这两种方法的主要内容是定量的分析技术，因而比较科学可靠。但是缺乏定性的分析技术。而选址方法经济区域内的公路运输站场群体是一个社会—经济—技术系统，站场选址涉及的因素很多，有的是定量的，有的是定性的，因此必须对站场备选地址进行多因素综合平衡。

（三）多因素综合平衡选址法

交通枢纽选址的定量因素主要是指交通枢纽节点的建设投资、运输费用和经营管理费用。其中运输费用占有比例最大。枢纽选址的定性因素包括国家和城市的交通政策、经济政策、城市工业、商业及住宅区布局与规划、城市经济发展规划等，这些因素不易量化，但往往是交通枢纽选址的重要约束条件，甚至是先决条件。通常交通枢纽选址应在布局和选址原则确定备选枢纽点的基础上，以获得最大综合效益为目标，建立交通枢纽布局和选址模型，并通过模型求解确定交通枢纽的最佳布局和站址，使枢纽系统各项费用之和为最小。

1. 选址步骤

步骤 1：确定交通枢纽运输站场服务范围。

步骤 2：通过对城市客货运输量及流向的实际调查和科学预测，整理获得公路客、货运输量 OD 需求表、历年主要客货源的运输发生量与吸引量汇总表、交通量 OD 汇总表等资料，确定规划期客货运输需求总量。

步骤 3：分析城市主要出入干道的位置、数目及发展变化趋势，根据城市道路网的布局规划和主要客货源吸引和发生情况以及城市土地使用特征等因素，将研究区域划分成若干个客运小区与货运小区（每个小区至少应包括城市的一条主要交通干道）。

步骤 4：以各运输小区内对公路客货运输起关键作用的交叉口为代表该小区的节点，根据城市主要出入干道和各小区之间的主要交通干道，绘制公路运输网络图，同时将各节点间的实际长度标注在网络图上，即可获得公路运输枢纽总体布局的总图。

步骤 5：根据客货运量调查统计资料，确定规划期每一小区的客货运输总工作量。按照客货枢纽经济规模的要求，确定每个小区客货适站量，决定每个小区内应设置的客货运输站场数目。为便于进行选址，以每个小区内设置一个枢纽为宜，必要时可将小区进一步划小。

步骤 6：详细了解小区内现有站场的分布及改、扩建能力，计算按可能规模改、扩建现有站场所需费用，确定备选站场地址。

步骤 7：建立选址模型，进行选址计算，初步确定公路运输枢纽总体布局方案。

步骤 8：进行实地调查与方案比较。

2. 基本要求

在进行区域性交通枢纽总体布局研究的过程中，一般会产生出若干个不同的布局方案。

为了保证布局方案的可靠性和合理性,各备选方案必须满足以下基本要求:

(1)备选方案应保证完成所在城市规划期客货运输总工作量,包括满足高峰期最大客货运量的需求。只有这样,各备选方案才具有可比性和竞争性。

(2)备选方案必须满足社会环境和自然环境的各种要求,即符合城市总体布局规划的要求,充分考虑公路运输站场发挥功能的条件和方案实施后所带来社会经济效益以及对周围环境的影响。

(3)备选方案必须是切实可行的,即在实际条件或假定条件下方案能够实现。因此,在备选方案中应说明基础条件变化时对布局方案进行变更、修订的方法及其影响。

(4)最终布局方案应反映出一种新的决策,即与其他备选方案要有重大区别,这样提出的备选方案才有意义。

(5)选址方案均可用数量特征加以反映,这样才能对其中的每一种布局方案进行评价,并对各个方案进行比较,从而选择和推荐最为实用或最佳的布局方案。

(四)单站离散型选址模型

按照区域性公路运输站场的布局原则与程序,选址时已把研究区域划分成若干个客运小区和货运小区,并确定了每个小区只有一个客运站场或一个货运站场。这样,选址计算的任务是在已有若干个备选地址中选择可以作为公路运输站场使用的最佳地址。在确定了各个小区内站场的地址后,再就经济区域内站场系统进行综合平衡,从而得到站场的合理布局。因此,单站离散型选址模型适用于在一个运输小区内的若干个备选地址中选择一个最佳地址作为该小区的公路运输站场址。

参数与变量:

l——为货源地数目;

m——为站场备选地址数目;

n——为收货地数目;

C_{ik}——为货源地 i 到站场 k 的单位运量的费用;

h_{kj}——为备选地址 k 到收货地 j 的单位运量的费用;

X_{ik}——为货源地 i 到站场 k 的运输量;

W_{kj}——为备选地址 k 到收货地 j 的运输量;

M_k——为备选地址 k 的流通量;

A_i——为货源地 i 的货源量;

D_j——为收货地 j 的需求量;

g_k——为备选地址 k 的单位流通量的价格;

F_k——为备选地址 k 的单位生产能力建设投资或固定费用;

E——为建设投资效果系数;

C_{Tk}——为站场选在地址 k 时的总费用。

目标函数:

$$\min C_{Tk} = \sum_{i=1}^{l} C_{ik} X_{ik} + \sum_{j=1}^{n} h_{kj} W_{kj} + \sum_{k=1}^{m} (g_k + F_k) M_k \quad (5\text{-}13)$$

约束条件

$$\sum_{k=1}^{m} X_k \leq A_i (i=1,2,\cdots,l; k=1,2,\cdots,m) \quad (5\text{-}14)$$

$$\sum_{k=1}^{m} W_{kj} \geq D_j (j=1,2,\cdots,n; k=1,2,\cdots,m) \tag{5-15}$$

$$\sum_{i=1}^{l} X_{ik} = \sum_{j=1}^{N} W_{kj} = M_k (k=1,2,\cdots,m) \tag{5-16}$$

$$X_{ik} \geq 0; W_{kj} \geq 0; M_k \geq 0 (i=1,2,\cdots,l; j=1,2,\cdots,n; k=1,2,\cdots,m) \tag{5-17}$$

由式(5-13)给出的目标函数表示了在 m 个备选站场地址中确定一个站场所需要的总费用;式(5-14)给出的约束条件说明,货源地 i 的发货量不能大于该货源地的货源量;式(5-15)给出的约束条件说明收货地 j 的收货量不应小于该收货地的需要量;式(5-16)给出的约束条件说明站场 k 本身不能产生运量,也不能消耗运量;式(5-17)保证了各个供货量、收货量及流通量的非负性;能够满足目标函数式(5-13)的地址 k 即可作为某一运输小区内的站场地址。

单站离散型选址模型是在明确了有关运价和需求的条件下,不论备选地址有多少,求解起来都比较方便。只要对每个备选地址用式(5-13)求出费用 C_{Tk},然后在其中选择最小者即可。另外,若运价或需求情况发生变化时,重新求解也很方便。但如果备选地址过多,搜集有关运输费用、经营管理费用及投资费用的数据就比较困难。因而常常需要使用一些粗略估计的数据,这就可能在求解和比较过程中产生较大的误差,以致得出的结果仅具有相对意义。

(五) 交替选址——分配模型

交通枢纽选址往往是多站选址问题。上述单站离散型选址模型仅仅确定了每个运输小区内的站场地址,这种站场分布能否使得经济区域内站场群体总费用最小,而且各个货源地应向哪个站场送货,各个收货地应由哪个站场供货,都是站场在布局时应该研究与解决的问题。采用交替选址——分配模型,可得出这一问题的最优解或近似最优解。

参数与变量:

C_{tz}——为第 z 个站场地址的总费用;

C_{Tt}——为经济区域站场群体的总费用。

目标函数:
$$\min C_{Tt} = \sum_{z=1}^{z} C_{tz} \tag{5-18}$$

求解方法:

步骤1:根据所划分的运输小区,确定各小区的货源地、收货地、运量、运费及备选站场地址。

步骤2:对每个运输小区,按选址模型式(5-18)求解选址,得到区域内站场群体中一个站场地址。

步骤3:检查每一个货源地和收货地,验证其到步骤2中求出的站场地址的距离是否比到其他小区的站场地址距离远。如果有这样的情况出现,则重新划分运输小区。

步骤4:如果重新划分了运输小区,回到步骤2继续求解选址,否则,计算即可终止。

假定在步骤1中划分 z 个运输小区,经过步骤2我们得到费用分别为 $C_{Tz}(z=1,2,\cdots,l)$ 的 z 个站场地址,则经济区域内站场群体的总费用 C_{Tt} 可以表示为

$$C_{Tt} = \sum_{z=1}^{n} C_{tz} \tag{5-19}$$

采用交替选址——分配模型,每做一次循环,求得的解总会比前一循环的解要好一些,

或者同样。如果再也不能使目标函数式(5-18)的值降低了,则所求得的解即可认为是公路运输站场最优选址方案。如果还希望改进所得的结果,也可以在步骤1中用不同的方式划分运输小区,从而多次重复应用交替选址——分配模型。

(六) 考虑定性因素的站场选址模型

上述两种选址模型仅仅考虑了公路运输枢纽选址的定量因素。实际上公路运输枢纽选址是一项政策性很强的综合工作,在选址过程中还必须考虑许多定性因素。然而,这些定性因素的标志和特征很难定量描述,无法同定量因素直接比较。为了解决这个问题,可以采用优度的概念来分别表示枢纽地址的两类因素在所有备选地址中的相对优劣程度。显然,优度的最小值为0,表示该因素可以不予考虑;优度的最大值为1,表示该因素相对地说具有100%的优点。因此,选址计算时,应求解出各备选地址两类因素优度的加权和,选其中加权值最大的地址作为公路运输枢纽最佳的地址。

参数与变量:

A_{Ek}——为第 k 个地址定量因素的优度;

A_{Nk}——为第 k 个地址定性因素的优度;

α——为定量因素 AE 的权重,$0 \leq \alpha \leq 1$;

T——为站场建设工期(年);

f_t——为第 t 年改、扩建或新建站场的投资额;

i——为改、扩建或新建站场投资的年利率;

R_t——为站场第 t 年的单位流通量的收益率;

M_{kt}——为站场第 t 年的流通量;

n——为站场经济寿命(年);

d——为经济寿命期终了时的站场残值;

P_0——为改、扩建或新建投资的等价现值;

$$P_0 = \sum_{i=1}^{t} \frac{f_t}{(1+i)^t} \tag{5-20}$$

P_1——站场在经济寿命期内总收益的等价现值;

$$P_1 = \sum_{t=T+1}^{T+n} \frac{R_t M_{kt}}{(1+i)^t} + \frac{d}{(1+i)^{T+n}} - P_0 \tag{5-21}$$

式中 P_1 为表征该站场地址诸多定量因素综合优点的一个绝对尺度,因此,在 n 个备选站场地址中,第 k 个站场地址的定量因素优度可构造为:

$$A_{Ek} = \frac{P_{0k}}{\sum_{k=1}^{m} P_{0k}} \tag{5-22}$$

且

$$\sum_{k=1}^{m} A_{Ek} = 1 \tag{5-23}$$

定性因素优度 A_{Nk} 可按以下方法确定,根据各定性因素的相对重要性,应用专家意见法,在 N 个定性因素中,给第 j 个因素以适当的权重 r_j,并使 r_j 归一化,即

$$\sum_{j=1}^{N} r_j = 1 \tag{5-24}$$

在 m 个备选站场地址中,给予第 k 个地址的第 j 个定性因素以适当的分值 S_{kj},表示该因

素在 m 个站场地址中的相对优劣程度，并使 S_{kj} 归一化，即

$$\sum_{K=1}^{L} S_{kj} = 1 \qquad (5\text{-}25)$$

则
$$A_{Nk} = \sum_{k=1}^{m} r_j S_{kj} = 1 \quad (j=1,2,\cdots,N) \qquad (5\text{-}26)$$

因此，考虑定性因素的站场选址模型可描述为

$$\max\left[\alpha \frac{P_{0k}}{\sum_{k=1}^{m} P_{0k}} + (1-\alpha)\sum_{k=1}^{m} r_j S_{kj}\right] \qquad (5\text{-}27)$$

即公路运输站场最佳地址应是综合定性因素保持最佳的地址。

显然，若 $\alpha=1$，即在站场选址中不考虑难以量化的定性因素，仅以站场地址的定量因素为主，则上述选址模型可简化为

$$\max\left[\sum_{t=T+1}^{T+n} \frac{R_t M_{kt}}{(1+i)^t} + \frac{d}{(1+i)^{T+n}} - \sum_{t=1}^{T} \frac{F_t}{(1+i)^t}\right] \qquad (5\text{-}28)$$

即公路运输站场最佳地址是站场总受益最大的地址。

式(5-27)适用于在一个运输小区内，用式(5-13)算出的两个或两个以上地址的总费用 C_{Tk} 相同或相近而难以取舍时，可进一步考虑定性因素进行比较。式(5-28)由于考虑了投资回收效果，可以与单站离散型选址模型并列使用，从而较为全面地确定最优站场地址。

第二节　交通枢纽布局规划方法

在交通枢纽布局规划中，设施数目、位置标定和枢纽规模等都是需要解决的问题。由于交通枢纽规划是一个节点规划设计问题，因此很多研究也将其定义为设施设备的选址问题，目前已有大量的理论方法。交通枢纽的规划布局，通常采用定量计算与定性分析相结合的方法。在规划实践中，人们最早采用了单纯的数学物理模型，如重心法、微分法以及交通运输的效益成本分析法等。随着运筹学、物流学的完善和发展，出现了线性规划、整数规划、混合整数规划等枢纽布局优化的方法。这些方法虽然比数学物理模型更好地反映了交通枢纽的运转机理，更接近于实际情况，但它们仍然是把交通枢纽的布局从交通网络的规划中独立出来，从静态的、抽象的角度去计算枢纽港站的布局和各种参数，而且计算参数大多为固定值和经验值，缺乏有效的反馈机制。同时，这些方法没有考虑枢纽所处交通网络的动态变化会对枢纽港站布局带来的影响，也无法反映综合运输网络的节点层（即枢纽）与其他层面（路网和路段）的互动关系，因此计算结果可靠性差，通常只能为定性分析提供参考。

20世纪90年代以来，交通领域的学者们开始注意到枢纽规划中的这些问题，逐渐尝试把交通规划、交通流理论应用到枢纽的数量与布局计算中，力图反映交通枢纽所在区域交通网络的动态变化特性，从交通枢纽的运转机理和交通枢纽与交通网络之间的动态关系入手，把交通规划的四阶段理论与物流学的物流网点选址模型相结合，运用运筹学的方法，对综合交通枢纽港站布局规划的新模型和新方法进行探索和研究。

整体上看，交通枢纽规划布局基础理论方法按照其发展历程大致可以分为三种类型：数学物理方法、运筹学规划方法、现代交通规划方法。

一、单一交通枢纽布局的数学物理方法

(一)重心法

重心法是一种数学物理方法。它将运输系统中的交通发生点和吸引点看成是分布在某一平面范围内的物体系统,各点的交通发生、吸引量分别看成该点的重量,物体系统的重心就是枢纽站场设置的最佳点,用求几何重心的方法来确定交通枢纽站场的最佳位置。

传统重心法一般用求解连续型一元交通枢纽的选址问题,可以描述:在一个平面区域范围内,已知各需求节点的具体位置及其平面分布情况,待决策节点与需求点之间存在交通运输配量需求关系,并对应各自的运输费率,拟通过求解物体的几何重心来确定最终的选址点平面坐标。其基本要求如下:

(1)假定其解空间是连续的,也就是说,交通枢纽待选点可以修建在平面上的任意一个点上。

(2)决策节点与已存在的需求点之间的距离都有一个合适的衡量单位,典型的例如欧氏距离或直线距离。

(3)已存在的需求节点与决策节点间存在相应的需求关系,需求节点的坐标为精确坐标,是已知和既定的;但需求点与待决策点间的需求量、费率参数是事先给定的恒量。

如图 5-1,对于一个给定的平面区域 D,坐标体系确定,且内部已有确定的需求点,每个需求点的平面坐标为既定 (x_j, y_j) $(1 \leq j \leq m)$,每个需求点与待决策节点的需求量 W_j、费率函数 C_j 都是已知的,故从数学物理学的角度,待决策枢纽点的几何坐标可以表示如下:

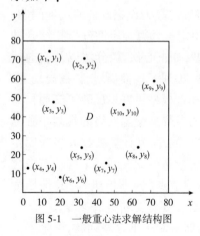

图 5-1 一般重心法求解结构图

$$\begin{cases} x = \sum_{j=1}^{n} C_j W_j x_j \bigg/ \sum_{j=1}^{n} C_j W_j \\ y = \sum_{j=1}^{n} C_j W_j y_j \bigg/ \sum_{j=1}^{n} C_j W_j \end{cases} \quad (5\text{-}29)$$

式中:x、y——决策点的平面坐标;

x_j、y_j——第 j 个产生点的横纵坐标;

W_j——第 j 个产生点到决策点的运量;

C_j——第 j 个产生点与决策点间的运输费率。

重心法的特点是简单,但它将纵向和横向坐标视为独立的变量,与实际交通系统的情况相去甚远,求出的解往往是不精确的,只能作为交通枢纽布局的初步参考。

(二)微分法

微分法是为了克服重心法的缺点而提出的,它的前提条件与重心法相同。但重心法不考虑整个交通系统特征,直接通过求物体的几何重心就得出最终交通枢纽点平面坐标。而在实际中,交通枢纽规划布局的是要实现系统目标的最大或最小化,保证系统最优。微分法在重心法的基础上,提出系统总费用的概念,以系统总成本最小为目标进行问题的求解。其基本思想为:设定一个系统总目标,构建系统的整体目标函数,以系统目标最小为原则,结合

微积分的理念,对问题求解。有如下函数:

$$\min F = \sum_{j=1}^{n} C_j W_j [(x-x_j)^2+(y-y_j)^2]^{1/2} \tag{5-30}$$

式中:F——系统总成本函数。

各已知需求节点与待决策节点的相互关系构成系统总成本函数,而系统目标是要使得系统总成本 F 具有最小值。

上述函数中,x、y 为两个未知变量,两个未知变量对应一个等式(5-30),但在平面区域 D 中,未知变量 x、y 在任何位置都是有可能存在的,表明 x、y 是一个连续型的变量,从微积分的理念可知,要使得 F 具有极小值,未知变量 x、y 又是连续可导的,则可以建立如下规则:

$$\begin{cases}\dfrac{\partial F}{\partial x}=0\\[2mm] \dfrac{\partial F}{\partial y}=0\end{cases} \Rightarrow \begin{cases} x=\dfrac{\sum_{j=1}^{n} C_j W_j x_j/[(x-x_j)^2+(y-y_j)^2]^{1/2}}{\sum_{j=1}^{n} C_j W_j/[(x-x_j)^2+(y-y_j)^2]^{1/2}}\\[4mm] y=\dfrac{\sum_{j=1}^{n} C_j W_j y_j/[(x-x_j)^2+(y-y_j)^2]^{1/2}}{\sum_{j=1}^{n} C_j W_j/[(x-x_j)^2+(y-y_j)^2]^{1/2}}\end{cases} \tag{5-31}$$

微分法需要以重心法的结果为初始解,不断迭代,直到前后两次迭代的解误差不超过设定范围,从而得到最佳结果。虽然它从数学上可以给出交通枢纽的具体位置,但这个结果仅仅是数学解,还需要放到实际的交通系统中去进行进一步的调整。

(三)重心法与微分法的演变与改造

1. 对多元问题求解的改造

传统重心法与微分法仅仅适用于一元枢纽布局的求解,在图 5-1 中,决策枢纽点仅仅在平面区域 D 中对应一个精确坐标点,而在现实中,连续性的枢纽选址问题往往是多元的,按照平面区域的分布原则,可以对重心法进行改造。对应前提如下:

(1)满足连续性枢纽布局决策的一般原则,即不超出一个给定的平面区域范畴,各节点对间运算满足传统重心法计算法则;

(2)整体平面区域可以按照多元枢纽布局需求特征进行分割,在每一个分割的小区中分别存在一个枢纽决策点;

(3)各分割小区不影响需求节点对的相互关系。

如图 5-2 为一个演变的多元重心法对枢纽布局求解的结构图:网络一共有 $m(1\leqslant i\leqslant m)$ 个用户点,待决策交通枢纽节点共有 $q(1\leqslant k\leqslant q)$ 种货物需要配送至用户点,各用户点的坐标为 $(X_i,Y_i)(1\leqslant i\leqslant m)$,决策节点坐标为 $(x_j,y_j)(1\leqslant j\leqslant n,n$ 为交通枢纽节点决策的数目),决策节点至用户点的运费与配量分别表达为 C_{kij}(第 j 个决策节点第 k 种货物至第 i 用户点的费率函数)、Q_{kij}(第 j 个决策节点第 k 种货物至第 i 用户点的配量);定义一个决策点选择平面范围的矩形区域 D(通常为计算的方便性,以坐标系的第一象限标定,故各节点的坐标均为正值),起点为 (a_0,b_0),

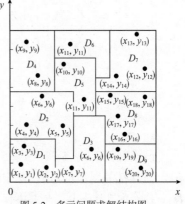

图 5-2 多元问题求解结构图

终点为(a_1,b_1);按照需要所求决策节点的数目,将整体平面分为若n个小的片区$D_j(1\leq j\leq n)$,表示一共要选择n个交通枢纽节点,一个片区对应一个待选择交通枢纽节点,并且各片区规定其各自的坐标区域范围。则其决策模型如下:

$$\min Z = \sum_{k=1}^{q}\sum_{i=1}^{m}\sum_{j=1}^{n} C_{kij} l_{ij} \sqrt{(x_j-X_i)^2+(y_j-Y_i)^2} Q_{kij} W_{kij} \tag{5-32}$$

$$s.t. \begin{array}{l} a_0 \leq X_j \leq a_1 \\ b_0 \leq Y_j \leq b_1 \\ x_j, y_j \in D_j \\ W_{kij} \in (0,1), W_{kij} \in I \end{array} \tag{5-33}$$

式中: C_{kij}——第j个决策节点第k种货物至第i用户点的运输费率;

l_{ij}——第j个决策节点至第i用户点运距的非直线系数;

$d_{ij}=\sqrt{(x_j-X_i)^2+(y_j-Y_i)^2}$——第$j$个决策节点至第$i$用户点的欧式距离;

Q_{kij}——第j个决策节点第k种商品至第i用户点的运输配量;

W_{kij}——0~1变量,若$W_{kij}=1$表示用户i的第k种货物需求由交通枢纽节点j负责;若$W_{kij}=0$则否之。

上述改造与演变模型可以求解多元交通枢纽的平面位置。但决策模型是有限制的,即各待决策交通枢纽点不能超出其限定的分区范围。

2. 考虑障碍约束的改造

重心法与微分法能够求解一元交通枢纽的规划布局,同时也能改造为带分区限定的多元枢纽规划布局。但在实践中,由于交通枢纽节点一般是依托于城市而生存的,在给定的城市平面区域中,往往有很多区域是不可以利用的,是不能作为待决策交通枢纽点进行选择的,表明平面区域可能存在障碍。

该问题可以描述为:在区域D范畴中,一共有m个区域是不能进行节点选择的,对应为$D_i(1\leq i\leq m)$,同时按要求决策节点的数目,将整体平面分为n个小的片区$D_j(1\leq j\leq n)$,表示一共要选择n个交通枢纽节点,一个片区对应一个待选择交通枢纽节点,并且各片区规定其各自的坐标区域范围。网络中需求网点为$Q_k(1\leq k\leq q)$,每一网点对应的坐标为$(X_k,Y_k)$$(1\leq k\leq q)$,待决策节点坐标为$(x_j,y_j)$,已知需求节点至决策节点的运输费率标定为$C_{kj}$,节点间的需求量为$Q_{kj}$,则可构建区间规划模型如下:

$$\min Z = \sum_{k=1}^{q}\sum_{j=1}^{n} C_{kj} \sqrt{(x_j-X_k)^2+(y_j-Y_k)^2} Q_{kj} W_{kj} \tag{5-34}$$

$$s.t. \left.\begin{array}{l} 0 \leq X_k \leq a \\ 0 \leq Y_k \leq b \\ x_j, y_j \in D_j \quad (1\leq j\leq n) \\ x_j, y_j \notin D_i \quad (1\leq i\leq m) \\ W_{kj} \in (0,1), W_{kj} \in I \quad (1\leq k\leq q) \end{array}\right\} \tag{5-35}$$

该模型相对式(5-32)、式(5-33)模型主要改进体现在增加了障碍区域D_i的约束,表明(x_j,y_j)都在其对应的区域D_j中选择,且不与D_i发生关系。如图5-3为一个简单案例,全域D一共分为2个片区,表明共有2个交通枢纽点待选择决策,同时一共有9个障碍区域是不

能进行节点选择的,需求点一共有 12 个。

(四)成本分析法

成本分析法是在已经具有一个交通枢纽位置的选择集的前提下,以枢纽系统的总成本最小为目标,通过简单的财务计算,比较选择最佳的位置。该方法假设有 n 个交通发生点,分别具有发生量$(W_1,W_2,W_3,\cdots,W_n)$,而且用一定准则已经得到 m 个待选交通枢纽点位置$(P_1,P_2,P_3,\cdots,P_m)$,每个交通枢纽待选点的建设、运营成本为$(R_1,R_2,R_3,\cdots,R_m)$。假设单位吨千米运费相同且为 F,其余运输条件相同,各交通发生点到交通枢纽点的距离用矩阵$D\{d_{ij}\}$($i=1,2,\ldots,n$)表示,则每个待选交通枢纽点的总费用为:

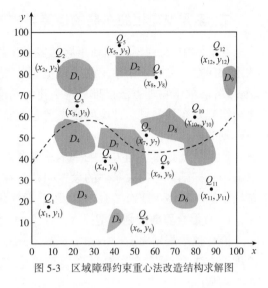

图 5-3 区域障碍约束重心法改造结构求解图

$$C_i = R_i + \sum_{j=1}^{n} d_{ij} W_j C_j \tag{5-36}$$

式中:C_i——第 i 个交通枢纽选择点的总费用;

R_i——第 i 个交通枢纽选择点的建设运行费用。

计算出每个枢纽的总费用,从中选择总运输成本最小的点作为最佳的交通枢纽选址。

(五)数学物理方法特点分析

数学物理方法是交通枢纽布局规划最为简单的一类方法,主要包括重心法、微分法、成本分析法以及由这些方法改造而成的其他方法,在研究枢纽选址方法的早期得到广泛应用。但由于它们是用简化和抽象的数学模型模拟枢纽运行机制,在实际运用中具有下述缺点:

(1)其一元交通枢纽布局决策的本质未变。传统重心法、微分法以及成本分析法只能求解一元问题,改造后的重心法、微分法等尽管能够求解多元问题,但带有很强的局限性。若从分区的角度分析,其一元问题的本质未变,不能将其纳入到全域范围中求解所有的多元性问题。

(2)重心法、微分法求解的前提是连续型交通枢纽决策问题,而成本分析法是一类简单的离散型一元问题的比较分析方法。

(3)数学物理方法对交通枢纽布局网络层次性考虑不足。重心法、微分法仅仅考虑两层网络结构,即交通枢纽待决策点与需求点的关系,而在现实中存在交通网络结构可能具有多层次性。

(4)数学物理方法没有区分交通网络需求的双向关系,在求解模型中,仅仅以交通枢纽待决策点与需求点的需求总量进行分析,没有区别交通发生与吸引,因此对系统的总成本可能把握不准确。

(5)重心法、微分法仅从数学物理角度考虑问题,与实际结合不紧密,但所求得的解可以作其他方法的初始解。

(6)成本分析法是一个简单的比较分析法(在确定型决策问题求解中常用),但考虑因素不够全面,未计及枢纽自身服务水平、能力、与其他方式的竞争问题等。

二、多元交通枢纽布局的运筹学方法

在实际中,交通枢纽规划布局呈多元化和离散化特征,多元枢纽规划布局成为应该解决的重要问题。如在一个给定的区域范围或交通运输网络中,存在多个节点的选择与决策问题,传统的数学物理方法很难从网络化的角度去解决问题,其实质表现为一种离散型的多元化枢纽规划布局问题。此类问题主要包括两类方法体系,即运筹学规划模型与基于行业网络规划的两阶段模型。

运筹学规划模型与方法的基本思路是从运筹学建模的角度出发研究问题,则存在问题求解的目标函数与约束条件的设置问题。在运筹学规划中比较经典的常用于交通枢纽规划布局求解的模型主要有整数规划模型、运输规划模型、双层规划模型以及 CFLP 法。

(一)混合整数规划模型

混合整数规划模型(Mixed Integer Programming Model,MIPM)是交通枢纽规划布局的完美理论方法,一般在交通枢纽规划布局中定义为 0-1 性问题。定义交通需求网络结构如图 5-4 所示。

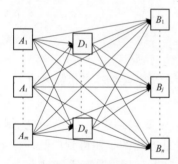

图 5-4 混合整数规划模型的交通枢纽规划布局网络需求结构图

1. 方法特点

确定一个整体交通供需平衡系统如图 5-4,存在 m 个交通需求发生点,n 个交通需求吸引点,k 个交通枢纽备选点,发点可直接到枢纽点,也可直接到吸点(不经过枢纽点),发点可从枢纽点中转后到吸点,枢纽点可直接到吸点。可以看出,该交通网络需求结构为一个三层结构体系。

2. 建模思路

在上述网络结构体系中,最终目的是要在 q 个备选交通枢纽点中选择最优的方案,因此建模的基本思路是首先确定一个整体的目标函数,在一定的约束条件下建立运筹规划模型。

3. 模型表达

$$\min F = \sum_{i=1}^{m}\sum_{K=1}^{q} C_{iK} X_{iK} + \sum_{i=1}^{m}\sum_{K=1}^{q} C_{Kj} Y_{Kj} + \sum_{i=1}^{m}\sum_{K=1}^{q} C_{ij} Z_{ij} + \sum_{K=1}^{q}\left(F_K W_K + C_K \sum_{i=1}^{m} X_{iK}\right) \quad (5\text{-}37)$$

$$s.t. \left. \begin{array}{l} \sum_{K=1}^{q} X_{iK} + \sum_{j=1}^{n} Z_{ij} \leq a_i \quad i=1,2,\ldots,m \\ \sum_{K=1}^{q} Y_{Kj} + \sum_{i=1}^{m} Z_{ij} \leq b_j \quad j=1,2,\ldots,n \\ \sum_{i=1}^{m} X_{iK} = \sum_{j=1}^{n} Y_{Kj} \quad K=1,2,\ldots,q \\ \sum_{i=1}^{m} X_{iK} - M W_K \leq 0 \quad W_K=1\ \text{表示被选中}, W_K=0\ \text{表示被淘汰} \\ X_{iK}, Y_{Kj}, Z_{ij} \geq 0 \end{array} \right\} \quad (5\text{-}38)$$

目标:$\min F$ = 发点到备选枢纽点运费+备选枢纽点到吸点运费+发点直接到吸点运费+枢纽点建设费用(涉及 0-1 变量问题)+中转费用

约束条件：发点到备选枢纽点的流量+直接从发点到吸点的流量≤总的发量；备选枢纽点到吸点的流量+直接从发点到吸点的流量≤总的吸量；总的发量=总的吸量（供需平衡）

4. 模型求解

该问题为"混合整数规划模型"，可用"分枝定界法"求解（对于整数规划求解方法有：分枝定界法、割平面法、隐枚举法等）。

可求得的解：选择的枢纽点；发点到选择枢纽点的流量；选择的枢纽点到吸点的流量；直接从发点到吸点的流量。

5. 该方法的特点分析

(1) 理论上十分完美，但相对实际问题而言还是过于简化；
(2) 没有考虑建设成本和运营成本（实际中运营成本很高）的变化；
(3) 没有考虑枢纽规模、服务水平和能力的限制；
(4) 求解过程复杂，只用于简单的网络中。

（二）运输规划模型

多元交通枢纽布局模型因为考虑了枢纽的基建投资，从而出现了0-1变量，导致必须采用比较复杂的混合整数规划法求解。但如果从一个较长的时间段来考虑，这部分建设投资对整个选址过程的经济效益的影响并不大，可以不在目标函数中考虑。这样混合整数规划模型就简化成如下线性规划模型：

$$\min F = \sum_{i=1}^{m}\sum_{K=1}^{q}(C_{iK}+C_K)X_{iK} + \sum_{i=1}^{m}\sum_{K=1}^{q}C_{Kj}Y_{Kj} + \sum_{i=1}^{m}\sum_{K=1}^{q}C_{ij}Z_{ij} \tag{5-39}$$

约束方程为：

$$\sum_{K=1}^{q}X_{iK}+\sum_{j=1}^{n}Z_{ij}=a_i; \quad i=1,2,\ldots,m \tag{5-40}$$

$$\sum_{K=1}^{q}Y_{Kj}+\sum_{i=1}^{m}Z_{ij}=b_j; \quad j=1,2,\ldots,n \tag{5-41}$$

$$\sum_{K=1}^{q}X_{ik}+X_K=d_K; \quad K=1,2,\ldots,q \tag{5-42}$$

$$\sum_{K=1}^{q}Y_{Kj}+X_K=d_K; \quad K=1,2,\ldots,q \tag{5-43}$$

$$X_{iK},Y_{Kj},Z_{ij}\geq 0 \tag{5-44}$$

式中：d_K——备选网点K最大可能设置的规模；

X_K——备选网点K的闲置能力；

其余符号同前。

目标：$\min F$=发点到备选枢纽点的运费+备选枢纽点到吸点的运费+发点到吸点的运费+中转费用

约束：发点到备选点流量+发点到吸点流量=总发量；备选点到吸点流量+发点到吸点流量=总吸量；发点到备选点流量+备选点闲置能力=备选点吸引规模；备选点到吸点流量+备选点闲置能力=备选点发生规模

该方法是线性规划中典型的运输问题，模型求解方法比较成熟，可以编程实现。该模型的目标函数表示交通枢纽在集疏运及中转时的运营总费用最小，采用表上作业法，可得决策变量X_{iK}、Y_{Kj}的值。X_{iK}表示了交通枢纽K与发生点的关系，$\sum_{i=1}^{m}X_{ik}$决定了该交通枢纽的规模，

$\sum_{i=1}^{m} X_{ik} = 0$ 说明备选节点 K 处不应设置枢纽,即 K 点被淘汰。Y_{Kj} 表示了枢纽 Y_{Kj} 与吸引点的关系。

该方法叙述明确,但事先需要确定备选枢纽集合的数量及位置,以及节点之间的运输价格。但由于不同区域、不同运输方式、不同货物的运输价格差异较大,使得运输价格的确定具有相当的难度,模型中通常取一个宏观的统计值来统一表征运输价格。这样做的缺点是无法对运输价格的变化产生相应的反应,同时也无法衡量交通枢纽所处交通网络的变化对枢纽规划的影响。但在定量计算模型小的情况下,这已经是比较可行的方法了。

(三) 双层规划模型

双层规划模型是求解交通枢纽规划布局问题的一类重要方法,其特点是不仅考虑交通网络系统的整体费用最优(上层规划模型),同时还注重最终需求终端对交通枢纽备选点及线路的选择行为(下层规划模型),要求问题的求解能够满足该两个目标,也可将其称作为双目标规划问题。不同的目标对应不同的决策问题、决策者以及决策行为,上层目标可以看做是 Leader(领导者)行为,而下层目标为 Follower(跟随者)行为,因此交通枢纽规划布局的双层规划模型通常也被看做是一个 Leader-Follower 问题。该问题实质上是最终用户利益与系统整体利益的分配问题,模型的上下层决策者都期望自己能够获得最大的利益,而个体(下层)与整体(上层)的利益往往是相互冲突的,因此模型的求解要解决的问题是既能保证交通网络系统整体费用的最优,同时又要能够最大限度满足最终用户的利益需求。故该问题求解的思路表现为:上层决策根据可能的决策形式对下层给出一些信息,在此基础上,下层按自身的利益或偏好对该信息作出反应反馈给上层,上层再在这些反应上调整符合整个物流系统的对策,最终作出相应的决策。

1. 上层规划模型

定义交通需求网络结构有:$A = \{i : i = 1, 2, \cdots, m\}$ 为交通需求网络交通产生点集,$B = \{j : j = 1, 2, \cdots, n\}$ 为交通吸引点集,$D_1 = \{q : q = 1, 2, \cdots, s\}$ 为已存在的交通枢纽节点集,$D_2 = \{q : q = s+1, s+2, \cdots, s+k\}$ 为新增候选交通枢纽节点集,则 $D = D_1 Y D_2$ 为所有备选交通枢纽节点集。上层规划模型表达为:

$$\min Z = \sum_{i \in A} \sum_{j \in B} \sum_{q \in D} C_{ijq} x_{ijq} + \sum_{q \in D_2} f_q Y_q \tag{5-45}$$

$$s.t. \left.\begin{array}{l} \sum_{q \in D} x_{iq} \leq a_i \\ \sum_{q \in D} x_{jq} \leq b_j \\ \sum_{i \in A} x_{iq} = \sum_{j \in B} x_{jq} \\ x_{iq}, x_{jq} \geq 0 \\ Y_q \in [0,1] \end{array}\right\} \tag{5-46}$$

式中: C_{ijq}、x_{ijq}——分别表示各节点间的运输费用函数与流量配量;

f_q——表示备选交通枢纽节点的投资成本;

Y_q——0-1 决策变量,表示该交通枢纽节点是否作为最终决策节点,若 $Y_q = 1$ 表示节点被选取,否则为 0;

a_i、b_j——分别表示网络整体交通产生与需求量。

该模型采用广义费用函数约束,以系统总成本最小为目标函数。考虑节点及系统的建设投资成本,并对总的产生量与需求量做总量控制约束。

2. 下层规划模型

双层规划中下层模型描述的是最终用户需求量在不同交通枢纽备选节点间的分配模式,要解决的问题是使得各用户费用最低。因此,构建的模型结构为:

$$\min Z = \sum_{i \in A} \sum_{j \in B} \sum_{q \in D} \int_0^{x_{ijq}} D(u) \, du \quad (5-47)$$

$$s.t. \left.\begin{array}{l} \sum_{q \in D} x_{iq} \leq a_i \\ \sum_{q \in D} x_{jq} \leq b_j \\ \sum_{i \in A} x_{iq} \leq v_q \\ \sum_{j \in B} x_{jq} \leq w_q \\ x_{jq} \leq M \cdot Y_q \end{array}\right\} \quad (5-48)$$

式中:$D(u)$——表示节点间最小费用函数;

v_q、w_q——分别为交通枢纽备选节点 q 流量接受与发送能力;

M——辅助决策变量,任意大正数。

(四)CFLP 法

CFLP(Capacityed Facility Location Problem)方法是针对交通枢纽规模有限的情况提出的。这种方法只需要运用运输规划模型,使计算工作大大简化。CFLP 法的基本思想是:首先假设交通枢纽的布局方案已经确定,即给出一组初始枢纽节点集合,根据该初始方案,按照运输规划模型求出各初始交通系统的发生、吸引范围,然后在各枢纽点的服务范围内分别移动枢纽到其他备选地址,以寻找各服务范围内总成本最小的新枢纽位置,再将新交通枢纽位置代替初始方案,重复上述过程直至整个综合交通枢纽的服务范围内的总成本不能再下降为止。

为简单起见,本书以图 5-5 的网络结构为对象,来介绍 CFIP 方法的计算过程。图 5-5 的网络结构没有反映出交通枢纽与交通发生点之间的关系,即不考虑旅客和货物从交通发生点到交通枢纽的运输成本,这种处理方法适用于当交通发生源距离交通枢纽的服务区域足够远时的情况。此时规划区域内各交通枢纽点与交通发生源之间的运输成本差异要远远小于运输成本本身,因此,可以忽略交通发生源与交通枢纽之间的网络部分,认为各交通枢纽与交通发生源之间的运输成本相等,所以在交通枢纽布局方案的计算中不予考虑。当然,如果交通发生源并不是远离计划区域,那就必须考虑交通发生源与交通枢纽之间的运输成本。在此情况下,我们只需将方法中的运输规划模型换成转运模型即可。

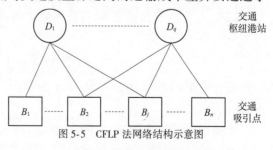

图 5-5 CFLP 法网络结构示意图

事实上,图 5-5 可以解释成旅客或货物经过长途运输,从某一城市外的地区进入城市内,再通过城市的综合交通枢纽疏散到分布于城市各个角落的需求点。对称地,我们也可以用它来解决当旅客或货物从某一城市的各个角落出发,经过城市综合交通枢纽进行周转,进而通过长途运输到达城市以外的其他目的地。所以,CFLP法实际可以认为是运输规划模型的简化应用,具有一定的普遍性。

下面先介绍CFIP法的基本步骤。假定某规划区域内交通枢纽备选地址已确定,需从这些备选地址中选取q个设置枢纽。

步骤1:给出交通枢纽地址初始方案。通过定性分析,根据备选枢纽节点的中转能力和交通需求的分布情况,恰当地选择q个点作为设置交通枢纽的初始方案。初始方案选择得是否恰当,将直接影响整个计算过程的收敛速度。

步骤2:确定各交通枢纽的服务范围。采用运输规划模型,确定每一个备选交通枢纽的服务范围。设有q个可能设置的备选枢纽地址$D_K(K=1,2,\ldots,q)$,其最大可能设置的规模为d_K;有n个交通需求点$B_j(j=1,2,\ldots,n)$,各点的需求量为b_j。以运输成本最低为目标,列出如下运输规划模型:

$$\min F' = \sum_{K=1}^{q}\sum_{j=1}^{n} G_{Kj}X_{Kj} \tag{5-49}$$

$$s.t. \quad \sum_{i=1}^{n} X_{Kj} \leq d_K \quad (K=1,2,\ldots,q) \tag{5-50}$$

$$\sum_{K=1}^{q} X_{Kj} \geq b_j \quad (j=1,2,\ldots,n) \tag{5-51}$$

$$X_{Kj} \geq 0 \tag{5-52}$$

解此运输问题即可求得各备选交通枢纽的交通服务范围(交通子区域),如果考虑交通发生源与交通枢纽之间的运输成本,则采用转运问题模型。求解转运模型,除得到各备选交通枢纽的交通服务范围外,同时还确定了交通枢纽与各交通发生源之间的交通联系。

为叙述的方便,下面用$I_K(K=1,2,\ldots,q)$和J_k分别表示各交通子区域内的交通枢纽备选地址和相应的交通吸引源集合。运输问题的结果可能出现一个交通吸引源同时接受不同交通子区域的交通枢纽的服务,这对整个问题的解决并无影响,只需在不同交通子区域的用户集合中重复考虑即可。

步骤3:寻求网点地址的新方案。在各交通发生子区域内移动交通枢纽到其他备选地址上,并按以下费用函数计算各交通子区域内的运输总费用:

$$F_{Ki} = \sum_{j \in J_K} C_{ij}X_{ij} + f_{Ki}; \quad K=1,2,\ldots,q, i \in I_K \tag{5-53}$$

式中,f_{Kj}为网点设置成本,在此基础上找出各交通服务范围内使区域总费用最小的网点设置点满足:

$$F_K = \min_{i \in I_K}\{F_{Ki}\}; \quad K=1,2,\ldots,q \tag{5-54}$$

的备选交通枢纽地址D_K,对所有q个交通子区域可以得到新的备选交通枢纽地址方案$\{D_K\}_{K=1}^{q}$。

步骤4:新旧方案比较。为便于区别,引入迭代次数的上角标n,$n=0$为初始方案。对于$\{D_K^1\}$和$\{D_K^0\}$新旧两种方案,分析下述不等式是否成立:

$$\sum_{K=1}^{q} F_K^1 \leq \sum_{K=1}^{q} F_K^0 \tag{5-55}$$

如果$\{D_K^1\}$和$\{D_K^0\}$完全相同,则上述不等式中必有等式成立,说明已获得最终解,$\{D_K^1\}$

即是满意的网点布局地址。否则,将新方案代替旧方案,重复步骤2~4,直至$\{D_K^n\}$和$\{D_K^{n-1}\}$完全相同为止。

按以上步骤得到的交通枢纽总体布局的最终解,虽然在理论上没有证明是最优的,但从不等式(5-55)可以看出,系统总费用$F = \sum_{K=1}^{q} F_K^n$对于$\{D_K^n\}_{K=1}^{q}$是单调下降的。因此,我们可以认为所得的解是满意的。

(五)运筹学规划方法评述

总结上述交通枢纽港站布局规划模型,发现它们存在以下共同点:

(1)运输(交通)网络高度抽象化、简化(如静态配流);

(2)对运输费用的把握程度不同(一般不准确,运输费用非线性的);

(3)静态网络,与实际差距大(动态);

(4)没有区别运输方式的不同(对综合交通枢纽影响大);

(5)模型侧重于交通枢纽内部站场数量、规模计算,缺乏对交通枢纽和交通网络一体化分析;

(6)缺乏反馈机制分析(由于枢纽的规划布局,可能改变原有交通网络的交通特性,模型无法反映)。

因此,上述模型在实际的综合交通枢纽规划应用中还存在很多问题,例如运输费用的非线性变化、交通网络的改变对枢纽布局的影响、不同交通枢纽之间的相互关系等,都不能得到很好的解答。因此,我国目前的交通枢纽规划实践中,采用数学模型进行定量计算的并不多,或者定量计算的结果仅仅作为定性分析的参考。

三、现代交通规划理论模型

(一)传统的交通枢纽布局规划面临的问题

社会经济的进一步发展,交通枢纽布局面临的问题是:其一,由于受自然条件的限制和区域保护、土地利用、城市规划等方面的制约,枢纽布局可以调整的空间越来越狭窄;其二,各种运输方式之间的相互融合和各港站之间相互协调的发展趋势,给交通枢纽布局规划提出了一体化发展的要求。

1. 交通枢纽中各种交通方式之间的关系

前面介绍的各种交通枢纽布局模型和方法,都是从数学角度进行的分析和建模,没有区分不同的交通方式,也不能同时计算不同交通方式的枢纽布局。这是交通枢纽布局面临的第一个问题。在交通枢纽规划中,一方面由于受自然条件的限制,使得火车站、港口和机场的选址和布局可以调整的空间比较狭窄,另一方面对交通枢纽在中转换乘、运输组织方面的要求,又使得一体化地考虑交通枢纽中各种交通运输港站的布局非常必要。需要指出的是,所谓"综合交通枢纽规划",是从综合交通系统的角度,最大程度的协调各种交通枢纽的港站布局,使它们在整体最优的目标下有机衔接。因此,要求用一个数学模型来囊括所有交通方式的枢纽规划,不仅没有必要,而且在现阶段也是不现实的。

解决这一问题的思路是从寻找一个与其他交通方式联系最为密切、可调整余地较大的基本交通方式入手,通过优化这一基本交通方式的枢纽布局,来带动整个综合交通枢纽的优化。例如,在5种交通方式中,若将公路运输系统作为联系其他交通方式的纽带,其灵活性和可调整性较大,可以从公路交通枢纽的布局入手,对其站场数量、位置进行优化和调整。在优化过程中,把铁路、水运、航空和管道这几种交通方式的枢纽作为公路站场布局的约束条件,使得公路站场的布局最大限度地保证各种交通方式的有机衔接,从而提高综合交通枢纽的运转效率。

2. 综合交通枢纽布局与综合交通运输网规划的关系

综合交通枢纽是分布在交通运输网络中的重要节点,它的优化布局必须以综合交通网络的合理规划为前提,同时综合交通枢纽反过来又影响交通网络的运转,两者具有密切的互动关系。即使是一个已经达到最优化的交通网络,在布设了交通枢纽后,可能导致其上的交通流分布发生改变,不再是原来的最优结果。因此,综合交通枢纽规划的过程中,应该反映出两者之间的这一互动关系,在交通网络规划与枢纽规划之间建立一定的反馈机制。然而在实际工作中,综合交通枢纽的规划往往是在交通网络规划完成后进行的,交通网络布局一旦确立,就很少改变。

在综合交通枢纽的规划实践中,我们可以把综合交通网络规划与综合交通枢纽规划作为两个密切联系的步骤。在这个思想的指导下,首先进行区域综合网络的规划,经过交通流的分配,得到一个平衡状态下的广义费用。利用这一广义费用值,进行交通枢纽港站的布局计算,得到交通枢纽的初始布局方案。在交通枢纽港站存在的新交通网络中,重新进行交通流分配,并把新得到的广义费用结果与上一步的广义费用比较,调整枢纽港站的布局,直至前后两次的广义费用差值可接受为止。采用这种思路,我们至少能掌握交通枢纽建设后对整个交通网络的影响,并对此进行相应的调整,在一定限度下实现交通网络规划与交通枢纽布局两者的整体优化。

与此相关的另一个问题是如何进行"综合交通网络"的规划。我们知道,目前的交通网络规划仍然是分不同交通方式进行的,这主要是由于不同交通方式的路网特征不同,服务范围不同,使得统一规划所有的交通网络非常困难,甚至不可能。但是在一定区域内,有可能存在几种交通方式之间的相互竞争,此时可以把这几种交通方式的区域网络综合起来规划。在一些综合交通枢纽的布局规划实践中,把公路和水路、铁路这三种交通方式在规划区域内有竞争关系的交通网络进行综合规划,采用"交通方式分担—分配"联合模型,优化综合的交通运输网络。

3. 综合交通枢纽与城市对内对外交通的关系

综合交通枢纽总是以一个城市为依托的,它的主要功能就是连接城市内外交通,因此综合交通枢纽与所在城市的性质和功能有着密切的联系。如何协调综合交通枢纽与城市对内对外交通的关系,是在进行综合交通枢纽布局规划时必须考虑的问题。下面,我们从城市内外交通有机衔接的角度来分析综合交通枢纽的运转机制。

综合交通枢纽的运转,是由旅客(或货主)、运输企业和政府三个部分共同参与的。它不仅与枢纽所在区域的交通网络的物理特征有关,还与三个参与枢纽运营的主体的相互关系有关。以货物运输为例,我们可以把交通枢纽的运转分为"枢纽内部的短距离散货运输"和"枢纽与运输网络上其他枢纽之间的长距离集中运输"两部分,而枢纽就是联系两个阶段的节点。

枢纽内部的短距离运输实际是货运需求者利用城市内道路进行的,它与货运需求者对运输路径和站点位置的选择行为有关,并与城市交通融为一体。从微观意义上讲,选择什么路径、什么港站完全取决于需求者(旅客或货主)个人对整个交通运输网络的判断和期望,政府只能借助完善城市内部交通网络的方式实现对需求者个人行为的合理诱导。这个阶段的特性可以用交通规划理论进行分析和掌握。而枢纽之间长距离运输则利用城市间的公路、铁路、水路和航空线路等进行,交通需求者对这部分的关心程度较低,相反运输企业会在这个阶段对自己的运力、运输线路的安排进行较为详细的研究,保证运输企业的经济效益最大化。

因此,综合交通枢纽规划的最终目的,就是通过合理的交通枢纽港站布局,来引导交通需求者和运营者的微观行为,使之符合综合运输系统社会效益最大化的宏观目标。在综合交通枢纽规划的实践中,可以主要以公路交通枢纽的站场优化布局为目标,把其他交通方式的枢纽港站抽象成一系列与公路站场有关的交通发生吸引点,综合考虑对城市外交通网与城市道路网的衔接,用"交通发生地—交通港站"和"交通港站—目的地"的两个阶段来模拟人们对综合交通枢纽的使用,进行公路交通枢纽站场的优化布局。这种思路的优点在于考虑了客货流在交通网络上流动的特性,把运输过程分为微观和宏观两个层次进行考虑,比较接近实际情况。

(二)现代交通枢纽布局优化模型

根据前面提出的思路,本教材提出以公路交通枢纽的站场规划布局为基础,分两个阶段进行综合交通枢纽港站布局规划模型的建立。以其他运输方式为主体的综合枢纽规划布局,完全可以参考本内容进行。

第一个阶段是在公路交通枢纽服务范围内,分别从其客、货发生源出发,根据用户平衡原理,选择各自认为最优的路径,到达客、货运站场。这个过程是利用城市交通系统完成的,它与城市内部的交通混合在一起,具备城市交通流的相应特性,因此我们可用交通规划的四阶段理论来分析它们在枢纽内部的分布状况和对路段走行时间、运输成本的影响。

第二阶段是旅客或货物到达枢纽的有关港站后,由运输企业根据本企业的运营管理情况,按一定的时间、线路和配载方法,把它们运到目的地。两个阶段的连接点就是综合交通枢纽的港站。由于规划者不能控制交通市场供需双方的微观行为,只能通过合理规划和布局枢纽的港站,来达到宏观引导需求者的选择和供给者的运营行为,使整个运输系统达到社会效益最大或者广义费用最小的目标。所以,一个合理布局的公路交通枢纽规划方案,不仅要使不同性质的交通港站衔接方便,还要在枢纽运转过程的两个阶段间起承上启下的作用。

1. 第一阶段的模型

第一阶段的模型基于以下两个假设:一是交通需求者对不同交通方式枢纽的选择,取决于该次出行的距离。二是每个交通枢纽内部的运营管理已经达到最优状态。

基于以上两个假设,公路交通枢纽与其他交通方式港站的中转换乘成本主要由港站之间的行车时间和费用构成,不考虑旅客或货物在港站内部的等待时间和作业费用。同时,以其他性质的交通港站为重心的发生吸引点与公路交通枢纽站场之间的交通量,主要是它们之间的中转换乘量。此外,交通需求者在选择不同交通性质的港站时的方式划分问题,主要根据不同出行距离的比例构成而得到。

在第一阶段,对外交通需求者是利用城市道路来实现从出发地到交通港站的出行,这一部分交通量与城市交通混合在一起,主要具有城市交通流的特征。因此我们采用传统的四阶段交通需求预测法分析它们在城市交通网络上的分布特征,并根据这一特征初步确定公路交通枢纽站场位置的备选集合。计算步骤如下:

步骤1:确定综合交通枢纽的服务范围。根据交通枢纽所在城市的城市总体规划、土地利用规划和国家综合交通网络的总体布局规划和实际的交通需求,确定综合交通枢纽的服务范围,即客货流通区。

步骤2:以公路交通枢纽为基准,根据土地使用特性划分综合交通枢纽内部的客货运交通小区。以综合交通枢纽所在城市的城市总体规划为依据,调查规划区域内的人口、土地利用现状、区域综合交通运输现状和公路站场、水运港口、火车站等的布局现状,分别确定客货运交通小区。

步骤3:确定交通路网。在整个规划区域所包含的小区范围内,以各小区内起关键作用的交叉路口、港口、铁路客货运站、机场为节点,以客货流通小区内主要对外运输干道和各小区间的主要干道(公路和城市道路)为边,确定规划区的现状客货运交通干道网。在现状交通网的基础上,根据已有的道路建设规划,确定规划年的客货运交通干道网,作为交通流分配的基础。

步骤4:.公路交通枢纽交通小区的交通量发生、吸引预测。根据现状调查得到各小区的客货运发生、吸引量,同时预测各规划目标年度规划区域的总运输量、分交通方式的运输量。

步骤5:交通分布预测。对公路网中的机动车进行现状 OD 调查,分别得到规划区域间全日或高峰小时的机动车出行 OD 矩阵、货物运输矩阵和旅客运输出行 OD 矩阵,并调查客流、不同货种的主要流向。在现状机动车 OD 矩阵的基础上,预测规划年份的区域机动车 OD 矩阵。

步骤6:客货运交通量分配。把预测得到的客运、货运 OD 交通量在路网上进行分配,得到每个路段上的客货运交通流量。在分配过程中,要特别考虑港口、火车站、机场、大型经济技术开发区之类的特殊节点发生的交通吸引量与公路交通枢纽站场之间的关系,充分体现其他交通方式与公路之间的衔接。交通量的分配可以采用目前交通规划理论很多成熟的分配方法,如用户均衡分配法(F—W 法)、多路径概率分配法等,把全部的机动车交通量在路网上进行分配。然后根据分配得到的路段交通流和路段走行时间、走行费用等信息,分别再对客流和货流在路网上分配一次,得到客货流各自的流向特点,作为对客货站点优化计算过程的参考。

步骤7:初步确定客货运枢纽港站的备选位置。根据交通分配结果,选择那些连接路线多、通过交通量大的节点作为第二阶段公路交通枢纽站场布局优化的备选位置。

2. 第二阶段模型

得到公路交通枢纽站场的备选集合后,第二阶段的模型采用物流学中求解"物流中心选址"问题的运筹学模型和方法,从备选集合中求解合适的站场位置。由于四阶段交通需求预测法预测的是道路交通量,而与交通站场各项指标关系更为密切的是客货运的运输量,因此需要对综合交通枢纽的总运输量分交通方式运输量进行预测,并根据我国交通部的规定,预测公路交通枢纽组织量、适站量。

第二阶段模型的计算步骤如下:

步骤1:综合交通枢纽交通小区运输量的发生、吸引预测。调查每个客货运交通小区的主要客货源点的分布和现状交通吸引强度,确定小区的客货运输量的发生量和吸引量(不考虑区域内部的出行,客运单位取人次、货运单位取吨),预测未来各交通小区的客货运发生量和吸引量。

步骤2:确定运输网络。公路交通枢纽转运网络的节点有三类,即转运点:即交通枢纽,由第一阶段得到的站场备选集合构成,其流入量等于流出量;发生点:由规划区域内部的各小区构成,交通发生量从第一阶段计算得到;吸引点:由规划区域外的各大区构成,交通吸引量从第一阶段计算得到。运输网络的边由各发生点到转运点的城市主干道和由转运点到吸引点的公路主干道组成。

步骤3:确定广义费用矩阵。调查综合交通枢纽所在城市的客货运输市场,综合考虑社会定价和实际运价,确定一个合理的客货运价格函数。根据第一阶段的交通量分配结果,用最短路法计算城市路网上从发生点到转运点之间的走行时间。转运点到吸引点的最短距离取公路主干道的距离。把运输价格与走行时间价格加总,得到每一条路径上的广义费用,作为转运模型优化计算的费用标准。

步骤4:客货运枢纽站场理论位置和规模的计算。以运输成本最小化为目标,以交通总发生量不超过生产规模、总吸引量不小于需求规模,总发生量等于总吸引量为约束,利用运输模型的求解方法,从第一阶段得到的备选方案中选择合适的枢纽站点。

计算的数学模型如下:

目标函数:

$$\min F = \sum_{i=1}^{m}\sum_{K=1}^{q}(C_{iK}+C_K)X_{iK} + \sum_{K=1}^{q}\sum_{j=1}^{n}C_{Kj}Y_{Kj} + \sum_{i=1}^{m}\sum_{j=1}^{n}C_{ij}Z_{ij} \tag{5-56}$$

约束方程:

$$\sum_{K=1}^{q}X_{iK} + \sum_{j=1}^{n}Z_{ij} = a_j \quad i=1,2,\ldots,m \tag{5-57}$$

$$\sum_{K=1}^{q}Y_{Kj} + \sum_{j=1}^{m}Z_{ij} = b_j \quad j=1,2,\ldots,n \tag{5-58}$$

$$\sum_{K=1}^{q}X_{iK} = \sum_{K=1}^{q}Y_{Kj} \quad K=1,2,\ldots,q \tag{5-59}$$

$$X_{iK},Y_{Kj},Z_{ij} \geq 0 \tag{5-60}$$

式中:X_{iK}——从发生点 i 到备选枢纽港站 K 的运输量;

Y_{Kj}——从备选枢纽港站 K 到吸引点 j 的运输量;

Z_{ij}——直接从发生点 i 到达吸引点 j 的运输量;

C_{iK}——从发生点 i 到备选枢纽港站 K 的单位运输费用;

C_{Kj}——从备选枢纽港站 K 到吸引点 j 的单位运输费用;

C_{ij}——直接从发生点 i 到达吸引点 j 的单位运输费用;

C_K——备选枢纽港站 K 中单位运输量的中转费用。

求解此线性规划模型,可得决策变量 X_{iK}、Y_{Kj} 的值。X_{iK} 表示了枢纽港站 K 与发生点的关系，$\sum_{i=1}^{m} X_{iK}$ 决定了该枢纽港站的规模，若 $\sum_{i=1}^{m} X_{iK}=0$，说明备选节点 K 处不应设置枢纽港站，即 K 点被淘汰。y_{Kj} 表示了枢纽港站 K 与吸引点的关系。

（三）交通枢纽布局优化改进模型

前面讨论的枢纽布局问题都是假定交通网络预先确定并可以保持不变，而实际上，在一个对象区域上新建交通枢纽后，由于交通枢纽将会产生和吸引大量的车流量，可能导致枢纽周围的道路变得很拥挤，这就是枢纽（选址）对交通网络的反作用。这个反作用将促使市政部门不得不拓宽某些路段或新建路段，从而使交通网络也随之发生变化，此时改进交通道路的费用也应该考虑进来。考虑枢纽对交通网络反作用的优化问题就是枢纽与网络同时优化的问题。该问题可用以下双层数学规划问题表示：

上层：
$$\min W(Y,Z) = \sum_{i=1}^{M}\sum_{r=1}^{n} b_{ir}z_{ir} + \sum_{a \in A} x_a t_a(x_a,y) + \sum_{a=1}^{m} g_a(y_a) \tag{5-61}$$

$$s.t. \quad q'_{rs} = q_{rs} + \sum_{i=1}^{M} z_{ir} p_{is} + \sum_{i=1}^{M}\sum_{j=1}^{M} z_{ir} z_{js} u_{ij} \tag{5-62}$$

$$z_{ir} = 0 \text{ 或 } 1 \ (1 \le i \le M, 1 \le r \le K) \tag{5-63}$$

$$y_a \ge 0 \quad (1 \le a \le m) \tag{5-64}$$

式中：$x=(\cdots,x_a,\cdots)$——下层规划问题的解。

下层：
$$\min F(x) = \sum_{a \in A} \int_0^{x_a} t_a(w,y) \mathrm{d}w \tag{5-65}$$

$$s.t. \quad \sum_{K} f_k^{rs} = q'_{rs}, \forall r,s \tag{5-66}$$

$$xa = \sum_{r,s}\sum_{k}^{k} f_k^{rs} \delta_{a,k}^{rs} \forall a \tag{5-67}$$

$$f_k^{rs} \ge 0 \forall r,s \forall k \tag{5-68}$$

式中：$t_a = t_a(x_a,y)$——基于网络扩容向量 $y=(y_1,y_2,\cdots,y_m)$ 的路段 a 上的阻抗函数（$a \in A$）。

该问题的解法，在这里使用 IOA 迭代法。

算法步骤：

步骤1：给交通网络改进变量 y 取初值 $y_o=(0,\cdots,o)$，即初始网络为现状网络；令 $k=0$。

步骤2：将 y^k 代入式(5-61)，式中的第三项为已知的常数项，问题就变成了单纯的枢纽选址问题，得解 Z^{k+1}。

步骤3：代 Z^{k+1} 入式(5-61)，式中的第一项为已知的常数项，问题就变成了单纯的网络设计问题，用相关的算法解之，就可得解（在这里不介绍该解法）。

步骤4：检验 y^k 与 y^{k+1} 是否有显著差异，若有，令 $k=k+1$，返回第二步；否则，y^{k+1} 和 Z^{k+1} 为所求，输出，停止。

算法结束。

【本章小结】

本章在对交通枢纽类型进行标定的基础上讨论了交通枢纽规划的典型方法、模型及其求解思路，重点讨论了现代交通规划理论模型和其改进模型。

【案例分析】

案例1 重心法。设规划区域内有 5 个交通发生点（吸引点），各点的坐标位置、交通发生量(吸引量)以及运输费率如表 5-1 所示,确定需设置交通枢纽点的坐标(x,y)。

交通发生点的坐标、发生量和运输费率   表 5-1

交通发生点(吸引点)j	发生量(吸引量)W_j(担)	运输费率C_j(美元/担·英里)	坐标	
			x_j	y_j
1	2000	0.050	3	8
2	3000	0.050	8	2
3	2500	0.075	2	5
4	1000	0.075	6	4
5	1500	0.075	8	8

解 利用重心法来确定需设置交通枢纽点位置。具体求解过程用表 5-2 来表示。

求 解 过 程   表 5-2

j	x_j	y_j	W_j	C_j	W_jC_j	$W_jC_jx_j$	$W_jC_jy_j$
1	3	8	2000	0.050	100.00	300.00	800.00
2	8	2	3000	0.050	150.00	1200.00	300.00
3	2	5	2500	0.075	187.50	375.00	937.50
4	6	4	1000	0.075	75.00	450.00	300.00
5	8	8	1500	0.075	112.50	900.00	900.00
			合计		625.00	3225.00	3237.50

由表 5-2 可以得出需设置交通枢纽点的位置坐标为:
$$x = 3225.00/625.00 = 5.16$$
$$y = 3237.50/625.00 = 5.18$$

重心法的特点是简单,但它将纵向和横向坐标视为独立的变量,与实际交通系统的情况相去甚远,求出的解往往是不精确的,只能作为交通枢纽布局的初步参考。

案例 2 微分法。继续例 1 中的问题,若以例 1 重心法求解所得的交通枢纽点位置坐标作为初始解,求解使得总费用最小的港站位置。

解 这里不妨令 $d_j = [(x-x_j)^2+(y-y_j)^2]^{1/2}$,利用案例 1 的结果作为初始解,根据公式(5-31)来求解表 5-3 中的方程可以得出第一次迭代的位置坐标。

求 解 过 程   表 5-3

j	W_jC_j	$W_jC_jx_j$	$W_jC_jy_j$	d_j	W_jC_j/d_j	$W_jC_jx_j/d_j$	$W_jC_jy_j/d_j$
1	100.00	300.00	800.00	35.52	2.815	8.446	22.523
2	150.00	1200.00	300.00	42.63	3.519	28.149	7.037
3	187.50	375.00	937.50	31.65	5.924	11.848	29.621
4	75.00	450.00	300.00	14.48	5.180	31.077	20.718
5	112.50	900.00	900.00	40.02	2.811	22.489	22.489
合计					20.249	102.009	102.388

则修正后的坐标为：

$$x = 102.009/20.249 = 5.038$$
$$y = 102.388/20.249 = 5.057$$

此时的总成本为 21431 美元。若利用计算机编制相关软件，可以实现更多的迭代过程，当总成本不再下降时即可获得总成本最低的交通枢纽点选址位置。本例题的迭代过程如表 5-4 所示。

迭 代 过 程　　　　　　　　　　　　　　　　表 5-4

迭代次数	x 坐标	y 坐标	总成本(美元)
0	5.160	5.180	21471.00
1	5.038	5.057	21431.22
2	4.990	5.031	21427.11
3	4.996	5.032	21426.14
4	4.951	5.037	21425.69
5	4.940	5.042	21425.44
6	4.932	5.046	21425.30
7	4.927	5.049	21425.23
8	4.922	5.051	21425.19
9	4.919	50.53	21425.16
10	4.917	5.054	21425.15
11	4.915	5.055	21425.14
…	…	…	…
100	4.910	5.058	21425.14

总成本在第 11 次迭代以后就不再下降。此时的坐标位置就是使得总成本最低的交通枢纽点选址坐标位置(4.910,5.058)。

微分法需要以重心法的结果为初始解，不断迭代，直到前后两次迭代的解误差不超过设定范围，从而得到最佳结果。虽然它从数学上可以给出交通枢纽的具体位置，但这个结果仅仅是数学解，还需要放到实际的交通系统中去进行进一步的调整。

案例 3　运输规划模型。若有 4 个交通吸引点 P_1、P_2、P_3、P_4，现已有两个交通枢纽 F_1、F_2 为其提供服务。由于吸引点需求的不断增加，需再设一个交通枢纽。可提供的备选点是 F_3 和 F_4。试在其中选择一最佳枢纽地址。根据资料分析得出的各枢纽到各吸引点的总费用，如表 5-5 所示。

运 输 费 用　　　　　　　　　　　　　　　　表 5-5

从＼至	P_1	P_2	P_3	P_4	适站量(t)
F_1	8.00	7.80	7.70	7.80	7000
F_2	7.65	7.50	7.35	7.15	5500
F_3	7.15	7.05	7.18	7.65	12500
F_4	7.08	7.20	7.50	7.45	
吸引量(t)	4000	8000	7000	6000	25000

解 ①若新的枢纽设在 F_3，则根据运输问题的解法，得出所有适站量的分配如表 5-6 所示。

在表 F_3 处设枢纽得适站量分配　　　　　　　　　　表 5-6

至 从	P_1		P_2		P_3		P_4		适站量 (t)
F_1		8.00		7.80	⑤	7.70	⑥	7.80	7000
						6500		500	
F_2		7.65		7.50		7.35	③	7.15	5500
								5500	
F_3	②	7.15	①	7.05	④	7.18		7.65	12500
		4000		8000		500			
吸引量 (t)	4000		8000		7000		6000		25000

则枢纽设在 F_3 处的全部费用至少为：

$C_3 = 6500 \times 7.70 + 500 \times 7.80 + 5500 \times 7.15 + 4000 \times 7.15 + 8000 \times 7.05 + 500 \times 7.18$
$= 181865$ 万元。

②若枢纽设于 F_4 处，相同解法，得出的结果见表 5-7。

在表 F_4 处设枢纽得适站量分配　　　　　　　　　　表 5-7

至 从	P_1		P_2		P_3		P_4		适站量 (t)
F_1		8.00		7.80	⑤	7.70		7.80	7000
						7000		0	
F_2		7.65		7.50		7.35	②	7.15	5500
								5500	
F_4	①	7.15	③	7.05		7.18	④	7.65	12500
		4000		8000				500	
吸引量 (t)	4000		8000		7000		6000		25000

解得，设站场于 F_4 处得全部费用为：

$C_4 = 7000 \times 7.70 + 5500 \times 7.15 + 4000 \times 7.08 + 8000 \times 7.20 + 500 \times 7.45 = 182870$ 万元。

两种方案比较 C_4 与 C_3，所以选 F_3 处设立枢纽为优，可节省费用：$C_4 - C_3 = 182870 - 181865 = 1005$ 万元。

【实训题】

1. 以某区域内的交通枢纽规划为例，标定枢纽类型，选择合适的枢纽规划方法，构建规划模型并提出求解思路。

2. 设某一区域有交通发生点 2 个,它们分别是 P_1、P_3,吸引点 3 个,即 M_1、M_2、M_3,各点的货物流量和运输费率见表 5-8。现准备在这一地区建立一个交通枢纽点。请尝试完成以下作业:

(1)用重心法,找出这一枢纽的大致位置;

(2)用微分法,找出这一枢纽的最佳位置;

(3)对上述解的最优性和有用性进行评估,对模型中考虑到或未考虑到的因素进行评估,并分析管理人员将如何利用这些解?

各点的货物流量与运费率   表 5-8

发生点与吸引点	货物流量(担)	运输费率(美元/担·英里)
P_1	5000	0.04
P_3	7000	0.04
M_1	3500	0.095
M_2	3000	0.095
M_3	5500	0.095

【复习思考题】

1. 交通枢纽类型有哪几种?

2. 交通枢纽布局规划模型有哪些?各类模型的基本思想是什么?比较各类模型的特点。

第六章　铁路交通枢纽功能布局设计

【课前导读】　本章讨论了以铁路交通为主体的交通枢纽功能布局设计问题。第一节在介绍铁路枢纽基本概念的基础上,讨论了铁路枢纽设计的原则以及铁路枢纽包含的主要设施设备。第二节和第三节从客、货运两个角度分别讨论了铁路客货运枢纽的平面布局、规模确定、流线设计以及相关工艺计算等。

【知识学习目标】　掌握铁路交通枢纽的基本概念和设计原则;掌握铁路客货运枢纽设计的平面布局、规模确定、流线设计和相关工艺计算方法。

【能力培养目标】　建立铁路交通枢纽功能布局设计的理论和方法体系,使学生具备铁路交通枢纽功能布局设计能力。

【教学重点】　铁路客货运交通枢纽平面布局、规模确定、流线设计以及相关工艺计算方法。

【教学难点】　平面布局;规模确定;流线设计;工艺计算。

第一节　铁路交通枢纽概述

一、铁路枢纽基本概念及作用

（一）铁路枢纽概念

在铁路干、支线的交汇点或终端地区,由各种铁路线路、专业车站以及其他为运输服务的有关设备组成的综合体称为铁路枢纽(railway terminal)。

铁路枢纽是连接铁路干、支线的中枢,是为城市、工业区或港埠区服务以及与国民经济各部分联系的重要纽带,也是交通运输枢纽的主要组成部分。

（二）铁路车站及枢纽的设计原则

在进行车站及枢纽设计和规划时应遵守下列一些原则和要求:

(1)保证必要的运输能力。车站及枢纽各项设备的能力应当适应近、远期客货运量的需求,并应具有必要的储备能力。

(2)保证作业安全和人身安全。车站及枢纽设备布置和设计技术条件应符合有关规范、规程和标准的要求,把提高安全可靠性贯穿于整个设计中。

(3) 要有全局观点。车站及枢纽设计是一项系统工程，不仅要注意本身内部各项设备的合理布局以及与铁路区间能力的相互协调，而且要考虑与其他各种运输方式的配合，满足城市规划、工农业布局和国防等多方面的要求。

(4) 要注重投资效益，节省基建费用。在满足设计期运能需求和保证安全的前提下，尽可能节省工程费用，少占用地。

(5) 积极采用国内外先进技术和装备。根据科技发展水平和运输需求，尽量采用不同层次的技术和装备，系统配套，发挥整体效能，以适应铁路现代化的要求。

(6) 考虑持续发展的可能性。布置车站及枢纽的各项设备时，要预留扩建用地，做好分期过渡方案，避免不必要的废弃工程。

此外，车站及枢纽的布置还应满足国家有关环境保护、节约能源等各项要求。

(三) 铁路枢纽设备

在铁路枢纽内一般设有下列全部或部分设备：

(1) 铁路线路：包括正线、支线、联络线、环线、直径线、工业企业线等。

(2) 专业车站：包括中间站、区段站、客运站、货运站、编组站、工业站、港湾站等。

(3) 疏解设备：包括铁路线路与铁路线路的平面和立交疏解、铁路线路与城市公路的跨线桥和平交道口以及线路所等。

(4) 其他设备：包括机务段、车辆段、客车整备所等。

上述部分或全部设备应在分析枢纽内客货流的基础上，密切配合城市规划、工农业建设、地形条件、工程条件以及既有铁路设备的现状，进行总体规划，分期发展。

二、铁路交通枢纽布局类型

(一) 铁路枢纽分类

铁路枢纽按其在铁路网上的地位和作用可分为以下几类。

(1) 路网性铁路枢纽。凡承担的客货运量和车流组织任务涉及整个铁路网的枢纽都属路网性铁路枢纽。这种枢纽一般都位于几条铁路干线交叉或衔接的大城市，如沈阳、北京、郑州、徐州、武汉、上海等枢纽，承载大量的跨局通过车流和地方车流，设有较多的专业车站，其设备的规模和能力都很大。

(2) 区域性铁路枢纽。凡承担的客货运量和车流组织主要为一定的区域范围服务的枢纽都属区域性铁路枢纽。这种枢纽一般都位于干线和支线的交叉或衔接的大、中型城市，如太原、蚌埠、柳州等枢纽，承载管辖区内的通过车流和地方车流，设备规模不大。

(3) 地方性铁路枢纽。凡承担的运输和车流组织主要为某一工业区或港湾等地方作业服务的枢纽都属地方性铁路枢纽。这种枢纽一般都位于大工业企业和水陆联运地区，如大同、秦皇岛等枢纽，办理大量的货物装卸和小运转作业。

铁路枢纽按枢纽范围内的专业车站和铁路线路在总图布局上的特点分为一站枢纽、三角形枢纽、十字形枢纽、顺列式枢纽、并列式枢纽、环形枢纽、尽端式枢纽和混合式枢纽等8种类型。

(二) 铁路枢纽布置图形

影响铁路枢纽布置图形的因素比较复杂，即使同一因素出现在几个枢纽内时，对枢纽布置图的影响也各不相同。在规划和设计中，必须根据各个枢纽的具体条件，确定合理的布置图形。下面就枢纽范围内专业车站和铁路线路在总图布局上的特征,结合一定的车流条件,提出8种不同形式的枢纽图形,分析其特点及其适应条件。

1. 一站铁路枢纽

一站铁路枢纽(railway terminal with one station)一般由一个综合性车站(兼办客、货、改编作业)和3~4条引入线路组成,是铁路枢纽布置图形中最简单的一种结构形式,通常位于如四平、牡丹江等中、小城市。一站铁路枢纽有两种不同布置图形:一种是以办理无改编中转列车为主、解编作业为辅的枢纽区段站;另一种是以办理解编作业为主,无改编中转列车为辅的小型编组站。

这种枢纽的运营特点是所有客货运及列车改编作业完全集中在一个车站上进行,不存在保证各车站间运输联系通道和作业量分配等复杂问题,设备集中,管理方便,运营效率较高。但由于作业集中,必然产生大的作业进路交叉干扰,通过能力和改编能力都较小。为此,要求各线路方向能直接枢纽站的发车场,以保证各方向接发车的独立性和机动性。运量较大时,要修建必要的立体疏解设备;引入新线时,应保证主要车流方向的无调中转列车不变更运行方向。

为了减少线路间的交叉干扰,可选择以下两种立体疏解布置。

(1)线路别立体疏解布置。线路别立体疏解布置如图6-1a)所示。该枢纽衔接 A、B、C、D 四个单线方向。图中到发场1及2平行配列在正线一侧,到发场1固定为 A、B 方向接发列车,到发场2固定为 C、D 方向接发列车。为便利 C 方向列车接发,在车站左端设有立体疏解。这种布置适应于本线车流(AB 和 CD)较大而转线车流(AD 和 BC)少的枢纽。

(2)方向别立体疏解布置。方向别立体疏解布置如图6-1b)所示。该枢纽衔接 A、B、C、D 四个双线方向。图中到发场1及2配列在正线两侧,到发场1固定为各方向上行列车接发,到发场2固定为各方向下行列车接发,在车站两端设有立体疏解。这种布置图可保证有较大的作业灵活性和通过能力,适用于转线车流较大的一站枢纽。

一站枢纽适用于线路数少、城市规模较小、无改编中转列车占较大比重、没有必要设置几处车站的情况。同时,一站枢纽必须充分考虑预留发展用地,车站两端引入线路的平、纵断面应尽可能平顺,进站线路疏解布置力求简化并适当远离车站。

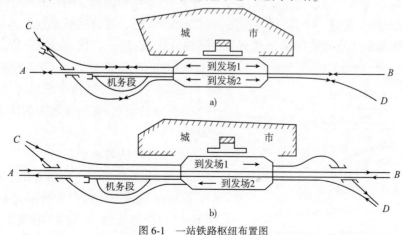

图6-1 一站铁路枢纽布置图

2. 三角形铁路枢纽

三角形铁路枢纽(triangle railway junction terminal)是枢纽线路汇集于三点,并在三点间修建相应的联络线而形成。一般各衔接方向间都有较大的客货运量交流。图6-2为衔接A、B、C三个方向的三角形枢纽布置图。在改编作业量较大的AB线路上设有一个客货共用站,A与C间的折角直通列车不进入客、货共用站而经由中间站1和中间站2间的联络线运行,以缩短列车行程和消除变更运行方向列车的有关作业。折角列车更换本务机车的作业可由客、货共用站派送机车在中间站1或2进行。当折角列车数较多时,也可在中间站1或2修建专用通过车场和机车整备设备,并采用循环交路。

为适应发展的需要,枢纽改、扩建时,可将客、货共用站改为客运站,既有货物运转设备用来为地方车流服务,在主要车流干线上新建编组站。当远期有第四方向衔接时,也可新建编组站,如图6-2中的虚线所示。

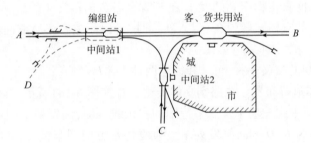

图6-2 三角形铁路枢纽布置图

当铁路线汇合于三点,各方向间有较大的客货运量交流时,可参照三角形枢纽图形进行总体规划。

3. 十字形铁路枢纽

十字形铁路枢纽(Cross-type railway terminal)布置图形的主要特征是两条铁路线近似正交,在枢纽中心设有呈"十字形"的交叉疏解布置,车站设在各线上,根据车流状况和车站布置修建必要的联络线。它适用于相互交叉的衔接线路之间交换的客货运量甚少,而直线方向具有大量的直通客货流的铁路枢纽,如齐齐哈尔、石家庄枢纽等。图6-3为AB和CD两铁路线正交,在线路上先建一个客、货共用站,随着运量的增长,再修建联络线和其他车站。这种枢纽布置图形的优点是能保证相互交叉线路独立作业,互不干扰,直通客、货列车可顺利通过本枢纽,获得缩短运程、节省投资的经济效果。但随着相交线路间换乘的旅客、转线的货物列车等作业的增加,这种布置图的优越性将会越来越小。

4. 顺列式铁路枢纽

顺列式铁路枢纽(longitudinal arrangement type railway terminal)的主要特征是枢纽内的所有车站(包括客运站、货运站、编组站等)都顺序纵列布置在枢纽内同一条伸长的通道上。顺列式

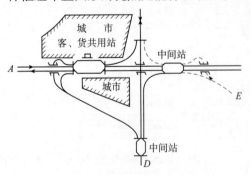

图6-3 十字形铁路枢纽布置图

铁路枢纽多数是受地形的影响,使枢纽不得不布置在傍山沿河等狭长地带。线路一般都汇合在枢纽的两端,顺向车流可通过纵向通道运行,折角车流宜在枢纽前方组织分流而不进入枢纽,这就要求在枢纽两端引入线汇合处设置编组站或联络线等设施,如兰州枢纽等。

这种枢纽的优点是进、出站线路疏解布置简易,客、货运站和编组站的布置有较大的灵活性,枢纽分阶段发展适应性较强。其缺点是到发和通过枢纽的客、货列车及枢纽内小运转列车均集中运行在同一条通道上,区间通过能力紧张,车站咽喉区负担过重,货物列车通过客运站对客运作业干扰大。

为了增强共同通道的通过能力,可铺设第三、第四正线,安装先进的信号设备,在枢纽两端的编组站之间修建迂回线以分流货物列车,沿迂回线修建货运站或工业站以分流枢纽内小运转车流,如图6-4中虚线所示。

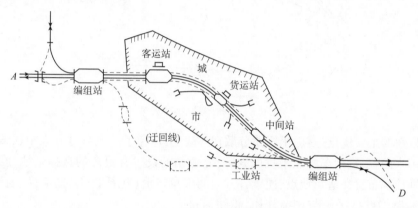

图6-4 顺列式铁路枢纽布置图

对于线路分别在枢纽两端会合,位于傍山沿河的狭长地带以及沿着共同通道分布工业区和仓库区,需要设置两个以上专业车站的枢纽,可参照顺列式枢纽进行总体规划。

5. 并列式铁路枢纽

并列式铁路枢纽(parallel arrangement-type railway terminal)的特点是编组站与客运站平行布置在两条并列的通道上,衔接铁路线先按线路方向,再按列车种类(客、货)分别平行布置的编组站和客运站,如郑州枢纽等。

图6-5为有两条铁路干线交叉的并列式枢纽布置图。编组站布置在市区的边缘,客运站布置在市区范围内。它是由原先只有一个客、货共用站,随着运量增长,在市区边缘新建另一个编组站,而将原客、货共用站改建为客运站形成的。其优点是客、货列车运行径路在枢纽内完全分开,互不干扰,通过能力大;在当地条件受限制时,客运站和编组站位置的选择有较多的活动余地;货物列车在市区边缘运行,不干扰城市。其缺点是进、出站线路疏解布置较为复杂,引线工程较大,枢纽内线路的平、纵断面技术条件较差,增加了客、货列车的运营里程和费用,枢纽的分期过渡也比较困难。

这种枢纽图形通常适用于客、货运量都很大而当地条件又适合并列布置两个专业站的枢纽。

6. 环形铁路枢纽

环形铁路枢纽(loop railway terminal)布置图形的主要特征是线路方向较多,用环形线路将所有线路方向连接起来形成一个整体,各种专业车站布置在环线、半环线上或自环线引出伸入城市中心附近,利用联络线将车站与环线连接,如北京枢纽等。

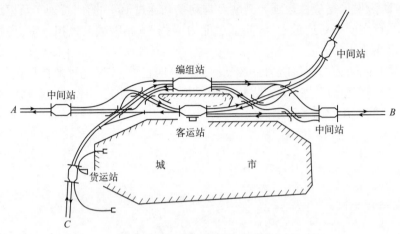

图 6-5 并列式铁路枢纽布置图

这种枢纽的主要优点是:由于线路分散在环线上,避免了接轨点过分集中在编组站或枢纽两端而带来的客、货列车相互干扰的缺陷;专业站的设置有更多的选择余地,能更好地结合城市规划使其布置在适当地点;便于各方向间大量车流(包括折角)的交换,通道灵活,环线对运行通路能发挥平衡与调节作用,枢纽通过能力大。其缺点是:环线的修建工程费用大,有的方向的列车必须迂回接入编组站或客运站,增加了列车运行里程。

图 6-6 为众多方向的环形枢纽布置图,设有与城市联通的客运站,并在客运站间用地下直径线相连接,给旅客换乘带来方便。在较多线路的地方设置编组站,以便利改编车流的作业。环线设在市区范围以外,为各方向提供灵活便捷的通道。环形铁路枢纽布置图一般适用于有众多线路方向分散,且其间有大量的客、货运量交流,并要求枢纽内的列车运行径路有较大的灵活机动性,需设置环线或半环线的大城市铁路枢纽。

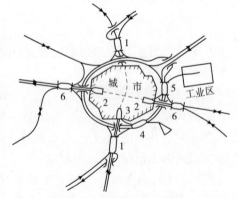

图 6-6 环形铁路枢纽布置图
1-编组站;2-客运站;3-货运站;4-客货共用站;5-工业站;6-中间站

7. 组合式铁路枢纽

组合式铁路枢纽(combined railway terminal)是路网发展、城市改建、车流条件和自然条件等多种因素影响下逐步发展形成的。根据各枢纽的历史条件、地理环境、城市规划等发展过程,这种枢纽的结构是多种多样的,如武汉枢纽等。

图 6-7 为位于两江汇流处的大城市铁路枢纽,用两座大桥将江河分割的三段路线连接

在一起，并贯通 AB 干线。它是由三角形、顺列式以及环形枢纽组成的组合式铁路枢纽。从总图布局分析，它在不同程度上既保留着上述那些图形的特征，但又相互联系成一整体。

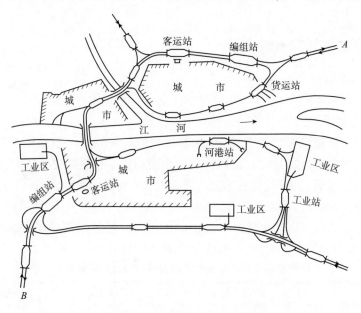

图 6-7 混合型铁路枢纽布置图

在城市组成庞大、工业企业布置分散、客货运量大、线路多、地方和中转车流任务繁重，或有江河相隔处，需设置多处客运站、货运站、编组站和工业站。根据上述各种枢纽图形规划枢纽内各项设备不能满足运营要求时，可根据具体情况，参照具有不同结构的组合式铁路枢纽进行总体规划。

8. 尽端式铁路枢纽

尽端式铁路枢纽（stub-end railway terminal）位于铁路网的起点或终点，一般设在大港湾、大工业区或采矿区等有大宗货流产生及消失的地区。按其分布地点的不同可划分为两大类，即位于滨海和位于内陆的尽端式铁路枢纽。一般滨海尽端式铁路枢纽具有更大的广泛性和发展余地，其货运量也较内陆尽端式枢纽大，而内陆尽端式枢纽往往是铁路枢纽发展的初期阶段，以后随着路网的扩大，铁路线的向外延伸，它又将逐渐演变成适合当地特点的各种铁路枢纽，如大连、青岛枢纽等。

图 6-8 所示为位于滨海地区的尽端式铁路枢纽，编组站布置在枢纽的出入口处，能有效地控制枢纽的车流。客运站接近市区中心，与编组站顺序排列，港湾站、工业站分布在港区和工业区，并与编组站有方便的联系。为了方便各装卸点间车流交换，可根据需要修建相应的联络线。当枢纽作业量较大，为了减轻出、入口咽喉的负荷，还可设置绕过编组站的通过线，如图 6-8 中虚线所示。

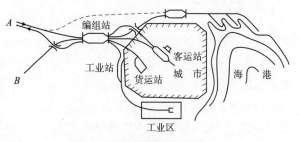

图 6-8 尽端式铁路枢纽布置图

第二节　铁路客运枢纽功能布局设计

一、铁路客运枢纽规模的确定

(一) 客运枢纽规模确定

根据分析问题的角度不同,交通枢纽规模有以下三种分类方法。

1. 统计概念的规模

统计概念的规模是以客货流发送量(或客货流设计量)大小来描述运输枢纽规模的大小。运输枢纽的客货流发送量(或设计量)越大则表明运输枢纽的规模越大;同样,运输枢纽规模大,其发送量(或设计量)自然也就大。以发送量(或设计量)大小描述运输枢纽规模是一种最常用的方法,如我国确定公路客运枢纽站场规模的依据,一直沿用的是统计年度的年平均日旅客发送量。铁路客运枢纽站场规模的确定,通过旅客最高聚集人数这个指标进行划分,一般分为特大型、大型、中型、小型四个等级,见表6-1。

按旅客最高聚集人数的铁路客运站场枢纽等级划分　　表6-1

站级规模	旅客最高聚集人数 H(人)	站级规模	旅客最高聚集人数 H(人)
特大型车站	$H \geq 10000$	中型车站	$400 \leq H < 2000$
大型车站	$2000 \leq H < 10000$	小型车站	$50 \leq H < 400$

2. 行政概念的规模

按照运输枢纽所在地的行政级别划定枢纽规模的大小。如公路主枢纽按其所在地的行政级别可划分为国家级公路主枢纽、省级公路主枢纽、市级公路主枢纽等;铁路也可以按照枢纽所在管辖地级别划分为国家级铁路枢纽和地方级铁路枢纽等。

这种按行政概念划分枢纽级别的方法,一般来说比较简单明了,但也难免有不当之处。例如我国西部地区的某些运输枢纽,按其所在地的行政级别,应当属于国家级运输枢纽,但由于外界大环境影响,其运输活动并不十分活跃,相反的在沿海某些地市,虽然所在辖区行政级别较低,但运输活动十分活跃、因此按行政概念对运输枢纽进行划分,在某种环境背景影响下,其规模的确定有可能偏高或偏低,对投资、管理将造成一些不利影响。

3. 基建概念的规模

从基建的角度来理解运输枢纽的规模就是按照建筑用地面积大小来确定运输枢纽的规模,它可以在设计图、用地面积中直观地反映站场规模内容及等级。一般基建用地规模越大,枢纽规模就越大。但这种基建用地规模是根据一定的指标确定的,如公路客运枢纽不同站级用地规模主要是根据有效发车位数量、候车厅面积大小确定的,而有效发车位数量和候车厅面积大小则是依据最高聚集人数并参照适站量的大小来确定。对于公路客运枢纽按有效发车位的多少可将站级划分为四个等级,这四个等级大致与统计概念、行政概念划分的站级相当。如此来看,基建概念的规模是其他两种概念规模的最终反映。因此,描述运输枢纽规模可选用用地面积来反映。

综合性运输枢纽服务于两种或两种以上运输方式,由于在不同级别不同类型的综合性运输枢纽中不同运输方式的站场配置规模各不相同,而且计算因素众多,因此,要抽象出综合性运输枢纽用地规模的一般计算表达方式十分复杂。

4. 运输枢纽规模确定思路分析

要确定枢纽客货运站场规模,最基本的是要确定枢纽站场设计年度的日旅客或货物的发送量。公路客货运量预测是进行客货运站场规模确定的基础。

运输枢纽及站场客、货运量预测要在分析社会经济和交通运输发展状况以及两者之间的内在联系的基础上,对规划区域内的社会经济和交通运输未来发展趋势进行研究,并对有关的社会经济指标和运量的发展值进行预测。预测的内容包括规划区域内社会经济发展状况预测和运输量预测。其中运输量预测包括公路、铁路、水运和民航客货运量预测,以及运输站场组织量预测与适站量预测和分方向适站量预测。预测框图如图6-9所示。本章主要讨论公路运输枢纽规模的确定方法。其他运输方式的运输枢纽规模的确定可参照有关部门的规定。

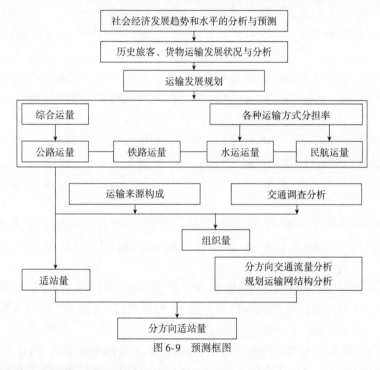

图6-9 预测框图

(二)铁路客运站的任务及站级划分

1. 铁路客运站任务

铁路客运站是铁路旅客运输的基本生产单位。其主要任务是:安全、迅速、准确、方便、有秩序地组织旅客上下车;行包、邮件的承运、装卸及搬运;为旅客提供舒适的候车条件;组织旅客列车安全、正点到发及客车车底的取送,高质量、高效率地完成旅客运输任务;保证铁路与市内交通联系便捷,使旅客迅速地疏散。因此,搞好客运站的设计工作,对提高铁路旅客运输的效率和服务质量,具有十分重要的意义。

2. 铁路客运站的站级划分

铁路客运站根据日接发换算旅客列车对数,日均上、下车旅客人数和旅客列车到发线数量,并考虑在铁路网上的地位,可分为大型客运站及一般客运站。日接发换算旅客列车30

对及以上,日均上、下车旅客人数 45000 人以上和旅客列车到发线 7 条以上的客运站为大型客运站;其他客运站为一般客运站。若按等级划分,可将客运站分为特等站、一等站、二等站、三等站、四等站、五等站六个等级。三等以下客运站通常为客、货混合站。核定客运站等级的依据条件如下:

(1) 具备下列三项条件之一者为特等站

①日均上下车及换乘旅客在 6 万人以上,并办理到发、中转行包在 20000 件以上的客运站。

②具备下列三项条件中两项的综合业务站:日均上下车及换乘旅客 20000 人以上,并办理到发及中转行包在 2500 件以上;日均装卸车在 400 辆以上;日均办理有调动作业车在 4500 辆以上。

③首都、中央直辖市及个别省府所在的车站,可酌定为特等站。

(2) 具备下列三项条件之一者为一等站

①日均上下车及换乘旅客在 15000 人以上,并办理到发、中转行包在 1500 件以上的客运站。

②具备下列三项条件中两项的综合业务站:日均上下车及换乘旅客在 8000 人以上,并办理到发、中转行包在 500 件以上;日均装卸车在 200 辆以上;日均办理有调动作业车在 2000 辆以上。

③省府所在地的车站及重要的国境站、口岸站,可酌定为一等站。

(3) 具备下列三项条件之一者为二等站

①日均上下车及换乘旅客在 5000 人以上,并办理到发、中转行包在 500 件以上的客运站。

②具备下列三项条件中两项的综合业务站:日均上下车及换乘旅客在 4000 人以上,并办理到发、中转行包在 300 件以上;日均装卸车在 100 辆以上;日均办理有调动作业车在 1000 辆以上。

③省府所在地的车站及重要的国境站、口岸站,可酌定为二等站;工矿企业比较集中地区的车站及位于三个方向以上并担当机车更换、列车技术作业的车站,可酌定为二等站。

(4) 具备下列两项条件之一者为三等站

①具备下列三项条件中两项者为三等站:日均上下车及换乘旅客在 2000 人以上,并办理到发、中转行包在 100 件以上;日均装卸车在 50 辆以上;日均办理有调作业车在 500 辆以上。

②工矿企业比较集中地区的车站及位于三个方向以上并担当机车更换、列车技术作业的车站,可酌定为三等站。

办理综合业务,但按核定条件不具备三等车站条件者为四等站;只办理列车会让、越行会让车站与越行站,均为五等站。

二、铁路客运枢纽功能平面布局

(一) 铁路客运站的平面布置

铁路客运站的布置图按线路配置的不同分为通过式、尽端式和混合式三种。

(1) 通过式客运站布置图。通过式客运站如图 6-10 所示,其全部旅客列车到发线为贯通式,站房在正线一侧,高架候车室为跨线式,基本站台与中间站台用地道相连,客运站与整备所和机务段纵列布置。图6-10a)为整备所和机务段布置在正线一侧,图6-10b)为整备所和机务段布置在两正线之间。

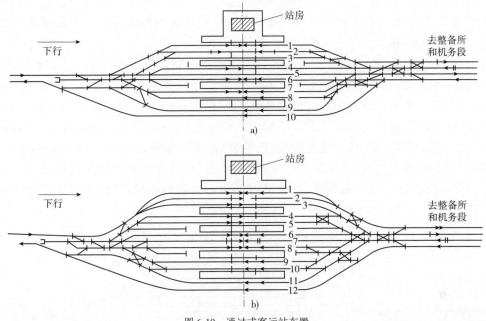

图6-10 通过式客运站布置

通过式客运站的优点是车站有两个咽喉区,能分别办理接发车作业,减少旅客列车到发与车底取送和机车出入段之间的交叉干扰,通过能力较大,运营条件较好;通过式旅客列车到发线能接入和通过较多方向的列车,除折角列车外,不必变更列车运行方向,到发线使用机动灵活,互换性大;便于设计为跨线式高架候车室,便于组织旅客进出站,缩短旅客进出站走行距离;旅客进出站与行包搬运流线交叉干扰少。其缺点是与城市干扰较大,由于有两个咽喉区,站坪较尽端式长,占用城市用地要多。新建客运站应按通过式图形设计。

(2)尽端式客运站布置图。尽端式客运站如图6-11所示,其全部旅客列车到发线为尽端式,站房设在到发线一端或一侧,中间站台用分配站台相连接,机务段和整备所与客运站纵列布置。

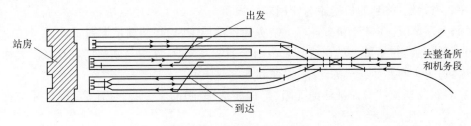

图6-11 尽端式客运站布置图

尽端式客运站的优点是车站容易伸入市区中心,旅客出行乘车方便,可缩短出行时间,与城市道路交叉干扰较少;站坪较短,占地少;旅客出入站可不必跨越线路。它的缺点较多,主要有:车站作业集中在一端咽喉区进行,进路交叉干扰大,车站通过能力小;

对通过列车的换挂机车和变更运行方向等作业均不方便;列车进站速度低,占用咽喉时间长;旅客进、出站和行包搬运都要经过靠近站房一端的分配站台,人流与行包流互相交叉;旅客进、出站走行距离长。因此,新建客运站一般不采用尽端式客运站。只有在以始发、终到旅客列车为主的客运站,当采用通过式客运站将引起巨大工程或当地条件不允许时,方可采用。

(3)混合式客运站布置图。混合式客运站布置图的特点是一部分线路为贯通式,另一部分线路为尽头式,如图6-12所示。贯通式线路供接发长途旅客列车用,尽头式线路供接发市郊旅客列车用。这种布置图的优点是当车站衔接的某一方向市郊列车较多时,设置部分有效长较短的尽头式线路,可节省投资和用地;市郊旅客与长途旅客进、出站流线互不干扰。其缺点是到发线互换性差,使用不灵活;在市郊旅客列车进、出站咽喉区时,市郊与长途旅客列车产生到、发交叉;当二者共用整备所时,又产生市郊车底取送与长途旅客列车的到达交叉。因此,仅在改、扩建既有客运站且有充分依据时,方可采用混合式客运站布置图。

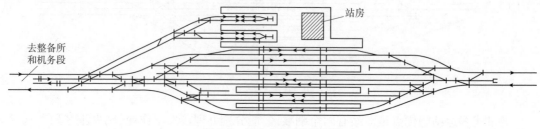

图6-12 混合式客运站布置图

(二)主站房平面布置

1. 布置要求

在客运站,不同的旅客对使用各种站房的要求是不同的。换乘的长途旅客下车后要在站内办理换乘手续、寄存小件行李及候车,使用站房时间最长;始发的长途旅客要买票、托运行李及候车,使用站内各项设备的时间也较长(在市内买票的旅客除外);到达的长途旅客一般只提取行李或打电话,在站停留时间较短;始发的市郊旅客只在开车前进站,终到的市郊旅客下车后直接出站,他们很少使用站房。除了旅客本人以外,接送旅客的人也要使用站内设备,一般与始发、终到的长途旅客使用同一设备。

根据上述情况,在设计和布置客运站房的各项设施时,必须满足下列要求:

(1)旅客站房位置要与城市规划及市内交通相互配合,站房与站前广场及城市交通工具停车点之间应有便捷而安全的通路,以便利旅客进出站。

(2)各种交通流线应保证畅通无阻,行程便捷,避免交叉干扰,使旅客、行包和各种车辆在站内安全、迅速地集散和通行。

(3)站房建筑的平面应按旅客需要来布置,使旅客容易找到办理各种旅行手续的地点,并便于车站工作人员组织旅客上下车。

(4)站房各种房室及跨线设备的布置,应避免多余的上坡和下坡,以免造成旅客行走困难和降低客运设备的通过能力。

(5)根据客流量的大小,尽可能使到达与始发客流、市郊与长途客流分开。在站房内及站台上应将行包、邮件的搬运与旅客上、下车的通路分开。

(6)站房各房室、通道及售票窗口必须有足够的面积和数量,保证满足客运量最繁忙时的要求,并为扩建改建留有余地。

(7)站房应力求适用、经济,在可能条件下注意美观,并显示出城市的建筑风格和地理环境的特点。

2. 站房与站台平面高差关系

站房按其地面与站台面间的高差关系可分为以下三种形式:

(1)线平式。站房与站前广场毗连一层的地面高程与站台面的高程相平或相差很小,如图 6-13a)。

(2)线上式。站房与站前广场毗连一层的地面高程高于站台面的高程,如图 6-13b)。

(3)线下式。与线上式相反,如图 6-13c)。

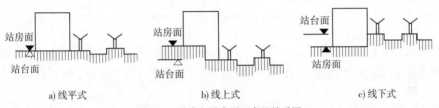

图 6-13 站房与站台平面高差关系图

线下式或线上式一般是由于受地形、城市规划等条件的限制,为了减少填、挖方数量,节省工程造价,或使旅客进出站行走的升降高度最小而建造的。

按服务旅客的性质,旅客站房可设计为长途与市郊旅客合用的站房,或专为市郊旅客用的市郊站房,或铁路与其他种类运输共用的联合站房等。

3. 旅客站房内各种用房的设置

旅客站上所有用房及其布置,应根据站房等级、类型、服务旅客的种类、车站工作量及工作性质等因素来确定。小型站房比较简单,大、中型站房一般应具有下列三类用房:

(1)客运用房。客运用房由候车部分(各种候车室)、营业部分(包括售票厅、行包房、小件行李寄存处、问讯处、服务处等)以及交通联系(广厅、通廊、过厅)等三部分组成。

①候车室(厅)。候车室(厅)是旅客休息候车和组织旅客进站的场所。因此,对候车室除要求有适宜的候车环境外,还需与站房的主要入口、检票口联系方便,并尽可能地靠近站台,以减少旅客进站的行程。候车室的布置形式视站房的规模、客流的类型和布局的需要,可分下列几种(图 6-14):

集中候车方式:如图 6-14a)所示,这种布置方式,候车室使用机动灵活,利用率高。但当客流量较大,而且旅客性质复杂时,候车秩序较难维持,甚至会造成个别旅客误上其他列车的现象。因此,这种候车方式只适用于客流量较小的客运站。

分线候车方式:如图 6-14b)、c)所示,这种布置的特点与上述集中候车方式相反。因此,在客流量较大,且客流性质复杂时宜予以采用。其中图 6-14b)布置形式的旅客行走距离较长,邻近广场候车室的旅客上车时的行走距离更长,缺点较多。图 6-14c)布置形式旅客行走距离较短,旅客在候车室内无往返行走,秩序也易维持。但在选择图 b)、c)两种布置形式时,尚应结合站房造型统筹考虑。

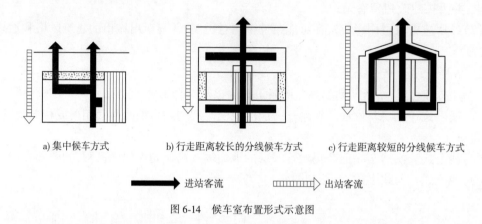

a) 集中候车方式　　b) 行走距离较长的分线候车方式　　c) 行走距离较短的分线候车方式

→ 进站客流　　⇒ 出站客流

图 6-14　候车室布置形式示意图

②售票处(厅)。售票处(厅)位置主要根据普通进站旅客流线的流程来确定。通常要求将售票处设在旅客进站流线中靠前而且明显易找的地方,布置形式如图 6-15 所示。

售票处直接向综合候车室开设窗口的布置形式如图 6-15a)、b)所示。这种布置的优点是明显易找,在空间使用上也具有较大的灵活机动性,旅客流线行程短。其缺点是购票旅客对候车旅客影响较大。因此,对旅客候车时间较短和客运量较小的客运站,可采用这种布置形式。

售票处设于营业大厅内或靠近主要入口处,如图 6-15c)、d)、e)所示。这种布置的最大优点是旅客的购票活动与候车等其他活动互不干扰。

在站房之外单独设置售票处,如图 6-15f)所示。采用这种布置形式时,宜用廊道把售票处与站房连接起来,以免旅客有露天流程。这种布置形式的旅客流程长。

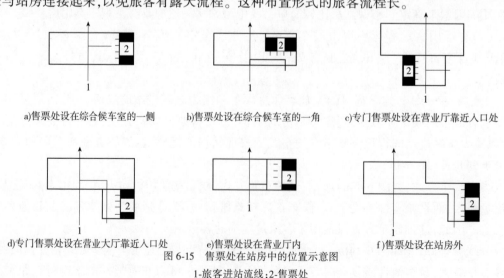

a)售票处设在综合候车室的一侧　　b)售票处设在综合候车室的一角　　c)专门售票处设在营业厅靠近入口处

d)专门售票处设在营业大厅靠近入口处　　e)售票处设在营业厅内　　f)售票处设在站房外

图 6-15　售票处在站房中的位置示意图
1-旅客进站流线;2-售票处

在市郊旅客较多的客运站，可在其检票口附近设置独立的售票处。在中转旅客较多的客运站，可在站台内或出站口附近设中转签票处。

③行包房。在整个站房布局中，行包房的位置是否妥当，对旅客进、出站流线与行包流线和车辆流线交叉与否，工作人员管理是否方便有很大影响。因此，行包房的位置应与站房的其他客运用房、站台、广场取得有机联系，其布置形式如图6-16所示。

只设一个行包房兼办行包的托运和提取业务，如图6-16a)、b)、c)所示。这种布置形式对行包仓库的利用、管理人员的安排和行包的搬运等具有方便和灵活的优点。但由图6-16b)、c)可知，取、托行包客流与进、出站客流有交叉，由于取、托行包客流比例小，尤其是出站后立即提取行包的旅客更少，而且随着现代办理行包的接取、送达业务和扩大预售票额，这两股流线中的客流量将更小。因此在行包和车辆流量均较小的客运站，宜采用这种布置方式。

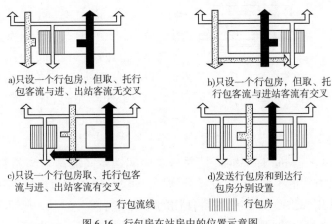

图6-16 行包房在站房中的位置示意图

分别设置发送行包房和到达行包房，如图6-16d)所示。这种布置的优缺点与上述相反。此外，当行李车固定编组在列车运行方向一端时，则对设在另一端行包房的行包搬运带来不便，增加了搬运距离，并与旅客流线交叉。为避免与客流交叉及便利行包的运送，在到发行包量大的客运站，可设置专用的行包地道。

④小件寄存处。小件寄存处是旅客暂时寄存随身携带的小件行李的地方。业务量不大的小型客运站，可将小件寄存处附设在问讯处或行包房内，以节省管理人员和建筑面积。大、中型客运站的小件寄存处应单独设置，其位置最好能供进出站旅客共用；如有困难时，应以照顾出站旅客为主，布置在出站口附近。当小件寄存量很大，在布局上又不便于兼顾进出站旅客时，可在进站大厅、出站口附近或候车区等地方分设几处，以便旅客就近存取。

⑤问讯处。设立问讯处是用于回答旅客旅行中有关列车到发时刻、购票手续等问题。较小的站房一般不设，大、中型站房需设专门的问讯处，其位置应在站内较明显的部位，便于旅客到站后能立即发现，且宜靠近售票处。

(2)技术办公用房包括运转室、站长室、办公室、会议室、公安室等。

(3)职工生活用房包括为车站职工生活服务的各种房间。

(三) 旅客站台及跨线设备

1. 旅客站台

为保证旅客上、下车的安全和便利，加快旅客的乘降速度，缩短行包、邮件的装卸时间，在办理旅客乘降的车站和乘降所，均应设置旅客站台（passenger platform）。

旅客站台的数量及位置应与站房、旅客列车到发线的布置相适应，站台与线路的相互位置见图 6-17。每两站台之间设一条到发线，如图 6-17a)、b)，能保证旅客由一个站台下车的同时另一个站台的旅客上车，缩短了旅客上、下车时间。但当旅客到发线较多时，站台增多，占地面积大，对列检作业及更换枕木不方便，站台利用率也低，只适用于采用电动车组的市郊列车车站。每两站台之间设两条到发线，如图 6-17c)、d)，可克服上述缺点，是一种最广泛的布置形式。两站台之间布置三条到发线，如图 6-17e)、f)，在通过式客运站上，中间一条用作列车通过或机车走行，在尽端式客运站上，中间一条仅用作机车走行。

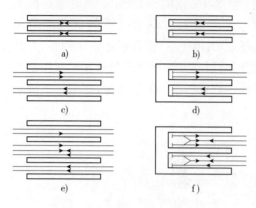

图 6-17 旅客站台与到发线相互位置

2. 跨线设备

跨线设备（track-crossing facilities）是站房与中间站台间或站台与站台间的来往通道。按与站内线路交叉方式的不同，跨线设备分为平过道、天桥和地道。按其用途之不同，跨线设备分为供旅客使用和供搬运行包、邮件使用的跨线设备。

（1）平过道。在客运量较小的通过式客运站上，供旅客使用的平过道（foot pass between platform）布置在站台的中部接近进、出站检票口处。供搬运行包使用的平过道设在站台的两端。平过道的宽度不应小于 2.5m。

（2）天桥和地道。天桥（passenger foot-bridge）和地道（underground path）应设在大、中城市的通过式车站上和旅客上、下车人数较多且旅客出、入站的通路经常被通过列车、停站列车或调车车列阻断的车站上。

天桥的优点是造价低，受水文、地质条件影响小，维修、扩建方便，排水、通风、采光条件好，但其升降高度较大，斜道占用站台面积较多，遮挡工作人员视线，而地道则相反，故应优先采用地道。天桥和地道的出、入口应与进、出站检票口相配合，以减少旅客在站内的交叉干扰。其位置应保证旅客通行和行包、邮件装卸作业的安全与便利。

（3）行包地道。在行包和列车对数都较多的大型客运站，为了使人流和行包流分开，应设置专用的行包地道，采用机动车与各中间站台联系。

对于线侧式站房，当到达与发送行包集中于一处时，可在站台一端设置行包地道，另一端采用平交道；当到达与发送行包房分设两处时，应在站台两端各设一行包地道。为了便于行包的中转作业，可设置纵向地道，将到达与发送行包房联系起来。为了便于邮件运送，可将行包地道与邮政大楼联系起来（图 6-18）。

对于线端式站房,因运送行包经由一端的分配站台,故一般不设行包地道。但应在咽喉区的站台端部设平过道。

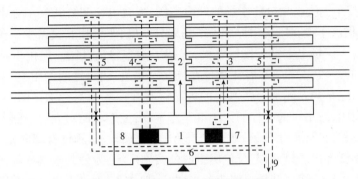

图 6-18 大型客运站跨线设备设置位置图

1-站房;2-进站高架通廊;3-市郊进站地道;4-出站地道;5-行包地道;6-纵向行包地道;7-发送行包房;8-到达行包房;9-通行政大楼

行包地道通向各站台应设单向出、入口,其宽度不宜小于 4.5m。当受条件所限且出、入口处设有交通安全显示时,其宽度不应小于 3.5m。

(四)站前广场

站前广场是铁路客运站与城市交通的结合部,是客流、车流和行包流集散的地点。个别情况下,站前广场还可作为迎宾集会场所。

1. 站前广场组成部分

(1)站房平台。站房平台是站房室外向城市方向延伸一定宽度的平台,为联系站房各部位并与进出站口、旅客活动地带及人行通道连接之用。

(2)旅客车站专用场地。旅客车站专用场地由旅客活动地带、人行通道、车行道、停车场及绿化、建筑小品组成。

(3)公交站点。公交站点包括公共汽车、电车、地下铁道等在站房附近设的首末和中途站点。

2. 站前广场的布置要求

站前广场的布置应根据客流的大小及性质、站房规模、城市干道布置、公交车辆流线和停车场分布等因素来考虑。

(1)结合城市发展规划、站房规模、地形等情况,合理确定广场的面积和布局,使广场内和周围各种设施与城市道路及站房出入口有机地结合,保证旅客安全迅速疏散。

(2)合理地设计和组织广场内各种流线,妥善地安排各种车辆的行驶路线和停车场地,尽量避免各种流线相互间的交叉干扰。

(3)尽量利用广场的立体空间,将广场设计为多层场地。

(4)广场周围各种建筑物必须统一规划,在空间上既不感到压抑拥挤,也不至于空旷无边;在建筑形式上要求突出站房主体,周围建筑物要与站房协调一致。

(5)注意站前广场的绿化带设计,满足城市绿化的要求。

3. 站前广场举例

站前广场可按停车场集中或分散布置,也可以按不同车辆类型或到发方向进行划分。

图6-19为按车辆类型划分停车场的站前广场,无轨电车和公共汽车分别在广场两侧停靠,小汽车和出租汽车设在广场中部。停车场划分明确,车辆相互交叉少。车辆不穿行广场对广场干扰也少。广场上空没有接触电网,保持了站容整洁开阔。但由于站房纵向距离较长,三个停车场间距较大,旅客来往于各停车场与站房进、出口之间的距离较远,出站旅客往站房右侧乘无轨电车与左侧乘公共汽车的进站旅客在广场上有交叉。图6-20为设有多个站前广场的平面图,站房正前主广场为小汽车停车场,主广场面对大河,视野开阔,两侧设有绿化带,地下一层为自行车存车场,地下二层为地下商场。东侧设有邮政枢纽,便于为旅客服务。站房西侧旅客出站口处,与行包房组成公交副广场,为公共电汽车停车场。站房北侧设子广场与城市干道相连。站场总体布置采用"高架候车,上进下出,南北开口,主、副、子广场分开布局",流线顺畅,布局紧凑,旅客疏散快捷。

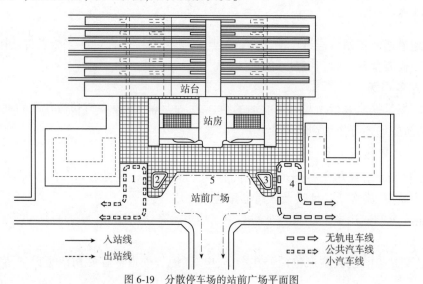

图6-19 分散停车场的站前广场平面图
1-公共汽车站;2-地铁上车站;3-地铁下车站;4-无轨电车站;5-小汽车站

(五)客运站现代化设施

随着计算机技术与信息科学的发展,客运站现代化系统应运而生。该系统由下列几个子系统组成。

(1)售票子系统(ticketing system)。该系统采取集中与分散相结合的客户服务器结构,由铁路总局客票中心、地区客票中心、车站售票系统三级联网组成,能实现全路营业站联网售票,具有发售和预订联程、往返等异地购票功能,全面实现售票、退票、订票、计划、调度、计费、结账、统计、查询等业务的计算机管理现代化。

(2)检票子系统(checking tickets system)。该系统采取计算机检票方式,一般分为两类,一类为联网检票,由检票服务器、监控统计机和前端检票机构成检票网络系统,实现检票、生成与打印上车人数通知单和客流统计报表等功能;另一种为脱网检票,不需要计算机网络环境,仅利用检票机单独工作。检票机又有固定式和手持便携检票之分,固定式检票机安设在进站口,具有联网和脱网检票功能,采用定点扫描式(手插式)或通过式(轨道式)操作方式,手持便携式可用于车站进站口或列车上检票。

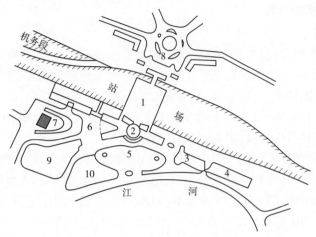

图 6-20　多个站前广场平面图

1-跨线候车室;2-主站房;3-行包售票综合楼;4-邮政楼;5-主广场;6-副广场;7-公共汽车站;8-子广场;9-商业楼;10-绿化带

(3)行包管理子系统(packets management system)。利用计算机和网络技术完成发送、到达、中转行包作业的信息管理,如票据录入、运价计算、货票制备打印、货位管理、交付通知、行包查询以及编制装卸车计划等功能。主要设备有:计算机、票据打印、标签打印、条形码制备和判读设备,以及电子衡器、自动分拣和自动化仓储设备等。

(4)广播子系统(broadcast system)。采用计算机技术与专业音响技术相结合,应用触摸屏、电子模拟开关等新技术,实现全自动、半自动和手动广播控制,话筒任意插播、磁带录音、监听跟踪、无线对讲及无线广播等多种功能,向旅客通告有关旅行事项。

(5)安全子系统(safety system)。采用微量 X 射线对行包进行安全检查;采用电视摄像镜头、监视器对车站重点部位进行动态监视和报警;采用自动排烟、自动关闭防火门、自动喷淋等进行自动监视与控制。

(6)旅客查询子系统(passenger inquiry system)。采用电视问询、电话自动查询、自动应答等设备为旅客提供旅行信息。

(7)旅客导向子系统(passenger guide system)。采用显示屏为旅客提供各种导向信息,如列车到发时刻、停靠站台、候车地点、检票时刻等。有的客运站还装有大型彩色电子显示屏,发布国内外新闻和商业广告等信息。

(8)运转作业子系统(operation system)。运用计算机网络、多媒体技术,建立客运作业指挥系统,主要功能是:采集列车到发预报信息、组织列车接发、编制行车作业计划、进行现车管理以及组织召开站内电视会议等。

(9)车站管理信息子系统(management information system of station)。将站长办公室、技术室、财务室、人劳室等业务科室的有关信息纳入该系统,实现办公自动化。

此外,旅客电子信箱服务、小件行李自动存取、子母钟自动调时、旅客留言显示及导游服务等也包括在客运站现代化系统中。

三、铁路客运枢纽设计工艺计算

(一)铁路客运量的计算

1. 客运量预测

铁路客运量的预测,目前主要遵循的是全过程四步(阶段)法。即首先在项目吸引范围内依据一定规则把吸引范围划分为若干 OD 小区,并作为四步法的基础准备;其次,按项目需求对社会经济、工程技术、交通运输、财税物价四方面进行充分调查,以准备好足够的基础资料;再次,按区域(小区和大区域)依次完成到达(生成量)、交流分布、运输方式选择、网络分配四步操作;最后检验评价,直到最终满意为止。

在总量分析或运量生成预测工作中,通常采用多种数理统计方法及预测模型,归纳起来主要有线性回归、非线性回归、弹性系数法、灰色模型、三次指数平滑等方法。在运量分布预测中可采用引力、FRATER 和佛尼斯等模型;而在运输方式选择(运量分配)中,则多采用 LOGIT、AHP 和 DELPHI 等模型。

2. 车站客运量的计算

车站旅客发送量一般采用推算法和乘车系数计算法两种。推算法适用于营业线上,根据历年统计资料的平均增长速度直接推算近期的旅客发送量,而对于远期和新线设计一般采用乘车系数计算法。

乘车系数也称乘车率,是某地区平均每人每年乘坐火车旅行的次数。以地区人口总数乘以平均乘车系数即可得出该地区每年的旅客发送量。其基本计算公式为:

$$S = AF \tag{6-1}$$

式中:S——计算年度车站旅客发送量;

A——吸引范围内人口总数;

F——旅客平均乘车系数(次/人年)。

(二)铁路客运站客运设施的面积

1. 旅客站房的规模和分类

站房规模通常以旅客最高聚集人数为主要依据,按旅客最高聚集人数的不同可分为四个等级,见表 6-2。

站 房 规 模 分 类　　　　表 6-2

站房规模	旅客最高聚集人数 H(人)	站房规模	旅客最高聚集人数 H(人)
小型	$50 \leq H \leq 400$	中型	$400 \leq H \leq 2000$
大型	$2000 \leq H \leq 10000$	特大型	$H \geq 10000$

旅客站上所有房室及其布置,应根据站房等级、类型、服务旅客的种类、车站工作量及工作性质等因素来确定。小型站房比较简单,大、中型站房一般应具有客运、技术办公和职工生活房室。

客运用房由候车部分(各种候车室)、营业部分(包括售票厅、行包房、小件行李寄存处、问讯处、服务处等)以及交通联系(广厅、通廊、过厅)等三部分组成。技术办公用房包括运转室、站长室、办公室、会议室、公安室等。职工生活用房是为车站职工生活服务的各种房室。

站房售票窗口的最少数量及售票厅的最小使用面积应符合表 6-3、表 6-4 的规定。

第六章 铁路交通枢纽功能布局设计

售票厅使用面积   表 6-3

旅客车站建筑规模		售票窗口最大数量(口)	售票厅每个售票窗口最小使用面积指标(m²)
级别	最高聚集人数(人)		
特大型	10000	38	32
大型	9000	36	27
	8000	33	
	7000	30	
	6000	26	
	5000	22	
	4000	18	
	3000	14	
	2000	10	
中型	1800	9	16
	1500	8	
	1200	7	
	1000	6	
	800	5	
	600	4	
	500	4	
小型	400	3	
	300	3	
	200	2	
	100	2	
	50	1	

行包托、取大厅使用面积及托、取窗口数   表 6-4

名称	设计行包库存件数 N					
	400以下	400≤N<1000	1000≤N<2000	2000≤N<4000	4000≤N<10000	10000以上
托、取窗口数	1	1	2	4	7	10
托、取窗口面积(m²)	—	25	30	60	150	300

注：①表中数量包括中转签证窗口，不包括市内售票处的售票窗口。

②最高聚集人数1万人以上的旅客车站，每增加1000人宜增设2个售票窗口。

2. 检票口

检票口是进出站旅客的必经之路,也是站场组织的重要一环。设置足够数量的检票口是疏导客流的主要环节。小站一般只集中设置 2~3 个检票口。站房规模较大的,需分设进站、出站检票口。检票口的数量,应根据检票口在站房内的分布与使用情况来确定。如果广厅或候车室的检票口只考虑在同一时间内放行一个车次的旅客,则可根据旅客人数设置 2~3 个检票口。如果列车对数较多,不同车次的开车时间比较接近,则需考虑两列或更多车次的旅客同时使用检票口。出站检票口一般系全站集中设置,无需区别不同车次。旅客进出站检票口的最少数量一般按表 6-5 确定。

检票口最少数量　　　　　　　　　　　　表 6-5

最高聚集人数(人)	进站检票口(个)	出站检票口(个)
8000	18	14
4000~7000	14	10
2000~3000	12	10
1000~1800	8	6
600~800	6	6
300~500	4	4
50~200	2	2

各类候车室计算人数占旅客最高聚集人数的百分率应符合表 6-6 的规定。

各类候车室计算人数占旅客最高聚集人数的百分率　　　表 6-6

最高聚集人数 H(人)	候车室					
	普通	母婴	软席	贵宾	军人(团体)	老弱残
$H>4000$	89.5	3.0	2.5	0.5	3.5	1.0
$4000>H\geqslant 1000$	94~94.5	3.0	2.5	0.5	—	—
$H<1000$	99.5~100.0	—	—	0.5	—	—

旅客站各类房间面积参考定额见表 6-7。

旅客站各类房间面积参考定额　　　　　　　　　表 6-7

房间名称		面积定额	说明
广厅	综合厅	1.1~1.2 m²/人	按最高聚集人数的100%计,一般适用于小站。25人、50人车站指标有所提高
	营业厅	1.2 m²/人	按最高聚集人数的20%计
	分配厅	1.3 m²/人	
出站口		9 m²/检口	1000 人以下的站
		1.3 m²/检口	1000~1500 人的站

第六章 铁路交通枢纽功能布局设计

续上表

房间名称		面积定额	说明
候车室	普通候车室	1.1~1.2 m^2/人	
	母子候车室	2.0 m^2/人	只考虑合设,不考虑睡眠与活动室的分设
	中转候车室	1.2~1.3 m^2/人	中转人数按实际调查情况确定
	市郊候车室	0.8~1.0 m^2/人	按市郊旅客最高聚集人数100%计,农民旅客多时取大数
	软席候车室	1.4~1.6 m^2/人	
	贵宾候车室	2.0 m^2/人	
售票	售票厅	28~36 m^2/售票口	适用于大、特大型站
		16~26 m^2/售票口	适用于中、小型站
	售票室	6~8 m^2/售票口	适用于大、中、小型站
行包	托、取大厅	14 m^2/单元	一个完整的托、取单元面积,为一个托、取大厅14 m^2加托、取作业面积12 m^2和柜台面积2.4 m^2,共28.4 m^2
	托、取作业	12 m^2/单元	
	到、发仓库	0.4W/件	中型站按50%最高聚集人数每人一件计
	到达库	0.5 m^2/件	按到发总量的70%~80%计
	发送库	0.35 m^2/件	按到发总量的20%~30%计
小件	小件库	0.14~0.18 m^2/件	中、小型站按到发总量的20%计
	小件厅	1.0 m^2/人	
服务	文娱阅览	1.6~1.8 m^2/人	按到发总量的2%~3%计
	餐厅	1.3~14 m^2/人	
	问讯	6.0 m^2/服务员	柜台服务长度:问讯2.0~2.5m,每750~1000名旅客设1人;售货2.0~2.5m,350~7000名旅客设1人;邮电1.5~2.0m,每750~1000名旅客设1人(柜台前与主、次要道路共用时留4m)
	售货	8.0 m^2/服务员	
	邮电	6~8 m^2/服务员	
	电话	1 m^2/台	
	广播	6~9 m^2/工作人员	中型站设1人
厕所卫生间	男厕	4.5 m^2/便池	每90~100人设一个大便器,每60人设一个小便斗,每0.6m小便槽折合一个小便斗
	女厕	3.5 m^2/便池	每70~80人设一个大便器,比例为男2/3,女1/3
	母子厕	3.5 m^2/便池	每25~30人设大便器一个(已包括儿童)
	盥洗	10 m^2/脸盆	每120~150人设一个脸盆,中转较多、炎热地区取小数。每0.6m洗脸槽折合一个脸盆

站前广场面积的选择可参考表6-8。

站前广场用地面积　　　　　　　表6-8

站房规模	最高聚集人数	用地面积(m²)	注
特大型站	4000以上	20000~30000	最大可达40000~50000m²
大型站及有特殊意义的客流较大的中型站	1500~4000	10000~20000	
中型站	400~1500	3000~10000	
小型站	200~400	1500~3000	
	200以下	600~1500	

3. 旅客站台的尺寸

(1)旅客站台长度。位于H级铁路货物列车到发线有效长度下限的地区客运站站台长度应按450m设置;改建的客运站,在特别困难条件下,有充分依据时,个别站台可采用400m;接发短途和市郊旅客列车的旅客站台长度,按短途和市郊旅客列车的实际长度确定。采用尽端式客运站的站台长度,应按上述规定增加机车长度和供机车出入的安全距离,增加的长度分别为:L_1=机车长度+32m, L_2=2倍机车长度+85m, L_3=2倍机车长度+98m, L_4=2倍机车长度+49m。

其他车站的旅客站台长度,应按近期客流量和具体情况确定,但不宜短于300m(约有11节车厢能停靠站台)。在人烟稀少地区或客流量较小的车站和乘降所,可采用与站房基坪等长的站台长度。

(2)旅客站台的宽度。旅客站台的宽度,应根据站台两侧同时停靠客车时的最大一次上下车人数、行包、邮件运输工具的类型、售货车和旅客购物时所需的宽度、车站绿化和站台上设置的天桥、地道、行车室、列检所、售货亭、行包邮件房屋等建筑物的尺寸确定。

除有迎送贵宾、检阅仪仗队及特别绿化要求的客运站旅客站台外,其余旅客站台的宽度可参照表6-9确定。

旅客站台最小宽度(m)　　　　　　　表6-9

站房规模(人)	站房范围以内基本站台	设置天桥、地道		设雨篷	不设天桥、地道、雨篷	
		单斜道	双斜道		单线	双线
50~400以下	8~12				4.0	5.0
400~1000以下	12~20	9.0	8.5	6.0		
1000~2000以下	12~20		10.5			
2000~10000以上	20~25		11.5			

注:①当中间站的中间站台设于到发线外侧时,可适当减小;困难条件下,站房范围内的基本站台宽度不应小于6m;
②客运站的分配站台宽度,宜采用15~25m;中间站一般不设天桥、地道,但直接连通分配站台;若行包装卸干扰旅客通行,其宽度应按照设置天桥、地道的宽度选用。

(3)旅客站台的高度。旅客站台的高度,一般情况下应高出轨面500mm;但临近正线或通行超限货物列车的站线一侧的旅客站台,应高出轨面300mm;在特殊情况下(如特大型客运站),可高出轨面1100mm,即与车底板面平,便于旅客进出车厢。

4. 雨篷

客运站的基本站台、中间站台、地道出入口和天桥均应设置雨篷。其他办理客运业务的车站若位于年降水量600~800mm地区，日均一次上、下车人数约400人时；或位于年降水量800mm以上地区，日均一次上、下车人数约200人时，在基本站台、中间站台、地道出入口和天桥均应设置雨篷。雨篷应与进、出站口相连接。

客运站应设置与旅客站台等长的雨篷，其他办理客运业务的车站，雨篷长度可采用200~300m。雨篷的宽度应与站台的宽度相适应，且不应小于中间站台的宽度。

5. 跨线设备

(1) 旅客用天桥和地道的设置要求

①天桥、地道应设在大、中城市的通过式车站上，或旅客上、下车人数较多，而且旅客由站台至出站口的通路经常被通过列车、停站列车或调车车列所占用的车站上。

②天桥、地道的选用，应优先选择地道。因地道具有旅客升降高度小、驾驶员与车站工作人员的瞭望条件好、不妨碍站容、出入口占用站台面积小、不受气候条件的影响等优点。天桥、地道的出入口应与进出站检票口相配合，减少旅客在站内的交叉干扰。天桥和地道的位置应保证旅客通行和行包、邮件装卸作业的安全与便利。

③天桥、地道的数量。最高聚集人数为400~2000人时，不应少于1处；最高聚集人数为2000~10000人时，不应少于2处；最高聚集人数为10000人及以上的客运站，不应少于3处。设有高架候车室时，地道或天桥至少有1处；当行包和邮件数量很大时，可设行包、邮件地道1~2处，也可分开设置行包地道和邮件地道各1处。

④天桥、地道的宽度。大型客运站不应小于6m；一般客运站不应小于5m；其他办理客运业务的车站不应小于3m；行包、邮件地道不应小于5.2m。

⑤天桥或地道的净高。封闭式天桥不应小于3m；旅客地道及开敞式天桥不应小于2.3m；行包、邮件地道不应小于3m。

⑥天桥或地道的出入口宽度。旅客天桥、地道通向各站台宜设双向出入口，其宽度大型客运站不应小于4m，一般客运站不应小于3.5m；其他办理客运业务的车站双向出入口宽度不应小于2.5m，单向出入口不应小于3m。行包、邮件地道通向各站台应设单向出入口，其宽度不应小于4.5m。当条件所限且出入口必须有交通指示时，其宽度不应小于3.5m。

(2) 平过道的设置要求

①位置：尽端式客运站的平过道应设置在咽喉区的站台端部；通过式客运站的平过道应设置在站台的两端；客运量及行包数量不大的其他车站，宜将平过道布置在站台中部接近进、出站检票口处及站台端部。

②平过道的数量和宽度：尽端式客运站设1处，通过式客运站设2处，宽度不应小于5.0m；其他办理客运业务的车站平过道不应少于2处，其中一处通行非机动车辆时，宽度可采用2.5m，通行机动车辆时宽度不应小于3.5m；另一处宽度可采用1.5m。

通往各站台的出入口的客运站旅客跨线设备及高架候车室，应设置方便老弱及伤残旅客使用的设备。

四、铁路客运枢纽客流及其疏解

(一)流线

在客运站上,旅客、行包、交通车等的流动行驶路线通常称为流线。流线是客运站特别是站场、站房和站前广场总体布置的主要依据。流线设计的好坏,不但影响客运设施的作业能力和效率,同时也关系到对旅客服务质量的优劣以及客运人员工作是否方便等问题。因此,合理的流线组织是客运站设计中的重要课题。

流线按其性质的不同分为旅客流线、行包流线和车辆流线;按其方向的不同又分为进站和出站两大流线。

1. 进站旅客流线(passenger input line)

进站客流在检票前比较分散,不同性质的旅客在不同时间内办理各种旅行手续,并在不同地点候车。进站旅客流线按旅客性质不同分为以下几种。

(1)普通旅客流线。普通旅客流线是进站旅客流中的主要流线,人数最多,候车时间也长。多数旅客的进站流程是到站—问询—购票—托运行李—候车—检票—上车。

(2)中转旅客流线。根据换乘时间的长短,有的中转旅客办理签票后即入候车室,随普通旅客一起检票进站;也有的中转旅客不出站而在站台上换乘列车。

(3)市郊旅客流线。市郊旅客的人流密集,候车时间短,不必购票和托运行包,多数随普通客流一起检票进站。市郊旅客较多的车站可单独设市郊旅客候车室的进站口,与普通客流分开。

(4)特殊旅客流线。特殊旅客包括母子、老弱病残旅客,在中型以上客站应单辟候车室和检票口,保证优先进站。在大的客运站,团体或军人客流,也都另辟候车室,与普通旅客分开进站。

(5)贵宾流线。进站的贵宾除要求能从贵宾室单独进站外,还需设置汽车直驶基本站台的专门通道,其路线要求与普通旅客分开。

2. 出站旅客流线(passenger output line)

出站旅客的特点是人流集中,密度大,走行速度快,使用站房时间短。一般情况下,普通、市郊、中转旅客均汇聚在一起经出站口出站。当市郊旅客较多时,可单独设置市郊旅客出站口,与其他出站旅客分开。

3. 发送行包流线

发送行包的作业流程是托运—过磅—保管—搬运—装车。这条流线应与到达行包流线分开。大型客运站行包托运处设在售票处附近,并应在站台两端设置专用的行包地道,以便行包搬运。

4. 到达行包流线

到达行包的作业流程是卸车—搬运—保管—提取。大型客运站行包提取处设在出站口附近,并设置专用的行包地道与各中间站台相连结。

5. 车辆流线(cars line)

车辆流线是指站前广场的公共交通车、出租汽车、自行车等车辆的流线。在站前广场应与城市交通相配合,合理组织各种车辆进出广场的路线,规划各种车辆的停靠位置和场所,使旅客乘车安全方便,迅速疏散。

(二)流线设计

流线设计应满足下列要求:

(1)尽量避免各种流线互相交叉干扰。大型客运站应考虑进站旅客流线与出站旅客流线分开;旅客流线与行包流线分开;长途旅客与市郊旅客进出站流线分开;发送行包与到达行包流线分开;车站职工出入口与旅客出入口分开;公共汽车与出租车流线分开。

(2)最大限度地缩短旅客在站内的步行距离,避免流线迂回,把缩短旅客进站和出站路线放在首位。

(3)在大型站要布置多出口,尽量避免出站人流拥挤,以最快速度疏散旅客。

根据客运站总平面布局和空间组合不同,疏解进站和出站旅客流线的方式有以下几种:

①主要进、出站流线在同一平面上错开。如图6-21a),为了更好地配合站前广场的车辆流线组织,需将进、出站流线在同一平面上的左、右侧分开,通常把进站流线安排在站房右侧,出站流线安排在站房左侧。这种方式一般适合于线端式客运站房及中、小型线侧式单层的客运站房。

②主要进、出站流线在空间上错开。如图6-21b),利用站房不同平面来组织进、出站流线。一般将进站流线安排在上层,出站流线安排在下层,并建筑有较大坡度从地面通向上层的通道。这种方式一般适合于线侧式大型双层客运站房。

③主要进、出站流线在平面和空间同时错开。如图6-21c),进站流线由下层入站经自动扶梯进上层候车,然后经高架交通厅检票上车。出站流线经站房左侧跨线地道由下层出站。这种方式一般适合于线侧式大型双层客运站房。

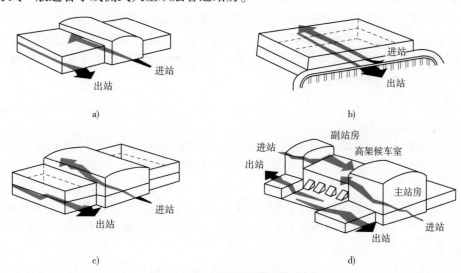

图6-21 进、出站旅客流线疏解示意图

④主要进、出站流线在主、副站房的平面和空间同时错开,如图6-21d)所示。这种客运站可使旅客同时由主、副站房进出站,适合于设有主、副站房并用高架候车室相连接的特大型线侧式站房。

第三节　铁路货运枢纽功能布局设计

一、铁路货运枢纽平面布局

(一) 平面布置的原则

1. 总平面布置原则

总平面布置必须统筹兼顾，全面考虑，做到既重视地形地貌，又注意地质情况；既适应近期需要，又考虑预留发展；既保证生产工艺流程的高效率，又兼顾建筑布局的高质量。房屋平面位置要合理，竖向设计要做到各高度配合良好，场地排水畅通，地下管线短而不交叉。

2. 货场平面布置原则

在货运量较大的车站，一般都设有货场。货场是货运站的一个生产车间，是车站办理货运作业的场所，也是铁路与地方短途运输衔接的地方。货场内各货区的位置应根据货场的具体情况确定，一般应考虑以下原则：

(1) 成件包装货区应远离散堆装货区，以避免被散装货物灰尘所污染，并最好设在货场上风方向和靠近城市一侧。

(2) 集装箱货区应靠近长大笨重货区，以便集中管理和共用装卸机械，提高装卸机械的使用效率。集装箱及长大笨重货区可布置在成件包装货区与散堆装货区之间，起隔离作用。

(3) 散堆装货区最好布置在货场的下风方向及远离市区的一侧，应和成件包装货区保持一定的间隔距离，以保证货场内的整洁。

(4) 危险品货区和牲畜装卸货区应根据消防安全规则及卫生防疫规定，布置在远离其他货区的地方。在货场内设有危险货物专用仓库时，最好设置单独的出入口。

(5) 当货场与车站车场横列布置时，为了避免将来车场发展而引起拆迁仓库、站台等建筑物，应将成件包装货区布置在远离车场的外侧，而将散堆装货区布置在靠近车场的一侧。

(二) 货运站的总平面布置

1. 总平面布置要求

(1) 正确选址，合理分区

①选址应尽量避开高填土、滑坡、永冻土、流沙层、淤泥层、断层、溶洞等地质严重不良地段；有开采价值的矿体或采空区；受山洪或内涝严重威胁的地段；受邻近工厂严重污染的下风地段。

②各类房屋选址要配合地方城市规划，货运房屋选址还应适应地方工农业发展的需要。

③除因生产运输要求必须布置在靠近铁路线的房屋外，一般房屋应尽量考虑利用铁路站区附近的山坡、荒地和瘠地。

④有条件时，各厂段的同类型车间可集中布置或合并，以提高房屋及设备的利用率。

⑤房屋总平面布置应注意邻近房屋体型和竖向高度上的互相协调。

(2) 布置紧凑，节约用地

①紧凑布置房屋及各类建筑物、构筑物、堆场、绿地的位置，合理减小互相间距。

②在采取措施保证安全卫生的基础上，防火、防爆及合理减小卫生间距。

③近期建设与远期发展相结合,近期建设尽量集中,避免过多或过早地占用土地,预留发展用地力求符合实际。

④充分利用各种零星边角碎地及铁路曲线形成的扇形地带来布置次要建筑物。

(3)利用地形,节省工程量

①山坡地上房屋和构筑物,在生产性质、工艺流程、运输要求许可情况下可以分台阶布置。

②使建筑物的长轴平行等高线布置,以节省土石方。

③厂区、居住区道路不强求平直,可根据地形灵活布置。

④不同类别用地的合适坡度可参考表6-10。

铁路车站用地合适坡度　　　　　　　　　　　　　表6-10

用地性质	合适坡度	用地性质	合适坡度
生产技术作业场地	0.5%~2%	居住用地	0.5%~6%
铁路车站用地	0.3%~2%	绿化用地	不限

⑤重要及大型建筑物应建在较平坦地段及挖方地段。

(4)有利生产,方便生活

①厂、段的地点要便于连接公路,以利与外部联系和协作。

②厂、段站内部的总平面布置,必须符合生产作业要求,保证生产过程的连续性,并使生产作业线最短、最方便,避免往复运输或互相交叉。

③动力供应设施,包括变配电所、氧气站等的布置应考虑靠近负荷中心。

④对生产、检修工作有较高精密度要求或装有较高精密度的机械设备和仪表的车间应布置在远离振动源(如锻工间等)的地方。

⑤布置房屋要注意生产或业务工作对朝向的特殊要求,如机床间应避免朝西向布置,以防止强烈阳光照射而影响工作。

⑥仓库及堆场要靠近运输主要干道及向之供应材料的主要车间。

⑦厂、段办公房屋宜布置在靠近通往城镇干道或公路的处所,或街道出入口附近,以便利工作联系。

⑧在地形困难的沿线中间站,布置房屋不要片面强调利用地形,要注意使职工上下班或职工子弟上学不穿越隧道及攀登临河陡峻的山路,尽量把房屋布置在对职工生产和生活都较方便的地方。

⑨沿线中间站的居住房屋要尽量布置在供水方便之处,例如水井附近或供水车停车卸水点附近。

(5)防火、防洪、安全、卫生

①建筑物、构筑物之间的距离,既要执行有关规范和当地公安机关对防火、防爆和卫生间距的规定,又要贯彻节约用地的方针,多方面采取措施,做到既保证安全,又节约用地。

②确定建筑物的位置和朝向时,应考虑当地的常年主导风向。锅炉房及其他散发烟尘或有害气体的房屋应布置在下风侧;空气压缩机房应布置在产生有害气体的乙炔发生器间、煤气发生器间的上风侧;乙炔发生器间应布置在氧气站的下风侧,有明火或散发火花地点的上风侧;各类房屋的出入口,在炎热地区应尽量与夏季主导风向一致,在严寒地区应尽量与

冬季主导风向相背；在严寒风害地区，建筑物应选择在风力受阻后减弱的地点。

③在地震地区的房屋总平面布置，要适当考虑抗震疏散需要。

④易受洪水侵袭淹没的场地要有一定的挡水措施，使房屋及场地高程在一定频率的洪水位以上。

2. 货运站布置图

货运站按其与枢纽内铁路线的衔接位置不同可分为：尽端式货运站和通过式货运站两种。这两种基本类型货运站的车场与货场的位置又都可分为横列式和纵列式两种。

（1）尽端式货运站。图6-22为车场与货场横列的尽端式货运站布置图。其中图6-22a）为车场与货场横列布置，由于运量不大，调车场与到发场合并为一个车场，货场在进口一端的咽喉衔接。这种布置图的接发与调车作业集中在车站一端咽喉，部分线路调车转线与接发车进路有交叉，因而车站的通过能力及作业能力均较低。为了克服上述缺点，将货场及牵出线设在车站尽端咽喉的一端，如图6-22b）所示，这样可以使接、发车与调车作业分别在车站两端咽喉进行，从而使通过能力及作业能力有所提高。但在图6-22a）及图6-22b）中，由于调车线与货场横列，且长度较长，在进行分组调车及调车线与货场装卸线之间往返取送车时，有较长的折返调车行程。为了克服这个缺点，可将调车线设计为尽头短线，并布置在货场入口处，如图6-22c）所示。这样，牵出线调车及取送车作业的调车行程均将缩短，从而减少车辆在站的停留时间。

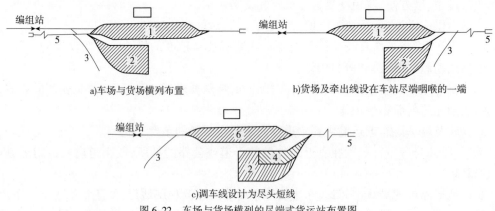

图6-22 车场与货场横列的尽端式货运站布置图
1-到发及调车场；2-货场；3-用线；4-调车场；5-牵出线；6-到发场

尽端横列式货运站布置图的优点是：站坪长度短，用地经济，搬运机具的走行、跨越铁路线较少。其缺点是转线、调车与取送车作业都有折返行程，将增加车辆的走行距离，对车站横向发展不利。

图6-23为车场与货场纵列的尽端式货运站布置图。它的特点是车场与货场纵向排列。其优点是：保证向货场取送车作业的流水性，缩短车辆的转线时间，货场与城市联系方便，发展条件好。缺点是：当有两台调机作业时，货场取送车与列车解编作业互相干扰，调机的走行距离长，进口咽喉区作业干扰严重，占用地面较长。

（2）通过式货运站。图6-24是作业量较大的通过式货运站布置图，正线是贯通的，货场和车场设在正线一侧，这样可减少站内作业对正线的干扰，保证通过货物列车顺利通行。为

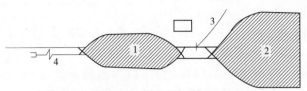

图 6-23　车场与货场纵列的尽端式货运站布置图
1-到发及调车场；2-货场；3-专用线；4-牵出线

了完成较多的改编作业,可设置能力较大的调车设备——驼峰。当有旅客列车停靠时,尚需设置必要的客运设备。其中图 6-24a) 的主要车场为横列式,图 6-24b) 的主要车场为纵列式,两者的货场均设在调车场一旁,以便利货场作业车的取送。

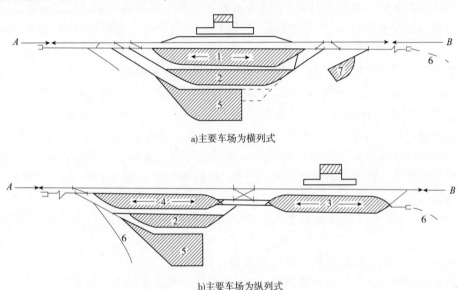

a) 主要车场为横列式

b) 主要车场为纵列式

图 6-24　通过式货运站布置图(大型)
1-到发场；2-调车场；3-到达场；4-调发场；5-货场；6-专用线；7-车辆检修设备

通过式货运站与尽端式货运站相比,其优点是:车站作业分别在两端咽喉进行,作业能力较大。其缺点是:与城市干道交叉干扰大,因此不易深入城市中心。

通过式货运站一般都是和枢纽内的中间站、区段站合并设置,并有许多专用线与之接轨,因此这种车站在设计中应满足下列要求:

① 干线列车运行或小运转列车往返专用线的取送进路应与调车作业进路隔开；
② 邻近的专用线应先分别集中,然后再与车站接轨(图 6-24 的 A 端),或者修建地区车场,将专用线先集中到地区车场,然后再与车站接轨(图 6-24 的 B 端)；
③ 尽量减少机车的折角迂回行驶；
④ 作业量大的专用线要保证有独立的通路与到发场衔接。

3. 换装站

换装站设在不同轨距铁路的接轨地点,是为货物换装和旅客换乘服务的车站。换装站按其设置的地点和担负的作业性质分为国境换装站和国内换装站。

(1) 换装站的作业设备　国境换装站设于轨距不同的两国国境铁路衔接的地点,除办理

货运站所有的技术作业外,还要办理以下作业:

①旅客列车作业。包括有关边防的检查作业;餐车和邮政车的摘挂作业;行李的交接与邮政的换装作业;全部客车转向架的更换或旅客的换乘作业。

②货物列车作业。包括边防部门对进、出口货物列车的验收;外运代理部门对进、出口货物的报关检验;海关、商检、卫生防疫检查、动植物检疫等部门对进、出口货物的检疫、检验;货物和车辆的交接、检斤和验收作业;货运票据的翻译、签封,各种费用(如换装费、验关费等)的核收;货物的换装,必要时还办理个别特大货物车辆更换转向架的作业。

国境换装站应设置下列主要设备:不同轨距铁路共用的旅客列车到发场;为客车车底过轨而设的旅客列车转向架更换设备;不同轨距的货物列车到发场、调车场;两种轨距共用或分开的机车检修和整备设备,车辆检修设备;两种轨距布置在一起的换装场、货物储存仓库或储存场。

国境换装站有两种设置方式,一种是在两国国境内边界附近的适当地点各设一个换装站,分别担负本国进口货物的换装;另一种是换装站设在某一方国境的附近,集中办理双方进、出口货物的换装。采用何种设置方式,应根据双方协议及当地条件而定。

国内换装站设在国内两种不同轨距铁路的衔接地点,主要办理不同轨距列车到发、调车和取送作业。货运作业只办理货物的换装以及当地货物的装卸。对于旅客列车,一般只办理旅客换乘的作业。国内换装站由于运量小,货物品种不同,一般根据所办理货物的性质设置几组换装线即可。

(2)换装站布置图。换装站布置图除应遵守一般车站的布置原则以外,还应满足下列要求:

①两种不同轨距的线路应最大限度地避免互相交叉;

②换装站与铁路区间应有直接通路,以便必要时列车能直接向区间发车;

③大型换装场内各换装区的布置应保证作业安全便利、节省场地面积;

④换装线的布置要考虑能互相调剂、长短线配合,同时设有一定的储备线,以便停放车辆;

⑤换装设备应尽可能采用机械化、半机械化,以提高作业效率;

⑥两种轨距的客车到发线和客运设备一般应集中设于一处,以便利旅客的换乘;

⑦两种轨距的机车整备设备可以合设也可以分设,机车检修设备则应合并设置,库内可有混轨线或分设台位两种布置形式,车辆检修设备一般均共用。

根据两种轨距的到发场、调车场与换装场的相互位置,国境换装站布置图可分为横列式、纵列式和混合式三种。

图6-25为横列式国境换装站布置图,这种图形是将两种轨距的到发场、调车场与换装场平行横列布置;两种轨距的客运设备合设在一起,与货运设备横列布置;机务设备也是两种轨距共用,设在换装场的外侧。

图6-26a)为纵列式换装站布置图,两种轨距的到发场、调车场均与换装场纵向布置。图6-26b)为混合式换装站布置图,其换装场与一种轨距的到发、调车场横列,而与另一种轨距的到发、调车场纵列。

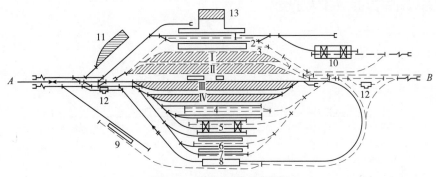

图 6-25　横列式换装站布置图

Ⅰ-宽轨到发场；Ⅱ-宽轨调车场；Ⅲ-准轨到发场；Ⅳ-准轨调车场；1-混轨线；2、3-准轨、宽轨旅客列车到发线；4-笨重货物换装线；5-10t 以下货物换装线；6-零担货物换装线；7-散装货物换装线；8-机务整备设备；9-危险货物换装线；10-客车转向架更换设备；11-车站货场；12-轨道衡；13-站房

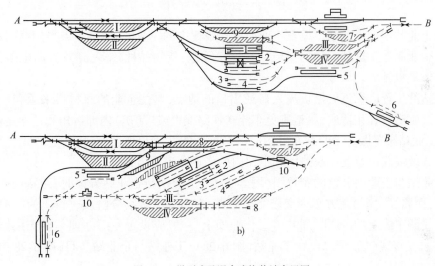

图 6-26　纵列式及混合式换装站布置图

Ⅰ-准轨到发场；Ⅱ-准轨调车场；Ⅲ-准轨到发场；Ⅳ-宽轨调车场；1-零担货物换装线；2-笨重货物换装线；3、4-散装货物换装线；5-高站台换装线；6-危险货物换装线；7-宽轨旅客列车停车线；8-机务整备设备；9-机务联合整备设备方案；10-轨道衡

国内换装站一般可按图 6-27 布置。当准轨车站为中间站时，换装设备和货场最好合设在一处。

4. 工业站

工业站是设在工业企业专用铁道的接轨点或铁路枢纽内的工业区附近，主要为工业企业外部运输服务的车站。

(1) 工业站的分类和设置布置。工业站按服务对象可分为以下三类：

① 为采掘工业服务的工业站。采掘工业是大量货流的发源地，其发送量超过到达量，运输特点是以装车为主，装车大于卸车。

② 为加工工业服务的工业站。加工工业是大量货流的消失地，一般到达量超过发送量，

运输特点是以卸车为主,卸车大于装车。

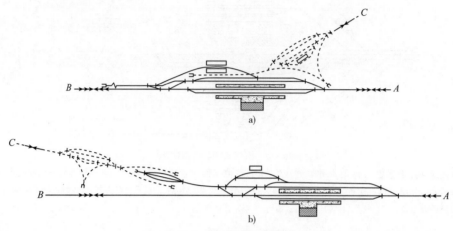

图 6-27 国内换装站布置图

③多企业共用的工业站。设在工业企业比较集中的工业区,衔接多条专用线,为几个不同性质的企业服务。这种车站的车流往往比较零散,货物品种较多,到发方向也多,车站取送调车工作量也较大。

工业站的位置应靠近大量货流入口或出口的地点,以使企业的原材料来源和产品流向与总布置图生产流程相适应,尽量避免车流在铁路线上或厂(矿)内部折角和迂回运输。

(2)工业站布置图。工业站布置图应根据企业的性质和规模、交接作业方式、工业站与企业站的分设或联设及其在铁路网和枢纽内的作业分工等因素选定。

①工业站与企业站分设的布置图(图 6-28)。工业站与企业站分设时,两站往往相隔一定的距离,而路、厂(矿)双方车辆交接需根据重、空车流的接续分阶段进行。为了缩短车辆在到发线或调车线上的占用时间并考虑作业安全,一般应设置专门办理车辆交接作业的交接线(场)。交接线(场)可以设在工业站(图 6-28)、工业站与企业站之间(图 6-28 中的 6 所示)或设在企业站。

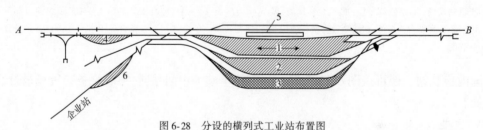

图 6-28 分设的横列式工业站布置图
1-铁路到发场;2-铁路调车场;3-交接场;4-机务段;5-客运设备;6-交接场方案

②工业站与企业站联设的布置图。工业站与企业站联设的特点是设有分别属于铁路和企业的两套车场。根据这两套车场的相互位置,有横列联设(图 6-29)、纵列联设(图 6-30)及混合联设(图 6-31)三种类型。工业站与企业站联设时,一般应采用横列式布置图。少数为特大型企业服务的车站,当出入企业大部分车流集中在一站办理时,为了提高车站的能力,可考虑采用纵列联设或混合联设布置图。

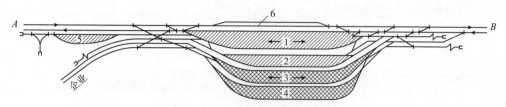

图 6-29　工业站与企业站横列联设布置图

1-铁路到发场；2-铁路调车场；3-企业到发场；4-企业调车场；5-机务段；6-客运设备

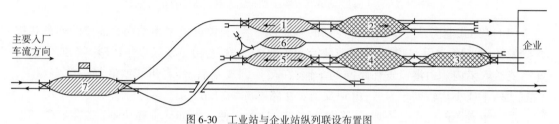

图 6-30　工业站与企业站纵列联设布置图

1-铁路到达场；2-企业编发场；3-企业到达场；4-铁路调车场；5-铁路出发场；6-机务段；7-铁路接轨站

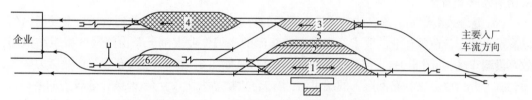

图 6-31　工业站与企业站混合联设布置图

1-铁路到发场；2-铁路调车场；3-铁路到达场；4-企业编发场；5-交接场；6-机务段

5. 港湾站

港湾站是专为港口服务的车站，办理列车的到发、解编及向港区车场或装卸地点取送车辆等作业。港湾站距码头、仓库作业区不宜太远，主要是为便于取送车作业及与编组站间有方便的通路，并考虑港口联络线（指港湾站和港口之间的联络线）接轨的合理性，及便于地方运输。

港湾站按其主要车场的位置分为横列式（图 6-32）和混合式（图 6-33）两种。其共同点是向港内码头线方向不设单独的出发场，通往各港区车场根据需要设单独的进路。

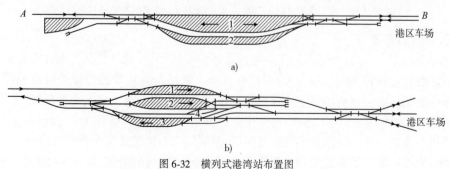

图 6-32　横列式港湾站布置图

1-到达场；2-调车场；3-到发场；4-机车整备设备

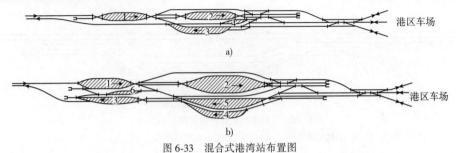

图 6-33 混合式港湾站布置图
1-到达场；2-调车（编发）场；3-出发场；4-调车场；5-到达场；6-机车整备设备

（1）横列式港湾站。横列式港湾站的作业程序为：自路网的编组站到达港口的列车在接入到发场（到达场）后，按港区车场或装卸码头解体选编后，由编发场以小运转列车或取送调车方式送入港内。由港口发往路网的车辆，在接入到发场后，经牵出线或驼峰解体编组后，以直达列车或小运转列车方式，由到发场发往路网的编组站。

这种布置图的优点是占地少，车站定员少，管理方便。但如作业量大时，将会出现作业交叉干扰大等缺点。当港口吞吐量不大，且大宗货物较多、直达和坐编列车比重较大时，可采用横列式布置图。

（2）混合式港湾站。混合式港湾站布置图的特点是面向港口方向的到达场与编发场纵列，以满足入港车流改编作业的要求。出港方向车流的改编作业大部分系由路网的编组站担当，故不设调车场，如图 6-33a)，或到达场与调车场横列，如图 6-33b)。这种布置图作业能力较大，适合既为港口服务又为路网服务的编组站，也适合货物品种比较复杂、改编作业较大的港口。

（3）路港车场联设的港湾站。图 6-34 为路、港双方车场联设的双向二级四场港湾站布置图。港湾站的车场分别由铁路、港口双方管理。港湾站可不设交接场，直达列车和大组车宜在各自的到发场或到达场向对方交接，有条件时也可在对方到发场或到达场交接。其他车辆的交接地点应根据车站布置形式和作业方式确定。这种布置图的优点是作业能力大，但由于路、港双方车场及机务、车辆等设备分设两套，占地多、投资大、运营成本高。

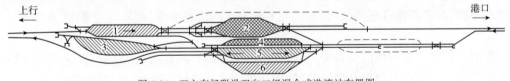

图 6-34 双方车场联设双向二级混合式港湾站布置图
1-铁路到达场；2-港口编发场；3-机务段；4-港口到达场；5-铁路到发场；6-铁路调车场

（三）货场的布置

货场是车站的一个生产车间，是车站办理货运作业的场所，也是铁路与地方短途运输相衔接的地方。在货运量较大的车站，一般都设有货场。货场按办理货物的种类可分为综合性货场和专业性货场。综合性货场根据每日平均装卸作业车数可分为大、中、小型货场，见表 6-11。货运量较大，货物种类较多的车站，为避免作业过分集中和便于货场管理，可分设几个货场，各货场间应进行合理分工。铁路货场的配置图形包括尽头式、通过式和混合式三种。

（1）尽头式货场。尽头式货场是指由尽头式装卸线构成的货场，即其装卸线仅一端连接车站站线，另一端是设置车挡的终端，如图 6-35 和图 6-36 所示。

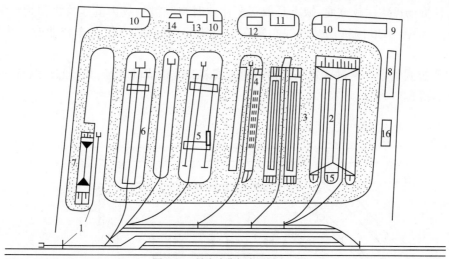

图 6-35 尽头式货场布置图之一

1-货物线;2-零担中转站台及跨线货棚;3-整车站台及仓库;4-露天站台及预留仓库;5-门式起重机及长大笨重货物堆放;6-散堆装货物堆放场;7-危险货物站台及仓库;8-装卸机械维修组;9-叉车库及充电间;10-门卫室;11-货运室;12-装卸工人休息室;13-食堂;14-浴室;15-零担中转计划室;16-集装箱修理间

尽头式货场的优点是:占地少,线路和汽车道路比较短,因而工程投资少;易于结合地形;货场内道路与装卸线交叉少,因而场内搬运与取送车干扰少,安全性好;运量增加时,货场扩建比较方便。其缺点是:车辆取送作业只能在一端进行,该端咽喉区的负担较重;取送车作业与装卸作业有干扰。

尽头式货场的两种布置图中,图 6-35 的装卸线分布在走行线的一侧,图 6-36 的装卸线分布在走行线的两侧。图 6-35 与图 6-36 相比,主要优点是占地较少,能充分利用货场的有

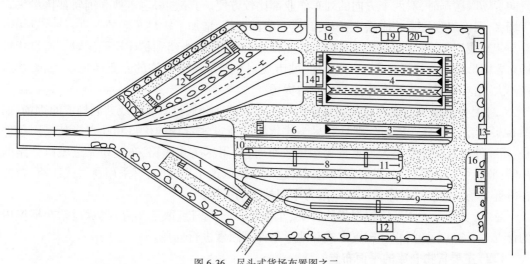

图 6-36 尽头式货场布置图之二

1-货物线;2-存车线;3-仓库;4-货棚;5-危险货物仓库;6-侧式站台;7-综合式站台;8-集装箱及笨重货物堆放场地;9-散堆装货物堆放场;10-集装箱修理间;11-门式起重机;12-货运办公室;13-货运室;14-零担中转计划室;15-装卸工人休息室;16-门卫室;17-食堂;18-浴室;19-装卸机械维修组;20-装卸机械停放场

效面积,且货场扩建比较方便;缺点是取送车作业时视线被货场内的建筑物和货物阻挡,安全性较差。而图6-36因货物装卸线布置在走行线的两侧,具有取送车作业时视线较好的优点。

(2)通过式货场。通过式货场是指由通过式装卸线构成的货场,其装卸线两端均连接车站站线,如图6-37所示。

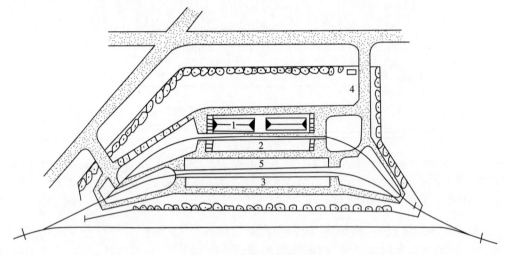

图6-37 通过式货场布置图
1-仓库;2-货物站台;3-堆货场;4-货运室;5-门卫室

通过式货场的优点是:取送车作业可在两端进行,取送车作业与装卸作业干扰少;可以办理整列或成组装卸作业;有可能利用装卸线接发列车;在没有配备调机的中间站,由本务机向货场取送车时,对两个方向的列车作业都比较方便。其缺点是:占地和铺轨都比尽头式货场多,因而工程投资相应增大;因装卸线一般都较长,增加了零星车辆的取送行程;货场道路与装卸线交叉多,取送车作业与搬运作业相互干扰;货场改建和扩建比较困难。通过式货场布置图形适用于货运量大、品种单纯、城市规划和地形条件允许的专业性货场,或者货运量不大、由本务机担当调车作业的中间站货场。

(3)混合式货场。混合式货场是指由尽头式装卸线和通过式装卸线共同构成的货场,如图6-38所示。混合式货场分别具有尽头式货场与通过式货场的优点和缺点。其采用条件是:当成件包装货物和长大笨重货物运量较小时,采用尽头式线路,布置在靠近城镇公路的一侧,散装货物运量较大,且有条件组织直达或成组取送车作业时,可采用通过式线路,布置在靠近车场一侧。这种布置图形一般为中间站货场采用。

总之,货场布置图形应根据货物种类、车流特点、作业量、取送车方式、货运站在枢纽内的位置、货场与车场的相互配置方式和地形条件等因素进行选择。

(四)主要货物仓库的平面布置

1. 货物仓库类型划分

货物仓库是在铁路运输过程中,为了满足装卸作业的需要,防止气候对货物的损坏和影响,对成件包装货物进行临时保管的场所,其类型划分见表6-11。

第六章 铁路交通枢纽功能布局设计

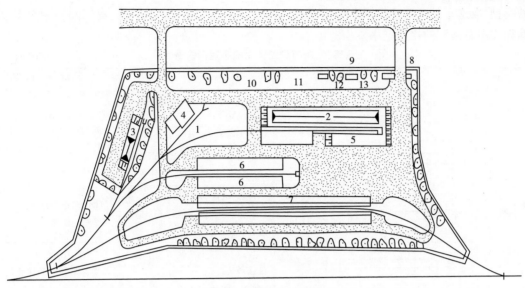

图 6-38 混合式货场布置图

1-货物线;2-仓库;3-危险货物站台及仓库;4-牲畜圈;5-站台;6-长大笨重货物堆放场;7-低货位;8-门卫室;9-装卸工人休息室;10-装卸机械维修组;11-叉车库及充电间;12-浴室、食堂;13-货运室

货物仓库类型划分 表6-11

分类方法	仓库名称
按日平均作业量	大型货物仓库
	中型货物仓库
	小型货物仓库
按组织形式分	整车货物仓库
	零担货物仓库
	整车与零担混合货物仓库
按货物品种分	综合性货物仓库
	专用物品货物仓库
按照装卸线布置形式分	库内装卸线仓库
	库外装卸线仓库

2. 仓库、站台与线路的布置形式

仓库、站台与线路的布置,应保证取送车、装卸作业及搬运车辆的停留和走行都很便利。其相互间的有关尺寸如图 6-39 所示。仓库、站台与线路常用的布置形式见表 6-12。

3. 仓库主要尺寸确定

(1)宽度应根据货运量、货物品种、作业性质、装卸机

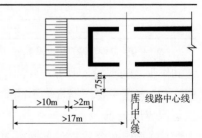

图 6-39 仓库、站台与线路有关尺寸

械类型、取送车长度及建筑模数等因素确定。仓库宽度越大,叉车通道、货位间隔距离等辅助面积占总面积的比例越小。

仓库、站台与线路常用的布置形式表　　　　表6-12

类型	图形	优 缺 点	适 用 条 件
长方形		优点:结构简单,造价低廉,占地面积少; 缺点:当仓库及线路过长时,在股道中或端头处先卸完的车辆无法取出,并增加调车作业	成组装卸作业,定点取送
		优点:取送车方便; 缺点:渡线处不能停车,占地较长,铺轨增多	①调车作业较多; ②窄长地形
		优点:有利于车辆双重作业,铺轨数量较少; 缺点:线路养护困难,排水不良,调车作业不便,最好采用整体道床	①仓库作业量较大; ②整车到发和作业量较少的零担中转及换装作业; ③成组装卸
阶梯形		优点:各仓库的装卸与调车作业互不干扰,调车方便,使用灵活; 缺点:装卸线路短,使用效率低,岔道多,造价高,站台突出部分影响驾汽车驶员的视线,占地宽,两站台间装卸机械移动困难	一般不宜采用,仅在货物品种复杂、取送车次数频繁、场地宽敞的货场采用
梯形		优点:站台办理零担中转和零担到发不必移动车辆,有利于车辆双重作业; 缺点:线路养护困难,排水不良	同时办理作业量较大的零担中转与到发作业
		优点:零担中转、整车、零担到发均在库内进行,不必移动车辆,有利于双重作业; 缺点:造价高,线路养护不方便	同时办理作业量较大的零担中转,整车和零担到发作业

(2)长度应根据需要的堆货面积和所采用的仓库宽度计算确定。为了便于仓库管理及成组装卸作业,减少取送车作业与装卸作业的干扰,仓库不宜过长,一般以50t货车1~5节长为宜。

(3)高度主要根据货物不同的堆放高度确定。库内装卸线仓库高度还应考虑铁路建筑接近限界的要求。

(4)考虑到今后货车车辆以50t、60t为主以及对门装车的要求,两库门间的距离通常采用 14.032m,折合模数为 14.4m,因此开间尺寸基本上可用 3.6m 及 4.8m 两种。如屋面采用折板、网架薄壳等结构时,开间尺寸不受此限。

货物仓库主要尺寸参考表 6-13。

货物仓库主要尺寸(m) 表 6-13

名　称	宽　度	长　度	高　度
大型货物仓库	不小于 15	不大于 210	不小于 4.5
中型货物仓库		不大于 140	
小型货物仓库	9~12	不大于 70	不小于 4.2

注:①小型货物仓库当采用叉车作业时以 10.5~12m 为宜;
②库内装卸线仓库宽度应根据站台宽度(以 20~40m 为宜)及跨越的铁路股道数而定,长度以 20m 左右为宜,高度根据建筑限界要求确定。

4. 货位布置

使用叉车、托盘作业的仓库,一般货位布置如图 6-40 所示。

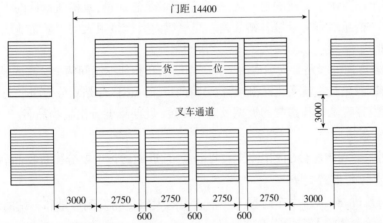

采用托盘规格:1250×850×70;盘货间隙:50;盘货长度:1250+2×50=1350;盘货宽度:850

图 6-40　仓库货位布置(尺寸单位:mm)

二、铁路货运枢纽规模确定

(一)货运量主要资料的编制

铁路车站货运量以货运营业站为单元进行设计。凡是有专用线接轨及设置货场的车站,称为货运营业站。

货运营业站应设置在能形成经济中心或集散中心的地方。车站货运量原则上应按运营 5 年、运营 10 年分别设计。货运量预测年度,应按铁道部颁布的设计任务书中规定的运营设计年度作为货运量预测年度。对既有线(枢纽)设计,还应列出最近两个统计年度的货运量。设计中货物品类的划分原则上与年度运输计划分类相同,即煤、焦炭、石油、钢铁、金属矿石、非金属矿石、矿建材料、水泥、木材、化肥及农药、粮食、棉花、盐及其他等 14 个品名(必要时增磷矿石、集装箱等专项品名)。因各线(枢纽)运输货品不尽相同,在不影响设计质量的条件下,编制线路货流图、货流密度表及枢纽货物交流表时可只列主要品名货运量,将货运量过小的品名省略而归入"其他类"。但车站到发运量，应详细分析品种，以便分出仓库、站台及货区等的堆存量，据此计算和设计货运设备规模及数量。货运量单位以百万吨（10^6t）、万吨（10^4t）、千吨（10^3t）表示。中、小站到发运量可取较小单位。货运量资料应符合铁道部颁布的《铁路基本建设项目预可行性研究、可行性研究和设计文件编制办法》的规定要求。

编制货运量的主要资料，首先要对货运量进行分类。通常把货运量分为两类，即地方运量和通过运量。所谓地方运量，是指经由设计线路及枢纽的车站发出和到达的货运量。它包括车站地方吸引范围内产生的运量和通过其他运输工具与铁路项目产生的联运量两部分。所谓通过运量，一般是指由设计项目的一端接入、通过本项目至另一端交出而无装卸作业的运量（对枢纽就是从一个方向接入并通过该枢纽至另一方向交出而无装卸作业的交流运量）。集装箱及少量的零担货物，由设计项目的一端接入，需在项目范围内车站落地配装并至另一端交出者，也应属于该项目的通过运量。

货运量主要资料包括下列4项表格：

1. 枢纽货物交流表

（1）该表全面表示了枢纽的地方运量、通过运量及总运量，是枢纽设计的主要经济资料。

（2）表中的枢纽地方运量按各站分列。当枢纽内有运量很大的工矿企业线时，应将工矿企业线单独列出。

（3）枢纽各方向的线路分为本枢纽至相邻枢纽间和相邻枢纽间两个交流区段。个别情况，当两枢纽间有区段站且货流变化又很大时，可将两枢纽间以区段站划分为两个交流区段。

（4）表列内容有统计和预测的近期及远期年度，近期年度分出货物品名。

2. 车站发到运量表

车站发到运量表内应分别列出近、远期运量，且近期运量中要分出货物品名。

3. 大宗货物始发终到表

（1）枢纽设计应列枢纽内车站与工业企业线的大宗货物发到运量和车站的通过运量；线路设计一般仅做车站的大宗货物发到运量。

（2）列入本表的大宗货物通过运量每天应在1列以上，发到运量应在0.5列以上。

（3）为满足行车组织的需要，通过的大宗货物最好明确起讫点车站，困难时亦可按线（段）、地区或省（区）市表示；车站发到的大宗货物，应按站及工业企业线填列。

4. 车站仓库、货区及工业企业线运量表

（1）货物品名原则上与车站发到运输量表一致，必要时可细分。

（2）预可行性研究阶段，按预测年度仅对主要车站编制；可行性研究、初步设计阶段，各站均需编制。

（二）车站货运量的计算

1. 划定地方吸引范围

货运营业站的吸引范围是指铁路车站的服务地区。地方吸引范围，系指对外经济联系的货物运输必须以设计项目为主要运输工具的地区。

车站所在地区的对外运输货物，全部或基本货流的运出和运入都是经过该项目的车站为装卸点，且经济合理，则该区域的范围就是车站的货运地方吸引范围。各车站吸引范围的总和,就是全线的货运地方吸引范围。

划分沿线车站的地方吸引范围有几何作图、综合分析和费用计算三种方法。

(1) 几何作图法。几何作图法有几种,常用的是垂直平分线法,它是粗略确定车站吸引范围的一种方法。这种方法的基本原理是将设计的车站与相邻站间分别连成若干直线,然后在各直线上作垂直平分线,利用垂直平分线上任意一点与直线两端(即两站)等距的原理,得出环绕设计车站的闭合多边形,这就是车站的吸引范围,如图6-41所示。

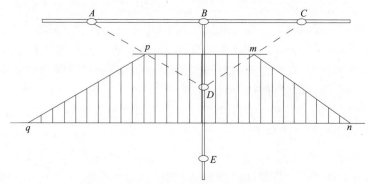

图 6-41　用垂直平分线法确定车站的吸引范围

图 6-41 中阴影部分为 D 站的几何吸引范围。这个吸引范围的界线是由 A、B、C、D、E 各站的连线的垂直平分线相交而成的,这些平分线上的交点 p、m、n、q 至相邻车站的距离是相等的。

垂直平分线法只是一种理想的几何作图法,因为它没有考虑到车站的具体位置,也没有考虑地形条件和交通条件的影响,更没考虑货流方向和经济据点间的经济联系,因此只是一种粗略的划分方法。它只能作为综合分析方法的一种辅助办法,不能单独使用。

(2) 综合分析法。综合分析法是首先用垂直平分线法概略地划出地方吸引范围,然后对影响吸引范围的诸类因素进行分析,继而对吸引范围进行必要的调整,最后划定出吸引范围。

影响吸引范围划定的因素主要有:

①地形条件。如果一个经济据点被高山或河流将车站隔开,而又无交通条件与车站联系,则会影响车站吸引范围的划定。

②交通运输条件。铁路、公路、水运等交通网的分布、能力及发展情况对吸引范围的影响。

③行政区划。在一般情况下,物资的集散应按经济区划考虑,但有时也受行政区划的影响,因为在所属行政区划内的集散物资具有一定的方便条件。

④货流方向及地区间经济联系。在两个相邻的货运营业站间,由于货流方向不同而影响车站的吸引范围。

⑤货物品类。一些货物品类对车站的吸引范围有直接影响,如石油、百货等物资装卸车站比较集中,这种装卸车站往往吸引一个县或市大部分地区的物资。因此,对个别品类,其吸引范围应个别考虑。

⑥季节性和运输时间。季节性影响主要是指河流冰冻期和洪水期对吸引范围的影响。如由于受洪水影响,货物不在原有车站装卸而被其他车站所吸引。运输时间的影响主要是

易腐货物的运输,由于它有运输组织方面的特殊要求,货主将货物运到货源较多、便于组织快运列车的较远车站装运,而不在本站装运。

在分析上述因素时,还要考虑设计年度可能出现的情况变化,如旧线改造中增设车站和封闭车站、新线设计中暂缓设置车站等均会引起相邻车站的吸引范围缩小或扩大。

在应用综合分析法时还要注意研究下列各项内容:要按"由站到线",即先车站后全线的顺序来划分;分析吸引范围应从沿线经济集散点,如县城、工矿点、城镇等开始。待各点划分后,再按各站所能吸引的地区(根据行政区划、交通情况、集散方式)扩大到面,得出车站的吸引范围;各种运输工具在运输量上的合理分配,应该根据货物种类、性质、发到地点、运费、运输时间、服务质量以及工矿企业的分布位置等因素,选择适当的运输工具和经济的路径;确定地方吸引范围的界线时,必须注意到范围内运输条件的改变对界线的可能影响,如预计在预测年度项目区域范围内将要修筑其他新线等。

(3)费用计算法。费用计算法是在考虑了货物的具体流向及短途运输条件的基础上,通过运杂费比较而划出吸引范围的方法。

运杂费比较是指所运货物起、讫站点之间全部运输费用的比较。即货物从产地运至车站,并通过铁路运至货物终点的全部运输和装卸费用;或从外地运至车站,继而转运到消费点的全部运输和装卸费用。通过运杂费比较,可以明确由哪一个车站装卸货物运输费用最省,从而确定货物的归属车站问题。

费用计算法是确定地方吸引范围比较精确的方法,一般是在用综合分析法仍不能明显看出它的合理性时采用。

2. 计算车站地方运量

(1)经济资料的分析。计算地方运量首先应对经济资料进行分析研究,其内容包括搜集的资料齐全程度能否满足计算地方运量和客货运设备的要求;资源是否查清;各部门的规划资料可靠程度是否符合国民经济发展的方针政策;分析统计资料,找出运量与经济发展的历史规律等。

(2)地方运量计算的一般方法。地方运量计算方法有归纳法、平衡法、推算法和类比法等。由于货物品类繁多,以及资料的齐全和精确程度的差异等,采用哪一种计算方法或几种方法综合使用视具体情况而定。

①归纳法:当工矿企业或物资单位既有生产计划又有调拨计划和运输方式的资料,只要稍作调查研究确认无误即可确定铁路运量。这种方法常用于专用线设计。

②平衡法:是利用产销平衡的原理计算,其公式为:

运出量=生产量-当地消费量;铁路运量=运出量-(水运量+公路运量)

③推算法:是在资料缺乏的情况下,根据基期运量和平均增长速度,分析可能增减的因素,推算出预测年度的运量。在工作中为了方便起见,将运量递增系数制成表格,从表中查得递增系数后,即可计算出所求的运量。

(三)机构组成及人员配备

货运车站机构设置和定员计算标准,所依据的原则与客运站相同。

客货分设的四等站及三等以上站,货运定员标准参考表6-14确定。货运调度员、货运检查员与所在站运转人员实行相同的班制。

第六章 铁路交通枢纽功能布局设计

车站货运定员编制标准　　　　　　　　　　　　　　　　　　　　　　　表6-14

职 名	计 算 标 准
货运值班员	三等站和县城所在地的四等站及货运人员10人以上者,全站设日勤1人;日均装卸车100辆以上的三等站及二等以上站,每班设1人;一站多场的站,主要货场每班设1人,其余货场只设日勤1人; 　　特、一等站,另设内勤及安全办公室货运值班员各1人;二等站只设内勤货运值班员1人,设有协作办公室的站增设1人;专用线较多的站,可设专用线货运值班员1人;大编组站,设商检货运值班员1人
货运调度员	特、一等货运站及日均装卸车100辆以上的二等站,每班设1人;日均装卸车400辆以上且地点分散者可增设1人;个别业务量甚大且货物品种复杂、地点分散者,可每班设2人
货运员(内勤)	①计划、统计、经济调查、技术教育等: 　　特等货运站设4~6人;一等站设2~4人;二等站设1~2人; ②核算、制票、出纳、受理、到货通知、交付、问讯等: 　　整车:日均装卸车150车以下,每30车设1人;150车以上,每增60~70车增设1人(专用线比重大的站用上限);矿区作业按每80车设1人; 　　零担:日均发到100批以内,每30批设1人;100批以上,每增加40批增设1人; 　　危险品专业站:危零日均发到100批以内,每25批设1人;100批以上,每增加30批增设1人
货运员(外勤)	①站内整车监装卸:日均装卸每8~10车设1人,粗杂品比例较大时,可按每装卸14~20车设1人; 　　进货验收与交付:日均装卸每25~35车设1人(粗杂品按上限,食品、百货按下限); ②站内零担(检斤、交付、监装卸、货区管理): 　　日均发到零担200批以下者,每20批设1人;日均200批以上者,每增加40批增设1人; ③中转零担(货区管理、监装卸): 　　日均办理150批以下,每20批设1人;日均办理150~500批,每增加40批增设1人;日均500批以上,每增加50批增设1人;日均800批以上,每增加80批增设1人(座车按一个批次计算); ④危零及笨零(含发到及中转): 　　日均办理25~30批,设3~4人;日均30批以上,每增加15批增设1人;日均60批以上,每增加20批增设1人; ⑤集装箱外勤: 　　日办理1t箱:40~50箱设2人;办理50箱以上,每增加50箱增设1人;日办理5t箱:10~15箱设1人,办理15箱以上时,每增加20箱增设1人; ⑥专用线监装卸: 　　业务量较小的专用线,相隔距离近的1~5条专用线,每班设1人;业务量较大的专用线,日均装卸15车设1人;当粗杂品或成品装卸占50%以上时,可按每装卸20~30车设1人;较大厂矿专用线,每装卸40~50车设1人;专用铁道每装卸50~100车设1人;电厂专用线卸煤,可视具体情况确定人数;不需要监装卸者,可不设外勤货运员
事故处理货运员	业务量较大的三等站,每站设1人;特、一、二等站,一般设1~3人。日均装卸整车、到发中转零担300批车以下设1人;301~500批车设2人;500批车以上,每增加500批车增设1人,但最多不得超过6人; 　　以厂矿作业为主的站,对厂矿专用线作业限设1人

续上表

职 名	计 算 标 准
接送货运员	办理零担、集装箱接送的车站，按每接送 50 批设 1 人；办理整车接送的站，按每接送 25 车设 1 人
货票传递员	运量较大、货场距运转场较远者，每班设 1 人；一站多场者，应采取改进传递工具措施
货运检查员	编组站、主要区段站和局分界站，按车场日均发到货物列车 15 对以下者，每场每班设 1 人；超过 15 对时，按比例增加
货运用品管理与修理	①货运用具及军用备品管理： 特、一等站及篷布使用量较大、日均发到 45 块以上的二等站，每班设 1 人；二等站日均发到篷布 30 块以内者设 1 人，31~45 块设 2 人；一站多场的站，除主场超 45 块可每班设 1 人外，另场达 15 块者，可设日勤 1 人； 设有独立军用备品库的站，每站设 1~3 人；负责对集装箱新制、定修、临修的组织、鉴定、验收工作的车站，可设 1~2 人； ②货运用具整理工： 特、一、二等货运站，每站每班设 1 人；设篷布修理所的站，每班设 2~3 人； ③篷布、包装修理工（翻晒、整理、零星小修）： 篷布修理工：设有篷布修理所的车站，日均发到篷布 50 块以下者，设 2~3 人；51~100 块者，设 3~4 人；101~200 块者，设 4~5 人；201~300 块者，设 5~6 人；301 块以上者设 6~7 人； 车站防湿篷布日均达 30~60 块者，另增设 1 人；61~100 块者，增设 2 人；101 块以上者增设 3 人； 包装修理工，日办理零担中转 900 批以上的站，每班设 1 人；个别大站，可按每班 2 人
加冰所	有机械设备的加冰所，每班设工长 1 人，加冰工 1~2 人，驾驶员 1 人；无机械设备的加冰所，每班设工长 1 人，设加冰工 4~8 人
门卫及巡守员	①门卫： 进出货大门，每处每班 1 人；业务过于繁忙的可增设日勤 1 人，其他必须看守的大门，可酌情设日勤 1 人； ②巡守： 办理危险品、国际联运、百货、食品、零担等货物且仓库分散，经常在货区、货台堆放者，根据货场规模每班设 1~2 人；货场不大、业务量较小或仅办理散装粗杂品、整车货物的站，由门卫兼管

　　三等站及客货运定员分设的站，货运员的设置虽然以上表为准，但不必分内、外勤，故分项计算后先汇总货运员总数（专用线外勤单列），然后划分班制。全站不足 3 人设 3 人。

　　其他货运人员，特、一等站实行三班制，个别繁忙者可实行三班半制；二、三等站及客货定员分设的四等站，业务量在日均装卸 150 车以上或日均发到量零担 200 批以上者，实行三班制；其余站实行两班制。

　　站务员设置标准（四、五等站）：站务员的总数，应按整车、零担、客运的计算标准分别计算，然后汇总后再分班制。整车、零担、客运的计算标准为：日均装卸整车，每 5 辆设 1 人；日均发到零担,每10批设1人;日均发送旅客每100人设1人。班制,一般实行两班制。每班不足1人时,设每班1人。

装卸工定员设置标准:二等及以上大站,可设装卸作业所,定员配备,设主任1人、副主任1~2人,技术员1~2人,会计1人,出纳1人,统计1人,业务员1人,计工员1~2人,安全劳保1人,材料员1人,值班员(派班员)每班1人。三等及以下站,一般不设脱产的装卸管理人员,而由车务段进行技术业务领导。机械装卸定员,原则上按照路员考虑。主要装卸机械每班定员的配备,见表6-15。班制的确定,原则上应按机械作业工作量的饱和程度考虑。一般地说,三等及以上站,实行三班制的较多,实行两班制的较少。

装卸机械每班定员配备表 表6-15

机械类型	机(副司机)	辅助工	司机长	备注
门吊	1	4	两班以上设1人	5~20t吊
汽车吊	1	4		
蒸汽吊		4		
履带吊	1	4	两班以上设1人	
轮带吊	1	4	同上	
卸煤吊	1	4	同上	有清底器时,设辅助工1人
装砂机	1		同上	
推土机				
叉式车		2		
单斗装卸机				

在车站设计中可根据铁道部规划设想的机械作业定额标准确定班制(表6-16)。按定额工作量计算,作业量为定额的50%以下时设1班;为定额的50%~80%时设两班;达定额的80%以上时设三班。如按机械纯工作时间计算,5h以下设置1班,8h左右设置两班,10h以上设置三班。各种机械每小时可完成的工作量由机械专业供给。

铁道部规划的主要机械作业定额 表6-16

机械类型	作业定额	机械类型	作业定额
10t以上门吊	12×10^4 t/台年	汽车吊	6×10^4 t/台年
卸煤机	12×12^4 t/台年	蒸汽吊	6×10^4 t/台年
装砂机	12×12^4 t/台年	叉式车	1.2×10^4 t/台年
轮带机	6×10^4 t/台年	行李牵引车	1.2×10^4 t/台年

在品种单一、货源充足时,可考虑高于上述定额标准。专业化货场的机械效率将明显提高。行包装卸搬运件数,在换算吨数时按6件折合1t考虑。

在考虑机械作业量时,应考虑部分货主委托的作业量。货主对笨重货物全部委托铁路机械装卸作业,包件中稍大、稍重的货物,人工搬运困难,也可考虑由铁路代为作业;散装货物、易腐货物,原则上不考虑铁路代为作业,但煤、片石等在大站设起重机抓斗或单斗装载机时,可为货主作业。

劳力装卸工,根据机械作业以外的工作量及劳力装卸定额计算确定。装卸定额可按3600t/(人·年)考虑。作业比较困难且货物较多时,可采用3000t/(人·年)定额。新线设计,劳力装卸工为路外的装卸组织(含铁路家属装卸组织);既有线设计,维持现有比例或保持现有人员数。班制,二等及以上站按三班制;四等及以下站,工作量均衡者按两班,不均衡者按一班。

至于货运站行政管理部门管理机构定员标准,可参照铁路客运站设计中的表6-14和所在路局的具体情况,结合机构改革的发展趋势,征求运营单位意见后确定。

(四)货运站的面积计算

铁路货运房屋是受货主委托,办理日常货物的托运、提取、保管、装卸等货运业务和维护货运设备良好状态的房屋设施。货运房屋组成和设置地点见表6-17。

货运站的面积计算和确定,主要是对仓库、站台、堆货场单位面积计算,以及货运办公室的计算和确定。

货运房屋组成和设置地点　　　　　表6-17

房屋名称	设 置 地 点
货物仓库	1. 大、中型货物仓库,设于大、中型货场; 2. 小型货物仓库,设于中间站上的小型货场; 3. 沿零仓库,一般设在中间站基本站台上靠近站房附近
危险货物仓库	1. 在综合件货场有零包危险货物到发和中转时,可在成件包装货物仓库区设置; 2. 中间站货场内有零星危险货物到发时,分隔开单间专门保管危险货物
货运办公室	一般应设在货场进口处,一面正对市区,一面通向货场,以便于货运人员办理承运和交付手续及货运票据的移交
货运员室	1. 整车货运员办公室,可设在仓库的端部或堆积场的适中地点; 2. 零担到发货运室,设在仓库的中部; 3. 零担中转计划货运室,设在仓库的中部或端部; 4. 零担中转包区货运员室,应根据分区和货位管理具体情况设置
装卸工休息室	应分别设在各主要货区或靠近货运员办公地点
装卸机械维修(包括叉车库及充电间)	应与成件包装货区有方便的联系,能及时到达装卸工作地点,也可和装卸机具修配厂合建
食堂浴室	设在货运办公室及装卸工休息室附近的适中地点

注:本表仅列主要货运房屋。

1. 仓库、站台、堆货场等各项设备的面积计算

仓库、站台、堆货场等各项设备的面积(包括有效面积和机械通道、货位间隔距离等辅助面积)系根据货运量、货物保管期限以及每平方米的堆货量等因素确定,可按下式计算:

$$A = \frac{Qat}{365P} \quad (6-2)$$

式中:A——使用面积,包括有效面积和机械通道、货物间隔距离等辅助面积(m^2);

Q——仓库、站台或堆货场年货运量(t);
a——货物到发波动系数(货物到发月度不平衡系数,即:当年最大月运量/当年月均运量),一般大、中型货物仓库 $a=1.2\sim1.3$;中间站仓库 $a=1.2\sim2.0$;当季节性特别显著或有特殊情况时,按具体条件计算确定;
t——货物保管期(d),此期限一般可采用表6-18内的数值;
P——仓库、站台或堆货场单位面积的堆货量(t/m²),计算时可采用表6-18内的数值。

仓库、站台、堆货场单位面积堆货量 表6-18

货运设备名称		单位面积堆货量 (t/m²)	货物保管期限(d)	
			发送前	到达后
整车仓库		0.50	2	30
零担仓库	到达	0.20	—	3
	发送	0.25	2	—
零担中转仓库		0.15	1.5	1.5
危险货物仓库	整车	0.50	2	3
	零担	0.15		
混合仓库		0.30	2	3
货物站台		0.40	2	3
笨重货物堆货场	整车	1.00	2	4
	零担	0.40		
散堆装货物堆货场		1.00	2	3

注:求算堆货量的总面积时,棚内面积包括纯堆货面积、叉车或人行通道、货盘间作业和堆货间隔等面积;笨重货物和散堆装货物面积包括纯堆货面积和堆装货物箱位间隔面积,但不包括汽车通道和辅助机械行走场地面积。

2. 货运办公室面积确定

货运办公室是铁路接受货主委托办理货运业务的场所,一般设置在货场的进口处,一面正对市区,一面正对货场,以便货运人员办理承运、交付手续和货运票据的移交。货运办公室房间组成和面积见表6-19。

货运办公室房间组成和面积(m²) 表6-19

房间名称		人数			
		4人	6人	10人	15人
主任室		15	15	15	15
营业室	铁路办公	18	30	36	48
	货主活动	18	30	36	48

续上表

房间名称 \ 人数	4人	6人	10人	15人
财务室	—	—	12	12
统计分析室	—	—	12	12
安全办公室	—	—	—	12
票据库	12	12	15	24
学习、会议室	—	15	24	30
中间休息室	6	12	12	15
联运办公室	—	12	24	30
使用面积小计	69	126	186	246
平面系数 K	不低于70%			
建筑面积 K=80%	86	158	234	305
建筑面积 K=70%	98	180	265	350

【本章小结】

本章在介绍铁路枢纽相关概念和布局设计原则的基础上,详细阐述了铁路客货运枢纽的平面布局、规模确定、流线设计和相关工艺计算等内容。

【案例分析】

深圳北站规划方案

(一)需求与供应特征分析

需求:深圳北站集口岸、铁路客运专线、公路客运等对外交通方式于一体,是未来城市副中心;有城市轨道、常规公交、出租车、小汽车、慢行交通等各交通方式接驳需求。

供应:中心区外围道路交通等空间条件较好,除小汽车需适当控制外,尽可能完善接驳,满足枢纽及周边开发对交通的需求,重点加强轨道和常规公交的接驳效率(图6-42)。

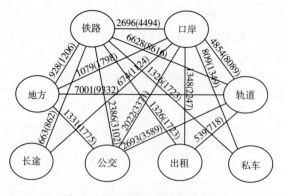

图6-42 深圳北站需求与供应特征

第六章 铁路交通枢纽功能布局设计

（二）规划目标

构筑具有国际先进水平的功能综合、布局合理、换乘便捷、运作高效的一体化综合客运枢纽。同时，依托枢纽建设，提升城市整体形象和地位。

（三）枢纽设施布局

枢纽总体布局为"十"字结构，四个象限内分别布置公交、出租、长途及社会车场，并结合场站布局进行上盖开发。

（四）车站总体布局

深圳北站位于深圳市宝安区龙华的西南部，龙华二线扩展区的中部地区。北临未来龙华中心区，西临福龙快速路和水源保护区，东临梅观高速公路，南侧为白石龙居住组团，距离深圳市中心区9.3km。其选址位于深圳市的几何中心和人口中心，具有较为优越的发展条件。

整个工程分为三部分：高铁站房、东广场和西广场。总用地面积约65万平方米，建筑面积约40万平方米。其中，高速铁路呈南北方向，站房设于轨道上方；东广场是以公共交通为主导的主广场，西广场是以私人交通为主导的副广场。在平面上，北站枢纽利用高铁站房与90m高程平台主交通层形成的十字形结构，分别在东、西广场4个象限布置公交、出租、长途等常规接驳设施和运营中心，并分别通过东、西广场综合换乘大厅组织各种换乘。高铁站房、东广场、西广场最终以90m高程的人行平台为客流集散的主交通层而联系在一起，这个主交通层在规划上一直向东延伸至梅龙路，直接引导了周边街区的发展（图6-43、表6-20）。

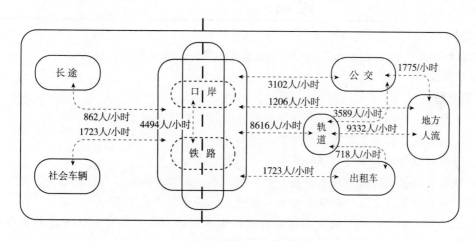

图6-43 深圳北站布局

龙华线、光明线在深圳北站东广场高架，与高铁基本平行穿过车站大屋顶。留仙大道、玉龙路经高架桥上跨高铁股道，环中线、平南铁路自东向西横穿整个车站；新区大道沿南北方向在国铁站房和东广场之间从地下穿过车站。出租车、公交车均通过专用道进入枢纽内部，长途客车则驶入周边多条高速公路，最大程度地减少了对城市交通的干扰。

为了配合枢纽以步行人流为主、以综合换乘大厅为中心的交通流线，深圳北站采用了"上进上出"的人流组织，这也是目前中国大陆采用"上进上出"方式的大型火车站的唯一实例。同时,深圳北站取消了传统火车站巨大的站前广场的设计,旅客无须走出车站便可进行各种交通方式的换乘,节约了近50万平方米的土地用于综合开发。国土资源部亦予深圳北站高度评价,称其是国内占地面积最小、利用效率最高、换乘最方便、组织最合理的综合车站。

深圳北站总体布局相关参数　　　　表6-20

高程	西广场	高铁车站	东　广　场		
106m			龙华线、光明线月台		5F
100m		商业区	龙华线、光明线站厅		4F
90m	口岸联检办公大楼	高铁站房	东广场平台	公交车(到达)	3F
	长途客运站	候车厅、售票处、出站口		出租车(到达)	
84m	出租车停车场	高铁站台	综合换乘大厅	公交车(出发)	2F
	社会车辆停车场			出租车(出发)	
78m	社会车辆停车场		综合换乘大厅	公交车(出发)	1F
				出租车(出发)	
				环中线站厅	
68m		环中线区间及平南铁路		环中线月台	B1F
62.5m		新区大道下穿			

【实训题】

以某铁路客(货)运枢纽为例,在对运输需求和周边交通环境分析的基础上,对该枢纽进行功能布局设计。

【复习思考题】

1. 铁路客运站和货运站分别具有怎样的作业特征?两者有着怎样的区别?
2. 常见的铁路枢纽布置图形有哪些?分别具有什么样的特点?
3. 客运站设备具有哪些?其布置要求分别是什么?
4. 铁路客运量的计算方法有哪些?如何根据客运量对客运设施进行规模分类?
5. 客运枢纽客流流线一般包括哪些?流线设计要满足哪些要求?
6. 铁路货运量的计算方法有哪些?对货运站的面积有什么影响?如何进行货运站的面积计算?
7. 货运站的总平面布置要求有哪些?
8. 货场的分类和配置图形各有哪些?

第七章 公路交通枢纽功能布局设计

【课前导读】 本章讨论了以公路交通为主体的交通枢纽布局设计问题。第一节在介绍公路枢纽功能和类别的基础上,讨论了公路枢纽规模的确定思路。第二节和第三节从客货运两个角度分别讨论了公路客货运枢纽的平面布局、交通组织、流线设计以及相关工艺、计算方法等内容。

【知识学习目标】 掌握公路交通枢纽的基本概念和设计原则。掌握公路客货运枢纽设计的平面布局、规模确定、交通组织、流线设计和相关工艺、计算方法等。

【能力培养目标】 建立公路交通枢纽布局设计的理论和方法体系,使学生具备公路交通枢纽布局设计能力。

【教学重点】 公路客货运交通枢纽平面布局,规模确定,交通组织,流线设计以及相关工艺和计算方法。

【教学难点】 平面布局;规模确定;流线设计;工艺和计算。

第一节 公路交通枢纽概述

一、公路交通枢纽的功能与类别

（一）功能定位

公路交通枢纽的设置,主要目的是要满足以下几大功能：

1. 公路交通枢纽体系结构优化功能

各公路交通运输站场不是单独运作的个体,而是作为组成要素同其他站场共同构成公路交通运输枢纽系统,其整体所实现的系统功能要大于各站场要素所实现的功能之和。公路交通运输枢纽通过总体规划优化各站场的位置、规模与功能,协调站场间的运作,将各站场的竞争关系变为协作关系,实现社会效益和经济效益最大化。

2. 公路交通运输网络的衔接转换功能

公路交通运输网络的衔接功能指公路交通运输枢纽作为不同层级、不同地域交通运输网络、同层级交通运输网络的不同交通运输线路以及公路交通运输网络与城市道路交通运输网络的衔接点,根据公路交通运输活动需要,通过公路交通运输枢纽把不同线路、不同组织方式的旅客及货物运输活动连接起来,保障运输生产过程的连续、畅通。

具体来说,包括四项功能:一是公路交通运输枢纽把位于不同层级区域内的需求点连接在一起,实现公路旅客及货物从低层级公路交通运输网络向高层级交通运输网络的汇集和从高层级交通运输网络向低层级公路交通运输网络的分散;二是公路交通运输枢纽之间的连接有利于跨区域城间干线公路客货运,实现公路交通运输网络的输送功能;三是通过公路交通运输枢纽将不同方向的公路交通运输活动衔接起来,实现交通运输路线的方向转换;四是通过公路交通运输枢纽将城市内外的旅客及货物运输网络衔接起来,实现城市内外运输活动的转换。

3. 客货流组织中心功能

在公路交通运输生产过程中,有大量时间和费用耗费在旅客及货物的中转、装卸搬运、存储保管等环节中。公路交通运输枢纽可以利用站场间的合理分配和组织管理系统提高旅客与货物的集散速度,大大降低公路客、货流在站滞留时间,减少公路交通运输网络节点处各种活动对公路交通运输连续性的干涉。

同时,公路交通运输枢纽可以将流量、流向、流时及运距等特性具有很大差异的公路旅客与货物凭借其缓冲作用来化解其间的冲突,使公路旅客与货物在流量、流向、组织方式上取得最佳的效果。

4. 公路交通运输产业结构优化功能

公路交通运输业具有典型的规模经济特征。公路交通运输枢纽通过吸引多种交通运输生产要素聚集,推进交通运输生产的规模化组织和专业化分工,从而提高运输生产效率;通过推动公路交通运输组织方式的变革,促进"轴—辐"式公路交通运输网络的形成,缩短公路旅客及货物的送达时间,取得干线公路交通运输网络的规模经济,提高公路交通运输产业竞争力。

5. 城市交通环境改善功能

公路交通运输枢纽总体规划对公路交通运输站场位置、规模与业务功能进行优化,一方面减少过境车辆进入市区,另一方面改变公路客货流在城市中的传统集散方式,使进出旅客、货物"化整为零"和"集零为整",依靠公共客运和共同配送来减少市区运送旅客、货物的车辆交通出行,从而达到分解交通压力、减少环境污染的目的。

(二)公路交通枢纽的主要业务功能

公路交通枢纽的主要功能是针对服务对象而言的,而主要服务对象可分为两大类:人与货,对应客运与货运。两大类功能简述如下:

1. 客运枢纽

公路客运枢纽一般具备以下基本业务功能:

(1)运输服务。给旅客提供方便、舒适、快捷、安全的出行环境是公路客运枢纽的主要职能,其站点布局、线路走向、车辆舒适、安全运行等都是影响服务水平的重要因素。

(2)客运信息服务。公路客运枢纽依靠计算机技术等高科技实现客运信息化,为旅客及时提供各种信息,保障公路客运服务质量。

(3)旅客多式联运。公路客运枢纽通过工程建设和运营管理等多种手段,将公路客运站与铁路、机场和码头等交通设施联系起来,组织旅客进行不同交通方式间的联运和换乘,减少旅客出行时间。

（4）客运终端换乘。公路客运枢纽将各公路客运系统与城市交通系统衔接起来,方便旅客市内交通换乘,实现"门到门"全程客运。

（5）辅助服务。公路客运枢纽不仅发挥旅客运输功能,而且具有给驾乘人员、旅客提供休闲、娱乐、生活等辅助服务功能。

2. 货运与物流枢纽

公路货运功能逐渐向物流功能转化,这种转化既继承了货运功能原有的特征,又伴随着物流产业的大发展而赋予了新的内涵。公路货运枢纽一般具备以下基本业务功能：

（1）综合物流信息。公路货运枢纽物流信息服务包括：需求和供应信息、库存信息、发货信息等。以计算机网络技术为基础,建立公路货物运输网上交易、物流库存管理信息、运力服务信息系统,实现公路货运枢纽信息化,为客户提供准确、迅捷、安全、畅通的物流服务。

（2）货物运输和配送。公路货运枢纽汇集需求方和供应方,通过网上交易市场和配送计划系统提供运送指令,根据运输的货物种类、效率、驾驶员的劳务费用等组织运输车辆运送货物。

（3）仓库管理。货物从生产到消费需要在枢纽频繁进出库,进行时间调整与过渡。对于进口货物,还可以建立保税仓库。

（4）流通加工。货物在公路货运枢纽暂时存储的同时,还对货物进行带有附加值的包装和简单的加工,直至可以按照顾客的要求随时出库、配送。

（5）辅助服务。包括生产和生活两方面,为产销方和驾驶员提供舒适方便的食宿、购物、娱乐等生活辅助服务,为车辆提供停车、检测、维修、加油、清洗等生产辅助服务。

二、公路交通枢纽分类

公路交通枢纽的类别有多种划分方式,主要有以下7种。

1. 按运输对象分

公路交通枢纽按运输对象可分为公路客运枢纽、公路货运枢纽和公路综合客货运枢纽。

（1）公路客运枢纽。公路客运枢纽是指公路客运业务占主导地位,枢纽内公路交通站场主要为旅客的出发、到达、中转换乘提供服务。

（2）公路货运枢纽。公路货运枢纽是指公路货运业务占主导地位,枢纽内公路交通站场主要服务于公路货物运输。

（3）公路综合客货运枢纽。公路综合客货运枢纽是指公路交通枢纽内的旅客运量与货物运量差异不明显。

2. 按枢纽在运输网络中的层级划分

按照枢纽在运输网络中的层级可将公路交通枢纽划分为国际级枢纽、国家级枢纽、区域级枢纽和地区级枢纽4种。

（1）国际级公路交通枢纽。国际级公路交通枢纽位于大陆桥、小陆桥和公路主骨架与跨国干线公路交汇处,处于边境城市、沿海城市和经济特区城市,主要经营跨国客货运输与运输代理业务,并与周边国家级、区域级和地区级枢纽联网经营跨省、跨区客货运输业务。

(2) 国家级公路交通枢纽。国家级公路交通枢纽位于公路主骨架与水运主通道、铁路和航空干线交汇处，处于省会城市、中心城市、沿海开放城市和经济特区城市，主要经营跨省、跨区客货运输业务并与区域级和地区级枢纽联网经营区内客货运输业务。

(3) 区域级公路交通枢纽。区域级公路交通枢纽一般位于公路骨架与干线公路交汇处，处于省际接壤地区市、地(盟、州)人民政府所在地城市，主要经营跨省、跨区和区内客货运输业务。

(4) 地区级公路交通枢纽。地区级公路交通枢纽一般位于干线公路与支线公路交汇处，处于县(市、旗)人民政府所在地，主要经营跨区、跨县和县内客货运输业务。

3. 按服务对象分

按服务对象，公路运输站场分为公用型公路运输站场、自用型公路运输站场。公用型运输站场指全方位面向社会开放，本身无从事运输业务营运的自备运力，专门为运输经营者和运力拥有者提供站务服务的运输站场。自用型公路运输站场指隶属于运输经营者，主要为本企业营运车辆提供运输服务的运输站场。

4. 按站场级别分

按站场级别，公路客运站分为一级站、二级站、三级站、四级站、五级站和简易站；汽车货运站分为一级站、二级站、三级站、四级站和简易站。

5. 按业务性质分

按业务性质，公路运输站场分为快速公路运输站场、普通公路运输站场。快速公路运输站场的营运线路主要是快速直达班线，其营运线路长度内至少有70%的高速公路；普通公路运输站场的营运线路主要是普通营运班线，其营运线路长度内的高速公路小于70%。

6. 按地理位置分

按地理位置，公路运输站场分为口岸公路运输站场、内陆公路运输站场。口岸公路运输站场主要为边境公路运输服务；内陆公路运输站场主要为内陆公路运输服务。

7. 按所在节点性质分

按所在节点性质，公路运输站场分为国家公路运输枢纽站场和一般公路运输站场。国家公路运输枢纽站场指纳入国家公路运输枢纽系统内的公路运输站场；一般公路运输站场指未纳入国家公路运输枢纽系统内的公路运输站场。

三、公路交通枢纽规模的确定

公路客(货)运枢纽用地规模可以采用总量确定法进行测算，具体如式(7-1)：

$$A = C\mu_i \cdot Q_i \tag{7-1}$$

式中：A——站场需求规模；

Q_i——远景货运站功能区运量；

μ_i——站场功能区单位生产能力所需面积(其推荐值可参考7-1、表7-2确定)；

C——发展调整参数，一般根据运输枢纽发展理念以及长远发展预留确定。

汽车客运站单位占地面积需求参数推荐表(单位:m²/百人)　　表7-1

设施名称	一级站	二级站	三级站	四级站	五级站
占地面积	360	400	500	500	500

公路货运站单位占地面积需求参数推荐表(单位:m²/百人)　　表7-2

适站处理量(万吨)	10	6	5	4	3	2	1	0.5
占地面积(m²)	9780	7280	6087	4894	3697	2500	1284	1200

客(货)运站场的设计能力和单位生产能力所需面积参照有关站级标准或国内外站场设计的有关参数,考虑站场的发展变化趋势,并结合当地实际特点综合确定。

我国现行的客(货)运站建设标准主要有《汽车客运站级别划分和建设要求》(JY 200—2004)、《集装箱公路中转站站级划分级设备配备》(GB/T 12419—2005)、《汽车货运站(场)级别划分和建设要求》(JY/T 402—1999)等。随着现代运输尤其是现代物流的不断发展,货运站向综合型、大型化趋势发展,并逐步与物流中心、物流园区融合,故在标准的采用上,一方面要参考现有的有关标准,另一方面,也要用全新的理念和发展的眼光考虑货运站的规模,尤其是中心城市的公路交通枢纽,货运站设计能力必要时可以突破现有的相关标准。

第二节　公路客运枢纽功能布局设计

一、公路客运枢纽主要设施

公路客运枢纽设施一般由生产设施、生产辅助设施和生活服务设施三部分组成。

1. 生产设施

生产设施是公路客运站建设的主要内容,它包括站前广场、站房、发车位和停车场等。其中,站前广场在传统意义上是客运站房与城市联系的连接区,是旅客、行包和站外各种车辆集散场所,通常由停车场、旅客集散区、行包集散区、绿化区等部分组成。站房是公路客运站最主要的生产设施,进站、购票、行包托运、候车、检票等工作均在此完成,对应设置有售票厅、票据库、候车厅、行包托运厅、行包提取处、小件寄存处、问讯处、广播室、调度室、办公室、驾驶员室、值勤室、卫生间等功能空间。

2. 生产辅助设施

生产辅助设施包括维修车间、洗车台、油库、配电室、锅炉房等。生产辅助设施在经营和管理上有一定独立性,也需注意一些特殊要求,如维修设施与停车场应有间隔,设通道供待修及修缮车辆进出;当周边具有两条以上次干道时,生产辅助设施应临近次干道,以便车辆进出。

3. 生活服务设施

生活服务设施包括司乘公寓、单身职工宿舍、职工食堂、浴室等。此类生活服务设施按实际需要进行建设,满足相应建筑设计规范即可。

交通部《公路客运站级别划分和建设要求》(JY/T 200—2004)要求公路客运站设施应根据客运站级别进行配置,在实践中应结合车站所在地实际情况参照表7-3、表7-4配置车站基本设施设备。

公路客运站用房和设施配置表   表7-3

设施名称			一级站	二级站	三级站	四级站	五级站
场地设施		站前广场	●	●	★	★	★
		停车场	●	●	●	●	●
		发车位	●	●	●	●	★
建筑设施	站房	候车厅(室)	●	●	●	●	●
		重点旅客候车室(区)	●	●	★	—	—
		售票厅	●	●	★	★	★
		行包托运厅(处)	●	●	★	—	—
		综合服务处	●	●	★	★	—
	站务用房	站务员室	●	●	●	●	●
		驾乘休息室	●	●	●	●	●
		调度室	●	●	●	★	—
		治安室	●	●	★	—	—
		广播室	●	●	★	—	—
		医疗救护室	★	★	★	★	★
		无障碍通道	●	●	●	●	●
		残疾人服务设施	●	●	●	●	●
		饮水室	●	★	★	★	★
		盥洗室和旅客厕所	●	●	●	●	●
		智能化系统用房	●	★	★	—	—
	辅助用房	办公用房	●	●	●	★	—
		汽车安全检验台	●	●	●	●	●
	生产辅助用房	汽车尾气测试室	★	★	—	—	—
		车辆清洁、清洗台	●	●	★	—	—
		汽车维修车间	★	★	—	—	—
		材料间	★	★	—	—	—
		配电室	●	●	—	—	—
		锅炉房	★	★	—	—	—
		门卫、传达室	★	★	★	★	★
	生活辅助用房	司乘公寓	★	★	★	★	★
		餐厅	★	★	★	★	★
		商店	★	★	★	★	★

注:"●"为必备;"★"为视情况设置;"—"为不设。

第七章 公路交通枢纽功能布局设计

公路客运站设备配置表　　　　　　　表7-4

	设备名称	一级站	二级站	三级站	四级站	五级站
基本设备	旅客购票设备	●	●	★	★	★
	候车休息设备	●	●	●	●	●
	行包安全检查设备	●	★	★	—	—
	汽车尾气排放测试设备	★	★	—	—	—
	安全消防设备	●	●	●	●	●
	清洁清洗设备	●	●	★	—	—
	广播通讯设备	●	●	★	—	—
	行包搬运与便民设备	●	●	★	—	—
	采暖或制冷设备	●	★	★	★	★
	宣传告示设备	●	●	●	★	★
智能系统设备	微机售票系统设备	●	●	★	★	★
	生产管理系统设备	●	★	★	—	—
	监控设备	●	★	★	—	—
	电子显示设备	●	●	★	—	—

注："●"为必备；"★"为视情况设置；"—"为不设。

二、公路客运枢纽交通组织

(一) 主要工作流程

公路客运站工作流程由售票、行包托运和提取、候车室服务、旅客乘车组织、车辆及旅客发送、车辆及旅客到达等若干作业单元组成。各作业单元有不同的工作内容、范围和职责，分工较为明确。其生产流程可用图7-1表示。

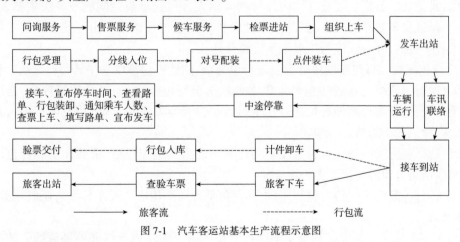

图7-1 汽车客运站基本生产流程示意图

(二) 交通流线组织

公路客运站交通流线是指旅客、行包和营运客车在站内集散流动过程所经历的流动线路,分为旅客流线、行包流线和车辆流线。通过交通流线优化组织其工作流程,使旅客、行包及车辆运动过程实现时间上、空间上最佳的结合,使站内生产秩序井然。

1. 交通流线构成

(1)旅客流线。按流动方向可将客运站内旅客分为进站旅客和出站旅客。进站旅客呈现由分散到集中的聚集特点。由于实现该过程一般经过问询、小件寄存、购票、行包托运、候车等诸多环节,所以旅客在站内滞留时间较长。出站旅客则是由集中到分散,持续时间短,但密度大,速度快。进出站旅客流线如图7-2所示。其中又可分为以下三类:

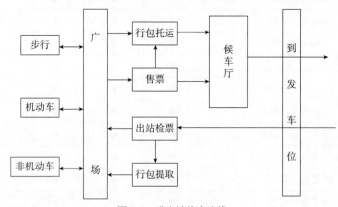

图 7-2 进出站旅客流线

①普通旅客流线。普通旅客人数最多,进站流动过程比较复杂,随身携带的物品也较多,候车时间较长,出站时人流集中、密度大、速度快。

②特殊旅客流线。特殊旅客指的是需要特别照顾的旅客,如妇婴及老弱病残旅客等。这部分旅客数量少,行动不便,需要人扶持照顾,通常单独设置候车室,也可以与贵宾流线统一设置,并有专用厕所和专用检票口,优先上车。其流线与普通旅客进出站流线基本相同,但照顾优先放行。

③贵宾流线。贵宾主要指在国内旅行的外国人、侨胞、港澳台同胞及各级主要领导等。通常为了保证贵宾候车的方便与安全,单独设置贵宾室与检票口。由于安全保卫工作的需要,来去有车接送,其流线应与一般旅客流线分开。

(2)行包流线。行包流线可分为发送行包流线、到达行包流线和中转行包流线三种。

①发送行包流线。发送行包经行包受理处送至行包库房,经过分类整理后,通过提升机、手推车、传送带等设施经行包通道送至行包平台相应发车位堆放,待发客车进入发车位后,在旅客验票登车时装运行包。

②到达行包流线。到达行包流线是到达客车进入到达车位后,由装卸员卸行包于行包平台,然后送至行包库房待旅客提取。

③中转行包流线。中转行包卸车后,在行包平台送至相应的发车位上方临时堆放,开车前装车出站。

(3)车辆流线。车辆流线根据车辆运行所在区域分为站内流线和站外流线。站内流线由到达车辆流线、发送车辆流线和过站车辆流线构成。

公路客运站外车辆流线指旅客到达车站所乘坐的公交车、出租车或其他车辆,进入或离开车站进出站前广场所形成的车辆流线。公路客运站外车辆流线其车流混杂,设计时必须很好地组织与合理设置停放区,以保证正常的客运秩序。公路客运站内车辆的活动路线如图 7-3 所示。

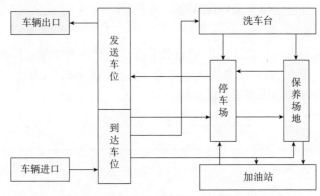

图 7-3 进出站车辆在站内的活动路线

2. 交通流线组织原则

客运站的交通流线组织是指在客运站的整个空间内,合理组织客流、行包流和车流。各种流线合理的标志是不发生相互交叉。为了使站内各种流线合理协调,必须遵循下列原则:

(1)把旅客进站与出站两股客流分开。方法是分设进站(检票)和出站(验票)口,组织客流单向流动,各行其道,互不干扰。由于进站旅客在时间上相对比较集中,尤其在如何将客流进行组织和分流,使旅客便利地进入售票厅、候车厅、行包托运处或提取处,使之少走回头路,避免来往交叉。要根据旅客从站前广场经售票、托运行包、候车、检票上车的过程,尽量缩短旅客流线,避免各区旅客互相干扰。

(2)将客流与车流分开。对于站前广场接送旅客的车流(包括出租汽车),其停放位置可设在广场的一侧或两侧。要防止车流过度地接近进、出站口或在广场中间行驶,以防发生与客流的交叉与干扰;站内要设置站台和发车位,引导旅客从站台上车,避免场内乘车。下车时也要注意这一问题。要使车流的进、出口位置远离客流的进、出站口,避免发生相互交叉。

(3)将行包流线中的发送与到达分开。将行包流线中的发送与到达两部分分开,可采取如下办法:

①分设发送和到达行包库,使行包装车、卸车流线分开;

②发送和到达行包在不同位置进行装、卸作业;

③从时间上错开,使装车发送与到达卸车不在同一时间。

(4)将进站车流与出站车流分开。为使汽车单向流动,可设置两个大门,进出分开,固定使用。

(5)客运站各组成部分设置应紧凑。尽量使客运站的各组成部分设置紧凑,缩短流线长度,尤其是售票处、候车厅、行包托运处和提取处等主要服务设施的布局要合理,努力避免因旅客往返穿插办理手续而造成的迂回流动和交叉。

以上各条中最重要的是将旅客的进、出站流线分开。如能做到这一点,则其他问题就比较容易解决了。

通过对上述客运站交通流线组织的分析,可以看出客运站的空间组合类型是属于序列空间的组合,即它是一个个空间按一定的序列排列而成,且空间的排列顺序完全按使用的联系顺序而定。旅客从进站、问讯、买票、托运行包、候车、检票上车就是在使用功能上的联系顺序。除了客流外,行包流和车流的设计也应给予重视。

3. 交通流线组织

(1)总交通流线组织。一般情况下,进行公路客运站交通流线组织需要将旅客流线、行包流线和车辆流线进行叠加,并对三者之间的交叉干扰进行优化调整,最终形成公路客运站总交通流线组织图。图 7-4 为重庆客运站的案例。

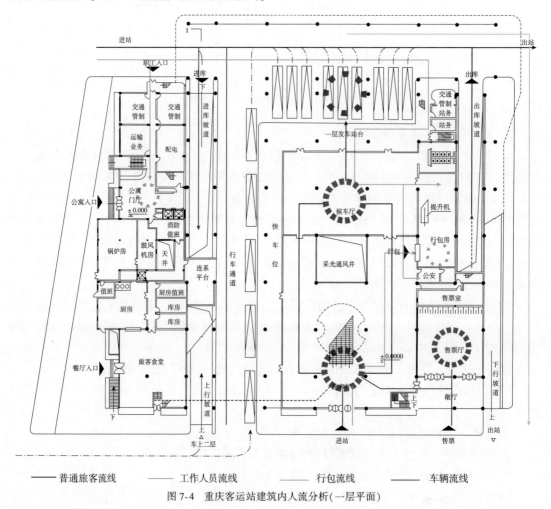

图 7-4 重庆客运站建筑内人流分析(一层平面)

(2)几个重要功能区的流线组织

①站前广场。站前广场的交通流线主要有客流、车流和工作人员流线三种,三者应明确划分,避免交叉,特别是车流和客流。

a. 客流组成可分为旅客、接送旅客的人及过路客三类。其中旅客为主要客流。旅客人流活动区域应位于核心区域,方便到达每一个停车区,并与站前广场的车辆区域合理组织,有利于人流的迅速疏散。

b. 车流主要包括自驾车辆、出租车辆和城市公交车辆流。对于接送旅客、购买预售票、托取行包而进入车站站前广场的机动车及非机动车,应指定停放场地,统一管理;出租车也应该在站前广场上设停车区和临时停靠站;城市公共汽车终点站或停靠站应设于方便旅客疏散的客流量大的主干道方向。公路客运站的站前广场可以考虑结合城市公交换乘站统一使用或邻接使用,方便旅客的出行和换乘。

c. 工作人员流线应尽量与旅客流线分开,并设置单独的工作人员出入口。

站前广场上的人车分流组织一般分为纵向分流和横向分流两种方式:

纵向分流:把人流、车流分别组织在站前广场靠近站房的远近两部分,远离站房区域,行驶、停靠车辆,上下旅客;靠近站房区域为旅客活动区域,旅客可安全进出站房,前后互不干扰。纵向分流的缺点是车辆不能紧靠出入站口,增加旅客步行距离。图 7-5 为长沙汽车南站案例。

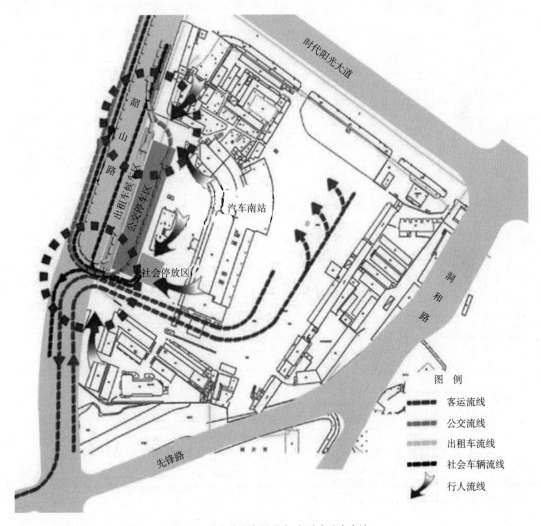

图 7-5 纵向分流布局形式(长沙市汽车南站)

横向分流:是将车流、人流沿站前广场横向分布。车流按流向、流量分别组织在不同的场地;客流通过步行带直达站房(对于小型客站布置形式需要集约紧凑,因地制宜,可能存在冲突),从而使人车分流,互不干扰。这种方式是比较常用的分流方式。根据具体的站场等级和布置形式,又可以有多种变化形式和组织方式,如图7-6所示。

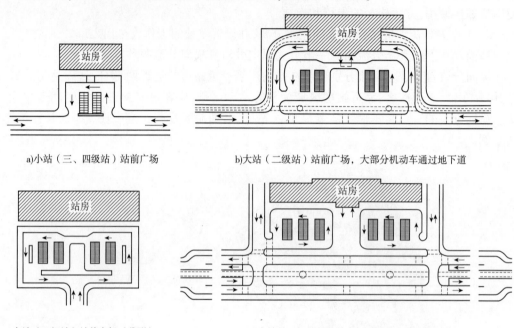

a)小站(三、四级站)站前广场　　　　b)大站(二级站)站前广场,大部分机动车通过地下道

c)中站(三级站)站前广场(袋形)　　　d)大站(二级站)站前广场,站前交通为地下道

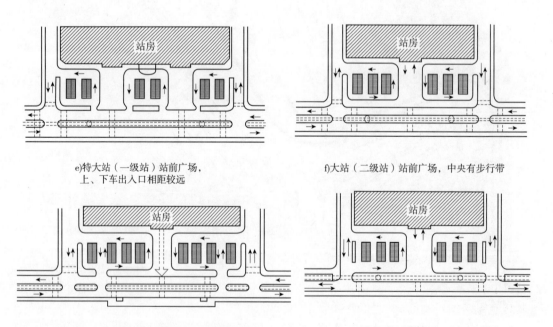

e)特大站(一级站)站前广场,上、下车出入口相距较远　　f)大站(二级站)站前广场,中央有步行带

g)大站(一、二级站)站前广场,中间有地下道　　h)大站(二级站)站前广场,中央有步行带

图7-6　不同等级车站的8种横向分流布局形式

无论何种分流布置方式,应使进入广场和停车场的车辆行驶路线遵守单向、逆时针行驶的原则,以尽量减少和避免人流和车流的交叉。

②售票厅。售票大厅一般设在距离客运站的主要出入口较近的地方,进入客运站的人流大部分会经过这一空间,无论即行、订票或是察看客车发车时刻表等情况,都要首先经过售票厅,之后再从这里分流到下一个地点。因此它是客运站中人流流动最为密集的功能空间之一,保证其快捷方便地为旅客提供服务是设计的重中之重。

③候车厅。旅客在经过购票、行包托运以后,大多数的旅客要进入候车厅。由于站级的不同,候车厅交通流线组织形式通常会分为两大类:

一般候车形式:这种候车形式如图7-7a)所示,可以多条通道同时检票,适应多班次客车同时检票进站台的操作程序。这种形式可以形成较大面积的候车厅,不仅适应了更大的客流量,还使候车空间变得宽敞明亮,同时也便于管理,使候车厅秩序井然。

二次候车形式:二次候车形式的优点是在节省人力的同时,又创造了一个井然有序的候车环境,如图7-7b)所示。但是由于其面积上的浪费较大,人流在一次候车时也显得比较拥挤,较少采用。

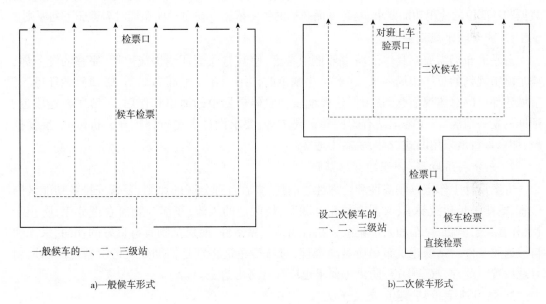

图 7-7　一、二、三级站的候车形式

三、五级站的候车形式也可以分为以下两种

侧向候车形式:这种候车形式用于人员极少的四级站和五级站。由于旅客流量较小,因此其优点是流线较为简洁,便于旅客候车、检票和登车,如图7-8a)所示。

两侧对称候车形式:这种候车形式的优点是平面布局呈对称式,流线清晰,有利于柱网布置,同时也便于立面造型,如图7-8b)所示。

候车检票
直接检票
检票口
候车检票
直接检票
检票口
候车检票

侧向候车的四级站　　　两侧候车的四级站

a)侧向候车　　　b)两侧候车

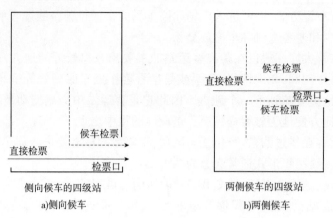

图 7-8　四、五级站候车形式

四、公路客运枢纽平面布局

(一)平面布局原则与要求

客运站的总平面布局是否合理,直接影响到使用效果。客运站的工艺流程设计、工艺计算数据和各部位的使用功能要求,是总平面布局的主要依据。在总平面布局时需遵循下列原则:

1. 符合城市规划要求

总平面布局需放在具体的城市环境中考虑,使其与周围环境构成协调、完整的统一体,满足城市规划的总体布局要求,起到美化城市的作用。在总平面布局前,必须熟悉环境,了解城建部门的总体规划意图,掌握建设地段在总体规划中的地位和作用,了解所在地段近、远期的发展情况,以及客运站有哪些建筑要求等;要求设计者进行仔细地分析研究,反复推敲,切忌盲目地采用旧式设计,脱离当地实际。

2. 充分利用地形,合理划分功能区

方案设计工作应以经济性和合理性为前提,本着合理分区的原则,妥善安排各功能区的位置,既能满足功能要求,又能方便相互联系;使区内的人流、车流与物流合理分流,防止干扰,并有利于消防、停车和人员集散。结合当地气象条件,使建筑物具有良好的朝向、采光和自然通风条件。站场建筑布局应紧凑合理,对站房建筑特别是辅助建筑可根据地形因地制宜地设置。此外,汽车噪声、防火等要求也应综合考虑进去。

3. 流线简洁通畅,避免交叉干扰

公路客运站的总平面流线设计主要解决进出站客流、附属建筑出入人流、客运站服务人流、行包流线以及车辆的进出站流线关系等。应避免人流、车流和货流交叉混杂,力求做到路线短捷、顺畅,保证旅客能迅速、安全疏散。图 7-9 为一种较为典型的前站后场布局模式。

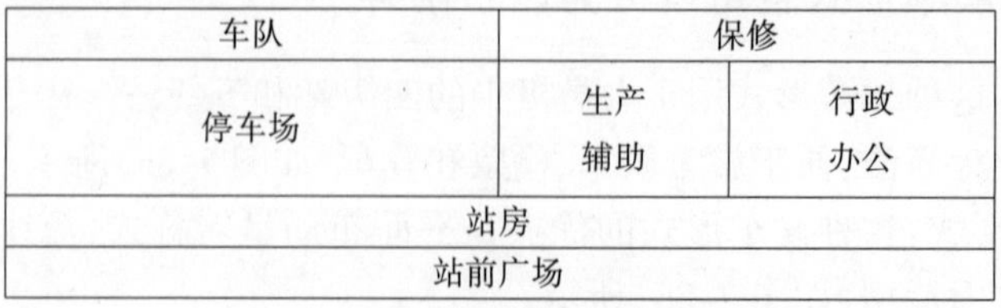

车队
保修
停车场
生产
辅助
行政
办公
站房
站前广场

图 7-9　“前站后场”型总平面布局图

(二)站前广场

为起到人流和车流集散的作用,客运站房与城市道路间需要设置站前广场作为过渡空间。站前广场是旅客、行包和站外各种车辆集散的场所,通常由停车场、旅客集散区、行包集散区、绿化区等部分组成。随着客运站设计理念的丰富和交通问题的日益复杂,站前广场的定位有了更丰富的想象空间。

站前广场一般可以分成旅客活动区、公共停车位、服务区、疏散通道和绿化等几个主要区域。其中旅客活动区应接近站房的主入口;公交车与出租车停车区应设于站前广场的一侧,以免干扰其他活动区;与停车区对应一侧可布置商业服务区。

站前广场的流线组织,对外需考虑周围城市干道的位置、性质、流向和流量,处理好站前广场中各种流线与城市交通流线的衔接问题;对内则应尽量布局紧凑以节约用地并节省投资,同时各组成部分能保持有机联系,方便旅客、行包集散与车辆进出。要合理组织交通流,使进出站的客流、车流、行包流分开,避免相互交叉干扰(也有一些新的站场设计理念提出将交通需求在纵向或平面上与广场进行分离)。

站前广场的形式主要可以分为 5 种:矩形、梯形、扇形、三角形和 L 形,如图 7-10 所示。一、二级车站站前广场的面积可以按旅客最高聚集人数每人 $1.2\sim1.5\mathrm{m}^2$ 计算,三级车站按旅客最高聚集人数每人 $1.0\mathrm{m}^2$ 计算。

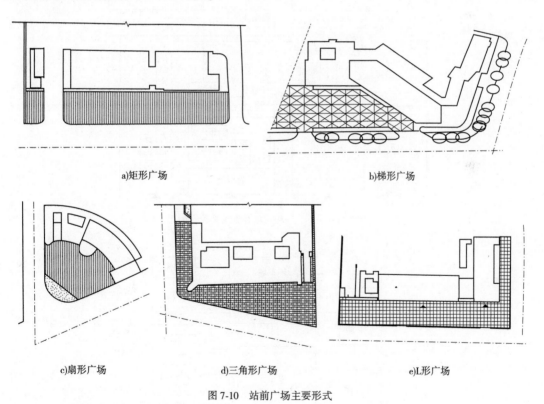

a)矩形广场　　　　　　　　　b)梯形广场

c)扇形广场　　　d)三角形广场　　　e)L形广场

图 7-10　站前广场主要形式

(三)站房平面设计

站房是公路客运站最主要的生产设施,进站、购票、行包托运、候车、检票等工作均在此完成,对应设置有售票厅、票据库、候车厅、行包托运厅、行包提取处、小件寄存处、问讯处、广播室、调度室、办公室、驾驶员室、值勤室、卫生间等功能空间。公路客运站建筑的平面设计,是设计师面临的主要设计任务。

站房平面设计要满足如下要求:首先,要满足年度旅客日发送量和旅客最高聚集人数流动的需要;第二,空间安排要尽量清晰、紧凑,满足复杂的空间功能要求;第三,分区应明确、合理,流线短捷明快、便利,避免站内主要交通流线的混杂交叉;第四,满足采光、通风等要求,以及设施齐全、位置适宜的服务处所,以提高旅客舒适性;第五,要超越平面性思维,复合、立体、有效地利用空间。

客运站建筑空间主要分为旅客使用空间与站务空间,功能关系紧密且相互交错并联,而往往以不同特征的旅客流线构成来加以组织和联系。旅客使用空间基本构成主要包括票务、候车、行包服务、站台及相关附属功能等部分。站务空间则可细分为辅助及内部管理部分(旅客服务、行政办公、安全保卫等)和技术服务部分(车队、维修等)。其余客运站附属建筑空间应根据站级规模和标准视具体条件灵活布置。图 7-11 和图 7-12 为各级车站的常用平面布局形式及其旅客流线,图 7-13 为乌鲁木齐汽车客运站案例。

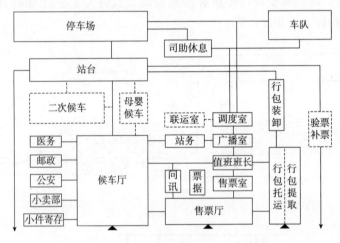

图 7-11　一、二、三级站旅客流线关系示意图

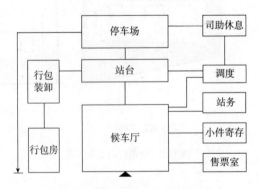

图 7-12　四级站旅客流线关系示意图

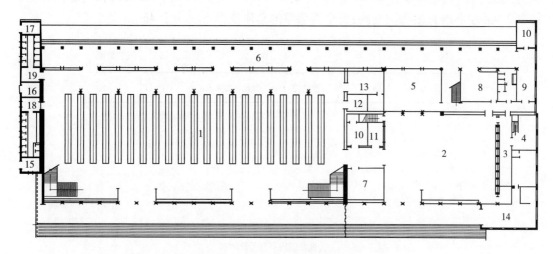

图 7-13 乌鲁木齐汽车站底层平面图
1-候车厅;2-售票厅;3-售票室;4-票务;5-行包托运;6-站台;7-小件寄存;8-司助休息;9-调度;10-值班室;11-问讯;12-治安;13-医务室;14-邮电;15-门卫;16-配电;17-检票;18-男厕;19-女厕

(四)售票处

售票处主要包括售票室和售票厅两部分,另外还有票据库和办公室等功能面积。由于售票厅的人流集中,流动性较大,故售票厅宜单独设置,并成为站房建筑的一个主要入口。为便于旅客购票后能很快进入候车厅休息或办理其他乘车手续,售票厅应与候车厅毗连,以保证形成旅客从进站、购票到候车的合理流线。

根据售票处的业务特点,应满足下列基本要求:

(1)售票处应宽敞、明亮、通风良好,为旅客提供方便、舒适的购票条件。

(2)根据客流情况,开设适当数量的售票窗口,高度为 1.1~1.2m,两窗口中心线之间距离为 2m 左右,尽量减少窗口之间的相互干扰。

(3)售票室与售票厅要隔开,使售票工作不受售票厅内噪声影响。

(4)售票室内地面高程宜高于售票厅地面,以便于售票作业。

(5)一、二级车站应在售票室附近设置票据库来存放各种车票、单据,以方便票务人员办理领、存手续。

售票厅的类型可以划分为分向售票厅、长短途售票厅、袋形售票厅、双向售票厅和其他类型售票厅 5 种。一、二、三级站售票厅通常需要单独设置,而四、五级站因为旅客较少,将售票厅与候车厅合用较为经济。

售票厅通常应包含一个长 12~13m 的袋形排队空间以及一个提供穿行的 3~4m 的通道区,有了这两部分空间可以将售票厅的人群较好地进行组织。为了保证人们在售票厅内能够正常地购票,售票厅不能兼作过厅,如图 7-14 所示。

售票室是售票处的另一重要组成部分,它与售票厅之间一般通过墙体或是玻璃窗分隔开。售票室内部空间布置如图 7-15 所示。通常靠近售票厅一侧设有工作人员的工作台或桌椅,其进深长度不应小于 1.2m,工作台之间宜设有矮隔断,保证工作人员平时工作互不影

155

响;售票室另一侧通常设有卷柜存放文件或私人物品,宽度以 0.5~0.6m 为宜;之间还应保持有 2.4m 左右的自由活动空间;整个售票室的总体进深不应小于4m。

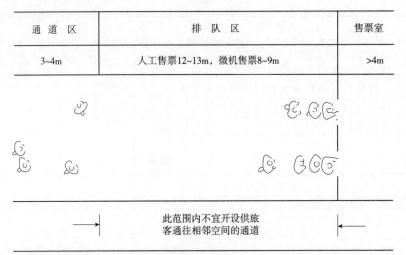

图 7-14 售票厅的纵向尺寸及空间组成

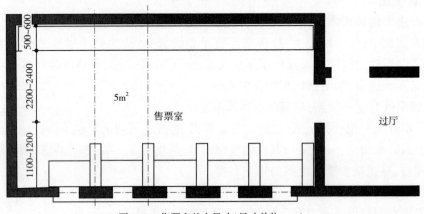

图 7-15 售票室基本尺寸(尺寸单位:mm)

(五) 候车厅

候车厅可分为专用式和综合式两种基本类型。专用式候车厅宜在大型车站设置,它是将候车厅分建成若干个分候车室,按照客流去向分别设置;在有条件的情况下,还设置专用候车室。综合式候车厅将不同去向的各类旅客集中在一起候车,中小型客运站多采用这种形式。

由于同时发出的客车班次较多,为维护秩序,候车厅内常采用按班次划分候车区域,有些还将候车厅布置为一般候车区(第一候车厅)和当次班车候车区(第二候车厅)。旅客先在第一候车厅等候,再凭当次班车客票进入第二候车厅,有利于组织旅客顺利进站上车和保证客车的正点发车,消除进站时的混乱现象。

候车厅应每3个发车位设不少于一个检票口。候车厅座椅的排列方向应有利于旅客通向检票口,每排座椅不大于20座,两端应设不小于1.50m通道。

候车厅除有候车的功能和设施外,还应配备必要的服务设施,如饮水间、卫生间、问讯处、服务台、小卖部等。另外,候车厅的门要与售票处、行包办理处等相通;在靠近站台处应设置若干检票口,使旅客方便地经检票口进站上车。有条件的客运站还应尽可能配备客运班次时刻显示牌、客车到发信号装置、旅客指示标志系统、电子系统的问讯设施、广播系统以及计时装置等。

候车厅所有的功能和设施都应考虑残疾人的实际情况作相应的设计。

候车空间组织方式根据车站条件各有差异,但有向多向分散候车、小面积候车、多层候车模式发展的趋势,当候车厅空间有限的情况下,也可采用旅客检票后再寻找自己的发车站台的组织方式。图7-16和图7-17分别是典型的大型和小型车站候车厅布局形式。

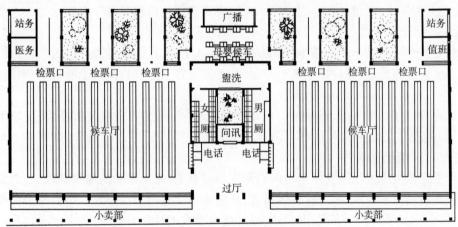

图7-16 大型汽车客运站候车厅布局

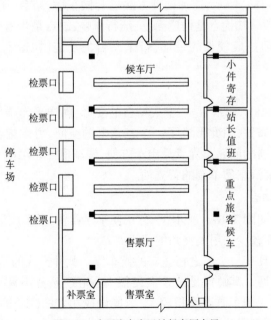

图7-17 小型汽车客运站候车厅布局

(六)行包办理处

行包办理处是旅客办理行包托运和提取手续的地方,包括托运厅、作业室、库房、提取厅等。其中行包托运厅和提取厅是分设还是合置需根据实际情况综合考虑。

行包办理处一般都设在站房内,通常是一边靠近街区和公共交通停车场,一边靠近站台,并开有宽敞的大门,以便于运送行包。大型车站行包办理处的位置,通常与候车厅分开而单独设置,且离售票厅较近,以便于旅客就近购票和托运行包;中、小型车站的行包办理处可设在候车厅内,以便于节约用地、方便旅客。

行包托运厅和提取厅是分设还是合置,要因地制宜。对于客流量较大的客运站,行包业务繁忙,为避免旅客托运和提取行包时拥挤及流线的不必要交叉,可分别设立行包托运厅和行包提取厅;而中、小型车站及客、货兼营站,由于面积及人员有限,客流量不大、行包业务量较小,为充分利用设施、设备,也可合并设立,但发送和到达行包要分开堆放。

(七)站台与发车位

站台是候车厅与客车的连接地段,是旅客进站后排队上车或短暂停留的平台。发车位是为了保证客车按班次、有秩序地从车站发出,方便旅客上下及装卸行李所设置的停放车辆位置。

站台高度往往与候车厅、进站通道的地坪高度相同,其上方应设置雨篷,高度应不低于5m,大小以能遮住站台与发车位客车为宜。旅客下车站台应靠近出站口,也可与上车站台相邻,必要时可相互使用。

站台平面与候车大厅以及停车场内的调度车道有关,此三者受场地限制较大,因此要综合考虑场地内的有关因素,将三者整体布置,从而选定合理的站台形式。站台的平面形式有很多种,其中主要形式有一字式、锯齿式、弧形或扇面式以及分列式等,具体介绍如下:

1. 一字式站台

一字式站台如图7-18a)所示,这种处理方法适合候车厅、站台、调度车道三者处于平行状态时,适用于矩形基地。其优点是构造简易,通行流畅;缺点是当有效发车位较多时,需要较长的站台,因此平面被拉成较长的带形,带来站台的功能、构造和消防疏散等一系列的问题。

2. 锯齿式站台

锯齿形站台如图7-18b)所示,是一字式站台的变形,同样平行于候车厅布置,有效发车位与站台呈一定的交角布置,因此形成了一个三角形的空间,可供旅客暂时停留,以缓解旅客在站台逗留而影响交通的问题。优点是出车方便,调车道可相对略窄一些,旅客有暂时逗留的地点,同时可以改变汽车站单调的背立面。

3. 弧形或扇面式站台

弧形或扇面式站台如图7-18c)所示,平行于候车厅设置,发车位呈放射形布置。国内多采用弧形的小型站台,而较少采用大夹角的扇面式站台。

采用扇面式站台应具有一个与之相适应的候车厅。此种形式的站台优点是造型美观大方,视角开阔,进出车方便。其缺点是由于夹角很大,调度、站务不易掌握整个站台的动态;并且,由于夹角大,形成的调车通道面积较大,只能设成相应的同心圆形的弧形或扇形的调车通道和行包装卸廊,行车避让有一定的困难。解决的办法是将调车通道做成直线形或折线形,这样有利于调度车辆进入有效发车位。

4. 分列式站台

分列式站台如图7-18d)所示,垂直于候车厅设置,有效发车位分列于站台的两侧,可以按发送路线划分成两个发车区。要求基地的长宽与站台大致相当,便于站台伸入站场布置。其优点一是可以大大缩短站台的长度,二是由于站台与候车厅、行包装卸廊、站台雨篷均垂直设置,不影响候车厅靠站台侧的采光;缺点是由于站台与候车厅垂直布置,对于检票口较为不利,在大量客流通过的时候,站台的宽度应适当加宽,并且应注意解决检票口的数量问题。

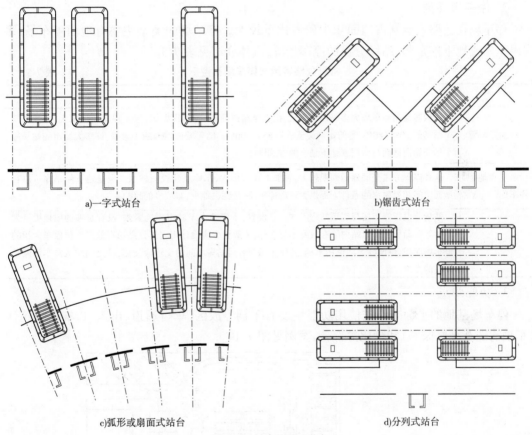

a)一字式站台 b)锯齿式站台

c)弧形或扇面式站台 d)分列式站台

图7-18 站台的平面形式

发车位必须设有站台,便于旅客进入检票口后到达待发客车,但其高度应较站台低0.2m左右,应有不小于5%的坡度,且坡向调度车道一侧,以利于发车位排水、进车减速、出车时顺车发车。此外,还应根据需要考虑设行包装卸廊或行包专用通道。各级车站必须根据本站发出的主要车型,建设形式适宜,大小、数量适应,位置适当的发车位。

(八) **停车场设计**

停车场主要用于为营运车辆提供停放空间,一般分为三部分:一为停车所用,应画出停车线,使客车整齐停放;二为行车通道,使车辆畅通行驶;三为辅助用地,用于车辆清洗、加油和维修场地,以保证车辆的正常运行。

1. 设计原则

汽车停车场的设计，必须适用、经济并符合运行安全、技术先进和环境保护方面的特定要求。客运站停车场应满足以下设计原则要求：

(1) 符合城市规划与交通管理的要求；
(2) 分区明确、流线组织顺畅，交通标志清晰；
(3) 出入口应避开城市主要干道及其交叉口，并应右转进出停车场；
(4) 满足停车场自身的技术要求；
(5) 综合考虑场内的各种工程及附属设施。

2. 停车场类型

停车场在公路客运站占地面积中所占比重较大。停车场的类型主要有地面停车场、多层停车库或地下停车库、站场分设的停车场等，具体介绍见表7-5。

常见公路客运站停车场类型　　　　　　　　表7-5

类 型	描 述
地面停车场	我国客运站停车场大多采用的方式，优点是布局简洁，建造周期短，但是停车场面积大，一般占整个场站的70%~80%，有的比例甚至达到85%~90%。随着城市用地趋于紧张，许多大城市的站场停车场开始向地面与多层或地下结合的方式设计
多层和地下停车库	这种停车方式交通通道面积较大，再加上柱大梁大，车库基建投资较大。但是地下停车库可以在地面空间相当狭窄的条件下提供大量的停车位，达到占地少、车位多的目的
站场分设	站场分设指停车场与客运站房不在一处设置，主要是由于城市用地紧张，没有足够的用地提供大量的停车面积。客运站内除有效发车位之外，一般至少应设计相当于该站总有效发车位停车面积的停车场面积，供调度灵活调用车辆，且停车场与客运站房之间的交通应便捷，满足随时从停车场调车进站的要求

3. 功能组成

停车场基地的平面布局按使用功能主要有车辆停放区、车行通道、出入口、辅助设施区（车辆清洗及维修保养）和绿化等部分，案例见图7-19。

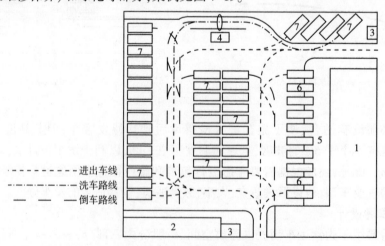

图7-19　客运站停车场布置图
1-站房；2-辅助用房；3-门卫；4-洗车台；5-站台；6-待发车；7-停放车

4. 车辆停放方式

停放方式主要有三种,即平行式停车、垂直式停车和倾斜式停车。在场地宽阔完整的情况下,一般多采用垂直式停车方式,用地较为经济。当通道不能满足垂直停车要求时,也可随地形平行或倾斜停放,倾斜角度可分为 45°、60° 和 90° 等多种。垂直停车方式用地不经济,排列不易整齐,但停车带宽度较小。平行式与倾斜式停车方式一般较少采用,如图 7-20 所示。一般客运站停车场应根据地形状况等场地具体条件混合采用几种停车方式。

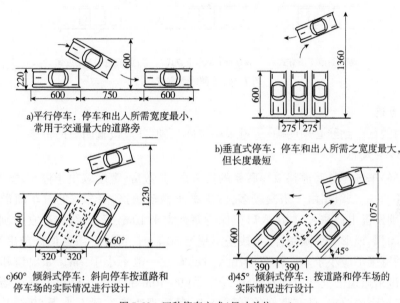

图 7-20　四种停车方式(尺寸单位:cm)

停车区和发车位的相对位置,要求按照车辆进出运行路线布置,车辆流线要简捷顺畅,各行其道,避免交叉。停车场内车辆宜分组停放,每组停车数量不宜超过 50 辆,车辆停放的横向净距不应小于 0.80m,尽可能做到每辆车都能单独进出,互不干扰。

5. 车辆的停驶方式

车辆进出停车场的停驶方式有三种:

(1)顺车进倒车出方式。顺车进倒车出方式,如图 7-21a),是车辆直接驶入停车位,入位迅速,大量车辆同时入场停车时不易造成混乱和通道堵塞,车辆也容易排列整齐。后退发车较为不便,出车较费时间,出车时的视线也受到两侧停放车辆的限制。所需通道宽度较大,用于行车集中、出车不急的车库。

(2)倒车进顺车出方式。倒车进顺车出方式,如图 7-21b),是车辆驶入停车场内首先停止于停车位前的通道上,再后退进入车位,车头正对通道。该方式缺点是不易就位,停车费时;优点是发车迅速、便利。同时该方式所需通道最小,平均每车占地面积最小,多用于有紧急出车要求的多层、地下车库。

(3)顺车进顺车出方式。顺车进顺车出方式,如图 7-21c),停车发车都很方便,但需占地面积较大,一般无特殊要求不宜采用。

6. 旅客下站区

客运站一般在停车场内靠近停车场进口处结合站房设置进站车辆停靠区,一、二级客运站还应设置下车站台,供到站旅客停靠下车。下车站台应与站房或发车站台相结合,设置单独的出站口通向站前广场,并应与行包提取厅有紧密的联系,利于引导人流迅速疏散出站或转车。不允许人流在停车场内逗留,出站人流不应与进站车流形成交叉。

a)顺车进倒车出方式　　b)顺车进倒车出方式　　c)顺车进顺车出方式

图 7-21　车辆停驶方式

7. 车行通道

停车场内的行车路线必须明确,尽量采用单向行驶,并应设置明显的标志。

8. 停车场出入口

出入口是停车场与外部道路取得联系的接入点,其数量、宽度取决于停车场的停车泊位数及场地条件。一、二级站由于班次较多,进出站车辆较频繁,停车场的汽车疏散口不应少于两个,宜分别设置出口和入口,出入口应保持净距大于10m;三、四级站适宜分别设置进出站口,在基地面积、地形等受限制,停车数量不超过50辆时,可设一条通道作进出车之用,汽车进出站口的宽度不应小于4m,停车场出入口的宽度一般不小于7m。如出口和入口不得已合用时,其进出通道的宽度应为双车道,宜采用9~10m的宽度。机动车停车场的出入口还应符合行车视距的要求,具有良好的通视条件,其通视距离一般不小于50m,并设置交通标志。

(九)其他服务设施

在建筑布局的时候,还需考虑办公等其他服务设施。办公室应与候车厅、售票室、行包房等房间具有畅通的联系,并应有良好的采光、通风条件;调度和广播用房应与候车厅和发车站台有畅通的视线联系,方便调度车辆和随时广播通报车辆到站和出发情况,同时也便于旅客寻找丢失的钱物及寻人,因此既要设在便于旅客找寻的地方,但也要避免设置在过于显著之处;方便旅客使用的服务设施空间如问讯、公用通讯、饮水、盥洗以及总服务台、小卖部、餐厅、娱乐、银行、保安等应直接设置于候车厅内。

五、公路客运枢纽设计

公路客运站各功能区设计指标为客运站的设计布局提供各种可靠的数据,使车站建设和平面布置更经济、合理。

(一)旅客最高聚集人数

旅客最高聚集人数,是指在一年中旅客发送量偏高期每天同时在站人数的最高平均值,而不是指一年里客流高峰日旅客在站内的最高聚集人数。

客运站房的建设规模,是以旅客最高聚集人数为主要依据,用其计算确定候车厅最大客容量及主要部位的建筑面积。

1. 根据旅客日发送量计算

通过客运量预测的计算,可以获得设计年度的旅客日发送折算量,但无法统计未来的旅客最高聚集人数的具体值。旅客日发送量指标计算时,通常根据统计规律,按预测所得的旅客日发送折算量乘以相应的百分比来确定设计年度的旅客最高聚集人数。各种不同的旅客发送量所选用的百分比值见表7-6。

客运站旅客日发送量与旅客最高聚集人数百分比 表7-6

旅客日发送折算量	百分比	旅客日发送折算量	百分比
500人次以下	30%~20%	4000~7000人次	14%~12%
500~2000人次	20%~17%	7000~10000人次	12%~10%
2000~4000人次	17%~14%	10000人次以上	10%

对于那些旅客发送量较少、而高峰时又过分集中的车站,可按实际情况来确定旅客的最高聚集人数。

2. 根据同期的发车数量计算

旅客最高聚集人数也可根据同期的发车数量,按经验公式(7-2)进行计算:

$$R_{\max} = KN\bar{R} \tag{7-2}$$

式中:$R_{\max}$——设计年度旅客最高聚集人数;

K——综合系数,一般取1.5~2.5;

$\bar{R}$——客车平均定员人数(人/辆);

N——设计年度车站一次最大发车量(辆)。

(二)车站的建筑面积

1. 站前广场

根据旅客最高聚集人数,站前广场的面积可按下式计算:

$$A_s = R_{\max} A_m \tag{7-3}$$

式中:A_s——站前广场面积(m^2);

$R_{\max}$——旅客最高聚集人数(人);

A_m——每人平均占用面积(m^2/人),对于一、二级车站,A_m 取值取 1.2~1.5m^2/人,三级车站可取 1.0m^2/人,小站可酌情考虑。

2. 站房

(1)候车厅面积。候车厅面积 A_1 可根据旅客最高聚集人数,按每人 1.2m^2 计算,即:

$$A_1 = R_{\max} A_m = 1.2 R_{\max} \tag{7-4}$$

(2)售票厅面积。售票厅的面积与旅客最高聚集人数、售票速度、同时售票窗口数、每个售票窗口前应有面积等因素有关。根据资料,人工售票时,售票员每小时可发售 120 张车票,旅客正常排队购票时间可定为 10min,排队售票时,旅客平均活动面积为每人 1m^2。假如每人购买一张车票,则 10min 内售票窗口前排队旅客有 20 人左右,因此,每个窗口就要留出 20m^2 的面积,即:

$$A_2 = 20 N_t \tag{7-5}$$

式中：N_t——售票窗口数（个），计算时取整数，即：

$$N_t = R_{max}/120 \tag{7-6}$$

（3）行包托运处面积。大型客运站的行包托运处由若干托运单元组成，每个托运单元均由托运厅、行包受理作业处、库房内行包占用面积和行包员作业面积所组成。在工艺计算中，各项面积按以下经验值确定：托运厅20m²，行包受理作业面积20m²，库房内行包占用面积按每件0.3m²计算，行包员作业面积20m²。因此，每个托运单元面积A_c应为：

$$A_c = 20+20+20+0.3m_u \tag{7-7}$$

式中：m_u——托运单元日受理行包件数。

托运单元受理行包件数可根据托运单元每小时受理件数和每日办理业务的时间确定。一般情况下，每个托运单元一小时受理30件行包，每日办理10h行包业务。

行包托运单元数，可根据日受理行包总件数和每单元日受理行包件数计算确定，但计算结果必须取整数。由于日受理行包总件数通常按旅客日发送量的10%计算，即按平均每10个人托运一件行包来确定行包总数，所以托运单元数u可按下列公式计算：

$$u = \frac{m_b}{m_u} = \frac{0.1D_o}{m_u} \tag{7-8}$$

式中：m_b——日受理行包总件数；

D_o——旅客日发送量；通常把0.1称为行包托运系数。

这样行包托运处的面积A_3为：

$$A_3 = A_c u \tag{7-9}$$

（4）行包提取处面积。行包提取处面积A_4可按经验公式计算，一般按托运处面积30%~50%计算，即：

$$A_4 = (0.3 \sim 0.5)A_3 \tag{7-10}$$

（5）小件寄存处面积。小件寄存处是由作业室和寄存物品两部分组成。一般取作业室面积为10m²，寄存物品库按每件寄存物品占用0.2m²和旅客最高聚集人数中有25%的旅客各寄存一件物品进行计算，即：

$$A_5 = 0.20 \times R_{max} + 10 \tag{7-11}$$

（6）问讯处面积。问讯处面积可按工作人员每人8m²计算，即：

$$A_6 = 8R_6 \tag{7-12}$$

式中：R_6——问讯处工作人数。

（7）调度室面积。调度室面积A_7应根据配备调度员多少而定。考虑调度员要接待驾驶员、办理行车手续和放置调度设备等，故按每一调度员10m²计算，即：

$$A_7 = 10R_7 \tag{7-13}$$

式中：R_7——调度员人数。

（8）站务员室面积。站务员室面积A_8是根据车站配备站务人员数而定。一般按每人占用1.5m²计算，作为站务人员临时休息的场所，即：

$$A_8 = 1.5R_8 \tag{7-14}$$

式中：R_8——站务人员数。

（9）乘务员室面积。乘务员室面积A_9，按每位乘务员占用0.7m²计算，这是因为乘务员

随车工作,在站时间较少等因素确定的,即:

$$A_9 = 0.7R_9 \tag{7-15}$$

式中:R_9——乘务人员数。

(10)驾驶员休息室面积。驾驶员休息室面积 A_{10} 与驻站客车数有关,一般每车一人,每人占用 $0.5m^2$ 计算,即:

$$A_{10} = 0.5R_{10} \tag{7-16}$$

式中:R_{10}——驾驶员人数。

(11)其他工作用房面积。其他工作用房面积指售票工作室、广播室、公安执勤室等,其面积按每一工作人员 $6\sim9m^2$ 计算,即

$$A_{11} = (6\sim9)R_{11} \tag{7-17}$$

式中:R_{11}——其他用房工作人员数。

当一工作室只需配备一名工作人员时,单间面积应不少于 $10m^2$。

(12)旅客厕所面积。旅客厕所面积应以旅客最高聚集人数为根据,以满足使用时间和人流较集中的要求。旅客中男女比例通常按2:1考虑。男旅客以每80人设置大便蹲位一个及小便斗一个(或 $0.6m$ 长的小便槽);女旅客55人设蹲位一个。

在工艺计算时,通常按蹲位数目分别确定男女厕所的面积。其中男厕所考虑到小便斗等占地面积,按每蹲位 $4.5m^2$ 计算,女厕所按每蹲位 $3.5m^2$ 计算,即:

$$A_{12} = A_m + A_n = \left(0.33 \times \frac{3.5}{55} + \frac{4.5}{80} \times 0.66\right)R_{max} = 0.0587R_{max} \tag{7-18}$$

式中:A_m——男厕所面积(m^2);

A_n——女厕所面积(m^2)。

对于过途、到达旅客设置的厕所,男女旅客分别按每60人和50人设一蹲位,且每厕所内的蹲位数应不少于3个。

3. 发车位

发车位数目是客运站设计中的一个重要指标,它是表示一个车站在同一时刻内能发送客运班车数。它与旅客最高聚集人数、客车平均座位数、始发车合理座位利用率、每小时可发出班车次数、过站车载乘率等因素有关,即:

$$N_f = \frac{kR_{max}(1-p)}{m_a \gamma_a n_h} \tag{7-19}$$

式中:N_f——发车位数(个);

R_{max}——旅客最高聚集人数(人);

m_a——客车平均座位数;

γ_a——始发车座位合理租用率,取 85%;

n_h——营业时间每小时发车次数,一般取 3 次;

p——过站车载乘率,指过站车载客量与车站旅客日发送量之比;

k——考虑到达客车和过站车停靠需增加车位的系数,通常取 1.2。

一般的客运站设计中发车位的取值可参考表 7-7。

公路客运站等级与发车位　　　　　　　　表 7-7

等　级	发车位数量(个)	等　级	发车位数量(个)
一级站	20~24	四级站	6 以下
二级站	13~19	五级站	视情况设置
三级站	7~12		

注：表 7-7 根据《公路客运站建筑设计规范》(JGJ 60—99)编制。

4. 停车场及行车通道

停车场及行车通道面积,根据每辆停放客车平均占用场地面积乘以驻站客车数计算。车辆停放平均占用场地面积,一般按驻站客车投影面积的 4 倍计算,即：

$$A_a = m \overline{A}_0 = 4m \overline{A}_1 \tag{7-20}$$

式中：A_a——停车场及行车通道面积(m^2)；

　　　m——驻站客车数(辆)；

　　　$\overline{A}_0$——停放客车平均占用场地面积(m^2)；

　　　$\overline{A}_1$——驻站客车平均投影面积(m^2)。

为保证客车在停车场内出入、通行、停放的安全与顺畅,《公路客运站建筑设计规范》(JGJ 60—99)中对公路客运站停车场中的通道做了如下规定：

(1)发车位和停车区前的出车通道净宽不应小于 12m；

(2)停车场的进、出站通道,单车道净宽不应小于 4m,双车道净宽不应小于 6m,因地形高差通道为坡道时,双车道则不应小于 7m；

(3)通向洗车设施及检修台前的通道应保持不小于 10m 的直道。

汽车的最小转弯半径可采用表 7-8 的规定。

停车场通道最小平曲线半径　　　　　　　　表 7-8

车辆类型	最小平曲线半径(m)	车辆类型	最小平曲线半径(m)
铰接车	13.00	中型汽车	10.50
大型汽车	13.00	小型汽车	7.00

5. 维修车间

客运站车辆维修作业所需面积,由维修作业工位、辅助车间和材料库三部分面积组成。维修工位面积按每一车位 75~90m^2 计算；辅助车间面积按每车位 10~15m^2 计算；材料库面积按每车位 10m^2 计算。客车维修车位数 N_m 包括一级维护作业车位数和小修作业车位数,即：

$$N_m = n_1 + n_s \tag{7-21}$$

式中：n_1——一级维护作业车位数(个)；

　　　n_s——小修作业车位数(个)。

表 7-9 为客运站占地面积及主要设施使用面积举例参照表。表内不包括职工生活用房面积。

车站占地面积及主要设施使用面积参照表（单位：m²）　　　　　表 7-9

日均旅客发送量 　　　最高聚集人数 项目	10000 人次 1000 人次	8000 人次 880 人次	7000 人次 840 人次	5000 人次 620 人次	3000 人次 500 人次	1000 人次 200 人次
占地面积	18000	14400	12600	9000	6400	1800
站前广场	1500	1320	1260	744	500	200
停车场	6750	4950	4500	3600	2250	1800
发车位	1350	990	900	720	450	360
站务用房	2660	2113	1964	1512	1006	451
候车室	1000	880	840	620	500	200
重点旅客候车室	200	●	●	●	0	0
售票厅	180	160	140	100	80	40
售票室	51	47	43	35	31	23
票据库	20	20	20	15	15	15
行包托运处	60	40	40	40	20	20
行包库房	115	103	99	77	65	0
站台及装卸平台	270	198	180	144	0	0
行包提升室	20	20	20	20	0	0
问讯处	10	10	10	10	8	8
广播室	20	20	20	15	15	15
小件寄存处	75	59	57	46	40	25
失物招领处	20	20	20	15	15	15
邮电服务处	25	25	25	20	0	0
值班站长室	25	25	25	20	20	20
调度室	30	30	25	20	20	20
站务员室	105	90	68	57	39	25
驾驶员休息室	105	90	68	57	39	25
治安办公室	20	15	15	15	0	0
联运办公室	20	15	15	15	0	0
旅客厕所	175	156	149	104	84	55
盥洗饮水室（处）	60	50	45	30	0	0
行政用房	340	290	260	180	120	60

续上表

日均旅客发送量 项目	10000 人次	8000 人次	7000 人次	5000 人次	3000 人次	1000 人次
最高聚集人数	1000 人次	880 人次	840 人次	620 人次	500 人次	200 人次
生产辅助设施	—	—	—	—	—	—
车辆维修车间	●	●	●	●	0	0
辅助车间	●	●	●	●	0	0
材料库	●	●	●	●	0	0
洗车台	90	90	90	90	90	0
车辆安全检验台	100	50	50	50	50	0
配电室	30	20	20	20	20	15
锅炉房	100	●	●	●	●	0
门卫传达室	●	●	●	●	●	●
其他辅助设施	●	●	●	●	0	0
司乘公寓	1800	1440	1260	900	450	150
服务设施	●	●	●	●	●	●
单身职工宿舍	800	640	560	400	240	100
自行车棚	●	●	●	●	●	●
医务室	60	0	0	0	0	0
旅客餐厅	●	●	●	●	●	●

注：表中●为根据需要与可能自定。

（三）人员配备

客运站的工作人员主要由站务人员、乘务人员、驾驶人员、调度员、管理人员和后勤人员组成。各类人员的配备应以作业工作量为依据。

(1)站务人员。站务人员是售票、服务员(检票、广播、寄存、问讯、卫生等)、行包员、装卸工的统称。通常按站务工作量(旅客日发送量)每100人次配备1.80~2.00人计算。其中售票员1.32人；服务员0.90人(当有过路班车时，每15个班次增配1人)；行包员0.28人；装卸工0.40人。

(2)乘务人员。配有乘务员的客车，按每辆配备1.33~1.50人计算；双班运行时，应增加1倍。

(3)驾驶员。驾驶员按每辆车1.33~1.50人配备；双班运行时，应增加1倍。

(4)调度员。调度员人数通常按驻站客车数配备。对30辆及30辆以下的一般配备2~3人；当高于30辆时，每增加30辆增配1人。

(5)维修人员。负责车站建制客车一级维护(小修作业)的维修人员，按维修作业工作量计算，每一维修车位配备2~4人；如双班作业时，可适当增加人数。其计算公式为

$$R_p = \frac{1}{8\beta}(m_1 + m_2) \tag{7-22}$$

$$m_1 = t_1\left(\frac{L_d Z_m}{L_1} - \frac{L_d Z_m}{L_2}\right) \tag{7-23}$$

$$m_2 = t_2 f L_d Z_m \tag{7-24}$$

式中：R_p——维修人员数（人）；

m_1、m_2——一级维护和小修作业工作量（h）；

t_1、t_2——一级维护和小修工时定额（h）；

L_1、L_2——一、二级维护作业周期（km）；

β——工时利用率，一般为 85%~90%；

L_d——车均日行驶里程（km）；

f——小修作业频率，取车 1 次/1000km；

Z_m——车站建制客车数（辆）。

对于具体客运站来说，上述各项数值都是定值，因此，维修人员数与车站建制客车数之间存在明显线性函数关系。

(6) 管理人员和后勤人员。客运站的管理人员和后勤人员，可按上述人员总数的 20%~22% 配备。其中管理人员包括站领导、各股室负责人、业务、财务、统计、公安、稽查、安检、政工等人员。

表 7-10 为客运站人员配备举例参照表。在计算过程中，每车配备驾驶员和乘务员均为 1.4 人，单班制，L_d 取 200km，L_1 为 1600km，L_2 为 11200km，t_1 为 5h（一般为 4~6h），t_2 为 3h（一般为 2~4h），β 取 85%，管理人员及后勤人员取职工总数的 20%。

客运站人员配备举例参照表　　　　表 7-10

旅客日发送量	10000 人次	7000 人次	5000 人次	3000 人次	1500 人次	500 人次
驻站客车数 项目	150 辆	100 辆	75 辆	40 辆	20 辆	5 辆
总人数	770	521	386	215	108	31
站务人员	190	133	95	57	20	10
售票员	32	22	16	10	5	2
服务员	90	63	45	27	14	4
行包员	28	20	14	8	4	2
装卸工	40	28	20	12	6	2
乘务员	210	140	105	56	28	7
驾驶员	210	140	105	56	28	7
调度员	7	5	4	3	2	1
维修人员	25	17	13	7	3	1
管理后勤人员	128	86	64	36	18	5

第三节　公路货运枢纽功能布局设计

公路货运枢纽是公路货运系统的节点,即货物的集散点,是实现货物从部门到部门运输和在物流的大系统中为物主或用户提供多种服务的场所。在公路运输市场中,它起到集散货物、停放车辆、运行指挥以及其他综合服务等作用,是物流配送十分重要的环节。

一、货运枢纽的主要功能

1. 货运组织与管理功能

指进行公路货物运输市场的管理和站内运输能力与物流的组织及管理。具体包括以下职能:

(1)货运生产组织管理。包括承办货物的发送、中转、到达等项作业,即组织与铁路、水运、航空的换装运输和联合运输,以及货物的装卸、分发、保管,并进行运输能力的调配和货物的配载作业,制订货物运输计划,进行货物运输全过程的质量监督与管理等项工作。

(2)货源组织与管理。货源是运输市场中的基本要素,是货运经营者在市场中竞争的焦点。公路货运站通过货运生产的组织与管理、货源信息和物流变化规律等资料,及时掌握货源的分布、流向、流量、流时等特点,实现公路货物的合理运输。货运站应加强与货主单位的联系、洽谈,承揽货运业务,并协助货主单位选择合理的运输方式和运输线路,签订有关运输合同和运输协议,为货运业务的有序运作提供可靠的保证。

(3)运输能力的组织与管理。公路货运站通过向用户提供货源、物流信息,组织各种营运车辆从事公路货物运输,为社会运输能力提供配货服务,运用市场机制协调货源与运力之间的匹配关系,使运输能力与运输量始终保持相对平衡。

(4)运行的组织与管理。根据物流的特点,确定货运车辆行驶的最佳路线和运行方式,制订运行作业计划,使货运车辆有序运行。同时运用通信手段和计算机网络技术,及时掌握营运线路通阻情况,向司乘人员及时提供线路的通阻信息,会同有关部门及时处理行车事故、组织援救等。

(5)公路货运市场管理。公路货运站应协同行业管理部门,通过运输管理把用户、经营者、公路运输管理部门有机地联系起来。运用经济杠杆和有效的管理手段,充分满足用户和经营者的需求,为货主提供运输车辆,为车主提供配载货物,促使社会上的分散车辆和物流的组织化,运输秩序正常化,能源和资金利用合理化,从而达到使物流的各个环节如储运、装卸机器等能协调、灵活地运转。

2. 中转换装功能

公路货运站的货物运输以集装箱运输或零担运输为主要对象。因此,汽车货运不仅要完成公路、水运、铁路、航空中的货物运输转换,而且还要在不同的运输方式、不同企业之间的联合运输过程中进行优质的运输服务。利用货运站内部的装卸设备、仓库、堆场、货运受理点以及相应的配套设施,保证中转货物安全可靠地完成换装作业,及时地运送到目的地。

3. 装卸储存功能

公路货运站应为货主提供进货、仓储、保管、分检、配货、分放、配装、搬运作业。

4. 联运和运输代理功能

公路货运站除从事公路货物运输外,还应与其他运输方式联合,充分发挥各种方式的特点和优势,逐步完善综合运输体系。公路货运站应通过信息中心和自身的信息系统,与铁路、水运与空运等行业及部门建立密切的货物联运关系,协调开展联合运输业务。

运输代理是指公路货运站为其服务区内的各有关单位或个体代办各货物运输业务,为货主和车主提供双向服务。其中包括选择最佳运输路线,合理组织多种方式运输联运,以达到方便货主,提高企业经济效益和社会经济效益的目的。

5. 通信信息功能

建立通信信息中心,通过计算机联网及现代通信设施,使公路货运站与本地区有关单位以及其他地区的公路货运站形成物流信息网络,从而获取与运用有关的信息来进行货物跟踪、仓库管理、运输付款通知、运费结算、托运事物处理、发货事物处理和运输信息交换等。通过网络系统,使公路货运站与港口、码头、铁路、航空形成有机联系,相互衔接,实现联网运输与综合运输相结合。同时,货运站还要向社会提供货源、运力、货流信息和车、货配载信息等服务。

6. 综合服务功能

公路货运站除开展正常的货运生产外,还提供与运输生产有关的服务,如为货主代办报关、报检等业务;提供商情信息等服务;开展商品包装、分拣、配货、分放以及加工等工作;代货主办理货物的销售、运输、结算等服务。另外,它还应为货运车辆提供停放、清洗、加油、检测和维修等服务;为货主和司乘人员提供食、宿、娱乐等服务。

货运站的技术经济指标主要包括总体指标和单位指标两类,具体如表7-11所示。

货运站技术经济指标   表7-11

序号	总体指标	单位	单位指标	单位
1	年度货物吞吐量(零担)	t	日均货物最大吞吐量	t
2	集装箱拆装箱工作量	t	日均货物最大受理量	t
3	驻站运输车辆数	辆	日均集装箱运输量	t
4	货运站工作人员数	人	货物平均堆存期	d
5	货运站占地面积	m²	单位货物平均面积	m²/t
6	货运站建筑面积	m²	单位人员平均面积	m²/人
7	货运站动力消耗量(电、水、气)		单位车辆平均面积	m²/车
8	建设投资总额	元	平均单位投资额	元/t;元/人;元/车

根据国家标准和交通部标准,公路货运站场设施配置按相应级别来确定。表7-12所示为公路货运站的设施配置参考情况。

公路货运站场设施配置一览表   表 7-12

项目	设施名称	一级站	二级站	三级站	四级站
站房	零担货物营业厅	●	●	●	●
	集装箱货物营业厅	●	●	★	★
	仓库管理办公室	●	●	★	—
	调度室	●	●	●	●
	国际联运代理业务用房	★	★	—	—
	国际联运代理业务用房	●	★	★	—
	行政、业务用房	●	●	●	●
	通信信息中心用房	●	●	★	★
	会议室	●	●	●	●
	中转大厅	●	★	—	—
仓库设施	零担货物仓库	●	●	●	●
	零担货物装卸站台	●	●	★	—
	集装箱拆装箱库	●	★	★	—
	集装箱拆卸站台	●	★	★	—
	仓储仓库	●	●	●	●
生产辅助设施	集装箱维修车间	●	★	★	—
	车辆维修车间	●	●	●	★
	材料库	●	●	★	—
	地磅房	●	●	●	●
	配电室	●	●	★	—
	供水站	●	●	★	—
	油库	★	★	★	—
	洗车台	●	●	●	●
	锅炉房	●	●	●	★
	门卫、传达室	●	●	●	●
	其他用房	★	★	★	★
生活服务设施	司乘公寓	●	●	●	●
	单身职工宿舍	●	●	●	●
	职工食堂	●	●	●	●
	浴室	●	●	●	●
	文体活动室	●	●	●	●
	自行车棚	●	●	●	●
	其他服务设施	★	★	★	★

续上表

项目	设施名称	一级站	二级站	三级站	四级站
场地设施	零担货物装卸场	●	●	●	●
	集装箱货物装卸场	●	★	★	—
	集装箱堆场	●	★	★	—
	停车场	●	●	●	●
	站内道路	●	●	●	●
	其他设施	★	★	★	★

注:"●"为必备;"★"为视情况设置;"—"为不设。

二、公路货运枢纽分类及其作业分析

(一)公路货运站场分类

为了适应物流系统运输市场发展的新形势,公路货运站场必须根据物流各项业务范围进行合理分工和组织,向专业化方向发展,形成由不同的货运业务受理站点、载运工具及运行线路组成的货运系统。当前,我国公路运输企业的货运站大致可分为整车货运站、零担货运站、集装箱货运站三类。

1. 整车货运站

整车货运站是以货运商务作业机构为代表的汽车货运站。这种机构在我国各地的名称不统一,如营业所、运输站、运管办等。它是调查并组织货源、办理货运商务作业的场所。商务作业包括托运、承运、受理业务、结算运费等项工作。有的整车货运站也兼营零担货运。

按照托运货物的数量,可把货物分为大批货物和小批货物两类。大批货物是进行大批量运输的货物,通常要在连续的较长时间内才能完成。整车货运站主要经办大批货物运输。

2. 零担货运站

零担货运站是专门经营零担货物运输的公路货运站,简称零担站。汽车零担货物运输是指货主一次托运、同一到站、计费质量不足 3t 的货物运输。零担货物要求单件质量不超过 200kg,单件体积不超过 $1.5m^3$,高度不超过 1.3m。零担货物在公路运输总量中所占的比例虽然不大,但随着我国商品经济的发展,特别是网络电子商务的迅速发展,品种复杂、量少批多的各类产品大量涌向运输市场,使零担货运增长速度十分显著。

3. 集装箱货运站

集装箱货运站主要承担集装箱货运的中转运输业务,所以又称集装箱中转站。其主要业务功能是:

(1)港口、火车站等与货主间的集装箱部门到部门的运输。
(2)集装箱适箱货物的拆箱、装箱、仓储和接取、送达。
(3)空、重集装箱的装卸、堆放,以及集装箱的检查、清洗、消毒、维修。
(4)车辆、设备的检查,以及清洗、维修和存放。
(5)为货主代办报关、报检等货运代理业务。

近年来,我国的公路集装箱运输发展迅速,成立了不少集装箱公司和集装箱货运站,已初步形成了由港口连接铁路、公路集装箱物流网络，这对我国的物流建设将起到积极的作用。

（二）各类货运站组成与功能

零担货运站及集装箱货运站其功能各有特色，因此其组成和主要作业也不尽相同。下面分别加以介绍。

1. 零担货运站

（1）零担货运站的组成。零担货运站应由站房、仓库、货棚、装卸场、停车场及生产附属设施等组成。具体构成如图 7-22 所示。

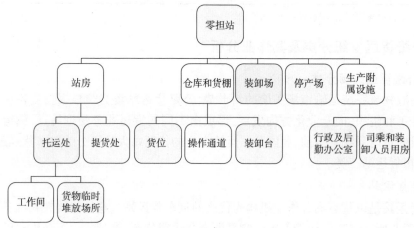

图 7-22　零担货运站功能区组成

（2）零担货运站各作业单元的主要功能。零担货运站的各作业单元，既有各自的工作内容（分工明确），又有其作业和程序的连续性，相互联系和协助。各作业单元的主要功能是：

①托运处、提货处及工作间。零担货运站的托运处、提货处及工作间，应设在车站站房内。为了便于货主运送货物，必须与主干道有较方便的道路衔接。

托运处是物主办理托运、货物临时堆放及站务人员办理验货、司磅的场所。由于办理托运的高峰时间比较集中，人流和货流容易发生交叉和干扰，因此，必须组织好托运作业流程，并提供足够的用地面积，受理托运的工作间应按作业流程设置，便于物主办理托运手续。

受理托运作业包括检查货物的包装、检验货物的性质、确定质量和办理单据等项工作。因此，必须认真核对货物名称、件数、质量、包装、到达（中转）站及托运人姓名、地点；查验货物包装标准，严禁夹带危险品（必要时应拆包检查）。零担货物的质量应过磅后确定，零担轻泡货物的计费质量按货物体积折算确定，上述货物质量均包括包装质量。托运处与仓库间的距离应短捷，便于受理托运后的货物入库存放保管。对于货流较大的零担货运站，可采用货物传送装置。

提货处是供货主办理提货手续的场所。根据站级不同，货物可由货主到仓库处凭证提取，也可由装卸工将货物由库中搬出后由货主运走。在有条件的零担货运站，还可由货运站送货上门。所以，提货处的面积不必太大，但应靠近仓库或货位。

②仓库与货棚。仓库是存放保管受理托运货物、到站交付货物及中转货物的场所。仓库作业是零担站务作业的关键环节。仓库位置应便于货物的入库和提取。合理的仓库布置应满足以下功能要求：

a. 有利于仓储生产的正常进行,并适应零担货物仓储的生产工艺需求。库内的发送货物、中转货物及交付货物应分区存放,并分线设置货位,防止发生商务事故;应尽可能使货物在库内按一个方向流动,避免作业中发生货流的相互干扰和混乱;尽量减少货物在库内的搬运距离,避免任何迂回运输;要最大程度地利用空间,有利于货物的合理存放和充分地利用库容量。

　　b. 有利于提高零担车辆的装卸效率。采用先进的装卸工艺设备,保证库内运输方便畅通。

　　c. 保证仓库的安全和文明生产。配备必要的安全消防设施,合理的组织装卸作业,创造良好的工作环境及条件。

　　合理设置仓库的装卸门数十分重要,既要考虑车辆在比较集中到达时有可能进行同时装卸作业,又要考虑尽量减少由于增设装卸门数而造成仓库有效面积的损失。

　　货棚是为了存放少数笨重货物而设置的场所。由于货物较重(质量在250kg以上),不便于库存放,若在露天停放又容易造成生锈或蚀损,因此,必须选择合适的位置单独设置货棚。

　　③装卸站台。在靠近装卸场的仓库一侧,设置装卸站台,其功能要求是:满足同时有较多车辆进行作业的装卸方便性,并有利于采用装卸机械(如叉车)作业,以减轻装卸工人的劳动强度。对于规模较小的零担货运站,也可利用装卸站台放置少量笨重货物,或作为货物进出仓库的临时堆放场地,便于在仓库管理上做到货主不直接进入仓库。装卸台上方应设置防雨篷,以免装卸货物时遭受雨淋或造成湿损。

　　装卸站台一般分为直线型和阶梯型两种。根据车辆进行作业时与站台的相互位置,直线型又可分为平行式和垂直式,设计时应根据装卸场地大小、车辆装卸门的位置等情况进行选择。当装卸场地条件受限制,又要保证足够的装卸作业点时,可采用阶梯型站台。

　　④装卸场与停车场。零担货运站的装卸场是为装卸车辆行驶、调车和装卸货物的场所,应与站内的车辆进出通道合理地衔接,避免车流在站内发生交叉相互干扰。场地的大小及宽度与所采用的车型相适应,保证车辆行驶、停靠和装卸作业的方便,避免车辆在场内行驶时采用不合理的辅助调车。

　　零担货运站的停车场是停放、保管驻站车辆的场所,其面积与营运车辆的车型及驻站车辆数目有关,并且要适当考虑驻站车辆的维护、小修作业场地,以保持车辆技术状况的良好。

　　2. 集装箱货运站

　　1)集装箱货运站的组成

　　集装箱货运站应由站房、拆装箱库和拆装箱作业区、集装箱堆场、停车场及生产辅助设施等组成,如图7-23所示。

　　2)集装箱货运站组成部分的功能

　　集装箱货运站的主要组成部分及其功能要求与零担货运站大致相同,所以这里不重复叙述。与零担货运站相比,集装箱货运站不同的组成单元是集装箱堆场、拆装箱库和拆装箱作业区。

　　(1)集装箱堆场。集装箱堆场是堆放集装箱的专用场地,需满足中转箱、拼装箱、周转和维修箱等分区堆放的不同功能要求,并应缩短运距,避免作业交叉,并能准确、便捷地运送所有集装箱,便于管理。合理的集装箱堆场布置应符合下列基本原则：

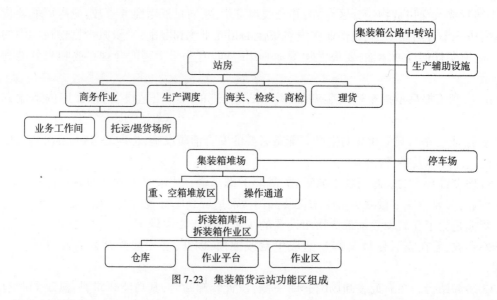

图7-23　集装箱货运站功能区组成

①中转箱区应布置在便于"箱不落地"的由一辆车换装到另一辆车的交通方便处。

②拼装箱区应尽量设置在仓库的附近,这样可使作业干扰小,减少中间运输量。

③周转和维修箱区可布置在作业区的外围,以便于取送和维修,并减少对正常作业区的干扰。

④合理采用集装箱的运输机械,除保证机械进出场地畅通和足够的作业半径外,应尽量减少其行走距离,提高机械利用效率。

⑤合理布置箱位,既要考虑充分利用堆场面积,又要留足箱与箱之间的距离,做到发送安全方便。多数集装箱堆场采用双层堆码方法。

⑥场区内有一定坡度,以利于排水。

(2)拆装箱库和拆装箱作业区。拆装箱库及其作业区指对拼装箱进行拆箱及装箱的场所,也是拼装箱零担货物的集散地。其作业内容主要是把适箱零担货物装入集装箱,或从集装箱中取出,按类保管、存放和发放。因此,拆装箱库及其作业区应满足下列功能要求：

①设置拆装箱平台,留有足够的场地,便于进行拆箱和装箱作业。

②能满足机械装卸作业所需工作场地的要求,以免相互干扰。

③留有适当的理货空间,有利于货物的集结疏运。

拆装箱平台通常设置在拆装箱库的两侧或四周,所需场地应保证车辆进出与人员操作互不干扰。拆装箱平台的工位数应满足拆装箱作业的需要。

集装箱运输是以集装箱作为基本工具实现成组运输的一种形式,同时也为适箱零担货物提高运输质量提供了新的运输方式,所以零担运输与集装箱运输关系密切,相互促进。因此,目前有不少汽车运输企业的货运站同时经营零担运输和集装箱运输,以适应社会发展的需要。

三、公路货运枢纽的作业流线设计

(一) 零担货运站

零担货物运输是集零为整、化整为零的运输组织形式,它通过零担货运站将货物集零为整,然后按货物流向分拣后配送或将货物卸车进库、分拣整理、送达货主或等候提货。

1. 作业流线设计原则

零担货运站作业流线是货物、车辆和货主在场内运动所产生的流动线路,它包括货物流线、车辆流线、人员流线。合理组织与设计作业流线,是汽车零担货运站场布局与设计的关键,也是评价零担货运站布局设计优劣的主要因素。组织零担货运站作业流线时,应遵循下列原则与要求。

(1) 正确处理货流、车流和人流三者之间的关系,避免相互交叉和相互干扰,确保分区明确。

(2) 各流线,力求简捷、明了、通畅、不迂回,尽量缩短有相互联系的生产环节作业线路间的距离,并使各流线自成体系又有机地联系在一起。

(3) 组织货流时,要充分考虑零担货运站站务作业和生产流程的特点,以满足零担货运站的功能要求。

(4) 组织车流时,应在保证营运货车流线短捷、明确、通畅的基础上,尽可能使装卸机械流线短捷、畅通、不迂回,避免与营运货车流线交叉干扰。

2. 作业流线设计

由于汽车零担货运站内货流、车流及人流等作业过程复杂,所以必须合理组织其作业流线。在进行汽车零担货运站作业组织时应坚持以货流为主导流线,车流和人流为辅助流线。

按照零担货物在站内的流动方向,货物流线可分为发送流线和到站流线。其中发送流线指零担货物受理托运、验货司磅、验货入库、仓库保管、分线装配、交接装车、零担车出站,同时包括中转零担货换装运输;到达流线指零担车进站卸货、验货入库、仓库保管以及货主凭票提货,同时包括中转零担货的保管和组织中转。按汽车零担货运站内的作业流程,其生产作业流线可用图 7-24 表示。

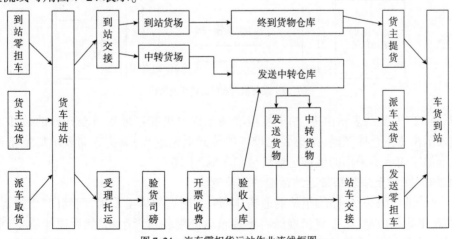

图 7-24 汽车零担货运站作业流线框图

(二)公路集装箱货运站

公路集装箱货运站是腹地运输的一个重要环节。其主要任务是:组织整箱中转、拼箱、拆箱业务,为集装箱向腹地延伸提供了有利条件;组织腹地内的干支线、长短途和水陆、公铁联运的衔接配合,促进"门到门"运输的实现;办理集装箱的堆场、清洗、消毒、修理以及与货主有关的集装箱业务。在腹地内设置公路集装箱货运站,对于保证码头畅通和铁路集装箱编组站的集装箱及时疏散,实现"门到门"运输以及方便货主均起重大作用。

按照集装箱多式联运的特点,集装箱货运站的作业流线主要有"门到门"运输作业流线、港口、车站至集装箱货运站运输的作业流线和站内作业流线三种形式。

1. 作业流线

(1)集装箱货运站内作业流线。集装箱货运站的主要作业流线是货流和车流,其中货流必须通过专用机械才能进行,其作业流程如图 7-25 所示。

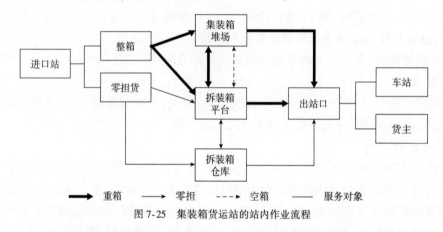

图 7-25 集装箱货运站的站内作业流程

(2)"门到门"直接运输作业流线。"门到门"直接运输指集装箱不经过集装箱货运站仓库的运输过程,其作业流线如图 7-26 所示。

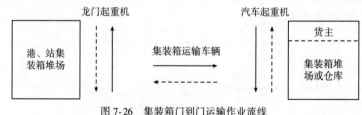

图 7-26 集装箱门到门运输作业流线

在图 7-27 中,实线表示由港、站集装箱堆场至货主集装箱堆场再至仓库的装卸运输过程,虚线表示由货主仓库至港、站集装箱堆场的装卸运输过程,箭头方向表示集装箱移动方式,箭头上的字表示所采用的装卸运输机械和车辆(下同)。

(3)港口、车站至集装箱货运站运输的作业流线

为了保证港口码头、铁路编组站的通畅,除港、站附近的货主采用"门到门"直接运输外,大多数情况下则是由港、站集装箱堆场将集装箱运进集装箱货运站,然后通知货主,重新调度车辆运至货主仓库,或经过拆箱、拼装箱作业之后运至货主仓库,因此在集装箱货运站内

还要进行拆装箱作业和拼箱作业。

港口、车站集装箱堆场至公路集装箱货运站运输的作业流线如图7-27。

图7-27 港、站集装箱堆场至公路集装箱货运站的作业流线

2. 装卸工艺方案

集装箱装卸工艺有龙门起重机械装卸作业工艺、叉车装卸作业工艺、汽车起重装卸作业工艺和跨运车装卸作业工艺四种方案。

(1)龙门起重机装卸工艺。龙门起重机装卸工艺的特点是堆码层数多,可"堆三过四",重箱堆码达3层以上;作业通道窄;堆存箱列多,可在通道两侧密集堆放,每侧可堆放四纵列;堆场平面利用系数大,每个平面箱位只需$35m^2/TEU$;使用寿命长;装卸效率高,平均效率约$17TEU/h$。但需要设置龙门起重机的转弯机构,且其自重大,要求基础强度高,因此堆场结构复杂,投资较大。

(2)叉车装卸工艺。叉车装卸工艺既可在堆场上装卸、堆码,又可在拆装库前作业场上装卸集装箱,还可在空箱堆场等场地灵活作业。另外,不论堆场大小或作业量多少,均可采用叉车作业。因此,叉车装卸作业工艺操作灵活,适应性强,对堆场基础要求也较低。但由于叉车行驶于堆场各处,其作业半径较大,所以堆场平面利用系数较低,作业通道宽。

(3)汽车起重机(或轮胎起重机)装卸工艺。汽车或轮胎式起重机装卸工艺,不但操作灵活,而且可跨箱作业,堆码层数多。但因汽车起重机采用液压系统,因此可靠性和完好率均较差。

(4)跨运车装卸工艺。跨运车装卸工艺,装卸效率高,使用年限长,并可使集装箱密集堆放,堆场面积利用系数高。但操作技术要求较高,可靠性较差。

3. 工艺方案选择

选择工艺方案时,要以货运站年集装箱吞吐量和堆存量为依据,充分考虑各工艺方案的特点,并结合我国公路集装箱货运站的实际情况及发展趋势进行选择。

(1)工艺方案

一级站:以龙门起重机装卸工艺为主,辅以大型叉车或汽车起重机。

二级站:推荐以汽车或轮胎起重机装卸工艺为主,辅以叉车。

三、四级站:推荐采用叉车装卸工艺方案。

(2)占地面积

一级站:$40000\sim55000m^2$;三级站:$13000\sim20000m^2$;

二级站:$20000\sim33000m^2$;四级站:$10000m^2$左右。

四、公路货运枢纽平面布局

(一)平面布置的基本类型

货运站的办公楼通常与仓库分开建造并布置在临主干道一侧。由于仓库的位置对零担站和集装箱站的总体布置有重要影响,所以,这里以仓库为主,说明货运站的平面布置类型。

1. 按仓库外形分类

按仓库外形,货运站的平面布置可分为"一"字形、"L"形及"T"形。在生产实践中,"一"字形仓库对货物的装卸作业比较有利,所以零担站仓库较为广泛采用。由于集装箱的拆装箱作业库房一般分设装箱库房和拆箱库房,采用"L"形及"T"形仓库,可以保证分区明确和联系方便,是供选择的基本类型。

2. 按仓库的高度分类

按仓库的高度可分为平地式仓库和高台式仓库两种。平地式仓库地面与路面相平;高台式仓库地面一般高出路面1.20~1.30m,与运输车辆车厢底板相平。

当集装箱仓库为平地式时,其周围可不设置拆装平台,拆装箱作业可在库内和拆装箱作业区内进行;当仓库为高台式时,仓库的拆装箱作业区侧应设置作业平台,为拆装箱作业提供方便。

新建的零担货运站宜采用高台式仓库,并设置相应的作业平台,便于货物装卸和采用叉车作业。可在仓库附近的位置,设置专门装卸的站台。

3. 按仓库建造层数分类

按仓库建造层数的不同可分为单层仓库和多层仓库两种。其中高层货架仓库,建筑结构是单层的,但内部设置层数很多,有高度较高的货架,总高度甚至高于一般的楼库(多层仓库),是仓库中的一种自动化程度高,存货能力强的立体仓库,发展前景较好。在建造多层或立体仓库时,要考虑停电或发生设备故障时货物竖向移动的措施,以免对正常生产造成严重影响。

4. 按仓库存放货物的类型分类

按仓库存放货物的类型,可分为综合仓库和专用仓库两种。零担货运站货物按其流向可分为发送货物和到达货物两类,其中到达货物又分为中转货物和交付货物两种。目前多数零担站采用综合仓库,即将上述各类货物在同一仓库内分区、分线保管存放。对于日均货物吞吐量较大的零担站,也可按发送、中转、交付等不同货物类型分别设置专用仓库,以免发生货运差错。对于承运危险品的零担站,必须单独设置危险品仓库。

集装箱站的拆装箱库,多数采用综合式仓库。由于集装箱堆场也可为露天仓库,一般应按中转箱、拆装箱、周转箱和维修箱分区堆放。各种箱子的堆码层数应与选用的起重设备相适应。根据经验,重箱堆码最多不得超过6层。

(二)零担货运站平面布局设计

1. 平面布局设计原则

零担货运站的平面布局设计的基本任务是根据选定的站址地形特点、生产工艺流程和计算结果等,对零担货运站各类建筑设施的相互位置及站房内部各功能部位等进行合理的布局，并获得工艺上和经济上的合理性。进行零担货运站平面布局设计时，一般应遵循以下原则：

（1）根据零担货运站生产工艺要求，合理划分生产区、生产辅助区、业务办公区和生活区。为了满足生产工艺要求和加强生产联系，力求做到各区域划分明了，通行线路短捷，联系方便。根据货运站的特点，仓库是货运生产作业的中心和关键环节，所以必须很好地规划仓库的位置以及它与各作业区的相互配合，使之满足生产工艺要求，并取得良好的生产协作联系。

（2）尽可能使车辆及货物在站内流通路线短捷，避免发生相互交叉和拥挤，确保站务作业有序进行和安全生产。对于一、二级站，进出车辆的大门宜分开设置，并应远离托运处和提货处；为了避免货流与人流的交叉，托运处和提货处位置应尽可能分开设置。站内道路应采用无交叉的环形行驶路线，组织车辆单向流动。

（3）因地制宜，重视技术经济分析与论证，对不同方案进行比较，使确定的方案在工艺上合理、经济上可行、技术上先进。在满足城市规划对零担货运站建设要求的同时，既要考虑节约占地面积，又要满足功能与工艺要求，并留有发展余地。

2. 各功能区布局基本要求

零担货运站各个组成部分，既分工明确，又有其作业程序的连续性，相互联系与协作。对其主要功能区布局有以下要求：

（1）托运处、提货处及其工作间应设置在交通方便的进站口附近，通常在办公楼底层营业，很少单独建造，并与所在地主干道有较方便的道路衔接，以便于货主送、取货物。由于办理托运的时间比较集中，托运处人流、货流容易发生交叉和干扰，因此必须组织好托运作业流程，并提供足够的使用面积；受理托运的工作间应按作业流程设置，便于办理货物托运手续。

（2）托运处与仓库间的距离应短捷，便于承托后的货物搬运和保管存放。对于货物吞吐量较大的零担货运站，应设置货物传送装置；提货处应靠近到达仓库或货位布置，以利于货物的提取。

（3）仓库是存放保管受理托运货物、到站交付货物以及中转货物的场所，仓库作业是零担货运站站务工作的关键，仓库位置和布局不但应便于货物的入库和提取，而且必须有利于仓库生产的有序进行，并适应零担货物仓储的生产工艺要求；有利于提高零担车辆的装卸效率；有利于采用先进的装卸工艺和设备，保证库内运输方便通畅；有利于保证仓库作业的安全生产和文明生产。零担站仓库的作业平台，可以设置在仓库的一侧或两侧。当仓库作业平台为一侧设置时，货物装卸在同一侧进行，容易发生车流与货流的干扰和拥挤；当仓库两侧均设置作业平台时，可以把货物的装卸作业按入库和出库方向分区进行，这样可以避免货流、车流间的相互干扰。但两侧均设置作业平台和装卸场，必然增加占地面积。

（4）进出仓门数量的设置，既要考虑车辆在比较集中到达时有可能同时进行装卸作业，又要考虑由于增设货门造成仓库有效堆放面积的损失。

（5）装卸站台应设置在靠近装卸作业场的仓库一侧，其长度应满足同时有较多车辆进行作业的方便性，并有利于采用装卸机械（如叉车）作业。

（6）装卸作业场和停车场应与站内的车辆通道合理衔接，尽可能地避免车流在站内发生交叉;场地的大小及宽度要与所选用的车型相适应,确保车辆行驶、停放和装卸作业方便、安全,避免不必要的辅助调车。

(7)货运站的办公室(楼)一般宜临近主干道,以满足城市建设的基本要求。

3. 站台与货位布局形式

根据作业时车辆与站台的相互位置关系,可以把站台布设成直线型和阶梯型两种。同时直线型的站台又有两种布设方式:平行式和垂直式,如图7-28和图7-29所示。

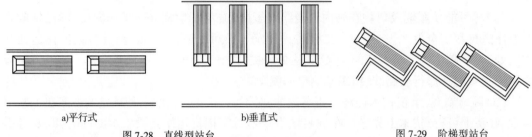

a)平行式　　　　　　　b)垂直式

图7-28　直线型站台　　　　　　　图7-29　阶梯型站台

(三)集装箱货运站平面布局设计

根据作业性质、运量和附近的地理位置等具体情况不同,集装箱堆场可分为铁路—公路换装集装箱堆场、海洋—公路换装集装箱堆场和公路—公路换装集装箱堆场三种形式。前两种形式的堆场应用于铁路集装箱编组站和港口码头附近的公路集装箱货运站,后一种应用于腹地公路运输枢纽的集装箱货运站。

1. 总平面布局设计

(1)总平面布局设计原则。公路集装箱中转站的总平面布局设计主要包括区域划分、各组成部分的形式和占地面积及位置的确定。进行总平面设计时既要满足货运站总的作业要求,又要考虑土建和其他方面的要求,最大限度地满足生产要求及最少的建设投资。据此,总平面设计过程中,应遵守以下原则:

①充分考虑站址的地形、地貌和集装箱运输的功能要求,合理划分营业区、生产区、辅助生产区,库区、停车区和生活区,力求做到区域划分明确,联系方便。除了具备零担货运站的功能分区外,集装箱货运站的生产区还应包括堆场及拆装箱作业区;有条件的货运站生产辅助区还应设置集装箱的清洗、消毒、熏蒸和维修作业的专用场地。仓库对于集装箱货运站同样是货运生产作业的中心和关键环节,所以也必须很好地规划仓库的位置以及它与各作业区的相互配合。

②各区域的布置,既要做到节约面积,提高土地利用率,又要满足作业场面积要求和生产工艺流程的要求;有作业联系的区域应使运输距离最短,并尽量避免交叉往返;场区内车流、货流的移动线路要通畅,且互不交叉,力求做到笨零重货物和重箱在场区的移动线路最短。为了避免货流与人流的交叉,托运处和提货处位置应尽可能分开设置。站内道路应采用无交叉的环形行驶路线,组织车辆单向流动。

③建筑物的位置、形式要符合城市建设规划要求,并能突出反映集装箱运输的特征。

④充分考虑防火、卫生、环保及"三废"处理等方面的要求,留有必要的绿化区带和发展余地。

⑤在进行平面布置时,要因地制宜,重视对不同方案进行比较和技术论证,既要考虑占地面积节省、经济,又要为以后的发展留有余地。根据不同的站级、运输量及其分布特征、站址条件等因素,拟定多种布置方案,进行技术经济论证和比较,选出最佳方案,以使最后确定的方案在工艺上合理、经济上可行、技术上先进。

(2)集装箱堆场布置原则。集装箱堆场应按中转箱、掏装箱和维修等几个部分划区布置,并尽量缩短运输距离,防止与避免交叉作业,做到能够及时、准确、便捷地找出所需集装箱,方便管理。进行堆场平面设计时,一般应遵守以下原则:

①中转箱区应布置在便于"箱不落地"并能顺利地由装卸机械换装到运输车场上的交通方便处。

②拼装箱区和掏装箱区尽量设置在仓库附近,以减少各环节的作业干扰和中间运箱量。

③周转和维修箱区应布置在作业区外围靠近维修车间的一侧,以便于取送和维修,减少对正常作业的干扰。

④合理布置箱位,既要考虑充分利用堆场面积,又要留足运输通道及箱与箱之间的距离,做到安全方便。

⑤合理利用装卸机械和起重运输设备,除保证机械进出场畅通和足够的作业半径外,应尽量减少机械设备的行驶距离,提高设备利用率。

⑥堆场应有一定的坡度,并有良好的排水系统,以免积水,但要力求平坦,以保证集装箱堆码稳妥。

⑦堆场的场地必须坚固、耐用。

(3)仓库布置原则。进行仓库平面设计时,应遵循以下原则与要求:

①仓库的位置尽量靠近营业区和公路主干线,以便于货物进出库,并减少不必要的运输环节;

②库内要留有足够的叉车行驶通道,满足装卸机械作业工作面的要求;

③要留有适当的理货空间;

④留有足够的拼、装箱场地(一般设置拆、装箱平台),便于进行拆掏箱和拼装箱作业;

⑤设置适量的货架,以充分利用仓库空间,提高面积与空间利用率。

采用单层仓库和单层堆码集装箱,将会给生产作业提供方便和有利条件,但占地面积大;如果采用立体仓库或多层仓库,占地面积小,但生产作业却增加了难度,造价也明显增加。目前,货运站仓库仍以单层居多,近几年逐渐向双层或立体仓库发展。采用双层或立体仓库时,要注意装卸设备的选择,很好地解决货物的垂直运输问题和集装箱的堆码方法。现在,货运站多建为双层仓库,堆场以钢筋混凝土浇制,并注意重箱堆场基础加固。

(4)装卸作业场布置原则。进行装卸场布置时,不仅要留有足够的场地来保证装卸作业,而且要考虑场地的适应性(既可适应侧面装卸,又能适应后面装卸),对汽车停靠线、行车通道、集装箱堆放区、装卸机械作业区均要进行合理的布置。

2. 堆场集装箱布置方式

按照集装箱与通道的相对位置,堆场集装箱的布置方式有直角与斜角布置两种形式。按照集装箱的排列数,其布置形式可分为单排排列、背靠背双排排列、多排排列三种布置方案共五种排列形式,如图 7-30 所示。

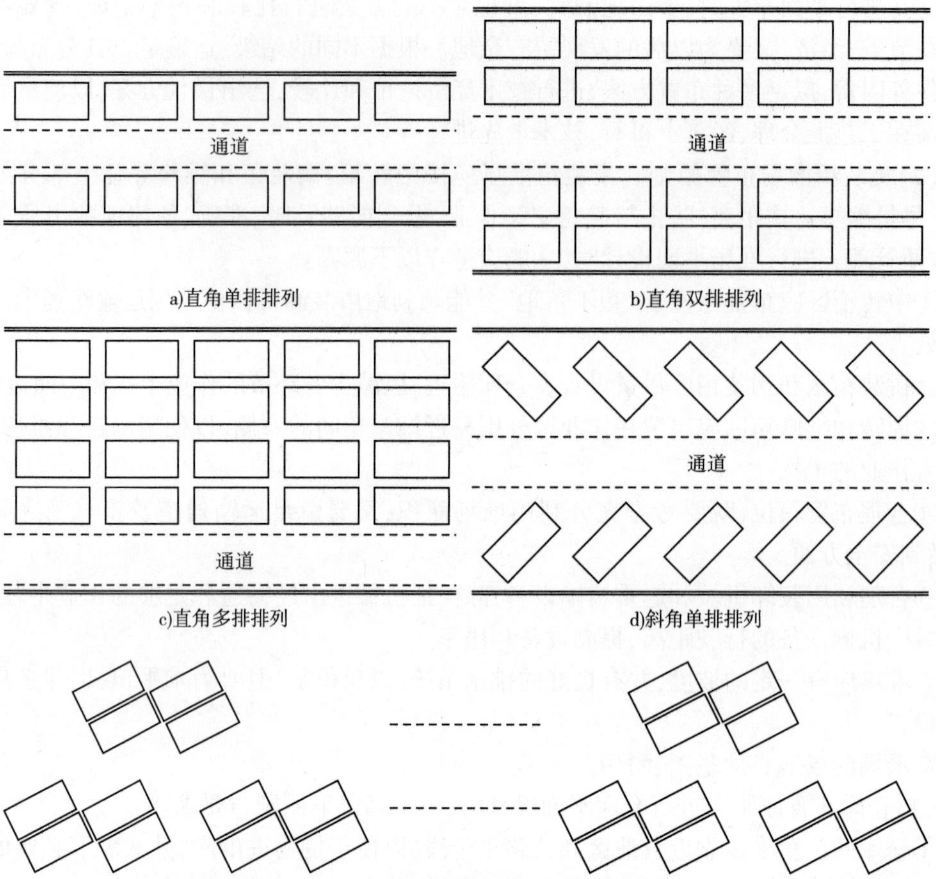

a) 直角单排排列

b) 直角双排排列

c) 直角多排排列

d) 斜角单排排列

e) 斜角背靠背双排排列

图 7-30　堆场集装箱布置方式

五、公路货运枢纽设计工艺计算

公路货运站的工艺计算，主要是指设计零担货运站和集装箱货运站时所采用的工艺计算方法。

(一) 零担货运站占地和配置计算

1. 年度货物吞吐量的计算

零担货运站的设计年度，是指零担站竣工投入使用后的适用年度。为了保证零担站有较长的适用时期，零担站设计年度至少比统计年度多 10 年。零担站的建设规模，需以设计年度的使用要求为依据，因此，必须计算设计年度的货物吞吐量。零担站设计年度货物吞吐量 Q_s，可按下式计算：

$$Q_s = Q_t(1+\alpha_i)^{n_i} \tag{7-25}$$

式中：Q_t——统计年度货物吞吐量；

α_i——货物吞吐量预计每年递增幅度；

n_i——统计年度至设计年度的年数。

采用该种预测方法,必须分析当地历年零担货物运输的统计资料,以确定预测期内零担货运量递增率,然后,再根据此递增率求出预测期的货物吞吐量。

2. 零担货运站的面积计算

(1)站房面积 S_1

$$S_1 = S_2 + S_3 + S_4 \qquad (7-26)$$

式中:S_2——托运处面积(m^2);
　　S_3——工作间面积(m^2);
　　S_4——提货处面积(m^2)。

(2)托运处面积 S_2

$$S_2 = S_5 + S_6 \qquad (7-27)$$

式中:S_5——托运处工作间面积(m^2);
　　S_6——办理托运手续、货物临时堆放场所的面积(m^2)。

办理托运手续、货物临时堆放场所的面积与日均货物最大受理量每吨货物的占地面积有关。其中,日均货物最大受理量是指在货物受理偏高期内平均每日的货物受理量,可由一年的日均货物受理量乘以日均货物受理量系数求得。每吨货物占地面积可按 $1.20m^2$ 计算。

$$S_6 = 1.20 D_{max} = 1.20 D_0 \beta_0 \qquad (7-28)$$

式中:D_{max}——日均货物最大受理量(t);
　　D_0——日均货物受理量(t);
　　β_0——日均货物受理量系数,取 $1.20 \sim 1.25$。

每吨货物平均占地面积按 $1.20m^2$ 计算,计算方法如下:取每吨货物在办理托运时需临时堆放场地为 $10m^2$,停留时间为 $0.5h$。换言之,若每吨货物在 $1h$ 内办完托运时,货物临时占地只需 $5m^2$。由于办理托运高峰时间一般集中于上午上班后 2 小时和下午下班后 1 小时,其他时间按 1 小时计,托运处一天内实际托运时间为 4 小时,通过计算,相当于每吨货物办理托运时临时占地为 $1.25m^2$,因此按 $1.20m^2$ 计算是可行的。

(3)提货处面积 S_4

$$S_4 = S_7 + S_8 \qquad (7-29)$$

式中:S_7——提货处工作人员工作面积(m^2);
　　S_8——办理提货手续场所的面积(m^2)。

由于货主办好提货手续后即行提货,所以办理提货场所的面积不大,可按提货处工作人员工作面积的 0.5 倍计算。在提货处工作人员数尚未确定前,也可按托运处面积的 10% 估算。

(4)工作间面积 S_3

工作间面积由办公设备(如文件柜、写字台、计算机等)占地面积及工作人员活动所需的基本面积组成,可按每个工作人员 $4 \sim 6m^2$ 计算,其中单间面积应不小于 $10m^2$。

$$S_3 = (4 \sim 6)KR \qquad (7-30)$$

式中:R——工作人员数(人);
　　K——折合系数。

3. 仓库与货棚的面积计算

(1) 仓库面积。零担仓库面积以日均货物最大吞吐量为依据,并结合货物平均堆存期以及每吨货物平均占地面积进行计算。日均货物最大吞吐量是指零担货运站在货物吞吐偏高期内平均每日的货物吞吐量。它可以用一年的日均货物吞吐量乘以日均货物吞吐量系数求得。

货物平均堆存期是指报告期内每吨货物自进库场开始,到出库场为止的所堆存的平均时间,一般为 4~6h。吞吐量越大的站,相应的班次密度越大,货物周转越快,货物平均堆存期就越短。因此,对一、二、三级零担货运站,货物平均堆存期分别按 4 天、5 天、6 天计算。

货物平均占地面积是指每吨货物实用堆积面积、平均占用仓库的装卸门面积、进出货通道面积和货位间隔面积等之和。根据对多种零担货物实际堆码占地面积的抽样调查,每吨货物的平均占地面积为 $4m^2$。因此,零担站仓库面积 S_9 的经验公式为:

$$S_9 = 4T_{max}Y_d = 4T_0\gamma Y_d (m) \tag{7-31}$$

式中:T_{max}——日均货物最大吞吐量(t/d);

Y_d——货物平均堆存期(d);

T_0——日均货物吞吐量(t/d);

γ——平均货物吞吐量系数,取 1.23~1.25。

(2) 装卸站台面积。装卸站台面积 S_{10} 按下式计算:

$$S_{10} = L_t B_t \tag{7-32}$$

式中:L_t——装卸站台长度(m);

B_t——装卸站台宽度(m)。

通常装卸站台的宽度不小于 3m,长度宜与仓库长度相同,两端应设置斜坡,以便装卸机械的行驶。站台高度为 1.20~1.30m,力求与零担车厢底层的高度相适应,便于装卸货物。对于仓库两侧均设置装卸站台的某些大站,装卸站台面积也应增加一倍。

(3) 仓库的进出仓门。仓库的进出仓门数取决于日均货物最大吞吐量 T_{max} 及每一仓门的日均货物吞吐量。每一仓门的日均货物吞吐量通常定为 3t,在理论上是按每门工作时间为 8h,每时平均进出货物为 7~8t(包括托运、提取进出库货物)求得。因此,仓库的进出仓门数 N_a 可按下式计算:

$$N_a = T_{max}/30 \tag{7-33}$$

为了便于装卸作业,避免货流发生相互干扰,一级站的进出仓门宜双向设置;二级站的进出仓门必须分开设置;三级站进出仓门的设置,可根据日均货物吞吐量的大小而定。装卸仓门的设置要考虑有较充裕的吞吐能力和所对应的作业车辆数。若车辆停靠站台作业时,以一车对一门,则有装卸便捷和不拥挤的特点,但相应装卸门数要增加,造成仓库有效堆存面积的损失;若多车对一门,则必然产生装卸作业的拥挤,容易发生货流的干扰,影响装卸效率,严重时还可能发生仓门堵塞。根据实地调查,以不超过二车对一门较为合适。仓门宽度取 2.50~3.00m。

(4) 货棚的面积。根据零担货运站货物存放情况,货棚与仓库的面积比以 1:(4~5) 较为合适。因此,货棚的面积 S_{11} 可按下式计算:

$$S_{11}=(0.20\sim0.25)S_9 \tag{7-34}$$

4. 装卸场的面积计算

为了保证装卸车辆行驶和调车的方便，必须提供合适的装卸场地。其长度应不小于装卸站台的长度，其宽度应根据零担车型和场地条件，选取 13m 或 22m。选取宽度 13m 时，只能对 4~5t 和厢式零担车采用后门装卸，而对 8~10t 的零担车必须用侧门装卸；只有装卸场宽度为 22m 时，才能保证 8~10t 零担车采用后门装卸。因此，装卸场面积的计算公式为：

$$S_{12}=13L_t \text{ 或 } S_{12}=22L_t \tag{7-35}$$

式中：S_{12}——不同情况下装卸场面积（m²）。

5. 停车场的面积计算

零担货运站的停车场面积应以日均驻站最大车辆数为依据。目前，停车场面积在实际调查中普遍反映不足，由于各地管理体制不同（有站与车队合一的，有站与车队分设的），停车数量各地相差较大。在新站建设中，每一驻站车辆所需停车面积可以采用车辆最大投影面积的 3 倍来确定。这种估算方法简便可行，完全可以满足零担车辆的停放要求。

零担货运站停车场面积 S_{13} 可按下式计算：

$$S_{13}=3C_m S_t \tag{7-36}$$

式中：C_m——日均驻站最大车辆数（辆）；

　　　S_t——车辆最大投影面积（m²/辆）。

6. 生产辅助设施面积计算

在生产辅助设施中，行车人员宿舍是较为重要的面积（S_{14}），可按每人 4m² 计算，因此：

$$S_{14}=4R_x \tag{7-37}$$

式中：R_x——最大驻站的行车人员数。

此外，一级站还应设置业务洽谈室、会议室、食堂、浴室、锅炉房、汽车维修间、洗车台、行车人员和装卸人员休息室等，分别参照工业民用建筑规范，按照扩大指标概算。

7. 零担货运站的设施与设备

为了方便作业，提供优质服务，提高经济效益，各级零担货运站必须结合企业实际配制各种设施和设备。营业场所必须设置零担车运行线路图、营运班次表、里程运价表、托运须知和营业时间标志，并设座椅、电话、意见簿等设施。

一级站应采用货物传送装置；一、二级站均应配制装卸笨重零担货物的设备，如叉车等；三级站视本站情况自行配备装卸设备。各级零担货运站必须采用经检定合格的计算器具，并尽可能采用数字显示计量装置。

8. 零担货运站人员

零担货运站人员的配备，应按零担货物吞吐量确定。月均货物吞吐量 30t 的配备 1 人；30~100t 的配备 2 人；100t 以上的每增加 100t 增加 1 人；1500t 以上每增加 200t 增配 1 人。上述指业务人员不包括装卸人员。

零担货运站的机构设置和行政管理、后勤人员的配备，应根据实际需要由各主管部门研究确定。表 7-13 和表 7-14 分别为零担货运站有效使用面积及人员配备举例参考表。工作间面积按 5m²/人计算；仓库进深 20m。车辆（8~10t）按投影面积计算，取 29.8m²/辆。根据调查,行政管理人员和后勤人员占业务人员总数23%左右,故取23%。全站正式职工中不包括装卸人员。

零担货运站有效使用面积参考表　　　　　　　　　　　　　　　　　表7-13

项目		年吞吐量(t)	100000	60000	20000	8000
		日均最大吞吐量(t)	340	211	75	30
		日均货物最大受理量(t)	150	95	35	15
		宿站车辆(辆)	30	20	7	5
		宿站人员(名)	60	40	14	10
		货物平均堆存期(d)	4	4	5	6
站房(m²)	托运处		180	108	42	18
	提货处		18	11	5	5
	工作间		320	215	110	55
货棚(m²)			1100	680	250	100
仓库(m²)			5440	3360	1200	480
装卸站台(m²)			816	504	130	50
装卸场(m²)			5984	3696	1320	528
停车场(m²)			2633	1758	615	440
行车人员宿舍(m²)			240	160	56	40
其他						
总有效使用面积(m²)			16816	10548	3798	1750

零担货运站人员配备参考表　　　　　　　　　　　　　　　　　表7-14

项目	年吞吐量(t)	100000	60000	20000	8000
业务人员		52	35	18	9
行政管理人员		12	8	4	2
全站正式职工		64	43	22	11

(二)集装箱货运站占地和配置计算

我国公路汽车集装箱货运起步较晚,集装箱公路货运站的建设标准正在制定中,以下集装箱货运站的设计计算仅供参考。

1. 设计计算的参数选择

(1)基本箱型。首先确定采用的集装箱基本箱型和规格,目前5t箱是我国广泛使用的一种箱型,但理论和实践证明,多数情况下采用10t、20t、30t的集装箱较为合理。

需要指出的是,标准箱型的概念是为统一核定站级标准提出来的,而基本箱型是根据运输实际情况提出来,两者不能混淆。当然在确定基本箱型以后,也可以统一折算为标准箱型进行有关计算。

(2)拆装箱工作量。集装箱的拆装箱工作量,是指在站内进行起封、拆装标准箱(或基本箱)的工作总量。

集装箱运输有三种类型的集装箱:其一是中转箱,这种箱通过汽车站直接运给货主,而在站内只作短暂停留,因此,对于中转箱不必计算拆装箱的工作量;其二是拼装箱,这种箱到站后,必须起封开箱拆装,并和库内的零担适箱货物一起根据不同方向和到达站点,重新组装后运出;其三是集零箱,它是装运零担货物,并沿途接受各站点的货物,进行往返运输的集装箱。这种集零箱运输,实质上已演变成为一种特殊形式的零担厢式班车,只有在兼营零担业务数量较大的集装箱站才可能采用。计算拆装箱工作量就是确定拼装箱和集零箱的年运输量。

(3)重载箱比例。重载箱比例是指重载箱与总的集装箱数量(包括周转箱)之比,一般占70%~80%。这是因为集装箱站必须储备一定数量的周转箱,以满足集装箱周转和维修的需要。

(4)集装箱保管期。不同的集装箱在站内停留和保管时间是不相同的。站级不同,保管期也有较大差别。推荐中转箱可按 1d 计,发送箱可按 2d 计,周转箱按 4d 计。库内各种货物均可按 3d 计。

(5)堆放层数。集装箱堆放可以单层、双层或多层,堆码方式对堆场占地面积有较大影响。通常以双层堆码较多,设计中可根据具体条件合理选择。

2. 集装箱站占地面积计算

(1)业务办公用房的面积。业务办公用房面积包括工作人员工作间和货主办理手续场所组成。工作间面积按每人占用 $6\sim 8\text{m}^2$ 考虑;办理手续场所的面积可按工作间总面积的一半计算。因此,业务办公用房面积 A_1 的计算公式为:

$$A_1 = A_2 + A_3 = 1.5A_2 + 1.5R_1(6\sim 8) = (9\sim 12)R_1 \tag{7-38}$$

式中:A_2——工作间面积(m^2);

A_3——办理手续场所面积(m^2);

R_1——工作人员数(人)。

(2)生产调度及联合办公用房面积。生产调度及联合办公用房(包括海关、检疫、理货、商检等)面积 A_4,按每人占用 $8\sim 10\text{m}^2$ 计算,即:

$$A_4 = (8\sim 10)R_4 \tag{7-39}$$

式中:R_4——生产调度及联合办公人员数。

(3)拆装箱库面积。根据集装箱货运站业务开展情况,拆装箱并非全部入库,仍有一部分货放在露天场或作业平台上。一般库与场面积之比为 7:3,所以拆装箱库面积 A_5 可按下式计算:

$$A_5 = \frac{0.7Q_H\alpha_1 t_H}{g_0} = \frac{0.7C_1G_1\alpha_1 t_H}{g_0} \tag{7-40}$$

式中:Q_H——日均拆装箱货总质量(t);

α_1——集装箱货物到发不均衡系数,取 1.5;

t_H——货物占用仓库货位时间,取 2.5d;

g_0——单位面积堆货质量,取 $0.25t/m^2$;

C_1——日均拆装箱数(箱);

G_1——每箱货物平均质量,标准箱取 $11t/$ 箱。

(4)拆装箱作业工位数及作业平台面积

①拆装箱工位数。工位数及布局是保证按计划进行作业的因素之一。根据有关资料介绍 20t 的国际标准箱,每班可拆 6 个,且一个国际标准箱相当于 3 个国内 5t 箱。但因搬运次数不同,在计算时应采用不同的系数加以修正。因此,拆装箱工位数 N_c 可按下式计算:

$$N_c = \frac{n_c \alpha_1}{n_b B_d} \quad (7\text{-}41)$$

式中:n_c——日均拆装箱数(箱);

α_1——修正系数;

n_b——每班拆装箱数(箱);

B_d——每日工作班数。

②拆装箱作业平台面积。为了集装箱装卸和拆装箱工作的方便,可在仓库或露天场周围(一侧或两侧)的作业工位上设置拆装平台,其面积及高度均可参考零担货运站仓库装卸站台确定。

(5)拆装箱作业区面积计算

①单面作业拆装箱作业区面积。单面作业拆装箱作业区面积 A_6 可按下式计算:

$$A_6 = 2aL_t \quad (7\text{-}42)$$

式中:a——运输车辆长度(m);

L_t——拆装仓库总长度(m)。

②双面作业拆装箱作业面积。双面作业拆装箱作业区面积 A_7 可按下式计算:

$$A_7 = 2A_6 = 4aL_t \quad (7\text{-}43)$$

(6)维修车间面积。车辆维修车间面积包括维修车间面积、辅助间面积、材料库面积,可参照客运站维修间面积计算方法确定。

(7)驾驶员宿舍面积

$$A_8 = 4R_8 \quad (7\text{-}44)$$

式中:R_8——宿站驾驶员人数。

(8)集装箱堆场面积。集装箱堆场面积包括有效堆场面积和辅助堆场面积。其中有效堆场面积包括集装箱占用的实际面积与场内箱排之间通道、箱间距离等占用面积;辅助堆场面积包括装卸设备及其安全距离、汽车停靠作业位置及吊装作业、运输通道等占用面积。

①堆场有效面积。堆场有效面积与平面箱位数及每一平面箱位面积有关。平面箱位是指堆场场地平均堆放一个标准箱所占用的地面位置;平面箱位面积指平均堆存一个标准箱所需要堆场场地的面积,该面积随集装箱堆放方法、堆码层数及采用的装卸方式不同而异。箱位通常采用单元布置形式,每个单元布置 4 个平面集装箱,且多数呈斜置停放。其优点是吊装作业方便,照明条件好。集装箱行与行之间通常留有 1.50m 的检查通道,以便进场检查

箱号,进行吊运和堆箱码垛,并可供特殊情况下在现场进行掏装箱作业。堆场有效面积 A_9,可按下式计算:

$$A_9 = Ma_0 = \frac{n_y k_4 t_j a_0}{T_m C_d k_s} \tag{7-45}$$

式中:M——平面箱位数(个);

a_0——每一平面箱位面积(m^2);

n_y——年堆放集装箱量(个);

k_4——不均衡系数,一般取 1.3~1.5;

t_j——平均堆存期(日);

T_m——年工作日数(日);

C_d——堆码层数;

k_s——高度利用系数,取 0.85~0.95。

②辅助堆场面积。辅助堆场面积(A_{10})与所选装卸设备、作业方式、通道布置等因素有关,可以在总体布置时统一解决。也可用堆场有效面积 A_9 乘以辅助面积系数 k_9 进行计算:

$$A_{10} = k_9 A_9 \tag{7-46}$$

式中:A_{10}——辅助堆场面积(m^2);

k_9——辅助面积系数,可取 2.50~3.00。

集装箱站的停车场面积,可参照零担货运站停车场面积的计算方法确定。

【本章小结】

本章在介绍公路枢纽相关概念的基础上,详细阐述了公路客、货运枢纽的平面布局、规模确定、流线设计和相关工艺计算等内容。从总体上搭建了公路枢纽设计的基本知识体系框架。

【案例分析】

长沙汽车西站综合枢纽规划。

(一)项目背景

长沙客运西站综合枢纽位于长沙市大河西先导区现代服务业核心区域中,随着公交枢纽的建设,以及城际轨道交通和地铁2号线拟定的站点规划,长沙市客运西站将成为集公路客运、轨道交通、常规公交、市内交通多方式的综合枢纽。如何整合各种交通设施以及进行合理的交通组织成为规划和建设的焦点。

(二)功能定位

长沙客运西站综合枢纽是长沙市对外交通和市内交通多种交通方式聚集的综合枢纽,其定位主要有以下几点:

(1)客运西站是长株潭综合运输体系和复合枢纽的重要节点,是长株潭两型社会构建试验区内体现资源节约和环境友好的综合交通运输体系和复合型枢纽的重要节点,是依托、打造综合交通枢纽、促进与带动周边地区综合开发的"网络型、枢纽型、功能型"的城市总体规划发展战略的示范工程。

(2)客运西站集合了公路客运和市内的常规公共交通、轨道交通、出租车、社会车辆等多种交通方式,是基于"两型社会"和新型工业化、城市化、新农村建设示范区的多模式的交通综合体,是长沙市内外交通集散中心,应体现各种交通方式有机接驳与转运功能。

(3)汽车西站是公路客运一级站,兼顾区域性与方向性,主要承担省内旅客运输,兼顾市域内旅客运输,现状日均发送量已超过了2万人,节假日高峰日发送量已超过6万人,是长沙市主要对外交通客运枢纽之一。

(4)客运西站现状已有11条公交线路、3条中途公交线路和5条中巴公交线路;随着南侧公交枢纽的建成,有约460个停车位,常规公共交通在客运西站将进一步得到提升,将成为市内多条公交线路的首末站,以及客流的集运中心。

(5)通往益阳和常德的城际轨道和地铁2号线将在客运西站设站,轨道大容量客运交通方式的引入将极大提高客运西站的综合枢纽功能。

(6)客运西站同样聚集了市内其他交通方式,在西站用地范围内包含了出租车上下客区、社会车辆的停车场,同样是市内各种交通方式进行换乘的交通接驳点。

(三)总体方案

1. 规划理念

(1)突显功能。西站是多种交通方式的集约,基本要求是交通功能的满足,方案应满足需求、适应发展、换乘便捷、快进快出。

(2)以人为本。各种交通运输方式的能力及枢纽站场容量均应达到相应的标准;与乘客直接有关的各种设施配置齐全;乘客内外换乘简捷、明了、方便、省时、舒适。

(3)运转高效。在综合开发集约用地目标下,实现地上、地下空间协调发展,适当分流不同性质交通,减少交通冲突,实现快速集散。

总体方案规划理念可以总结为:多点衔接、到发分离;内外分层、单向循环;综合开发、资源共享。

2. 方案构思

枢纽总体规划方案构思主要有以下几点,如图7-31所示。

(1)整合公路客运、公交枢纽、轨道车站、西二环立交,形成综合交通枢纽。

(2)尽量将不同交通方式的交通流进行适当的空间分离。

(3)将公路客运车辆尽量迅速地组织到周边的快速路和条件较好的城市主干道上。

(4)西站位于先导区的现代服务核心区域,应进行综合开发。

3. 总体布局

总体方案是对客运西站进行了一体化的设计,并综合考虑了用地范围内的商业开发,由于用地条件限制,总体方案为二层立体布局设计。总体方案在满足交通功能的基础上,西二环—枫林路立交的西南和东南象限左转匝道改为由两个迂回式匝道的全互通式立体交叉形式,右转匝道为定向式。对原汽车西站范围内重新进行规划布局,在游园东路以北用地西边(临玉兰路一侧)以及西北角可作为综合开发用地;在游园东路以北用地东边(临西二环一侧)以及东北角规划为汽车西站站房用地,中间合围区域建设二层公路客运停车楼;从西二环—枫林路立交西南角的右转匝道上分流出一条匝道,在汽车西站站房前建设二层高架桥,并与二层的站房相衔接,设置下客区及下客的乘客平台连接到二层公路客运停车场以及南边的公交停车楼,并设置下匝道与西二环连接。

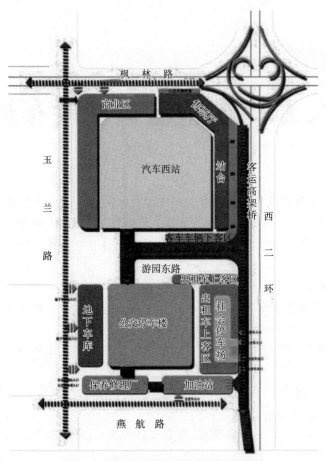

图 7-31　长沙汽车西站综合枢纽总体规划方案

【实训题】

1. 请绘制公路客运枢纽规划设计的主要工作程序和技术路线,并结合你所在的城市,虚拟设计一个公路客运枢纽。

2. 请绘制公路货运枢纽规划设计的主要工作程序和技术路线,并结合你所在的城市,虚拟设计一个公路货运枢纽。

3. 对你所在城市的公路客运站进行调研,分析其现有公路客运站的设计存在哪些问题?

4. 对你所在城市的公路货运站进行调研,分析其现有公路货运站的设计存在哪些问题?

【复习思考题】

1. 通过对本章的学习,请详细说出其知识结构及所包含的具体知识点。

2. 请分析公路客运枢纽与公路货运枢纽的主要区别在哪里?重点从规划设计对象的不同出发点讨论其规划设计思路。

3. 请列出不同级别、不同规模的公路客运(货运)枢纽的主要规划设计(布局)要点(至少10条以上),并讨论不同级别、不同规模站场之间的级配有什么样的作用。

第八章 枢纽港口功能布局设计

【课前导读】 本章讨论了枢纽港口功能布局设计问题。第一节介绍了枢纽港口的基本概念、功能和类别及其基本构成。第二节阐述了枢纽港口的定位、规模、功能区布局和相关设计指标计算。第三节阐述了港口物流园区的规划设计,包括园区的功能界定、功能区布局和规模估算等内容。

【知识学习目标】 掌握枢纽港口的基本概念和设计思路。掌握枢纽港口的功能区布局、规模确定、码头平面布置和相关设计指标计算方法。掌握港口物流园区的功能区布局、规模确定和相关设计指标计算方法。

【能力培养目标】 建立枢纽港口功能布局设计的理论和方法体系,使学生具备枢纽港口的功能布局设计能力。

【教学重点】 枢纽港口功能定位、规模确定、码头规模及平面布置。港口物流园区功能界定、规模估算与功能区布局。

【教学难点】 港口功能区平面布局;功能区规模确定;港口物流园功能区平面布局;功能区规模估算。

第一节 港口概述

一、港口的概念与分类

(一)基本概念

就工程而言,港口是各种(水上、房建、铁路、道路、桥梁和给排水等)工程建筑物、设备以及信息基础设施所组成的综合体。而水上建筑物是这个综合体的主要组成部分。就其功能而言,港口是水陆运输乃至交通运输大动脉中的枢纽,是各种货物换装和集散的中心,是各种运输工具的衔接点,旅客在此上下,货物在此集散、暂存、换装并改变运输方式。

随着世界经济的持续发展和科学技术的突飞猛进,现代物流作为现代经济的重要组成部分和先进的综合服务模式,正在全球范围内迅速发展。与此相适应,现代港口将不再是一个简单的货物装卸和换装场所,而是国际物流链上的一个重要环节。因此,现代港口的概念也被赋予新的内涵,使港口功能有了新的拓展,增加了临港工业、保税、贸易信息服务与咨询等多种功能。

（二）港口的分类

由于港口与港口之间在功能、位置、规模、能力、自然条件等方面存在差异，不同功能的港口对国民经济发展的影响是不一样的。因此，许多国家都根据地理位置、功能用途、自然条件和地位层次对港口进行分类。

1. 按港口地理位置分类

（1）海港。海港是指位于有掩护的海湾内或位于开敞的海岸上的港口。海港利用海湾、岬角等天然掩护，可避开或减少风浪、潮汐、沿岸输沙的影响。当天然掩护不能满足要求时可修建防波堤，如中国的大连港、青岛港、日本的神户港和神滨港等。

（2）河口港。河口港是指位于江、河入海口处的港口。河口港一般建在河流下游潮区界内，有通海的航道，可满足河海船停泊需要。如中国的上海港、荷兰的鹿特丹港等均为典型的河口港。由于河口港所处的地域通常都具有经济发达、交通便利的优势，所以往往是国际上重要的国际贸易港。由于受潮汐和河道径流影响，河口港航道一般容易出现泥沙淤积，形成拦门沙，因此航道的维护和治理往往是影响河口港发展的重要问题。

（3）河港。河港是指位于江、河、湖沿岸的港口。河道上游河港的特点是易受洪汛影响，不同季节水位落差很大，给船舶停靠和装卸带来困难。中下游港口受潮差和洪汛的双重影响，容易产生泥沙淤积问题。如中国的重庆港、德国的汉堡港等均为典型的河港。

（4）水库港。水库港是指位于运河上的港口，如我国的徐州港、扬州港和万寨港等。

2. 按港口用途分类

（1）商港。商港又称贸易港，是以一般商船和货物运输为服务对象的港口。商港一般兼运各类货物，设有不同货种的作业区。商港不但要求有优良的自然条件，还必须具备工商业比较集中、经济比较发达以及交通便利等条件，并具有充实海、陆、空联运的各种设施。如上海港、香港港、鹿特丹港、神户港、汉堡港和纽约港等，都是世界上著名的商港。

（2）工业港。工业港主要是供大型工矿企业输入原材料和输出产品而专门设置的港口，又称业主码头，如上海宝钢码头和武汉工业港即属此类。

（3）军港。军港是为军用舰艇驻舶、给养、训练和作战的专用港口，如美国的珍珠港和中国的旅顺港。军港口选址、总体布置和陆域设置等方面均有特殊要求。

（4）渔港。渔港是供渔船停泊、修理、给养和渔船装卸、冷藏加工及保鲜储运的港口，须具有生产、贸易和分运的功能，如中国的舟山港、大连渔港。

（5）旅游港。旅游港是专门为游艇停泊和观光设计的特定形式的港池、码头及陆域设施的港口，常称为游艇基地，如日本大阪港游艇基地。旅游港布置有防波堤、港池、码头、艇库停车场、俱乐部和绿地等。

（6）避风港。避风港指专为船舶遭遇风暴时避风用的港口，如琉球群岛中的庵美大岛港。

3. 按港口自然条件分类

（1）天然港。天然港具有天然的船舶停靠和避风条件，有足够的水域面积和天然水深条件，底质适合锚泊船只的港湾，如中国的大连港、宁波港、香港港、美国的旧金山港和日本的东京港等。

(2)人工港。人工港指人工开出的航道和港池并建有防波堤的港口,如法国的勒阿弗尔港和中国的天津港。

4. 按港口地位层次分类

这种分类是根据港口布局和港口在国民经济及综合运输体系中的地位、作用、所处地理位置和功能进行分类的,主要有：

(1)航运中心港。航运中心港是港口高度集约化的产物,这类港口所在城市的经济、金融与贸易十分发达,有广阔的经济腹地,有众多的固定航线通往国内和世界各主要港口。航运中心港一般都是集装箱枢纽港。

(2)主枢纽港。主枢纽港是地理位置优越、辐射面广、货源充足、有较多的固定航线、设施与设备先进、功能齐全的重要港口。这类港口一般位于综合运输主骨架的交汇点,是客货集散中枢和各种运输方式的相互衔接处。

(3)地区性枢纽港。这类港口的服务范围主要是某个地区,其航线数量、服务功能及服务设施等都不如主枢纽港;但它具有优越的地理位置、较先进的服务设施与设备以及较齐全的服务功能,是地区客、货集散中枢和综合运输的枢纽。

(4)地区性重要港口。地区性重要港口是在地区经济发展及对外开放中发挥重要作用的港口,依托所在地区的重要城市,具有良好的陆路运输条件,对周边地区有一定辐射作用。

(5)其他中小港口。其他中小港口是指除上述以外的大量沿海中小港口,作为沿海地区交通基础设施的一部分,对所在地区经济发展起到了积极的促进和保证作用,也是完善沿海港口布局的重要补充。

5. 按集装箱运输份额分类

随着集装箱运输的发展,港口按集装箱吞吐量、服务范围、服务功能、服务设施及现代化管理水平可分为：

(1)国际集装箱枢纽港。国际集装箱枢纽港是国际集装箱运输主干航线的起始港、终点港或主要挂靠港,是所在地区集装箱及货物集散的枢纽。

(2)区域性枢纽港。是国际集装箱运输主干航线挂靠港或区域性国际航线起始港、终点港,本地区及邻近地区集装箱货源较充足,并有一定数量的支线港(喂给港)。

(3)支线港(喂给港)。是区域性集装箱国际航线或分支航线的挂靠港,或是少数区域性国际航线及国内集装箱航线的起始港、终点港。

此外,港口根据装卸货物的不同还可分为综合性港口和专业性港口。综合性港口是指能够装卸多种货物的港口;专业性港口是指专门或者主要从事某种货物装卸作业的港口,其特点是某种货物在其港口吞吐量中占有很大的比重,并具备装卸该种货物的专用装卸设施,如中国的黄骅港、八所港等。

二、港口的组成与功能

(一)港口的基本组成

从范围上来讲,港口主要包括水域和陆域两部分。港口水域是指与船舶进出港、停靠及港口作业相关的水上区域,其主要设施一般包括航道、港池、锚地、船舶掉头水域和码头前水域,防护建筑物及导航、助航标志设施等。港口陆域是指从事与港口功能相关服务的陆上区域,其主要设施包括各种生产设施,如码头、仓库、堆场、铁路、公路、港区道路、装卸机械和运输机械等;各类生产辅助设施及信息控制系统,如给排水系统、照明供电系统、通信导航系统,为生产提供直接服务的场所如现场办公室、候工室、机械库、工具库及维修车间、燃料供应站、港内工作船基地,另外还包括有关的生活设施、服务设施、环保设施、文化与教育设施以及为满足现代物流服务的相关设施等。

现代港口生产作业及主要设施可归结为5大系统,如表8-1。港口生产作业是系统化生产,各部分必须相互适应,只有5大系统协调、配合才能形成港口的综合生产力。

港口作业系统及主要设施　　　　　　　　　　　　　　　表8-1

序号	作业系统	主要设施
1	船舶航行作业系统	航道、通讯导航设施、助航拖船、锚地、回旋水域、港池、航修设施、船舶供水、供油、船舶废弃物收集
2	乘降、装卸作业系统	码头、装卸作业锚地、装卸机械、运输机械、旅客上下船设施、防波堤、控制中心、计算机中心
3	储存、分运作业系统	港内各种仓库、堆场、库类机械、分运中心(分拨中心)、客运站、宾馆
4	集疏运作业系统	铁路、公路(进港高速路)、水网、管道
5	信息与商务系统	港口EDI商务中心(电子数据交换系统)、贸易服务中心(世界贸易中心)
6	环境保护	港区各种绿地,各种污水处理、废弃物处理、油回收船、海面清扫船

(二)港口的功能

港口的功能具有多元化和发展性两大特征。多元化是指港口在社会经济运行过程中的许多方面都或多或少地发挥着一些作用;发展性是指港口所具有的功能不是一成不变的,随着经济运行方式的日趋复杂和世界科技水平的不断提高,港口的功能也由少变多,由简单变复杂。

随着经济快速发展和科学技术水平的提高,特别是全球经济和运输的一体化步伐的加快,对港口的要求越来越高,因而港口功能也在不断拓展和延伸。港口功能依据用途、分类不同而不尽相同,这里只介绍商港或贸易港口的主要功能。

1. 装卸和仓储功能

装卸和仓储式港口最基本的功能包括对各种货物的装卸、搬运、储存、保管、分拨、配送等。

2. 运输组织管理功能

港口作为综合运输体系中的重要枢纽,需要以满足社会要求为目标,通过有效的运输组织管理,把各种运输方式有机地联系起来,从而使物流供应全过程快速、经济、合理。

3. 贸易功能

随着市场经济的发展,港口逐步发展为对外交往和贸易的窗口,越来越多的贸易机构在港口或港口附近开辟专门的区域,从事商品贸易活动。港口不仅自身要具备这种功能,而且要为这种贸易活动创造良好的条件。

4. 信息功能

通信及信息服务系统是港口现代化的重要组成部分，也是形成物流服务中心及管理中心的重要基础。现代港口是多种信息的汇集中心，同时也是各种信息的服务平台。其主要信息包括：

(1) 船舶与航线、货源与车源、车辆调度、货与车跟踪、仓储与库存控制、运输与配送计划、物流作业统计以及物流成本分析与控制等物流供应链上的各种信息；

(2) 国内和国际商贸有关信息；

(3) "一关三检"（即：海关、动植物检疫、卫生检疫和船舶检验）所需的信息；

(4) 多式联运有关资料信息；

(5) 信息服务与咨询。

5. 服务功能

作为大量车船等交通工具的集散地和大量人流活动的聚集地，港口特别是现代化的主枢纽港必须能够提供优质的口岸服务及生产、生活服务。除边防检查、"一关三检"及维修、海事服务外，还包括船、车燃料物供应，船员、客商及与港口服务相关的各类人员能够在港口得到良好的餐饮、娱乐、居住及其他生活服务等。

6. 生产加工功能

生产加工功能主要表现为两个层次，一是属于流通领域的货物加工，即分选、换装、包装等；二是随着贸易自由化及现代物流的发展，国际和国内许多制造商或生产企业为了降低原材料运输成本、充分利用港口的综合功能，常常在港区附近建立产品加工厂或装配厂，进行场拼或加工制造，然后利用港口外运或在当地销售。这种情况在建有保税区和开发区的港口已经十分普遍。

7. 辐射功能

随着港口功能的不断完善和现代物流业的发展，港口对其海外和内陆腹地的辐射作用逐渐扩大和加深，而且对周边地区的带动作用也不断增强，不仅促进了腹地经济的发展和对外交流，也使港口功能得以拓展和完善。

8. 现代物流功能

现代物流作为一种先进的组织方式和管理技术受到世界各国政府的高度重视，现代物流产业已在全球范围内迅速发展成为一个极具发展空间和潜力的新兴产业。为了充分发挥现代物流供应链的重要节点作用，越来越多的港口正在向现代物流中心发展。

9. 其他功能

除了上述功能外，随着海洋石油、海洋渔业以及海洋资源的开发，现代港口正在向航道和海洋产业的服务中心和后勤基地转化。港口功能的多样性还带动了其他诸多的贸易与产业活动，使港口城市功能逐步扩大。在世界经济一体化的新形势下，港口正向国际贸易的综合运输中心和国际贸易后勤基地的多功能方向发展。

三、港口腹地

港口腹地是指港口货物吞吐和旅客集散所及的地区范围。现代化的港口一般具有双向腹地,即面向内陆的陆向腹地和面向海洋的海向腹地。港口与腹地是互相依存、相辅相成的。港口的发展建设必须以腹地范围的开拓和腹地经济的发展为后盾,腹地是港口赖以生存和发展的基础;另一方面,港口是腹地的门户,港口的建设也对腹地经济发展产生重要影响。

(一) 陆向腹地

港口的陆向腹地是指以某种运输方式与港口相连、为港口产生货源或消耗、经由该港口进出口货物的地域范围。港口陆向腹地的大小不仅与港口所在的区位有关,同时也与港口同内地之间的贸易和运输联系的紧密程度相关。

有关研究认为,从地理位置上来看,港口的陆向腹地可分为近处腹地和远处腹地。而港口吞吐量的大小则主要取决于该港相对于这两种腹地的区位属性:既取决于该港相对于其近处腹地的向心性或集中性,也取决于该港相对于其远处腹地的中间化程度。世界上一些大的港口大都具有这两种区位属性,因而具有较为广阔的经济腹地。如位于长江入海口的上海港,直接依托长江三角洲地区,不仅担负着江、浙、沪等地大部分货物的进出口,而且其腹地范围通过各种运输方式延伸到几乎整个长江流域。而一些国际性的港口,其腹地甚至可以覆盖几个国家,如位于莱茵河和马斯河入海口的世界著名港口鹿特丹港属于国际性港口,其陆向腹地不仅覆盖了荷兰、比利时、卢森堡,而且还延伸到德国,尤其是德国的鲁尔工业区,其处理的进出德国的货物量比德国最大的港口汉堡港还要多。经过鹿特丹港运往德国的货物占该港进口货物的七成。

港口陆向腹地的大小主要取决于该地区与其他地区是否存在贸易关系以及贸易量的大小。而这种贸易关系又取决于该地区经济发展水平和规模,同时该地区人口密度大小也是决定腹地进出口需求的重要因素。影响港口陆向腹地范围大小的另一个重要因素是该地区与港口之间的运输联系。目前世界多数港口与腹地间的联系主要是通过内河、铁路和公路来连接的。

当然,港口的陆向腹地是有限的,它不可能无限制地扩大。这是因为在其他条件不变的情况下,随着腹地范围的扩大,腹地与港口之间运输距离延长,运输成本增加。更重要的原因还在于其他港口的竞争。货主在选择港口时,通常要比较运输线路、运输工具、运输费用、运输时间以及中转次数、港口班轮密度等因素。此外,货主与承运人之间的某些协议也会影响货主对港口的选择。

(二) 海向腹地

港口的海向腹地是相对于港口的陆向腹地而言的。所谓港口的海向腹地是指通过海运船舶与某海港相连接的其他国家或地区。它可以是某一个国家或地区,也可以是几个国家或地区,甚至可以是几个大洲。如中国的上海港与世界上160多个国家和地区的400多个港口通航,从上海港始发的国际定期班轮航线有20余条,每月有100多个航班直达北美、欧洲、澳洲、波斯湾、地中海、东南亚及东北亚等地区。因而对于上海港这样一个国际港口而言,这些地区都成了其港口的海向腹地。

如果把陆向腹地看成是港口发展初期的传统条件,海向腹地的开拓则为港口的发展注入了新的活力。港口与海向腹地各国(地区)联系的紧密程度主要取决于:一是港口海向腹地与陆向腹地的互补程度;二是港口与其海向腹地之间的距离以及与国际航线间的距离;三是传统联系的影响,港口与海向腹地的联系远不如港口与其陆向腹地的联系那样稳定。

第二节 港口规划与布置

一、港口功能定位与规模

(一)港口功能发展历程

纵观世界港口发展历程,港口的功能在不断拓展。根据联合国贸易与发展会议秘书处1992年发表的《港口服务销售和第三代港口的挑战》一文,将港口按照功能发展分为三个阶段。

第一代港口的形成和活动时限大约在20世纪60年代之前,其主要功能是海陆之间的客货转运、临时存储以及货物的收发等。港口是运输枢纽中心。

第二代港口除具有第一代港口的功能以外,又增加了使货物增值的工业、商业功能。港口成为装卸和服务的中心。

第三代港口的形成和活动时限大约从20世纪80年代开始,加强了与所在城市以及用户的联系,使港口的服务超出了原先港口的界限,增添了运输、贸易的信息服务与货物的配送等综合服务。港口成为贸易的物流中心。

1999年,联合国贸易与发展会议又提出了第四代港口的概念,认为1990年之后,在世界范围内已出现超越第三代港口的新一代港口,其处理的货物主要是集装箱,发展策略是港航联盟与港际联盟,生产特性是整合性物流,成败关键是决策、管理、推广、训练等软因素,并认为不同地区港口的整合和联营将使港口发展进入一个新阶段。

(二)各代港口发展的特征

1. 港口的功能在不断递进,服务对象和内容不断增多

第一代港口只具有一般货物流、客流运输方式的换装单一功能;第二代港口,开始具有部分流通功能(含客流、资金流、信息流、技术流等)、相关产业功能(主要是临港工商产业)和城市社区功能;第三代港口,功能再次扩展,具有世界全程运输服务中心和国际商贸后勤基地功能。

2. 港口发展的战略重点各有差异

第一代港口主要面向战后经济的恢复,第二代港口面向工业,第三代港口面向商业。这些不同的战略重点必将给国际经贸及港航运输物流系统带来极为深刻的影响。

3. 港口发展空间不断延伸,发展的决定因素也各不相同

港口的服务方式由第一代单项服务港到港、第二代部分联运点到点到第三代的多式联运门到门。其辐射能力、地位、作用由一般的水陆交通枢纽和一般城市的依托港(第一代),发展到重要城市依托港、水陆交通枢纽与传统运输方式物流的分运中心(第二代),并相对于集装箱运输、散装船舶大型化和陆岛客/货滚装等快船运输等现代海上快速三大运输方式而言,乃至成为区域能源保障中转枢纽港、综合物流分运、分拨、配销、信息等综合服务中心,集装箱运输干线基本港和国际深水中转枢纽港(第三代)。各代港口发展的决定性因素则由资

源与劳动(第一代),资源与资本(第二代)到技术与信息(第三代)。

4. 港口体现的时代特征不同

第一代港口以港内独立活动为主,生产管理封闭、粗犷,只有低增值;第二代港口出现货物流动联合服务,有所增值,但各国港航市场普遍实行保护,处于小范围开放格局模式;而第三代港口由于社会信息化进程加快,推动港口与经贸运输链一体化和电子数据交换(EDI)及无纸贸易的发展,出现货物与信息的双重流动,促进了港口、城市社区、陆上分运带联合和分运、分拨、配销和信息等多元服务、综合服务、增值服务的发展。

各代港口的主要特征见表8-2。

各代港口的主要特征 表8-2

代别	形成年代	主要货种	功能范围、空间范围	生产特点	服务方式	决定性因素
第一代	20世纪60年代前	一般散货	货物装卸、存储、航运服务;码头装卸区	货物流动,简单分项服务;低增值	港到港	资源与劳动
第二代	20世纪60年代后	杂货,成组件杂货;大宗干散液货	临港工业及相关产业;港区、临港工业区	货物流动联合服务;提高增值	部分联运点到点	资源与资本
第三代	20世纪80年代后	大宗干散液货,集装箱货物	商贸中转及相关产业;港区、临港工业区、保税区、陆路分运带	货物信息流动;分运分拨和全程运输服务,高增值	多式联运门到门	资本、技术与信息
第四代	20世纪末	大宗干散液货,集装箱货物	运输中心、商贸后勤基地;港区、临港工业区、保税区、陆路分运带、港航联盟与港际联盟	整合性物流,高增值	物流柔性化服务	决策、管理、推广和培训

注:时间只是形成年代记录工具,港口功能才是代别划分依据。

(三)港口规划的功能定位

港口功能形成有一个发展过程,其功能体系定位应如何划分以及如何区别各港口的投入资源将对区域经济与港口的协调发展具有直接影响。因此,港口功能定位应该充分考虑与港口所涉及的区域经济、港口群的整体发展相协调。

现代港口的功能主要体现在以港口的运输和中转功能为依托,建立强大的现代物流系统,继而带动整个临港产业带的发展。现代物流业将是临港产业发展的重要支柱产业之一,港口也将成为全球供应链系统中的一个重要节点,这也将成为第四代港口的主要发展模式。

港口以复合优势实现现代物流中心的功能。传统的港口功能仅为中转与产品分配功能,随着国际多式联运的发展与综合运输链复杂性的增加,港口作为全球综合运输网络的节点,其功能也将更为广泛。现代港口功能不断以港口为中心向内陆扩展,为客户提供方便的运输、商业和金融服务。现代物流是以运输为主要环节的综合服务系统。港口作为全球综合运输网络的节点,其港口功能也正朝着提供全方位的增值服务方向发展。

港口通过物流系统提供增值服务。从现代物流服务的内容来看,港口具有十分突出的区位优势。在现代物流不断发展的进程中,港口不但可提供货物中转、装卸和仓储等现代物流服务,还可利用其信息与通讯以及 EDI 网络,为用户提供所需市场与决策信息。港口服务水平的高低是衡量港口物流的标准之一。

(四)港口规模确定

1. 港口调查

港口规划需要对港口的现状做出客观、真实评价,因此,需要进行现状调查。调查内容主要有:

(1)现有海岸线的长度、利用程度、水域情况;现有泊位的数量、名称、靠泊等级,结构形式,前沿水深,泊位功能,泊位利用率等。

(2)现有航道长度、宽度、水深、掉头区及锚地的基本情况。

(3)前后方仓库容量,结构形式,存储货种,包装形式,堆场面积,单位面积,单位负载,库场利用率,货物周转时间等。

(4)各类货物在港内的作业方式,主要操作过程。

(5)船舶数量、功率、性能及工作船码头。

(6)港口铁路长度,运营方式,车场布置,日装卸车数,港内道路交通状况。

(7)主要机修设备的型号、能力,辅助建筑物的布置。

(8)给排水、供电、通信以及其他为港口服务的各项设施。

(9)港口营运管理方式、收费规定等。

(10)本港发展历史、主要特点、区位优势,以及与邻港的关系。

2. 吞吐量预测

港口吞吐量也称为货物流量,是一年之中经由港口进行装卸的货物总量。吞吐量是确定港口规模的决定性指标,对于指导港口进行规划建设具有重要意义。吞吐量顶测结果的可靠与否直接关系到港口未来的营运效果,预测量过大,而实际货源不足,将造成基础设施的浪费;预测量过于保守,影响港口建设进度,则会造成货物滞留港内,压船、压港,也会给港口运输造成被动局面。同时,城市围绕港口进行配套设施建设,也要求对港口吞吐量进行科学预测。因此,正确地预测未来港口吞吐量,为水运发展提供可靠依据,是港口规划工作的基础性内容。

港口是为腹地服务的基础设施,影响港口吞吐量的因素很多,主要包括腹地的经济发展水平、发展目标,腹地的经济结构,综合运输交通体系的状况以及周边港口间的竞争等因素。受自然条件和历史发展过程的影响,各地区间的生产力发展水平是不同的,港口的吞吐量预测应立足于腹地的经济发展现状,根据地区的发展规划,合理确定港口货运量的发展趋势。

二、港口功能区布局

(一)水域设施

港口水域设施包括港池、航道、锚地、回旋水域、防波堤以及导航设施等。水域设施的合理布置将有利于水上作业系统的有效运作。

港口水域中的进出港航道和码头前沿水域需有足够的水深,以满足相应吨级船舶吃水的要求;进出港航道走向的布置应满足船舶安全进出港口;航道和港池的维护性挖泥量应尽量小。

港池内应有良好的泊稳条件,以便船舶能安全、顺利地完成货物装卸作业和旅客上下船。

港口水域尺度应能满足回旋、制动、港内航行、停泊作业的要求。

港口水域除应满足设计船型的航行、停泊所需的水域外,还应考虑港口辅助船舶(港作、工程、海事、边防等)的航行和停泊要求。在有小船运输的港口,还应考虑这部分船舶对水域的要求,但在布置上应尽量减少大小船之间的干扰。

1. 航道、锚地和回旋水域

航道为船舶进出港口提供了一条特定的安全航行路线。多数情况下,近海自然水深不能满足船舶吃水要求,航道一般是开挖而成。船舶进出港口必须按照航行标志航行,遵守航行规则,以避免发生海事事故。进出港航道常常是港口规划设计和维护的最重要问题之一。航道设计包括航道选线、航道尺度(包括宽度、水深及转弯段参数等)以及导助航标志等方面内容。

2. 航道选线

选择航道轴线必须依据当地的水文、气象条件,并结合地形和地质条件的特点进行。良好的航道选线方案应具有良好的操船作业条件。为此航道选线应注意:

(1)航道走线应尽量避免与大于 7 级风力、频率较高的风向正交,以减少船舶在强横风下航行的概率。

(2)航道走线以尽量避免与流速大于 1 节 0.51m/s 时的水流呈较大夹角。

(3)航道轴线应尽量顺直,避免"S"形航路。受地形、地质条件限制必须多次转向时,宜加长两次转向间距。转向角 ϕ 宜控制在 30°以内。航道转弯半径 R 宜为 3~5 倍设计船长,并需将航道按规范要求加宽。当转向角较大、航速超过 8 节、航道水流条件较差时,应加大转弯半径 R。R 大于 10 倍船长时较为理想。

(4)防波堤口门内的航道应保持不小于相应吨级船舶制动距离的要求,并尽可能是直线段,以防止船舶进入防波堤口门后发生事故。

(5)航道轴线选择中应充分考虑在波浪和潮流作用下航道的回淤问题,尽量减少维护性疏浚工程量。一般而言,以推移质为主的输沙情况,航道轴线与主波向、主流向的交角越大,淤积率也越大。

3. 航道宽度

航道宽度是指设计低水位或乘潮水位时航槽断面设计水深(一般为公告水深,不含备淤深度)处两底边线之间的宽度。航道有效宽度一般由航迹带宽度、船舶间富裕宽度以及船舶与航道底边之间的富裕宽度等三部分组成。

(1)航迹带宽度。船舶在航道上行驶受风、流及螺旋桨产生的横力矩的影响,其航迹很难与航道轴线平行。船舶常需不断地靠操纵舵角来校正航向,使航行的轨迹线不至于偏离航道范围。船舶以分流压偏角在导航中线左右摆动前进所占用的水域宽度称为航迹带宽度。规范规定航迹带宽度 $A(m)$ 按式(8-1)确定:

$$A = n(L\sin r + B) \tag{8-1}$$

式中：A——航迹带宽度；

　　　n——船舶漂移倍数；

　　　L——船长(m)；

　　　r——风、流压偏角；

　　　B——船宽(m)。

船迹带宽度一般在 2.0~4.5 倍船宽范围内。

(2)船舶间富裕宽度。当船舶相遇错船时，为了防止船吸现象，两行迹带间应留有一定距离(取船宽)。

(3)船舶与航道底边间的富裕间距。对于人工开挖的航道，由于航槽内外水深差形成航槽壁，船舶在这样狭窄的航道内航行，为防止船舶因船吸现象而擦壁或搁浅，以及减少操船困难，必须与槽壁保持一定距离。规范规定此富裕间距 C 按表8-3取值。

船舶与航道底边间的富裕宽度 C　　　　表8-3

船种	杂货船、集装箱船		散货船		油船或其他危险品船	
航速(节)	≤6	>6	≤6	>6	≤6	>6
C(m)	0.50B	0.75B	0.75B	B	B	1.50B

注：一节等于 1.85km/h。

综上所述，航道宽度 W 的取值为：

双向航道：

$$W = 2a + b + 2C \tag{8-2}$$

单项航道：

$$W = a + 2C \tag{8-3}$$

式中：W——航道有效宽度(m)；

　　　a——航迹带的宽度(m)；

　　　b——船舶间富裕宽度(m)，取设计船宽 E；

　　　C——船舶与航道底边间的富裕宽度(m)，采用表8-3中的数值。

当航道较长、导致灵敏度不易控制、船舶定位困难和自然条件特别恶劣时，航道宽度可较上式适当加宽；相反的情况可以适当缩窄。

典型双向航道宽度为 8 倍船宽，单向航道宽度约为 5 倍船宽。此外，船舶在航道弯曲段航行，由于船舶在转向时的漂动和必须以投影宽度通过航道，要求的宽度比直线段大，需要加宽的数值与转向角 φ 和转弯半径 R 有关，可采用规范建议的图解法进行。

4. 航道水深

船舶在外航道航行，其航速一般不会超过 10~12 节，通常是 6~8 节，在接近防波堤门口时为 4~6 节。船舶为保持一定舵效的最低航速为 2 节。航道水深需要考虑船舶航行时船体下沉增加的富裕水深。航道水深可由式(8-4)计算：

$$D = T + Z_0 + Z_1 + Z_2 + Z_3 + Z_4 \tag{8-4}$$

式中：D——航道设计水深(m)；

T——设计船型满载吃水(m);

Z_0——船舶航行时船体引起的下沉值(m),与船舶吨级、船舶航速有关;

Z_1——航行时龙骨下最小富裕深度(m),取决于不同底质条件和船舶吨位,采用表8-4中的数值;

Z_2——波浪富裕深度;杂货船和集装箱船可不计,油船和散货船取0.15m;

Z_3——船舶因配载不均匀而增加的尾吃水(m);

Z_4——备淤深度(m),应根据两次挖泥间隔的淤积量确定,不宜小于0.4m。

航行时龙骨下最小富裕深度 Z_1(m)　　　　表8-4

船舶吨级	DWT<5000	5000≤DWT<10000	10000≤DWT<50000	50000≤DWT<100000	100000≤DWT<300000
淤泥土	0.2	0.2	0.3	0.4	0.4
含淤泥的沙、含黏土的沙和松沙	0.3	0.3	0.4	0.5	0.6
含沙或含黏土的块状土	0.4	0.4	0.5	0.6	0.6
岩石土	0.5	0.6	0.6	0.6	0.6

注:对重力式码头,Z_1应按岩石土考虑。

5. 航道通航方式

联合国国际海事组织曾颁布船舶服务准则及规划航道系统原则,提倡建立分道航行制,将反向航行的船流予以分隔,以减少船舶正遇的几率。

港口投产初期,船舶通行密度很低,大船可能是很少一部分。在这种情况下,航道的通航水位可采用高于最低通航水位的某一水位,称为乘潮水位,以减少航道和港池挖泥费用。乘潮水位可根据每潮次船舶乘潮进出航道所需的时间,选取每一个潮峰上与此延时相当的水位进行频率统计,一般取乘潮累计频率90%~95%的水位为乘潮水位。对开敞式布置方案,选择乘潮水位要特别慎重研究低潮、大浪天气时船舶靠、离泊的安全保障问题。停靠大型集装箱班轮的港口,不宜采用候潮进出港的通航方式。

对经常处于自然条件恶劣、航道狭窄难于改善的情况,规划应明确配备拖船对较大型船舶助航,实行强制引领的制度,这对船舶的安全行驶是必须的。此外,为了减少危险性,在船舶航行密度大的航道,结合实际条件限制超越、大小船分开航行等都是规划航道通航方式的重要内容。

6. 锚地

锚地是指专供船舶停泊或进行水上装卸作业的水域。锚地按功能和位置可分为港外锚地和港内锚地。港外锚地供船舶候潮、待泊、联检及避风使用;港内锚地供待泊或水上装卸作业使用。

选择锚地位置时应注意以下问题:

(1)为了避免影响船舶航行安全,港外锚地边缘距航道边线不应小于2倍船长;单锚或单浮筒系泊的港内锚地距航道边缘不应小于 1 倍船长,双浮筒系泊时不应小于 2 倍船宽。

(2)港外锚地水深一般不应小于船舶满载吃水的 1.2 倍,但当波高大于 2m 时,还应增加波浪富裕水深。港内锚地水深一般可与码头前沿水深一样。

(3)锚地底质以软硬适度的亚砂土和亚黏土较好,其次是淤泥质沙土。

(4)应尽量避免在横流较大地区设置双浮筒锚地。

港口锚地的数量和配置要依据港口的自然条件和营运特点而定。

7. 回旋水域

船舶回旋水域应设置在方便船舶靠离码头或进出港口的地点。其水域可以和航行水域公用。回旋水域的尺度应考虑当地风、浪、流等条件和港口拖船配备、定位标志等因素,可按规范中的数值确定。

船舶自行掉头回旋直径一般较大。当水域较平稳,且风力小于 5 级时,回旋直径一般需 3 倍船长。未设首推进器的集装箱船其回旋直径可达 6 倍船长,这是设计集装箱泊位时应注意的。

8. 港内泊稳标准及波况

船舶停靠码头进行装卸作业或上下旅客,要求船舶平稳、颠簸小,所以港内泊稳标准从实质上讲是船舶运动量的限制标准,但测定和估算在波浪作用下系泊在码头上的船舶运动量是很困难的,所以长期以来都是通过给定码头前波高的限定标准来评估港内泊稳条件。码头前波高的大小可以通过整体波浪水工模型试验或整体波浪数模试验进行估算。

近年来,港内泊稳条件的估算方法已从研究码头前波高发展到直接研究在波浪作用下船舶的运动量上。已提出的一些参考性的允许作业标准,见表 8-5。

各类船舶装卸作业允许位移量　　　　表 8-5

船型 项目	油船	散货船	杂货船	全集装箱船
升沉(m)	±0.5	±0.5	±0.5	±(0.3~0.5)
横移(m)	1.0	1.0	0.5~1.0	0.8~1.0
纵移(m)	±(1.5~2.0)	±1.5	±1.0	±0.5
横摇(°)	4	3	3	2
纵摇(°)	3	3	2	2

对于较大型工程,应进行水工整体模型试验,在实验中测定船舶运动量的数值,以便于研究装卸设备是否安全和能否获得较高效率。

码头前进行装卸作业的允许波高值,与装卸货种、装卸工艺、船种、船型大小及码头方位与波向间的夹角等因素有关。表 8-6 为规范建议的船舶装卸作业允许波高和风力,表中顺浪为波向与船舶纵轴线夹角小于 45°;大于或等于 45°为横浪。表中允许波高对应的波平均周期 T,当 DWT≤20000t、T≤6s;当 DWT>20000t,T≤8s。长周期波对斜坡式护面抛石堤心式的防波堤有一定的穿透能力,使港内泊稳条件恶化,所以对周期更长的波应进行专门的研究。

各种船舶装卸作业时码头前允许波高和风力　　　　表 8-6

船舶吨级 DWT(t)	允许波高(m)								允许风力
	顺浪 $H_{4\%}$				横浪 $H_{4\%}$				
	油船	散货船	杂货船	集装箱船	油船	散货船	杂货船	集装箱船	
10000	0.5		0.5		0.6		0.6		
20000	0.6	0.5			0.6	0.6			
30000	1.0		0.8		0.8		0.6		
50000	1.0		0.8		0.8		0.8		
100000	1.0	1.0	1.0	0.8	0.8	0.8	0.8	0.6	
150000		1.0	1.0	0.8		0.8	0.8	0.6	
200000	1.2	1.2	1.2		1.0	1.0	1.0		
250000			1.0				0.8		
300000	1.2	1.2		1.0	1.0	1.0		0.8	≤6级
350000			1.0				0.8		
400000		1.2				1.0			
500000	1.5	1.5			1.2	1.2			
700000		1.5				1.2			
800000	1.5				1.2				
1000000	1.5	1.5			1.2	1.2			
1200000	1.5	1.5			1.2	1.2			
≥1500000	2.0	2.0			1.5	1.5			

注:$H_{4\%}$ 为累计频率 4% 的波高,H 为波高。

波浪在传播中遇到外堤建筑物,除在堤前发生折射外,从口门进入港内的波浪将在港内水域产生绕射。波浪单纯发生绕射变形可通过查表简单估算,或采用数学模型进行推算。当港内有地形变化时,波浪还将同时发生折射,需采用折绕射联合模型。当码头为直立式结构,码头的反射将加大码头的波浪,此时应采用更综合的数学模型,如 Boussinesq 模型、双曲型缓坡方程等。

9. 防波堤与口门

防波堤是用来抵御港外波浪侵袭,兼做防沙减淤作用的外海水工建筑物。防波堤的布置要考虑波浪、流、风、泥沙、地形地质等自然条件,船舶航行、泊稳等营运要求,施工条件及投资等因素。防波堤工程通常在海港工程总投资中占相当比重,防波堤布置的合理与否,直接影响港口营运、投资、维护费用和长远发展,是海港总平面布置中的一项关键工作。

(1)防波堤轴线布置要与码头布置相配合,码头前水域要满足表 8-6 的允许作业波高值。

防波堤的布置和选型应特别注意长周期波的影响。对有长周期波的地点,应研究防波堤所围水域的自振周期,防止与长周期波产生共振,还应防止长周期波穿透抛石堤对港内泊稳的影响。

(2)防波堤所围成的水域应有足够的面积和水深,满足布置码头岸线、码头前停泊水域、掉头水域以及航道的需要。口门外有横流的情况下,应考虑船舶进口门前航速及航向角对进门口后船舶航行的影响。从船舶航行安全方面考虑,进入门口后应有足够的航行水域作为缓冲和对准泊位航行。口门内水域面积和形状应满足船舶掉头作业的要求。

(3)防波堤所包围的水域要为港口今后的发展留有余地,尽可能顾及港口的规模"极限"和极限船型。同时,还应注意防波堤所包围的水域内风成波对泊稳条件的影响。在淤泥质海岸的港口,应注意到悬移状态泥沙进港,由于港内水域平稳、流速减小,致悬沙落淤。因此,水域面积越大,纳潮量越大,淤积总量也越大。从这一角度考虑,应缩小无用水域面积,以减少纳潮量和进港泥沙。

(4)要充分利用有利的地形地质条件,将防波堤布置在可利用的暗礁、栈滩、沙洲及其他水深不大的水域中,以减少防波堤投资。在泥沙运动十分活跃的海域,把防波堤布置在近岸浅水区,或人工疏浚航道港池,并将挖泥回填至陆域,在很多情况下是可选方案之一。

(5)港内水上建筑物为直立式结构时,应注意结构造成的多次反射引起对港内泊稳的影响。通过模型试验研究表明,有泊稳恶化的情况时则应采取消波措施。

(6)防波堤口门布置对港口使用及将来发展影响较大。口门位置应尽可能位于防波堤凸出海中最远、水深最大的地方,以方便船舶出入。在沙质海岸,口门宜布置在泥沙移动临界水深之外,以减少口门外泥沙进港和口门淤积。在淤泥质海岸,泥沙在波浪作用下以悬移形态运移,水深越大含沙量越小。口门宜布置在远离破碎带、含沙量小的深水处。如天津港口门从水深$-0.5m$延伸至水深$-2.5m$处,平均含沙量可从$0.3kg/m^3$减少到$0.16kg/m^3$,预估回淤量可减小40%,水深$-4.5m$处年平均含沙量仅$0.06kg/m^3$,有可能从根本上解决回淤问题。但建堤投资将是巨大的。

(7)从防波堤口门至码头泊位,一般宜有大于4倍船长的直线航行水域和3倍船长的掉头圆,以便于船舶进入口门后控制航向、减低航速与拖船配合完成掉头等操作。布置直线航行水域有困难时,也可布置在半径大于3倍船长的曲线上。防波堤口门附近的水域条件如图8-1所示。

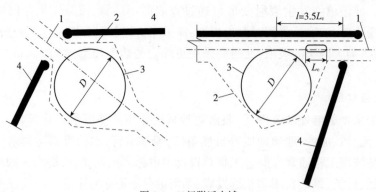

图 8-1 口门附近水域
1-口门轴线;2-锚地边界;3-掉头水域的边界;4-防波堤

(8)防波堤口门方向力求避免出现大于7级的横风、大于0.8节(0.41m/s)的横流、船尾直向强风(即从船尾方向吹来)和波高大于2.5m尾追浪,以使操舵稳定。一般来说,船舶进口门航向与频率较大的强风强浪,夹角在30°~60°为最好。

(9)防波堤口门的布置还应使从口门进入的波能尽可能小,以维护水域泊稳要求。

(10)船舶在通过防波堤口门时一般不考虑错船或超越。口门宽度在任何情况下不宜小于设计船长,并应认真研究和预测本港最大船型的船长要求。

(11)对潮差较大、港内水域面积宽阔而防波堤又是不透水结构时,应该验算通过口门的涨落潮流速,流速一般不宜大于3节(1.54m/s)。

(12)防波堤口门数量与航行密度、港口性质、环境条件等因素有关,在满足泊稳要求的条件下,两个口门一般比一个好。两个口门可以大小船分开进出港区,或分别适宜于不同风浪向进出,或不同性质船舶(商港、渔港等)分开进出等,增加运行的灵活性。两个口门也常有利于环保,增强港内水域的水体交换和自净能力。但在泥沙活跃的海岸则需作具体分析。在船舶周转量大的港口,要核算一下口门的通过能力。

(13)轴线布置。防波堤轴线布置应能使港内水域迅速扩大,使进入口门的波能很快扩散,波高迅速减小。这样布置轴线也有利于在口门附近布置方便船舶航行的掉头圆。防波堤轴线转弯时,折角 θ 宜在120°~180°之间。折角处根据结构构造,选择尽量圆滑或多折线型连接。布置防波堤轴线要注意小范围内地质条件的变化,有时轴线稍加移动,可减少大量的地基处理费用。

10. 港口导航设施

港口导航设施包括内容较为广泛,大致分为常规的、电子的和卫星导助航设施。常规导助航标志又称航标,有浮标、固定标、导标和灯塔等。电子导航设施即船舶通航服务站(VTS),利用岸上雷达测定进出港船位,用甚高频无线电话(VHF)向船舶提供导航信息,协助船舶进出港航行。卫星导航(GPS)系统是先进的导航设施,在陆上和船上分别设有接受和发射装置,通过人造卫星传递信息,从而及时、准确地控制船位,使船舶安全进出港口。

设置航标的目的在于标明航道的界限,针对暗藏的危险障碍物如岩礁、浅滩、拦门沙和航道弯段等,给予警示和引导,使船舶得以安全而迅速地到达目的地。航标包括以下多种类型:

(1)用于表示航道和港口水域中通航部分外廓线的浮标和固定标;

(2)设立在岸上塔架结构上的导标,用以引导船舶通过航道和港口口门;

(3)灯塔用以引导远处船舶接近港口,或用以指示礁石、浅滩等危及航行的障碍物;

(4)设置于防波堤堤头、码头、系船墩和其他凸出于航行水域中的建筑物上的灯标,用以表明这些建筑物的外廓边界;

(5)灯船和灯塔的作用基本相同,灯船常用于难以建立灯塔的地点。

①浮标。浮标是漂浮于水面上的标志,用锚固定在需要的位置处,视具体情况,可以是有灯光的,也可以是无光的。为了保障航行安全,便于识别,按照浮标的位置、作用(如航道侧标、方位标志、孤立危险物标志和安全水域标志等),应按国际上统一的要求漆上颜色并附加标志性的上部轮廓。最常用的浮标是有灯光设备的浮标,一般采用蓄电池(或干电池)为能源。在必要的情况下,在灯浮标的中心架上还可安装雷达反射器。灯浮标有闪光型和间

歇光型等。灯浮标标体外径为 2.1~2.8m,用于海上的自重一般为 5~6t。

②导标。为了引导船舶安全地通过狭窄且带有危险性的或曲折的航道和港口口门,除航道两侧设置灯浮标外,还需设置导标。导标是成对地设置在航道中心线或港口口门中心线的延长线上。导标一般均建在岸上,后标在前标之后有一定距离,且应较前高些,以保证必要的灵敏度。导标的灯光可有各种颜色,分为固定光或闪光,须在其周围环境中极易识别。塔架可安装雷达反射器。导标设计要点包括:

a. 后标应比前标高出足够的高度,当船舶驶近到最小距离时,前后两标的灯光不应重合成一个灯。同时,前标距后标应该有一定的距离,使它在导向上具有要求的灵敏度。

b. 在设计中,航道宽度是十分重要的,它将决定前标与后标之间的应有距离。两标的最小间距必须足以保证船舶在航道边界范围内能够航行,而最大间距又不应使其灵敏度过高,以便于船舶驾驶员仍可利用航道的侧边部分。

c. 如航道有弯转而采用多组导向灯标时,各簇灯标的灵敏度应尽可能相同。

d. 导标的灯光亮度应为所要求的能见度,且前后标的亮度应大致相同。

③灯塔。灯塔是高塔形建筑物,在塔顶装设灯光设备,位置应明显,并应有特定的建筑造型,易于船舶分辨,同时成为港口景点之一。由于地球表面为一曲面,故塔身需有足够的高度,使灯光能为远距离的航船所察见,一般视距为 15~25 海里(28~46km);但灯也不宜过高,以免受到高处云雾的遮蔽。根据灯塔大小和所在地点的特点,灯塔可以有人看守,也可以无人看守。重要灯塔需要有人看守。地点合适时大型灯塔,可以考虑和船舶通航服务站协同建设。

④船舶通航服务站。船舶通航服务站,又称航管站,主要由岸上雷达系统(包括电视扫描光栅显示器)和无线高频电话岸台组成。船舶通航服务站是港口现代化的重要标志之一,可大大减少事故率。

雷达系统可以在各种气候条件下发现并测定水上船舶的位置,因此,如果在雷达屏幕上显示出航道、锚地等地图形状(视频地图),则可方便地观测到船舶在雷达覆盖区内的移动状态,并通过计算机测定船舶的航向及航速。船舶通航服务站一般具有以下功能:

a. 监视进港航道、锚地、掉头区的船舶动态;

b. 在视线不良或雾天通过甚高频无线电话向船舶提供导航信息,如船位、航向、航速及到达转向点距离、偏离航道轴线情况及周围相关目标动态等;

c. 在恶劣气候或台风季节,监视抛锚船舶的锚位移动并及时发出警告;

d. 监视水上航行危险区或禁止抛锚区,遇有危险状态或违章现象及时发出警告。

(二)陆域设施

港口陆域平面布置是根据港口生产各环节的性质,合理安排陆域的装卸作业区、辅助生产作业区、铁路、公路等;其次,要合理确定港口的陆域规模。港口陆域平面布置应为港口的长远发展留有余地。

在研究港口平面布置方案时,应注意港口布置形式与自然条件的互相协调。依据不同的自然条件应选用不同港口布局类型。港口平面布置应力求巧妙地利用自然环境来满足港口营运上的要求,并节省建设投资。

港口陆域设施除库场等直接为生产服务的建(构)筑物外,还应包括铁路、道路、给排水、供电以及为港口正常营运服务的各种设施。

1. 港口的平面布置

港口平面布置大致有如下3种基本形式。

(1)依自然地形的布置形式。依自然地形布置形式一般投资小,泊位基本沿岸线布置,船舶靠离比较方便。进出港航道和港池回淤常常被视为重要问题,疏浚往往是不可避免的。为了避免过大的维护性疏浚,要认真分析水动力条件和泥沙运移规律,所选择的位置应有利于防淤和有利于改善港池的航道动力条件。这种布置形式一般在早期的港口选址时取用的较多。随着港口的建设,这种优良条件的港址会越来越少。

(2)填筑式布置形式。大部分码头岸线伸出自然岸线,码头场地主要以填方形成,故填筑式是最常见的形式。把挖泥弃土与填土造地两种作业结合在一起,通常可以在取得减少投资的效果,同时还可减少港口对海洋环境的影响。

(3)挖入式布置形式。挖入式多见于河港、河口港以及海岸带的泄湖洼地(如京唐港),港池由开挖陆域而形成。它适合于水体悬移含沙量较低或泥沙运移以推移质为主的地点。挖入式港口一般在入口处修建防波堤,既防波又防止沿岸泥沙入侵。

2. 码头平面布置

码头前沿线的布置形式也应按照地形因地制宜进行布置,应满足陆上集疏运和库场作业的要求。常见的布置形式有以下5种:

(1)顺岸式布置。码头的前沿线与自然陆域岸线大致一致或呈较小角度时的布置形式称为顺岸式布置。顺岸式布置的优点在于后方可以有较大的陆域面积,以便布置堆场和仓库以及其他辅助设施。在大陆域面积大的情况下,港口与顺岸布置的优势越来越明显。

(2)突堤式布置。当码头岸线与自然岸线夹角较大时,码头平面可采取突堤式布置。突堤式布置的最大优点是可以节省自然岸线,而且整个港区布置紧凑,易于管理。但随着现代码头所需堆场面积不断增大,宽突堤布置形式逐渐取代了过去的窄突堤布置,这一点在集装箱码头尤为突出。窄突堤布置往往在突堤后方的陆域上布置二线库场,但一线库场的集疏运条件较差。在宽突堤码头有足够前方库场面积的情况下,可适当减少二线库场面积。

(3)挖入式布置。挖入式布置是指向岸侧开挖港池和航道,港池深入到陆域内的布置方法。这是一种适应特殊地形和要求的布置方案。开挖港池和航道的方量与回填造陆工程量的对比,常成为选择此种布置方案的重要因素之一。

(4)防波堤内侧布置。防波堤内侧布置是一种常见的布置方案。防波堤与码头布置在一起,可以节省工程量,一般适用于泊位较少或专业化港口。但对于有放浪要求的泊位,为防止越浪,防波堤也应有防越浪措施,会增加工程量。在这种布置中,将泊位位置选在防波堤根部,与后方衔接比较方便,但开挖量增加;布置在堤头可以减少挖方量,但码头与后方的衔接较差。

(5)岛式或开敞式布置。岛式或开敞式布置是为了适应现代港口深水化的发展趋向而将码头布置在离自然岸线较远的深水区的布置方案。码头结构一般为透空的墩式结构。为解决码头的疏运问题,可采取栈桥或水下管线(油、气码头)与岸相接,堆场或罐区设在岸上。在一定的条件下,为了节省投资不设防波堤,大风大浪天气码头不作业。这种方案特别适合大宗矿石码头、煤码头和石油码头。

3. 码头前沿高程

码头前沿高程一般应考虑当地潮位特征、作业要求以及与后方地形衔接等几个方面的因素，并本着节省投资的原则综合确定。

有掩护情况下的码头高程，一般应满足在大潮时不被淹没的要求，按基本与复核两个标准分别计算，并取最大值，具体确定方法见表 8-7。

掩护情况下码头前沿高程　　　　　　表 8-7

指　标	基 本 标 准	复 核 标 准
计算水位	设计高水位 （高潮累计频率10%的潮位）	极端高水位 （重现期为50年的年极值高水位）
超高值(m)	1.0~1.5	0~0.5

开敞式码头的前沿高程应满足码头不被波浪淹没的要求。开敞式码头一般为透空结构，由于波浪与码头上部结构作用时将产生较大波浪力，上部结构为承受这部分力而加大断面尺寸是不经济的做法，一般做法是将上部结构的底高程抬高。由此，规范规定码头面顶高程按式(8-5)计算：

$$E = \text{HWL} + \eta_0 + h + \Delta \tag{8-5}$$

式中：E——码头面高程(m)；

　　HWL——设计高水位(m)；

　　η_0——设计高水位时重现期为50年一遇静水面以上的波浪峰面高度(m)；

　　h——码头上部结构高度(m)；

　　Δ——波峰面以上至上部结构底缘的富裕高度(m)，一般不超过1m。

4. 码头泊位尺度

码头泊位尺度包括码头岸线长度和码头前沿水域宽度。码头的岸线长度应满足泊位长度的要求，而泊位长度是指停靠在一艘设计船型所占用的码头线长度。掩护码头的泊位长度与系缆及工艺要求有关，开敞式码头除与上述因素有关外，还应考虑缆绳有足够的长度，以便吸收船舶功能。

单个泊位和多个泊位码头长度的确定方法略有不同。考虑到系缆的要求，除泊位与泊位之间要留有一定的间距外，端部泊位在外端部也需要有一相当于泊位间距的富裕距离。富裕距离的大小与首尾缆绳长度和角度有关，一般与船体长短有直接关系。对有掩护港口的通用码头，单个泊位的长度可用式(8-6)计算：

$$L_b = L + 2d \tag{8-6}$$

式中：L_b——码头泊位长度(m)；

　　L——设计船长(m)；

　　d——富裕长度(m)，采用表 8-8 中的数值。

富 裕 长 度 d　　　　　　表 8-8

L(m)	<40	40~85	86~150	151~200	201~230	>230
d(m)	5	8~10	12~15	18~20	22~28	30

码头岸线呈突堤式时,沿突堤之间就形成了港池。随着港口装卸机械效率的提高,码头岸线布置越来越倾向于采用宽突堤布置。当突堤的宽度足够宽时,突堤一侧可布置多个泊位,形成泊位组。港池宽度应满足船舶航行和在泊位上掉头的需要(在特殊情况下也可采取在港池外的连接水域掉头)。

开敞式码头岸线长度一般应按式(8-7)取值:

$$L_b = (1.4 \sim 1.5)L \tag{8-7}$$

式中符号意义同式(8-6)。

码头前沿水域的宽度一般称为泊位宽度。泊位宽度是为了保证船舶在系泊、停靠过程中的安全而设置的水域宽度,一般取 2 倍船宽。

5. 仓库与堆场

仓库与堆场是供货物在装船前或卸船后短期存放使用。多数较贵重的杂货都在仓库内堆存保管;不怕风吹日晒雨淋的货物如矿石、煤炭、钢铁和矿建材料等放入露天堆场或货棚内,而这种散装货物的堆场常常远离码头,以免对环境产生污染。对不同的专业码头,需建造不同的仓库,如散粮码头需要造圆通粮仓,而石油码头则需建造油库。

从港口库场至码头前沿为码头前方场地,又称码头前沿作业区。这里既要布置装卸机械,又要安排火车、汽车的通道为货物转运方便,或是进入库场,或是直接运往港外。码头前方场地通常是港口最繁忙的地区。

在有旅客运输的港口,还需专门设立客运码头。在临近码头的附近建有港口客运站,供旅客候船休息以及购买船票、存取行李。客运站周围通常需要留有一定场地,供市内交通在此接转旅客,以及设置各种服务网点使用。

6. 港口装卸机械

装卸机械是港口最基本的设施之一。通常将港口机械分为四大类,即起重机械、输送机械、装卸搬运机械、专用机械。

现代港口装卸工作基本上都由各式各样的机械来完成。它们在港口通常进行以下工作:对船舶实施装卸作业;对火车和汽车车辆实施装卸作业;在船舱内进行各种搬运、堆码和拆垛等工作;在库场内进行起重、搬运、堆码、拆垛等工作。

港口码头前方的机械多数用于对船舶装卸,其起重量的大小往往决定了来港货物单元的组成;港口后方的机械则多数用于库场与库场、库场与车辆之间的倒载,此类机械的起重量一般不是很大。

专业化的码头通常都设有专门的装卸机械,如煤炭码头设有装船机,散粮码头设有吸粮机,集装箱码头前方设有集装箱桥,后方设有跨运车、重型叉车等。

7. 铁路与道路

中国海港大多集中在东部地区,腹地纵深辽阔,因此,铁路和公路是中国港口货物集疏运的主要方式。

(1)港口铁路系统的组成及其功能。为了完成货物在铁路网与港口之间的转运,一个完整的港口铁路系统需由港口车站、分区车场及货物装卸线等 3 部分组成。各部分的基本功能为:

①港口车站。港口车站承担来自路网或码头方向列车的到发、编解、选分车组和向分区

车场或装卸线取送车辆等作业。港口车站距码头、库场作业区不宜太远,以便于取送车作业。

②分区车场。分区车场承担分管港区范围内的车辆分组、集结及向前方库场、二线场、分运中心或码头装卸线取送车等作业。根据车流的性质,有条件时也可接发直达列车。分区车场宜布置在临近泊位或库场装卸线。

③装卸线。装卸线布置在库场或码头上供停车进行装卸作业的线路。来自路网的列车,一般在接轨站解编后,以小运转方式牵引至港口车站,路港之间一般在接轨站或港口车站的到发线办理车辆交接手续。到达港口车站的列车,在港口车站按码头作业区分类编组后送往分区车场。一个分区车场一般分管若干个泊位的库场装卸线。到达分区车场的车组,需按去往的装卸线解编,然后按作业进度随时向装卸线取送车辆。在港口完成装卸作业后的车辆,在港口车站集结后,以小运转方式牵引至接轨站。

由于运量、货种、接轨站与港区位置和管理方式等不同,港口铁路也可以不设港口车站,其功能由接轨站承担。对货种单一、运量稳定、开行单元列车的专业化散货港口,如秦皇岛港东港区的三、四期煤码头,列车不在港内进行解编作业,港口铁路只设空、重车场(及出发场、到达场)和装卸线。

集装箱专列比较适宜在分区车场解编和集结。

(2)港口铁路总布置图。港口铁路按其各部分位置的配置不同,可分为横列式、纵列式和混合式三类。

图8-2所示为港口车站、分区车场和装卸线纵列布置形式。其车辆取送按顺序进行,无折反行程,车站咽喉区利用均衡,各车场的调车作业互不干扰,通过能力大。其最大的缺点是需要较长的场地。

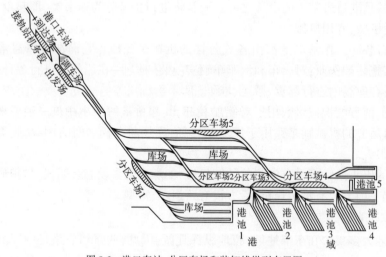

图8-2 港口车站、分区车场和装卸线纵列布置图

(3)分区车场布置。设置分区车场的目的是为了缩短装卸线调车作业时间,及时为装卸线供应所需车辆。划分分区车场时,应使各分区车场的作业量均衡。一般情况宜按一台机车调车作业能力来考虑,同时尽量与港口作业区划分一致。分区车场内应设置的线

路包括：

①到达线:接纳来自港口车站的车组；

②编组线:供分编去往各装卸线的车辆用；

③集结线:停放各装卸线集结的车辆,以便送往港口车站；

④机车走行线:机车在车场内的通行线。

分区车场线路不必像港口车站那样各股道功能很明确,可灵活调度使用。

港内铁路联络线的平曲线半径一般不小于250m,纵坡一般不大于0.25%。港口铁路区间正线一般也可采用上述数据。港口铁路布置的实际困难常常发生在依据当地条件如何满足铁路平面、纵断面的技术要求。港口铁路的技术条件执行《工业企业铁路技术标准》。

（4）港口道路。随着我国公路建设,特别是高速公路的快速发展,公路运输在港口对外集疏运所占的比例越来越高,一些综合性港口其公路运输比例已超过铁路运量。公路运输已成为中国目前港口集疏运的主要方式。

港口道路包括进港道路及港内道路两部分。进港道路按港口公路货运量大小分为3类:

①主干道:全港(或港区)的主要道路,一般为连接港区主要出入口的道路；

②次干道:港内码头、库场、生产辅助设施之间交通运输较繁忙的道路；

③辅助道路:库场引道、消防道路以及车辆和行人均较少的道路。

港内道路系统应包括停车场、汽车装卸台位等设施。港口道路的建设要充分考虑汽车运输大型化趋势及一些专用车辆的运输要求。

三、码头能力估算

(一)码头规模

码头是港口生产的中心。一个港口可同时停靠码头进行装卸作业的船舶数量,即泊位数,是港口的主要规模指标之一。港口其他设施的规模一般均与码头泊位数量配套或相互协调。因此,确定码头规模是确定港口规模的主要依据之一。

码头规模包含泊位停船吨级和泊位数量两个指标。停船吨级主要取决于货种、航线运距和吞吐量。一般情况,运距越长、船舶吨位越大,单吨运输成本越低。泊位数量取决于码头效率和船舶周转量(1年间到港的船舶数量)。码头停船吨级可参考表8-9中。

码头停船吨级 表8-9

船型	远洋	沿海、近洋	备注
多用途船、普通杂货船	$1.5×10^4$t	5000t	
集装箱船	干线:4300~6000TEU	1500~2100TEU	准备6000TEU以上
成品油船	$6×10^4$~$8×10^4$t(巴拿马型)	3000t、$3×10^4$t	
原油船	$25×10^4$~$28×10^4$t(进口)	$5×10^4$t、$12×10^4$~$15×10^4$t	选择极限$30×10^4$t
矿石船	$15×10^4$~$18×10^4$t(进口)		选择极限$25×10^4$t
粮食船	$8×10^4$~$12×10^4$t(进口)	$3×10^4$t(巴拿马型)	
煤船		$3×10^4$t(卸)、$10×10^4$t	

在规划阶段,泊位的通过能力可参考表8-10中的数据,所需泊位数量 S 为:

$$S = \frac{Q}{P_t} \tag{8-8}$$

式中: Q——码头年作业量;

P_t——一个泊位年通过能力,参考表8-10。

泊位通过能力参考值　　　　　表8-10

船 型	停船吨级	通过能力(10^4t)	备 注
多用途船、普通杂货船	5000t	20~30	以件杂货为主,当集装箱超过 10^4TEU 时,可提高20%~30%
		30~40	以散杂货为主
	15000t	40~50	以件杂货为主,当集装箱超过 10^4TEU 时,可提高20%~30%
		50~60	以散杂货为主
集装箱船	1500~2100TEU	2(15~18)×10^4TEU	2个泊位,4台装卸桥
	4300~6000TEU	2×30×10^4TEU	2个泊位,6台装卸桥
成品油船	3000t	50~70	
	3万t	400~500	
	6~8万t	600~700	
原油船	5万t	500~600	
	25~28万t	1700~2000	
矿石船	15~18万t	1200~1300	2台卸船机,2×2500t/h
粮食船	3万t	1500~200	采用大船以降低单吨运输成本
		300~350	
	8~12万t	500~700	
煤船	5万t	300~400	门座抓斗起重机3~4台
		800~1000	装船机6000t/h,串联翻车机

通常,确定泊位数是根据装卸系统设计选择适当系数、指标,较精确地估计出 P_t 后,再确定泊位数。

$$P_t = \frac{T_y G}{\dfrac{t_z}{24 - \sum t} + \dfrac{t_f}{24}} \rho \tag{8-9}$$

式中: T_y——泊位年营运天;

G——设计船型在本港口的装载量;

t_z——装卸一艘设计船型所需要的时间(h): $t_z = \dfrac{G}{p}$;其中: p 为设计的船时效率,按运量、货种、船舶性能、作业线数和管理等因素综合考虑；

t_f——船舶的辅助作业、技术作业时间以及船舶靠离泊位时间之和(h)，当无统计资料时，可参考表8-11选取；

ρ——泊位利用率；

$\sum t$——昼夜生产时间之和(h)，包括工间休息、吃饭、交接班时间，视情况而定；集装箱泊位不应该超过1h。

泊位作业时间参考　　　　　　　　表8-11

项目	靠泊时间	离泊时间	开工准备	结束	公估	联检
时间(h)	0.5~1.0	0.5~0.75	0.75~1.0	0.75~1.0	1.5~2.0	1.0~2.0

(二) 最优泊位数

前述计算出的泊位数量S，并没有与泊位建设投资、船舶营运效益联系起来，以下继续讨论泊位最优化。

码头的泊位数必须保证有充足的通过能力，高效率地完成相应的吞吐量。由于港口生产的随机性，港船数与泊位数正好相等的概率是很低的。可以设想，若从港口设施投资获取最大利益的角度出发，必须拥有足够多的泊位，并保持接近100%的利用率。在这种情况下，到港船舶不免要经常排队等泊，航运公司不堪负担，如邻近有港口竞争，货流势必转移。反之，如果要求船一到港就能靠泊作业，那么港口必须拥有过多的泊位，这样就会出现多数泊位不得不经常闲置的情况。因此，从宏观控制的角度来看，若完成港口总吞吐任务的全过程发生在港口和船方的总费用为最小，则此时的港口规模是最佳的，相应的泊位数常称为最优泊位数。

(三) 最优泊位数的预测

港口和船舶发生的总费用 C_S^T 为

$$C_S^T = C_b + C_s = c_b NS + c_s N \bar{n}_s \tag{8-10}$$

式中：C_b——N期间发生的泊位总费用；

C_s——N期间船舶在港发生的总费用；

c_b——泊位日平均营运费(万元/日)，可通过本泊位投资和港内设施投资总额分摊到泊位的数额之和近似估算，表8-12是参考值；

c_s——船舶在港日均费用(万元/日·艘)，可参考表8-13中的数据；

N——港口营运期，通常 N = 365 天；

S——码头泊位数；

$\bar{n}_s$——泊位数为S时，N期间内平均在港的船数(艘/日)。

泊位日平均营运费　　　　　　　　表8-12

泊位种类	停船吨级	c_b(万元/日)	泊位种类	停船吨级	c_b(万元/日)
多用途船	5000t	1.55	集装箱	1500~2100TEU	3.89
	15000t	2.92		4300~6300TEU	6.98

船舶在港日均费用 表 8-13

船种	吨级	c_s（万元/日/艘）	单吨(箱)分摊车队费用（万元）	船种	吨级	c_s（万元/日/艘）	单吨(箱)分摊车队费用（万元）
集装箱船（TEU）	700	8.5	1	散货船（DWT）	40000	9.6	1
	1700	17.2	0.834		70000	13.8	0.82
	2900	27.6	0.784		150000	22.8	0.63
	4300	30.4	0.582	油船（DWT）	20000	9.2	1
杂货船	500	3.0			30000	11.4	0.83
	10000	5.2			70000	18.0	0.56
多用途船	500	4.8			125000	22.0	0.38
	20000	8.0			280000	31.8	0.25

四、码头的平面布置

(一)集装箱码头

目前，国际集装箱船出现大型化、规模化的趋势，巨型巴拿马型、超巴拿马型船逐渐增多。巴拿马型集装箱船的码头装卸作业地带布置如图 8-3。

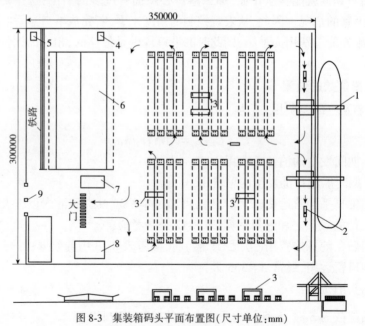

图 8-3 集装箱码头平面布置图(尺寸单位:mm)

1-岸边集装箱装卸桥;2-拖挂车(牵引车-底盘车);3-轮胎式龙门起重机;4-加油站;5-电力站;6-拆装箱库;7-办公室;8-维修车间;9-门房

集装箱码头装卸作业地带一般包括：

(1)码头前沿作业地带;

(2)集装箱堆场;

(3)拆装箱库、货运站(CFS);
(4)大门、停车场、通道、管理中心。
一般船岸间作业均采用集装箱装卸桥,装卸桥的性能参数如表 8-14。
停靠巴拿马型船的码头一般前沿作业地带宽度为 70~80m。

装卸桥性能参数　　　　　　　　表 8-14

船 型	吊重 (t)	轻轨距 $B(m)$	前伸臂 长 $A(m)$	后伸臂 长 $C(m)$	上举高 $D(m)$	卷上速度 (m/min)	横行速度 (m/min)	装卸效率 (自然箱/h)	40t 箱占 50% (TEU/h)
前巴拿马型船	30.5	16	32	9	19.5	30	130	20	30
巴拿马型船	30.5	30.5	36.1	16	25	40	152	25	37
巨型巴拿马型船	36	30.5	36.1	16	29	40	152	25	37
超巴拿马型船	50	30.5~35	47.5	25	33	52	210	34~50①	45~75

注:没有第二台车系统,效率可达(50~60)箱/h。

(二)多用途杂货船码头

多用途杂货码头与传统件杂货码头的差别有两点:

①多用途杂货船装载货物类型比较多,从集装箱到各种包装形式的杂货乃至散货,因此,装卸设备配套能力比传统件杂货码头强;

②多用途杂货码头纵深大,以适应多类型货物存储,特别是集装箱占用场地大(包括拆装箱库)。

图 8-4 是多用途两泊位杂货码头的布置图。视货种情况有三种布置:

(1)前沿仓库式。即临近前沿布置仓库,适用于货物入库比重较大泊位。

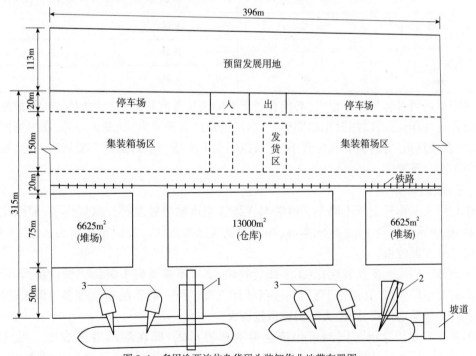

图 8-4 多用途两泊位杂货码头装卸作业地带布置图
1-箱货两用门座起重机(装卸桥);2-门座起重机;3-轮胎式起重机

(2) 前沿堆场式。即临近前沿为堆场，其后为仓库。

(3) 半库半场式。是一种灵活布置，对货种适应性好一些。图中以自办集装箱、件杂货为主的半库半场式布置。表 8-15 是其装卸设备配置的参考数据，泊位按两个 15000t 级泊位设计，可同时停靠一艘 2 万吨级船和 1 个万吨级船，或 3 艘 5000t 级船。

装卸设备配置的参考数据　　　　　　　　表 8-15

设备名称	设备能力	数量	备注
箱货两用门座起重机	40t	1 台	装卸船
门座起重机	25t	1 台	装卸船
轮胎式起重机	30t	1 台	装卸船
	20t	2 台	装卸船
	6t	2 台	装卸船
叉车	36t	1 台	堆场
	16t	10 台	堆场
	5t	7 台	堆场
	3t	6 台	堆场
牵引车	40ft(12.2m)	3 辆	
	Q_{20}	14 辆	
底盘	40ft(12.2m)	8 辆	
平板车	5t	18 辆	
	10t	4 辆	

由于车船两者容量相差很大，必须在船岸间的快速货流和码头腹地间缓慢、零散地集疏运间设置缓冲存储区，以加速车船周转。此外，进出口货种繁多、到发地各异，在库场内还需分类、核查，履行必要的验关和发货手续，所以码头上库场大小对加速车船周转、提高港口通过能力是十分重要的。

(三) 滚装码头

滚装码头又称开上开下码头。滚装船在集装箱运输中曾发挥过重要作用，但因此类船造价高、集装箱装载量少、单吨成本高，在远洋航线已被淘汰。我国车客滚装运输，在海峡、陆岛间运输发展较快。

开上开下码头的优点表现在：①装卸货物快；②可不需要码头装卸机械设备；③货物装车后不需要中间装卸，直接"门到门"；④可装运汽车、货车、载箱的拖车等多种形式的货物。其缺点就是船舶造价高，潮差大时斜坡道投资大。

图 8-5 为多用途码头同时可停滚装船的布置形式，即在端部增设坡道。当只需要一个泊位时，其优选位置是布置在转角处，如图 8-5a)；多泊位时可采用折线布置，如图 8-5b)。

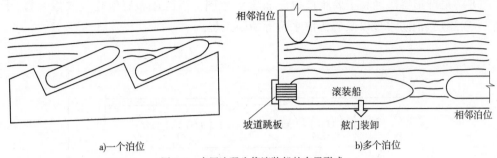

a) 一个泊位　　　　　　　　　　b) 多个泊位

图 8-5　多用途码头停滚装船的布置形式

(四) 液化石油气(LPG)专用码头

随着经济发展和人民生活水平提高,液化石油气(LPG)运量将会逐年增加。日本港口每年进口 LPG 超过 1000 万吨,我国台湾每年进口 200 万吨左右。我国大陆港口亦开始装卸 LPG。

LPG 属危险品,极易引起爆炸,需设专用码头,且应与其他码头保持足够的安全距离。

表 8-16 是 1997 年建造的 LPG 实船数据资料。

LPG 实船数据资料　　　　　　　　　　　　　　　　　表 8-16

载重吨 (t)	LPG 舱 (m^3)	总吨 (t)	船长 (m)	船宽 (m)	外形高 (m)	吃水 (m)	船泵性能及数量	船速 (kn mile)
3940	3300	3607	96.00	16.20	7.5	5.49	$250m^3/h \times 120m \times 2$	12.7
26943	35454	22289	169.90	27.40	18.20	11.10	$400m^3/h \times 20m \times 6$	19.5
49301	75377	42304	224.00	36.00	20.70	11.00	$600m^3/h \times 100m \times 8$	16.0

图 8-6 是可停靠载重 5000~50000t 级(DWT)LPG 船的专用码头布置图。由于船型、吨级变化较大,故布置了两个主靠船墩(BD)和两个副靠船墩(MD)。两靠船墩间距宜为 (0.3~0.4)倍船长,这样可使靠船墩护舷与船体直线段接触。中央装卸平台前沿较靠船墩前沿一般后退 2m,以避免与船舶接触。

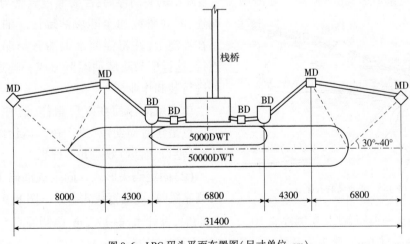

图 8-6　LPG 码头平面布置图(尺寸单位:cm)

图 8-7 是球形罐罐区和主要生产设施布置示意图。港区还布有液化气放散装置、干粉罐室、干粉罐塔、消防水枪以及码头前水幕等消防工程。

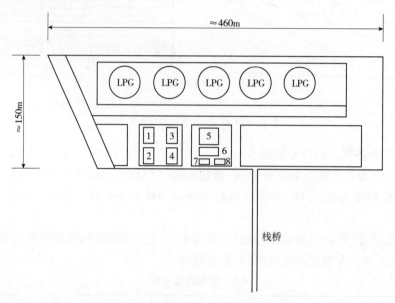

图 8-7　LPC 球形罐罐区和生产设施布置示意图

1-热交换器；2-输出电热装置；3-泵房；4-再液化压缩机房；5-管理室；6-机电室；7-计量室；8-抽水站

（五）油码头

航行于国际航线的原油船，主要船型为 22~30 万载重吨，船舶吨位比较大，吃水也比较深。从安全考虑，一般原油码头都远离市区和其他港区，布置在天然水深较大的新区。

原油船船岸间装卸通过设在码头上的输油臂或软管，输油臂在油船横移五六米、纵移正负 3.0m 均可正常工作。竖向工作范围可达 15~20m。加之油船吨级大、耐波力强，因此，装卸系统泊稳要求较低。原油码头多为开敞式布置，有两种基本形式：

(1) 单点系泊形式（图 8-8）。在海中设一装卸油的专门浮筒，浮筒通过软管与海底管线相连，海底管线通至陆域油罐区。油船到港后系在浮筒上，并将浮筒水上油管与船上接油口连接，这样船与陆域油罐区形成一连通系统，即可进行装卸作业。

单点系泊浮筒在工厂制作，这种形式的最大特点是建造周期短、投产快。运行经验表明，系统（港口、航运）效益并不理想。

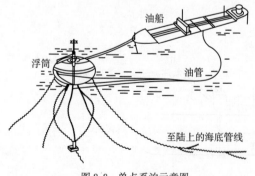

图 8-8　单点系泊示意图

(2) 固定码头形式。固定式油码头，当需要两侧靠船时，可呈直线式布置。图 8-9 是大连港站鱼湾油码头平面布置图，东侧停靠 10 万吨级油船，设计水深 -17.5m，西侧停靠 5 万吨级油船，设计水深 -14.0m。码头为开敞式布置，结构设计波高 $H_{1\%}=6.1m$。

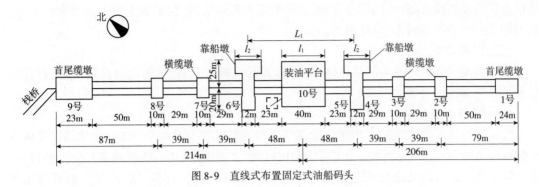

图 8-9 直线式布置固定式油船码头

第三节 港口物流园区规划设计

一、港口物流园区功能

物流园区(logistics park)是指为了实现物流设施集约化和物流运作共同化,或者出于城市物流设施空间布局合理化的目的而在城市周边等各区域,集中建设的物流设施群与众多物流业者在地域上的物理集结地(物流术语 GB/T18354—2006)。港口物流园区功能基本上可概括为以下几个方面。

(一)中转功能

(1)国际中转。是指货物起运地和目的地位于两个不同的国家,该货物的运输通过在第三地港口的换装运输工具而得以实现。货物在起运港一次报关即可,无须在中转港进行二次报关或二次查验。对港口物流园区来说,即对国际、国内货物在园区内进行分拆、集拼后,转运至境内外其他目的港。

(2)国内中转。是指货物起运地和目的地位于同一个国家,该货物的运输通过在第三地港口的换装运输工具而得以实现。

(3)保税中转。是指对中转货物在中转地港口的某一保税物流区予以保税。即境内货物进入该区域视同出口,予以退税;境外货物进入该区域免征关税和进口环节税;中转货物在区内可以自由流通,不征增值税和消费税。

(4)非保税中转。是指对中转货物不予以保税,境外货物到港即视为进口,须清关、等待海关查验、缴纳关税和进口环节税;境内货物须报关结束,装船起运后视为出口,予以退税。

(5)水水中转。指货物中转运输由两程或多程的水路运输完成,如干支线中转,不同航线中转,内河远洋中转等。

(6)水铁中转。指港口货物中转运输由水路运输和铁路运输完成。

(7)水公中转。指港口货物中转运输由水路运输和公路运输完成。

(8)多式联运中转。指港口货物中转运输由多种不同的运输方式完成。

(二)配送功能

港口物流园区的配送功能是指港口利用临近口岸、专业化和信息化的优势,在库存仓储、存货管理的基础上为企业生产提供后勤服务,即时配送企业所需原材料、零配件等物料,提供包括专业物流方案设计、库存管理、实物配送和搬运装卸、包装加工等一系列物流服务。从而使货主企业节省运输、仓储成本。

(三) 贸易功能

港口物流园区的贸易功能具体体现在：开展国际转口贸易、发布商品交易信息、召开商品展示及贸易洽谈会等。

(四) 增值加工功能

港口物流园区的增值加工功能是指某些原料或产成品从供应领域向生产领域，或从生产领域向消费领域流动过程中，为了有效利用资源、方便用户、提高物流效率和促进销售，在港口物流园区中对产品进行的初级或简单再加工，如再包装、分拣、刷唛、除去杂质的加工等。在物流园区内所完成的流通加工可以增加运输、仓储、配送等活动的附加价值，同时也提高了物流过程本身的价值，使用户获得价值增值。

(五) 集装箱服务功能

港口物流园区可利用临近港区的优势，为口岸运输提供基础的集装箱管理服务功能，包括：集装箱的堆存、调运、送港、疏港，集装箱的维修、清洗、熏蒸，冷藏箱的保管和调运，集装箱货物的装箱、拆箱、拼箱等。

(六) 保税物流功能

不少港口物流园区都兼具保税区的功能。保税区是我国借鉴国际上自由贸易区和出口加工区的成功经验，结合我国国情，在重要的外运港口设立的。基本功能有 3 个：其一是保税仓储、商品展示等贸易服务功能；其二是国际转口贸易功能；其三是出口加工功能，保税区内企业加工生产的产品以销售为主。海关对境外进入保税区及在区内流转的货物，按照国际通行做法进行监管，除国家禁止和限制进出口的货物外，原则上允许所有货物与国际市场自由流通，海关凭货运单验收；区内进口物资，可以在区内企业间相互转让、买卖、借用等。保税区不能建立商业、娱乐业等消费行业。

我国最初设立的保税区基本上是与港口隔绝，使保税区的出口加工、转口贸易和保税仓储等功能的发挥都不能以港口为依托，难以增强货物、资金和资讯的聚集和扩散能力。货物不能直接从港口进入保税区，货物进出口流通都要经过港口和保税区两道海送检验报关手续，即"二次报关"，货物流通手续复杂，流通效率低，而港口也难以利用保税区的开放优势。由此，2002 年首次提出并开始建设"区港联动"试点。自此保税物流功能形成了 3 个层次：第一个层次是区港联动下的保税物流园区，其开放程度最高；第二个层次是公共型，即 A 型、B 型两种保税物流中心，A 型由一家企业投资建设，为自有物流服务，B 型由多家物流企业经营，具有一定规模和综合服务功能；第三个层次是传统的、经过优化的保税仓和出口监管仓。

二、港口物流园区规模估算

(一) 物流园区总体规模

作为枢纽港的组成部分，港口物流园区是区域经济的基础设施，需要结合区域经济规模来测算物流园区的规模。

以每年作业 365 天计，用式(8-11)估算物流园区建设总面积 S。

$$S = L i_1 i_2 \alpha / 365 \tag{8-11}$$

式中：S——物流园区建设总面积（$10^4 m^2$）；

L——预测规划目标年份的全社会物流总量（$10^4 t$）；

i_1——目标年份第三方物流（3PL）市场占全社会物流市场的比例；

i_2——规划目标年份 3PL 通过物流园区发生的作业量占 3PL 全部物流作业量的比例；

α——单位生产能力用地参数（m^2/t）。

1. 规划目标年全社会物流总量 L 的预测

社会物流总量的预测采用目前业界最常用的指标——全社会货运量来表征整个物流业的发展趋势和规模。由于我国目前统计制度和统计方法很不完善，社会物流量没有列入统计范围，缺乏统计数据，而且从其他统计资料里也提取不出社会物流量的统计数据。

运输是物流活动的核心环节，全社会货运量最能够反映整个物流业的发展规模。预测方法可采用定量和定性相结合的方法。常用的定量方法有一元线性回归、多元线性回归、弹性系数法、灰色 GM(1,1) 模型、货运强度法等。在定量预测的基础上，借助专家的知识和经验进行定性的协调和平衡，使近期、远期预测结果合理统一。

2. 比例系数 i_1 的取值

通过对规划区域内大量、典型的工业企业和商业企业的问卷和走访调查，得出在规划目标年份企业使用第三方物流的比例，即可得到规划目标年份 i_1。

第三方物流自 20 世纪 80 年代末在欧美出现以来，需求旺盛，发展迅速，如今 3PL 完成的物流量占整个物流市场的比重已相当可观。可以参考国外部分国家 3PL 比例（详见表 8-17），并根据规划区域的经济、物流发展水平来确定 i_1。

国外部分国家 3PL 占物流市场比例 表 8-17

国家	美国	日本	德国	法国	荷兰	英国
比例(%)	57.0	80.0	23.8	26.9	25.0	34.5

3. 比例系数 i_2 的取值

现代物流规模经济的特点非常明显，即物流园区入驻的第三方物流企业数目越来越多。第三方物流企业进驻物流园区发展，是市场竞争的必然要求，也符合世界物流的发展趋势，因此可以认为，在规划目标年份各类第三方物流企业的作业量绝大部分在物流园区中完成。又考虑到目前和以后较长一段时间还存在着一定数量的货运配载市场、交易中心，将会分流部分第三方物流量；未进入物流园区的部分小型物流配送中心也会带走少量第三方物流量。

给出规划目标年份进入物流园区的第三方物流量占全部第三方物流市场比重的估算值，推荐比例系数 i_2 的取值为 60%~80%。当地经济总量大，市场化程度高，物流市场需求大，则 i_2 取大值。

4. 单位生产能力用地参数 α 的取值

可以参照国外物流园区的建设经验来取值。目前，日本东京物流园区的单位生产能力用地参数 α 为 $40\sim60 m^2/t$，考虑到中国城市的经济发展水平及总量远比不上东京，但再过十几年有的城市可能会接近东京目前的实力，因此在中国物流园区规划建设时 α 的取值要比 $40\sim60 m^2/t$ 小。另一方面，物流园区的建设规划可以参考公路枢纽货运站场的布局规划。在公路枢纽货运站场规划中，α 通常取值为 $20\sim40 m^2/t$。考虑到物流园区要比公路枢纽货运站场的功能全面、强大,因此在物流园区规划建设时 α 的取值要比 20~40m²/t 大。综合上述 2 种因素,在物流园区规划中单位生产能力用地参数 α 可以取值为 30~50m²/t。当地经济总量大,对周边地区影响辐射强,则 α 取大值;反之取小值。

(二)物流园区建设规模的确定方法

1. 比例汇总法

比例汇总法思路为:先按流向比例分担,再按物流通道汇总,最后得各个园区规模。

根据物流园区产生的原因、作用、布局原则、发展趋势及国外物流园区的建设经验,假设物流园区布置在城市的物流通道上;某方向的物流通道上如果没有某种运输方式,则此种运输方式的预测货运量在此物流通道上的分担数量为 0;物流园区之间的交换物流量很少,忽略不计。

(1)根据规划区域的统计资料,对历年铁路、公路、水运、航空等各种运输方式的货运量进行分析,并按照不同的运输方式分别预测在规划目标年份的货运量 L_k[$k=1、2、3、4$,分别表示铁路、公路、水运、航空 4 种运输方式(管道运输忽略不计),k 应根据当地的实际情况取值]。

(2)根据统计资料得出历年各种运输方式的流向比例,结合交通规划、城市规划等,可以预测出规划目标年份各种运输方式在不同物流通道上的流向比例 β_{kj}($j=1、\cdots、5$,表示规划区域对外的物流通道数,应根据实际情况取值),显然 $\sum_j \beta_{kj}=1$。

(3)把 L_k 按照 β_{kj} 进行比例分担,得到规划目标年各运输方式在不同物流通道上的预测货运量 $L_{kj}=L_k\beta_{kj}$,$\sum_j L_{kj}=L_k$。

(4)再把同一物流通道方向上的 L_{kj} 相加,得到规划目标年在某一物流通道方向上总的预测货运量 $L_j=\sum_k L_{kj}$。

(5)用 L_j 除以预测物流总量 L 所得的比例系数与物流园区规划总规模 S 相乘,即得到在某一物流通道方向上所布置的物流园区的规划建设规模。

根据上述,又有

$$S_j=\frac{L_j}{L}S, L=\sum_k L_k=\sum_j L_j=\sum_k \sum_j L_{kj} \tag{8-12}$$

成立。各运输方式的预测货运量、各物流通道上分担量的协调,要满足式(8-12)的总量控制。

2. 类比法

由于缺少通用的标准,可以类比现有的物流园区来确定规划物流园区的建设规模。世界各地一些物流园区和大型物流中心用地规模见表 8-18,一般最大不超过 $100\times10^4 m^2$。

典型物流园区或物流中心规模　　　　表 8-18

地　点	物流园区	规模($10^4 m^2$)
日本	—	74.0(20 个物流园区平均)
韩国	富谷、梁山	各自 33.0
荷兰	—	44.8(4 个物流园区平均)
比利时	Cargovil	75.0

续上表

地　点	物流园区	规模($10^4 m^2$)
德国	不莱梅货运村	100.0
	莱茵河货运村	76.0
	莱比锡货运村	96.0
西班牙	马德里物流中心	100.0
加拿大	CN铁路物流园区	80.0
中国香港	东涌物流园区一起构成	77
中国台北	松山物流中心	70

考虑到影响未来发展的因素多种多样,错综复杂,因此在实际应用中,可以在比例汇总法和类比法的基础上,咨询专家的意见,并作调整,最终得到更合理的规模。

【本章小结】

本章在介绍枢纽港口相关概念、基本组成和功能的基础上,详细阐述了枢纽港口的功能区布局和相关规模的估算。讨论了港口物流园区规划问题,主要内容涵盖物流园区的功能分析、功能区布局和相关规模确定等。从总体上搭建了枢纽港口设计的基本知识框架。

【案例分析】

案例1 洋山港物流功能区布置(图8-10)。

图8-10　洋山港物流功能区布置图

根据物流园区的规划功能以及不同功能区的业务特点、作业方式和布置形式,洋山深水港物流园区规划布置7大功能区。

(1)港口辅助区。洋山港区的一部分生产辅助设施放至芦潮港地区配套工程的洋山港物流园区内,以减少外海造陆量。该物流园区内的洋山深水港区生产和辅助生产区设施主要包括集装箱拆装箱,集装箱空、重箱堆存、修箱等用地,规划面积约$1.44km^2$。

(2)铁路换装区。其功能主要是通过铁路提供港口向内陆地区的转运条件,规划应设铁路装卸线、铁路站台、铁路拆装箱库场、铁路堆场等,规划面积约$0.87km^2$。

(3)内河港区。为实现洋山深水港区集装箱多式联运,该物流园区内配套建设内河港区,其中内河集装箱港区设计年吞吐量100万TEU/年,设计船型采用江南水港地区内河集装箱自航驳。

(4)国际物流区。目标引进15家至20家国际著名的物流企业。该区主要实现物流的仓储、分拨配送和物流加工等基本功能,规划面积约 0.81km²。

(5)危险品作业区。为保证安全生产,危险品应集中布置在用地区域的边角地带和临水地带。规划危险品作业区位于五尺沟南侧,面积约25万平方米。

(6)综合配套设施区。提供政府配套服务,主要包含工商、税务、海关、商检、邮政等;以及包含银行、保险等金融配套服务,信息服务和各种公共设施、设备服务,规划面积约60万平方米。

(7)口岸查验区。包括海关、检验检疫等口岸机构、闸口及检验设施,布置在园区靠近沪芦高速公路一侧内。园区内口岸服务区规划面积约66万平方米。

案例2 连云港综合交通枢纽规划。

连云港定位在区域性国际交通枢纽,包括两个层面:我国重要的综合交通枢纽、亚欧之间重要的国际交通枢纽。

(一)连云港建设区域性国际交通枢纽的条件

1. 发展状况

连云港市作为新丝绸之路中国公路大通道东起点,是全国45个公路主枢纽之一,长三角国家级综合运输枢纽,国道主干线"两纵两横"中的同三、连霍"一纵一横"两条高速公路在境内交汇。已建成的连徐、汾灌、淮连三条高速公路在境内244km,连盐高速公路在境内43km,全市高速公路密度达 3.27km/100km²,为江苏省最高。全市境内有3条国道、7条省道,分别为204、310、327国道,235、236、242、245、323、324、326省道,国省干线公路里程达513km。全市农村公路达7066km,其中等级公路4594km。初步构建了以高速公路为主骨架,10条国、省道干线公路为依托,县、乡公路为支脉的四通八达的公路网络。公路初步形成以沿海高速、连徐高速、宁连高速等为骨架的高等级公路网。内河航道发展比江苏省平均水平29.9%高近10个百分点。2008年底等级航道为442km,占全市航道总里程的39.96%,比江苏省平均水平29.9%高近10个百分点。航空运输低位快速发展。连云港机场的运输能力增长迅速,有多条航班直达北京、广州等城市。

2. 基本特点

一是以连云港为龙头的沿海港口群发展迅速,港口功能和能力快速提升。连云港服务中西部和苏中、苏北腹地的集疏运系统已经具备雏形。东陇海铁路复线电气化改造已经完成,双层集装箱列车可以从连云港直达中西部地区;连云港疏港航道即将全线建成;连临高速、东疏港高速也已于2010年建成通车。

二是纵贯南北的沿海运输通道逐步形成,与长三角核心区及苏中、苏北腹地的交通联系不断加强。2008年,苏通大桥建成通车,由沿海高速公路、204国道和通榆河航道等构成的沿海运输通道,为沿海地区的产业、城镇发展提供了有力的支撑,加强了连云港与山东沿海、苏南、上海和浙江等地的交通联系。

三是综合交通网络初具规模,为大陆桥沿线、江苏沿海地区经济社会发展提供了有力支撑。

3. 区域性国际交通枢纽建设布局

一是双层次集疏运交通体系。交通运输是加快建设连云港国家区域经济枢纽的基础和先导。按照建设区域性国际交通枢纽的要求,服从延伸"一体",强化主港区,突出枢纽功能和港口"一体"带动"两翼","两翼"呼应"一体"的发展需要,构筑港区对外和港区内部两个层次的集疏运交通体系。港区对外集疏运通道:支撑港口发展,服务产业开发,打造以铁路公路为骨架、内河水运与管道运输为辅助的中长距离港口集疏运系统。港区内部综合交通体系:发挥港口辐射带动作用,促进城市发展,打造港口到临港工业地区、近港工业区、主要城市物流园区的本地级集疏运输体系。

二是以港口为核心放射状五方向集疏运体系布局。向北部辐射:以公路、铁路为主,管道为辅的交通轴线,连接日照、青岛、烟台等重要结点,融入环渤海湾地区。向西北部辐射:以公路为主的交通轴线,连接山东临沂等鲁西南地区,吸引鲁西南交通运输量。向西部辐射:以公路、铁路为主,水运、管道为辅的交通轴线,是连云港港口对外辐射的主通道。向西南部辐射:由公路、铁路为主,管道为辅的交通轴线,连接淮安、省会南京,带动苏北地区的发展。向南部辐射:由公路、铁路、水运为主的交通轴线,连接盐城、南通、上海等城市节点,带动苏北沿海地区的发展,融入长三角地区。

三是港口立体集疏运体系布局。包括铁路、公路、内河航道、航空通道、管道运输等港口主体运输体系。

(二)连云港综合交通枢纽规划

根据规划,连云港市将以连云港港口为核心,综合发展陆路交通和航空业,大力发展国际航运和现代物流,进一步提高综合服务能力,建设成为我国重要的综合交通枢纽、陇海兰新沿线地区最便捷的出海通道和对外开放的窗口,逐步形成亚欧之间重要的国际交通枢纽。

1. 构建"一体两翼"港口群

按照"一体两翼"组合大港框架,以连云港区、徐圩港区建设为重点,积极推进赣榆港区、灌河港区建设,做好前三岛港区研究、论证等前期工作,加快把连云港建设成为长三角北翼国际航运中心、全国综合运输体系的重要枢纽。

(1)连云港区。建设以集装箱和大宗散货运输为主,兼顾客运和散杂货运输的综合性港区。徐圩港区,以石油、铁矿石、大宗散货运输为主,服务重化工业、装备制造业发展,并承担中西部地区能源等重要物资出海口功能。

(2)赣榆港区。依托临港工业起步,逐步发展成为腹地经济发展和后方临港工业服务的综合性港区。

(3)灌河港区。以散杂货和化工品运输为主,兼顾修造船功能。

加强港口基础设施建设,建成连云港30万吨级深水航道、徐圩港区30万吨原油码头。赣榆港区建成5万吨级航道,开建10万吨级航道。

2. 建设大陆桥国际航运中心

建设连云港航运交易市场和大陆桥国际航运中心功能区,大力发展港口物流,拓展保税、国际贸易、金融保险、信息咨询等功能,加快建设成为大陆桥国际航运中心。

港口基本建成集装箱干线港,逐步形成覆盖全球的国际航运网络。完善口岸"大通关"体系,建设电子数据交换信息管理系统。争取设立连云港保税港区,开放两翼港区口岸。

3. 完善综合交通体系

根据规划,连云港将构筑以海港为中心,公路、铁路、水运、空港、管道运输五位一体的综合运输体系。

铁路方面,加快构筑沿海铁路通道、宁连铁路通道,强化陇海铁路通道。建成连盐铁路、陇海客运专线徐连段,建设南京经扬州至连云港铁路、连宁(直达)城际铁路,推进连云港至临沂铁路建设。

公路方面,建成连云港东疏港、北疏港高速公路、临海高等级公路、徐圩至新浦公路,推进连云港至宿州高速公路建设。

空港建设上,连云港市将建设服务苏北鲁南地区、面向亚太的区域性国际航空港。

【实训题】

1. 以某枢纽港口为例,收集和调研资料,进行该枢纽港口的模拟规划与设计,包括功能区的确定、功能区的布局以及相关规模的确定等内容。

2. 以某枢纽港口为例,收集和调研资料,进行该枢纽港口物流园区的模拟规划与设计,包括物流园区的功能区的确定、功能区的布局以及相关规模的确定等内容。

【复习思考题】

1. 什么是港口？港口的功能及其作用？
2. 怎样对港口进行分类？港口的基本构成部分有哪些？
3. 港口的平面布局形式包括哪几种？
4. 什么是港口腹地？它与港口有着什么样的相互关系？
5. 如何确定航道宽度和航道深度？
6. 防波堤设计与口门布置应符合哪些要求？
7. 港口导航设施有哪些种类？各起什么作用？
8. 如何确定码头的规模？如何对码头的泊位数进行预测？
9. 码头的分类以及其平面布局方式有哪些？
10. 码头前沿高程、码头泊位尺度和码头的泊位数如何确定？
11. 港口物流园区规模的确定方法及各方法的操作过程是什么？

第九章 枢纽机场功能布局设计

【课前导读】 本章讨论了枢纽机场布局设计问题。第一节介绍了枢纽机场的基本概念、分类、构成和功能。第二节阐述了枢纽机场的功能确定以及功能区的布置、相关指标计算和流线组织等内容。第三节阐述了空港物流园区的规划设计,包括园区的功能界定、功能区布局和规模估算等内容。

【知识学习目标】 掌握枢纽机场的基本概念和设计思路。掌握枢纽机场的功能区布局、规模确定和相关指标计算方法。掌握空港物流园区的功能区布局、规模确定和相关指标计算方法。

【能力培养目标】 建立枢纽机场功能区布局设计的理论和方法体系,使学生具备枢纽机场功能布局设计能力。

【教学重点】 枢纽机场功能定位,功能区布局和相关指标计算方法。港口物流园区功能界定、功能区布局和相关指标计算方法。

【教学难点】 枢纽机场功能区平面布局;枢纽机场布局相关指标计算方法;空港物流园功能区平面布局;空港物流园功能区布局相关指标计算方法。

第一节 机 场 概 述

机场是供飞机起飞、着陆、停驻、维护、补充给养及组织飞行保障活动所用的场所。机场、航路和机队构成了民航运输网络。机场是民航运输网络中的节点,是航空运输的起点、终点和经停点。从交通运输角度看,民航运输机场是空中运输和地面运输的转接点。它一方面要面向空中,送走起飞的飞机,引来着陆的飞机;另一方面要面向陆地,供客、货和邮件进出,机场可实现运输方式的转换,因此也可以称作航空站(简称航站)。大型民航运输机场又称为"航空港"。全国各类机场构成了国家机场系统。民用运输机场的基本功能是为飞机的运行服务,为旅客、货物及邮件的运输服务。

(一)机场的分类

1. 按服务对象划分

按服务对象划分,机场可分为军用机场、民用机场和军民合用机场。军用机场用于军事目的,有部分也用于民用航空或军民合用航空。民用机场又分为商业运输机场(通常称为航空港)、通用航空机场以及用于科研、生产、教学和运动的机场。

2. 按航线性质划分

按航线性质划分,机场可分为国际航线机场(国际机场)和国内航线机场。

(1)国际机场。有国际航班进出,设有海关、边防检查(移民检查)、卫生检查和动植物检疫等政府联检机构。国际机场又分为国际定期航班机场、国际不定期航班机场和国际定期航班备降机场。

(2)国内航线机场。是专供国内航班使用的机场。我国的国内航线机场包括地区航线机场。地区航线机场是指我国内地城市与港、澳等地区之间或不定期航班飞行使用的机场,并设有相应的类似国际机场的联检机构。

3. 按机场在民航运输网络系统中所起的作用划分

按机场在民航运输网络系统中所起作用划分,可分为枢纽机场、干线机场和支线机场。

(1)枢纽国际机场。指在国家航空运输中占核心地位的机场。这种机场无论是旅客的接送人数,还是货物吞吐量,在整个国家航空运输中都占有举足轻重的地位,其所在城市在国家经济社会中居于特别重要地位,是国家的政治经济中心或特大省会城市,例如北京首都国际机场、上海浦东国际机场、广州白云国际机场、香港国际机场、重庆江北国际机场等。

(2)区域干线机场。其所在城市是省会(自治区首府)、重要开放城市、旅游城市或其他经济较为发达的城市,如宜宾宗场区域国际机场、无锡硕放区域国际机场等。对于人口密集的城市,无论是其旅客的接送人数,还是货物吞吐量都相对较大。

(3)支线机场。除上面两种类型以外的民航运输机场,如泸州机场、泉州晋江机场等。虽然它们的运输量不大,但作为沟通全国航路或对某个城市地区的经济发展起着重要作用。

4. 按机场所在城市中的性质和地位划分

按机场所在城市的性质和地位划分,可分为Ⅰ类机场、Ⅱ类机场、Ⅲ类机场和Ⅳ类机场。

(1)Ⅰ类机场。即全国经济、政治、文化地位特别重要的大城市的机场,是全国航空运输网络和国际航线的枢纽,运输业务繁忙,除承担直接客货运输外,还具有中转功能。北京、上海、广州三城市机场均属于此类机场,亦为枢纽机场。

(2)Ⅱ类机场。即省会、自治区首府、直辖市和重要的经济特区、开放城市和旅游城市,或经济发达、人口密集城市的机场,可以建立跨省、跨区域的国内航线,是区域或省会内民航运输的枢纽,有的可开辟少量国际航线,亦为干线机场。

(3)Ⅲ类机场。即国内经济比较发达的中小城市,或一般的对外开放和旅游城市,除开辟区域和省区内支线外,可与少量跨省区中心城市建立航线,故也可称为次干线机场,如青岛、温州、三亚等机场。

(4)Ⅳ类机场。即省、自治区内经济比较发达的中小城市和旅游城市,或经济欠发达但地面交通不便城市的机场。航线主要在本省区内或链接邻近省区。这类机场也可称为支线机场。

5. 按旅客乘机目的地划分

按旅客乘机目的地划分，可分为始发、终程机场，经停（过境）机场和中转（转机）机场。

(1) 始发、终程机场。始发、终程机场中，始发和终程旅客占旅客的大多数，始发和终程的飞机或掉头回程架次比例较高。目前国内机场大多属于这类机场。

(2) 经停机场。经停机场往往位于航线的经停点，没有或很少有始发航班飞机，只有比例不大的始发、终程旅客，绝大多数是过境旅客，飞机一般停驻时间很短。

(3) 中转机场。中转机场中，有相当大比例的旅客下飞机后立即转乘其他航线的航班飞机飞往目的地。

除上述 4 种划分机场类别的标准外，从安全飞行角度考虑还需确定备降机场。备降机场是指在飞行计划中预定着陆机场不宜着陆时，飞机可前往预先规定的可以着陆的机场。在我国，备降机场是由民航总局事先确定的，起飞机场也可以作为备降机场。

(二) 机场的组成

机场作为商业运输的基地可划分为飞行区、地面运输区和候机楼区三个部分。飞行区是飞机活动的区域；候机楼区是旅客登机的区域，是飞行区和地面运输区的接合部位；地面运输区是车辆和旅客活动的区域（图 9-1）。

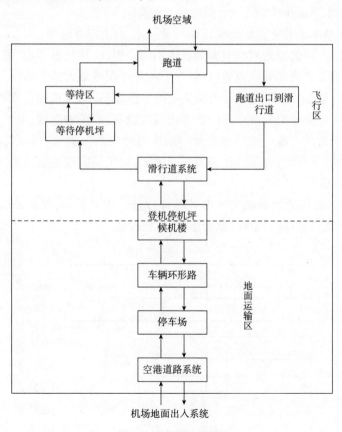

图 9-1　机场构成示意图

1. 飞行区

飞行区包括净空区和地面设施两部分，主要供飞机起飞、着陆和滑行用。其中地面设施是机场的主体。

1）机场的净空区。飞机在机场起飞或降落必须按照规定的起落航线飞行。机场能否安全有效地运行，与场址内外的地形和人工构筑物密切相关，它们使可用的起飞或着陆距离缩短，并使影响起降的气象条件受到限制。因此，必须对机场附近沿起降航线一定范围内的空域（即在跑道两端和两侧上空为飞机起飞爬升、降落下滑和目视盘旋需要所规定的空域）提出要求，也就是净空要求，保证飞机起飞和降落时低高度飞行不能有地面的障碍物来妨碍导航和飞行，这个区域称为机场净空区域。它也是机场的重要组成部分。机场净空区条件的好坏，直接关系到旅客生命财产的安全。

机场净空条件常常被超高障碍物所破坏，空中飘浮物或烟雾、粉尘也会破坏机场净空条件。为此，必须规定一些假想的平面或斜面作为净空障碍物限制面（即净空面），用以限制机场周围地形及人工构筑物的高度。机场净空区的地面区域称为基本区域，在跑道周围60m的地面上空由障碍物限制面构成。障碍物限制面有：

①水平面：机场地面高程以上45m的一个平面空域。
②进近面：由跑道端基本面沿跑道延长线向外向上延长的平面。
③锥形面：在水平面边缘按1∶20斜度向上延伸的平面。
④过渡面：在基本面和进近面外侧以1∶7的斜度向上向外延伸。

导航设施等级不同的跑道对净空面的要求不同。因此，从长远考虑，最好把所有净空面都按机场未来规划最严格的要求设置，以使今后的扩建保持最大的主动权。

航空无线电导航是以各种地面和机载无线电导航设备，向飞机提供准确可靠的方向、距离及位置信息。来自非航空导航业务的各类无线电设备、高压输电线、电气化铁路、工业、科技及医疗设备等引起的有源干扰及导航台周围地形地物的反射或再辐射，都可能会对导航信息造成不良影响，严重时，可能使机场关闭。因此，对机场周围一定范围内，还必须提出电磁环境的净空要求。

2）地面设施。机场地面设施主要由升降带、跑道、跑道道肩、停止道（视情况设置）、跑道安全地区、净空道、滑行道、机坪8部分组成，见图9-2。

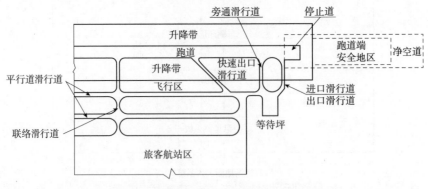

图9-2 现代运输机场飞行区地面设施的组成

(1)升降带。升降带是供飞机起飞、降落及偶尔滑出跑道或迫降时的安全而设置的长方形地带,由跑道及跑道四周经平整压实的土质场地组成。在升降带靠近跑道的地方,除轻型、易折和为航行所必不可少的助航标志外,不应有任何危及飞行安全的物体。升降带的纵横坡除了满足排水要求外,还需适应飞机运行特性和符合无线电导航设施的技术要求。

(2)跑道。为升降带中央供飞机正常起降滑跑时使用的、具有在预计年限内能适应运行飞机荷载能力的道面部分(见飞机场飞行区)。飞机在起飞时,必须先在跑道上边滑边加速,一直加速到机翼上的升力大于飞机的重力,飞机才能逐渐离开地面。飞机着陆时速度很大,必须在跑道上边滑跑边减速才能逐渐停下来。所以飞机对跑道的依赖性很大,如果没有跑道,地面上的飞机就上不了天,天上的飞机也到不了地面。因此,跑道是机场上的重要组成部分。跑道按其作用可分为主要跑道、辅助跑道、起飞跑道等三种。

①主要跑道。是指在条件许可时比其他跑道优先使用的跑道,按使用该机场最大机型的要求修建,长度较长,承载力也较高。

②辅助跑道。也称次要跑道,是指因受侧风影响,飞机不能在主跑道上起飞着陆时,供辅助起降用的跑道。由于飞机在辅助跑道上起降都有逆风影响,所以其长度比主跑道短些。

③起飞跑道。是指只供起飞用的跑道。

(3)跑道道肩。紧接着跑道边缘要铺道肩,作为跑道和土质地面之间过渡用,以减少飞机一旦冲出或偏出跑道时被损坏的危险,也起减少雨水从邻接土质地面渗入跑道下面土基的作用,确保土基强度。

(4)停止道。停止道设在跑道端部,供飞机中断起飞时能在其上面安全停住用。机场设置停止道可以减短跑道长度。但由于跑道两端都要设置长度相同的停止道,使机场占地面积增大,因此在征地困难的地区,不宜设置停止道。

(5)跑道端安全地区。跑道端安全地区设在升降带两端,用来减少起飞着陆时飞机偶尔冲出跑道以及提前接地时遭受损坏的危险。其地面必须平整、压实,并且不能有危及飞行安全的障碍物。

(6)净空道。当跑道长度较短,只能保证飞机起飞滑跑安全,而不能确保飞机完成初始爬升(10.7m)安全时,机场应设置净空道,以弥补跑道长度的不足。净空道设置在跑道的两端,其土地应由机场当局管理,以便确保不会出现危及飞机安全的障碍物。

(7)滑行道。飞机场内飞机从一处安全便捷地滑行至另一处的通道。在飞机场中,飞机地面活动的路线主要为:跑道滑行道、停机坪(客货机坪)、维修(停放)机坪。滑行线路是否畅通和滑行距离的长短,直接影响到飞机场的容量和航班的正常运行。滑行道位于滑行带的中央,由道面和道肩组成,其技术标准主要根据飞行区等级的不同而异。

①道面。滑行道道面宽度由飞机主起落架外轮轮距和规定的外轮距道面边缘的净距确定。国际民用航空组织和中国民用航空局规定直线部分最小宽度为 $7.5 \sim 23m$。转弯部分宽度根据主轮在道面运动的轨迹,加上规定的净距确定转弯半径值和增补面的尺寸。道面结构见飞机场道面。

②道肩。道肩宽度应保证飞机滑行时,在外侧发动机覆盖的范围内,能防止气流侵蚀和避免松散物体吸入发动机。国际民用航空组织和中国民用航空局规定的滑行道道面和道肩的最小总宽度为 $25 \sim 44m$。

③滑行带。在一定距离的范围内，没有天然或人为的固定障碍物，以保证飞机在滑行中翼尖能在一个安全的通道内滑行。

（8）机坪。供飞机停放和进行各种业务活动的场所，一般设在候机楼外面。机坪的大小应能满足飞机滑行或拖行的安全运转和各种机动车辆或设备进入机坪为飞机服务的需要。其中设有照明、供水、供电、供油、飞机静电接地、地面标志及必要时的飞机系统设施及防吹屏等。根据使用功能分为：客机坪、货机坪、等待机坪、维修及停机坪。

①客机坪。供旅客上下飞机用的停机位置。客机坪的构形及大小，主要取决于飞机数量、旅客登机方式及旅客航站的构形。

②货机坪。在货运量大和专门设有货运飞机航班的机场，需要有专门处理空运货物陆空转换的货物航站及相应的货机坪。航空运输业的货运量增长很快，货机坪的位置要充分适应预测货物吞吐量的发展。

③等待机坪。一般设在跑道端部，为预备起飞的飞机等待放行或为另一架飞机绕越提供条件。选用等待机坪或绕越滑行道，主要根据飞机场高峰飞行架次、场址条件和可能性确定。

④停（维修）机坪。为飞机停放及各种维修活动提供的场所。停（维修）机坪的布置，除应考虑维修设备的不同要求外，还要考虑飞机试车时气流的吹袭影响，它可能对停放、滑行的飞机、地面设备和人员造成威胁。

2. 候机楼区

候机楼区包括候机楼建筑本身以及候机楼外的登机机坪和旅客出入通道，它是地面交通和空中交通的结合部，是机场为旅客服务的中心地区。

（1）登机机坪。登机机坪是指旅客从候机楼上机时飞机停放的机坪，这个机坪要求能使旅客尽量减少步行至飞机的距离。按照旅客流量的不同，登机机坪的布局可以有多种形式，如单线式、指廊式、卫星厅式等。旅客可以采取从登机桥登机，也可采用车辆运送登机。登机机坪的平面布局将在第五节具体讲述。

（2）候机楼（passenger terminal）。是航空港内为旅客提供地面服务的主要建筑物，又称航站楼，分为旅客服务区和管理服务区两大部分。通常由以下5项设施组成：

①连接地面交通的设施：有上、下汽车的车道边（航站楼前供车辆减速滑入、短暂停靠、启动和驰离车道的地段及适当的路缘）及公共汽车站等。

②办理各种手续的设施：有旅客办票、安排座位、托运行李的柜台以及安全检查和行李提取等设施。通常国际航站楼还有海关、动植物检疫、卫生检疫、边防（移民）检查的柜台。

③连接飞机的设施：有靠近飞机机位的候机室或其他场所，视旅客登机方式而异的各种运送、登机设施，中转旅客办理手续、候机及活动场所等。

④航空公司营运和机场管理部门必要的办公室、设备等。

⑤服务设施：有餐厅、商店、临时存放行李处等。

目前，由于一些较为发达的城市并不具备建设飞机场的条件，但由于贸易来往繁多使候机楼产生了另一种模式，即候机楼设在飞机场以外相距较远的某个城市，且同样具备以上所述候机楼的功能。例如：在顺德就有4个候机楼，它们都有直达机场的大巴，每天的班次达12次左右，往返于白云机场以及顺德之间，为当地和附近的居民提供了不少方便。同时这些候机楼还具有物流货运等功能并兼具商务酒店等服务设施。

3. 地面运输区

地面运输区包括两个部分：空港进入通道和空港停车场及内部道路。

(1)空港进入通道。空港是城市的交通中心之一，因而从城市进出空港的道路是城市规划的一个重要部分。空港进入通道的功能是把机场和附近城市连接起来，将旅客和货邮及时运进或运出空港。进出机场的地面交通系统的状况直接影响空运业务。大型城市为了保证空港交通，通常都修建了市区到空港的专用公路或高速公路。为了解决旅客来往于空港和市区问题，空港要建立足够的公共交通系统。有的空港开通了到市区的地铁或高架铁路，大部分空港都有足够的公共汽车线路以方便旅客出行。

(2)空港停车场和内部道路

①空港停车场。除考虑乘机的旅客外，还要考虑接送旅客的人以及空港工作人员的车辆、观光者和出租车的需求，因此空港的停车场必须有足够的面积。停车场面积太大也会带来不便。繁忙的空港按车辆使用急需程度把停车场分为不同的区域，离候机楼最近的是出租车辆和接送旅客车辆的停车区，以减少旅客步行的距离；空港职工或航空公司使用的车辆则安排到较远位置或安排专用停车场。

②空港内部道路系统。空港内部道路包括候机楼下客区、停车场和旅客离开候机楼的通道(公共车辆、出租车、其他车辆的载客区和出入通道)。对通往候机楼的道路区要合理安排和有效管理，这里各种车辆和行人混行，而且要装卸行李，特别是在高峰时期，容易出现混乱的事故。

第二节 机场功能布局设计

一、机场功能区平面布局

机场的功能根据机场系统包含的三大部分所具有的功能来确定，即：飞行区——保证飞机安全、及时起飞和降落；航站区——安排旅客准时、舒适地上下飞机以及货物的及时到达；地面交通——提供方便和快捷的地面交通与市区连接。

(一)飞行区

1. 跑道构型

跑道和与其相连接的滑行道的布设必须满足以下要求：

①满足容量需求；

②适应风向和土地使用限制；

③在空中交通模式中提供适当的间隔；

④在飞机着陆、滑行和起飞的运行中，受到最小程度的干扰和时间延误；

⑤从航站区到跑道端提供可能的最短滑行距离；

⑥提供充分适当的滑行道，以便着陆飞机尽可能快地离开跑道，并以最短的路线到达航站区。

跑道构型取决于跑道的数量和方位。跑道的数量主要取决于航空交通量的大小，跑道的方位主要取决于风向、场地及周围环境条件。跑道构型由单条跑道、平行跑道、交叉跑道和开口V形跑道等基本构型组成。

(1) 单条跑道构型。是最简单的一种构型。航站区尽可能靠近跑道中部，由联络滑行道与跑道连接。根据飞机运行架次的多少，决定是否设置平行滑行道。单条跑道的容量，在目视飞行情况下，每小时为45~100架次；在仪表飞行情况下，根据不同的飞机机型组合及助航设备，每小时为30~50架次。这种构型，占地少，适用于中小型地方飞机场或飞行量不大的干线飞机场，是目前大多数飞机场的主要构型。

(2) 平行跑道构型。根据跑道的数目及其间距，它们的容量差异很大。根据两条跑道中心线间距 S 不同而分为"近距"、"中距"和"远距"平行跑道。间距 S 为210~760m时称作"近距平行跑道"，航站区一般布置在两条跑道的一侧；间距为760~1300m时称作"中距平行跑道"，航站区可以布置在两条跑道之间；间距大于1300m时称作"远距平行跑道"，航站区通常也布置在两条跑道之间（图9-3）。在目视飞行情况下，跑道间距对飞行容量的影响不大，约为单条跑道的两倍；但当飞机机型组合中有大型飞机时，由于大型飞机的尾涡流影响，容量将减少。在仪表飞行情况下，根据不同的飞机组合，近距平行跑道的小时容量为50~60架次；中距平行跑道的小时容量为75~80架次；远距平行跑道的小时容量为85~105架次。

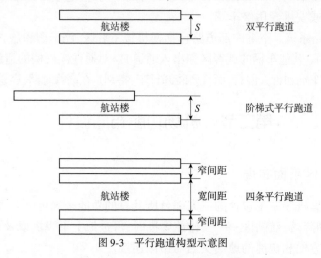

图9-3 平行跑道构型示意图

(3) 交叉跑道。当常年风向使飞机场必须由两条或两条以上跑道交叉布置时，即产生交叉跑道构型，可把航站区布置在交叉点与两条跑道所夹的场地内（图9-4）。两条交叉跑道的容量通常取决于交叉点与跑道端的距离以及跑道的使用方式，交叉点离跑道起飞端和入口越远，容量越低；当交叉点接近起飞端和入口时，容量最大。在目视飞行情况下，交叉跑道的小时容量为50~175架次；在仪表飞行情况下为40~70架次。

图9-4 交叉跑道构型示意图

(4)开口 V 形跑道构型。是两条跑道不相交,散开布置。当有小风或无风情况下,两条跑道可以同时使用。航站区通常布置在两条跑道所夹的场地上,飞机场容量取决于飞机起飞着陆是否从 V 形顶端向外进行。当飞机起飞和着陆时是按 V 形向外散开时,跑道起降架次则显著增加。当飞机起降是按 V 形向内汇集运行时,在目视飞行条件下,对于 D 类和 E 类飞机来说,跑道的小时容量将几乎减少 50%。在一般情况下,这种构型的小时容量,在目视飞行时为 50~200 架次,在仪表飞行时为 50~70 架次。

在满足机场容量及运行要求前提下,从规划布局的角度出发,单条跑道和远距平行跑道构型最为可取。如其他条件相同,这种构型与其他各种构型相比较可提供最大的容量。对空中交通管制来说,引导飞机在单方向运行不像多方向运行那么复杂。以散开型跑道构型来比较,开口 V 形跑道构型比交叉跑道构型更为可取。在开口 V 形跑道构型中,飞机从 V 形端部向外散开起飞和着陆的运行策略较相反的方式运行可提供更大的容量。如果不能避免采用交叉跑道,则应尽一切努力使两条跑道的相交点尽可能接近它们的入口,使飞机从离开相交点方向起飞着陆而不是向着相交点起飞着陆。

2. 机位维修及供油设施

(1)机务维修设施。机场按承担的飞机维修任务,分为航线飞行维护机场、航空分公司驻地机场、航空集团公司基地机场三类。各类机场机务维修区的规模及位置要求各不相同。

①航线飞行维护机场。仅承担航班过站维护及对过夜飞机航行前和航行后的维护。航线飞行维护通常在站坪上进行,工作间、工具间、航材库、特种车辆库等设施,可设置在旅客航站附近不影响客运服务和航站楼发展的地方。

②航空分公司驻地机场。除承担航线飞行维护外,并承担一般定期检修任务。因此,除了在航站楼附近设置供航线飞行维护用的设施外,还要在离航站楼较远处设置供定期检修用的设施,主要有机库、修理车间、航材库、修机坪、停机坪等。

③航空集团公司基地机场。除承担航线飞行维护和一般定期检修外,还承担航空集团公司和全民航同型飞机的结构检修以及附件翻修任务。因此,除了在航站楼附近设置供航线飞行维护用的设施外,还要在远离航站楼处设置维修基地。在维修基地设有较大的机库,供飞机定期检修和结构检修用。机库前有较大的修机坪,机库旁有各种修理车间及航材库等。

(2)供油设施。包括卸油站、储油库、使用油库、航空加油站、汽车加油站等。卸油站应设在靠近便于接轨的火车站或便于设置储油库的码头,并且交通方便、水电供应充足的地方。储油库宜与卸油站建在一起。使用油库应靠近站坪,距站坪宜不大于 1000m;并远离其他各种建筑物。油库高度应符合机场净空要求。航空加油站应设在站坪附近。为机场内部车辆和特种车辆服务的加油站应设在特种车辆出入机坪的内场道路旁;对外营业用的汽车加油站应设在进场路旁,并适当靠近航站区。

机场供油设施的容量应根据预测航空业务量确定。近期(10 年)建设规模宜为:总容量按 1.5~2 个月的用油量确定;使用油库为 10~20 天用油量;储油库及卸油站不少于接卸铁路油槽车一批或油轮一艘的来油量。

当机场高峰小时飞机加油量小于 $100m^3$,或高峰小时加油的大、中型飞机不多于 3 架,或每天加油的大、中型飞机不多于 15 架,宜采用加油车给飞机加油。如加油量超过上述数量,应采用机坪管线加油系统。

3. 空中交通管制设施

(1) 航管设施。空中交通管制分区域管制、进近管制和塔台管制三级。

①区域管制。区域管制负责一个明确的地理区域内的飞机运行管制工作。区域管制室可设在机场内,也可设在机场外。当设在机场内时,可与塔台合建,也可单独建航管楼。为了安全,航管楼不应设在公共设施区域内。

②进近管制。进近管制负责一个或几个机场飞机的进近和离场管制工作。进近管制室可以独立设置,也可以和塔台合并或设在航管楼内。

③塔台管制。塔台管制负责本机场塔台管制区内飞机的起飞着陆及与飞机活动有关的管制工作。塔台宜设在机场中部,必须保证能直接目视所有跑道、跑道两端净空及滑行道,并尽量能目视站坪及其滑行通道,以便指挥飞机起飞、着陆和滑行。其高度必须符合机场净空要求。支线机场,塔台可考虑设在航站楼内。干线及国际机场,塔台宜设在航管楼内,其位置应离开航站楼适当距离,以便将来发展。但是也不宜太远,以便和进出机场的飞行人员联系。

(2) 通信设施。民用航空通信分固定通信和移动通信两类。

①航空固定通信。可以采用有线通信、无线电通信或卫星通信。有线通信,可以通过专用电信线路或光缆,接入当地的电信局进入全国电信网;无线电短波收信台可与航管楼合建,并在楼顶或附近设天线场地;卫星通信站通常设在航管楼或通信楼内。

②航空移动通信。区域管制的甚高频对空台通常设在机场附近高处,以保证航路对空通信方向不被遮挡。进近管制和塔台管制的甚高频对空台通常设置在航管楼或通信楼内。

(3) 导航设施。无线电导航设施对飞机在复杂气象条件下能否准确着陆影响很大,因此要精确选出各个导航设施的具体位置。

①无方向信标台(NDB)。无方向信标台与机载无线电罗盘配合工作,用以测定飞机与信标台的相对方位角,引导飞机沿预定航线飞行、归航和进场着陆。用于航路的无方向信标台,设在航路的转弯点、检查点和空中走廊进出口。用于保障复杂气象飞行的远、近距无方向信标台,应设在跑道中线延长线上。远距无方向信标台距跑道端6500~11100m,最佳为7200m;近距无方向信标台距跑道端900~1200m,最佳为1050m。

无方向信标台的场地应符合下列要求:以信标台的天线为中心,半径100m内,应平坦、开阔、地势较高;半径300m内不得有悬崖、海岸斜坡、江河堤坝;半径500m内不得有110kV及以上架空高压输电线;半径150m内不得有铁路、电气化铁路、金属栅栏、金属堆积物、电力排灌站、110kV以下架空输电线、电话线和广播线;半径120m内不得有高于8m的建筑物;半径50m内不得有交通量大的公路、高于3m的建筑物(不含机房)和树木。

②全向信标台(VOR)。全向信标台与机载全向信标接收机配合工作,能全方位、不间断地向飞机提供方位信息,用于引导飞机沿预定航线飞行、归航和进场着陆。

全向信标台分机场全向信标台和航线全向信标台两种。机场全向信标台通常设置在跑道中部外侧(远离航站区的一侧)符合机场侧净空要求的地方,距跑道中线200~250m;也可设在距跑道端300~11000m的跑道中线延长线上符合机场端净空要求的地方。全向信标台场地应符合图9-5的要求。

a. 以天线为中心、半径200m内不应有建筑物(机房除外);半径200m外,金属结构建筑物的高度不应超过以天线基础为准的1.2°垂直张角,木结构建筑物的高度不应超过以天线基础为准的2.5°垂直张角。

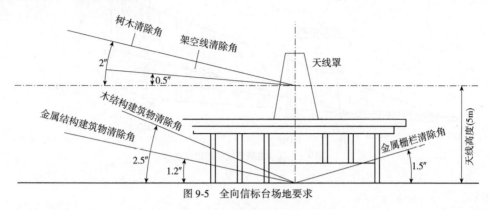

图9-5 全向信标台场地要求

b. 以天线为中心、半径150m内不应有树木,距天线150~300m之间不应有高于9m的独立树木,300m以外树木的高度不应超过以天线顶部为准的2°垂直张角。

c. 以天线为中心、半径150m内不应有金属栅栏和拉线以及交通量大的铁路、公路、金属建筑物等,150m外金属栅栏和拉线的高度不应超过以天线基础为准的1.5°垂直张角。

d. 以天线为中心、半径360m内不应有架空金属线缆,360m以外架空金属线缆的高度不应超过以天线顶部为准的0.5°垂直张角;径向进入全向信标台内的电源线和电话线应从200m以外埋入地下。

③测距台(DME)。测距台与机载设备配合工作,不间断地为飞机提供距离信息,用以引导飞机沿预定航线飞行、归航和进场着陆。测距台通常与全向信标台配置在一起,对场地的要求与全向信标台相同。测距台也可以与仪表着陆系统的航向台或下滑台配置在一起,这时对场地要求与仪表着陆系统相同。

④精密进近雷达站(PAR)。精密进近雷达站向着陆方向交替发射水平和垂直扫描波束,接收飞机的反射回波,测定其位置,用以引导飞机进场着陆。精密进近雷达站通常设置在跑道中部的一侧,距跑道边缘120~250m。精密进近雷达站的覆盖区为以天线为基准,方位±10°、仰角-1°~+8°、距离35km(图9-5)。精密进近雷达站周围应平坦开阔。在覆盖区,距天线500m内不得有高于以天线为基准的0.5°垂直张角的障碍物。

⑤仪表着陆系统(ILS)。仪表着陆系统由机载航向、下滑、指点信标接收机和地面航向台、下滑台、指点信标台组成(图9-6),它为飞机提供航向道、下滑道和距跑道着陆端的距离信息,供在复杂气象条件下引导飞机进场着陆用。

a. 航向台(LLZ)。航向台天线通常设置在跑道中线延长线上,距跑道终端250~400m处。机房设置在天线一侧60~90m处。天线及机房高度应符合机场端净空要求。航向台向飞机着陆方向发射水平极化的扇形合成场型,其覆盖区(图9-7)为以航向台天线为基准,在跑道中线延长线±10°以内为45km,在10°~35°之间为30km。在航向台保护区(图9-8)内,不应有树木、高秆作物、建筑物、道路、金属栅栏和架空金属线缆,杂草高度不大于0.5m。进入航向台的电源线和电话线应从保护区外埋入地下。在航向台天线前方±10°距离天线阵

3000m 的区域内，不应有高于 15m 的建筑物、高压输电线等大型反射物体存在。在保护区内不应停放车辆或飞机，不应有任何地面交通活动。

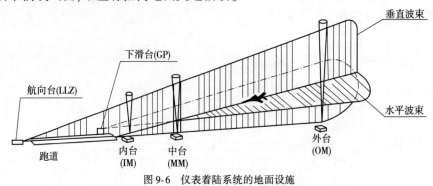

图 9-6　仪表着陆系统的地面设施

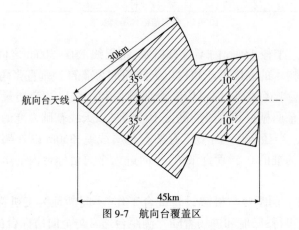

图 9-7　航向台覆盖区

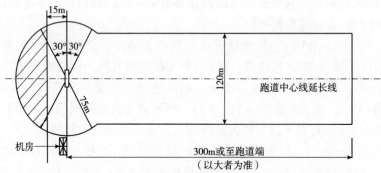

图 9-8　航向台保护区

b. 下滑台（GP）。下滑台通常设置在跑道着陆端内跑道的一侧，距跑道中心线 75～200m，最佳为 120m；距跑道入口的纵向距离为 200～400m。下滑台的保护区如图 9-9 所示。在 A 区内不得有高于 0.3m 的农作物和杂草，不应停放车辆和飞机，不应有任何地面交通活动。在 A 区和 B 区内不应有金属栅栏、架空线缆、单棵树木和建筑物。在 C 区内不应有高于 10m 的金属建筑物、高压输电线、堤坝、树林、山丘等。下滑信标台的机房应设在天线杆后方 2～3m 处。进入下滑信标台的电源线和电话线穿越保护区时，应埋入地下。

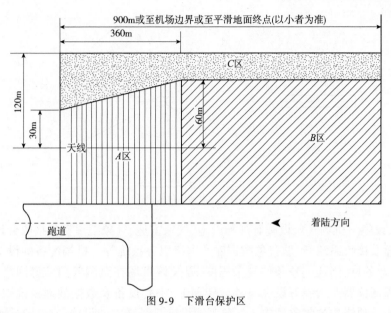

图 9-9　下滑台保护区

c. 指点信标台。通常有内、中、外三个指点信标台,均设在跑道中线延长线上。内指点信标台(IM)设在Ⅱ类精密进近最低决断高度(30m)处,离跑道入口 75~450m 之间;中指点信标台(MM)设在使飞行员在低能见度情况下知道飞机已临近目视引导的地方,离跑道入口 1050m±150m,通常与近距导航台设在一起;外指点信标台(OM)设在最后进近点处,供飞行员检查飞行高度、距离和设备工作情况,离跑道入口 6500~11100m,宜 7200m,通常与远距导航台设在一起。指点信标台向空中发射垂直扇形波束。其覆盖区为,高度 50~100m 时,纵向宽度为 200~400m;高度 200~400m 时,纵向宽度为 400~800m(图 9-10)。

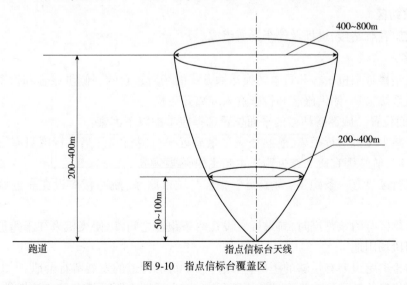

图 9-10　指点信标台覆盖区

在指点信号标台保护区(图 9-11)内,地形应平坦、开阔,不得有超出以地网或天线阵最低单元为基准、垂直张角为 20°的金属建筑物、架空线缆、树木等。

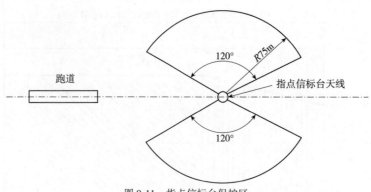

图 9-11 指点信标台保护区

(4)气象设施。机场气象设施有观测设施、气象雷达、气象卫星资料接收处理系统、气象资料传真广播及接收系统、民航气象数据库及网络服务系统等。机场配备的设施,应根据机场等级、航空业务量、当地气象条件复杂程度,以及该机场在全国气象信息网络中的地位等确定。气象探测仪器及天线等设在室外或楼顶上,中心设备及数据处理系统则设在航管楼的气象室内或单独修建的气象楼内。气象观测设施是最基本的设施,有气象遥测站、自动气象观测系统、气象观测场等三种。气象遥测站的传感器设在室外规定地点,在气象室内可读取风、气温、气压、湿度、能见度、降水、天气现象等测定数据;自动气象观测系统除具有类似气象遥测站的设备外,还有跑道视程仪和激光测云仪等;气象观测场用于人工观测,是气象遥测站和自动气象观测系统的备用设施,原则上每个机场均应设置。气象观测场应地势平坦、四周开阔,并避开飞机发动机喷射气流。场地高程尽量与跑道一致;离孤立障碍物的距离,应大于其高度 3 倍;离成排障碍物的距离,应大于其高度 10 倍;离开水体的距离应大于 100m。

(二)航站区

主要由旅客航站楼、机坪及停车场所组成。

1. 旅客航站楼

旅客航站楼是乘机旅客和行李转换运输方式的场所。它的一侧供旅客和行李离开或进入地面交通系统,另一侧供旅客和行李进入或离开飞机。

(1)平面位置。旅客航站楼的平面位置选择应考虑以下因素:

①为了减少飞机滑行距离,航站楼应尽量靠近平行滑行道。当飞行区只有一条跑道且风向较集中时,航站楼宜适当靠近跑道主起飞的一端。

②当飞行区只有一条跑道,为了便于旅客与城市联系,航站楼应设在靠近城市的跑道一侧。

③当飞行区有两条跑道时,航站楼宜设在两条跑道之间,以便飞机来往于跑道和站坪并且充分利用机场用地。

④航站楼离跑道要有足够的距离,给站坪和平行滑行道的发展留有余地。

⑤大型机场的航站楼较长而且站坪面积较大,为了便于航站楼布局和站坪排水,航站楼应设在既平坦又较高的地方。

⑥航站楼应离其他建筑物有足够距离,以便将来发展。

(2)平面布局。旅客航站楼的平面布局有以下几种形式：

①前列式布局。航站楼为直线形或曲线形，飞机沿着航站楼停靠，通过登机廊桥连接航站楼和飞机。在某些简单的机场，则通过步行出航站楼，由登机桥上飞机。如图9-12a)。

②指廊式布局。在前列式航站楼的基础上，设置从中央航站楼到登机口的封闭式进入通道，飞机沿着指廊停放，如图9-12b)。

③卫星式布局。由指廊与一个或多个卫星式建筑结构连接在一起所构成的简单型航站楼，飞机在指廊末端集中停放，如图9-12c)、d)。

④转运式布局。飞机机坪远离航站楼，通过转运车运输上下飞机的旅客，如图9-12e)。

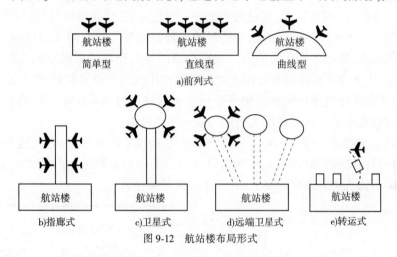

图9-12 航站楼布局形式

2. 机坪

航站楼的空侧一边设置机坪，供飞机停放与上下旅客(称作停机位或门位)，以及飞机进出门位的操纵和滑行。机坪为航站楼和飞行区之间提供连接。它包括飞机停放、滑行、顶推所用的场地，以及相应配套设施的用地。机坪的大小取决于4个因素，即飞机门位的数量、飞机的停放方式、门位的尺寸和航站楼平面布局方案。

(1)门位数目。门位数目的确定要使其能容纳预定的每小时飞机流动量。机场的设计小时飞机流动量取决于设计高峰小时的飞机数量和每架飞机占用门位的时间。

计算所需门位数时应按下列步骤进行：

①确定要适应的飞机类型和每种类型在全部飞机组合中所占的百分数；

②确定每种类型飞机的占用门位时间；

③算出飞机加权平均占用门位时间；

④确定小时飞机设计总量以及到达飞机和出发飞机所占的百分数；

⑤将到达飞机和出发飞机的百分数乘以小时飞机总量得出小时到达、出发飞机设计量；

⑥按到达、出发飞机设计量的大者，用式(9-1)得出所需的门位数：

$$G = \frac{CT}{U} \tag{9-1}$$

式中：G——门位数；

C——到达或出发飞机的设计量(架次/h)；

T——加权平均占用门位时间(h);
U——门位利用系数。

在所有航空公司共同使用各门位的机场,利用系数 U 介于 $0.6\sim0.8$ 之间。在门位由不同航空公司单独使用的机场,利用系数 U 降低到大约 0.5 或 0.6。

(2)飞机停放方式。飞机停放方式是指飞机停放位置相对于航站楼的样式和飞机运转进出停放位置的方法。它是影响机坪门位面积的一个重要因素。各类机场已成功地使用过并在任何机场规划设计中应予肯定的飞机停放类型包括:机头向内、机头斜角向内、机头斜角向外、平行等。

①机头向内停放(图9-13)。在这种构型中,飞机垂直于建筑线停放,机头在允许范围内尽量靠近建筑物。飞机以其自身的动力运转进入停机位置。而在离开门位时,飞机必须被牵引出足够的距离,再以自身动力前进。这种构型的优点是对一架既定的飞机来说需要的门位面积最小,由于在接近航站楼处没有动力转弯作用因而噪声级较低,对建筑物没有喷气吹袭,以及由于机头接近建筑物方便旅客登机。它的缺点包括需用牵引机具和飞机后舱门离建筑物过远以致不能有效地使用飞机后门供旅客登机等。

②机头斜角向内停放(图9-14)。除了飞机不是垂直于建筑物停放外,这种构型与机头向内的构型相似。这种构型具有允许飞机以其自身的动力运转进出门位的优点。可是,它需要的门位面积比机头向内型的要大,并产生较高的噪声级。

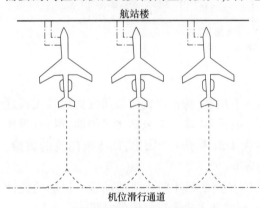

图9-13 飞机机头向内停放

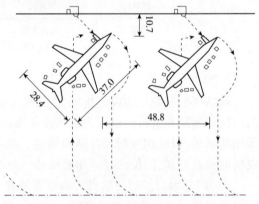

图9-14 飞机机头斜角向内停放(尺寸单位:m)

③机头斜角向外停放。在这种构型中,飞机以机头背向航站楼停放。像机头斜角向内构型一样,它具有允许飞机自行运转进出门位而不需牵引的优点。它较机头向内构型需要较大的门位面积,但较机头斜角向内构型需要较小的门位面积。这种构型的缺点是当飞机开始滑行时,起步喷气吹袭和噪声指向建筑物。

④平行停放(图9-15)。从飞机运转的角度来看,这种构型是最容易达到目的的。在此情况下,噪声和喷气吹袭可降至最低,因为不需要有急转弯。不过,它要求有较大的门位面积,特别是沿航站楼的前面。这种构型的另一个优点是飞机的前后门都可用以上下旅客,虽然可能需要较长的登机桥。

显然,没有一种停放类型可以认为是理想的。对任何规划情况,必须对不同系统的所有优缺点加以评价,再考虑到使用门位的航空公司的偏爱。不过,趋势是倾向于机头向内停放,因为它可节省占地面积及降低噪声和喷气吹袭。

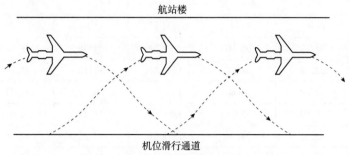

图 9-15 飞机机头平行停放

⑤机坪上飞机的流通。在机坪设计布局时,重要的是要考虑飞机的流通。当交通量高时,需在机坪四周提供滑行通道,使飞机易于进出门位。当采用指廊式布局且指廊间彼此相平行时,指廊之间必须留有足够的空间使飞机便于进入门位。指廊间距取决于指廊长度和停靠飞机的尺寸。当指廊每侧的门位超过6个时,指廊间需有两条滑行通道。

(3)门位尺寸。门位尺寸取决于要容纳的飞机的大小和所用的飞机停放方式,即机头向内、平行或成角度的停放。门位的设计可以借助美国联邦航空局和国际航空运输协会提供的方法。在这些参考资料中包括有为不同飞机类型,各种不同的停机方式和运转条件所需的各类尺寸的图形。为波音747-200飞机制作的这类图形的例子见图9-16。

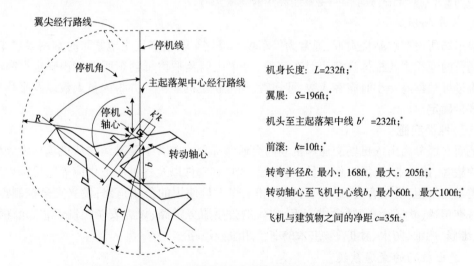

机身长度: $L=232\text{ft}$;*

翼展: $S=196\text{ft}$;*

机头至主起落架中线 $b'=232\text{ft}$;*

前滚: $k=10\text{ft}$;*

转弯半径R: 最小: 168ft, 最大: 205ft;*

转动轴心至飞机中心线b, 最小60ft, 最大100ft;*

飞机与建筑物之间的净距 $c=35\text{ft}$。*

图 9-16 波音 747-200 使用的门位设计需用的飞机尺寸和转弯要求

虽然飞机门位的详细设计需要相关图表工具的帮助,但对初步规划,在门位中心之间采用统一尺寸,即用这些尺寸来决定机坪门位的面积已经足够准确了。它们的尺寸取决于飞机的类型。表9-1给出了飞机在其自身动力下进入门位而以牵引机推出或自己滑出门位的两种情况下的典型尺寸的大小。

---

* 1ft=0.3048m

飞机推出和滑出门位（机头向内）的机坪停放轨迹尺寸的比较　　　　　表 9-1

飞机组别	推出			滑出		
	L(m)	W(m)	面积(m^2)	L(m)	W(m)	面积(m^2)
AFH-227	31.42	30.10	945.74	45.36	42.72	1937.78
YS-11B	32.39	38.07	1233.09	52.12	45.69	2381.36
BAC-111	37.64	34.60	1302.34	39.62	42.21	1672.36
DC-9-16	40.97	33.35	1366.34	45.47	40.97	1862.91
B DC-9-21.30	45.52	34.54	1572.26	45.52	42.16	1919.12
727(all)	52.78	39.01	2058.95	59.13	46.63	2757.23
737(all)	36.58	34.44	1259.81	44.23	42.06	1860.31
CB-707(all)	52.71	50.52	2262.91	69.50	53.59	3724.51
B-720	47.78	45.97	2196.44	69.50	53.59	3724.51
DC-8-43.51	52.04	49.50	2575.98	64.57	57.12	3688.24
D DC-8-61.63	63.22	51.20	3236.86	76.91	58.95	4533.84
EL-1011	57.51	53.44	3073.33	80.31	61.06	4903.73
DC-10	58.60	56.49	3310.31	88.70	64.10	5685.67
FB-747	73.71	65.73	4844.96	99.97	73.36	7333.80

注：L 为垂直于建筑物面；W 为平行于建筑物面（美国联邦航空局）。

3. 停车场所

停车场所设在航站楼附近，通常为停车场。停放车辆很多且土地紧张时宜用多层车库。停车场所的面积主要根据高峰小时车流量、停车比例及平均每辆车所需面积确定。高峰小时车流量可根据高峰小时旅客人数、迎送者、出入机场的职工与办事人员人数以及平均每辆车载客量确定。

（三）地面交通

地面交通分为出入机场交通和机场内交通两部分。前者主要是运送从机场出发和到达机场的旅客、接送者、机场工作人员、访问者、货物和邮件以及各种服务供应等。机场内交通由三类道路承担：供旅客、接送者、访问者和工作人员使用的公用道路；设立安全控制点，只允许特准车辆（货邮递送、膳食供应等）出入的公用服务道路；设立安全控制点，只允许特准车辆（维修、燃油、防火、救护等）出入的非公用服务道路。

1. 进出机场的交通系统

（1）高速公路。高速公路是机场通路的主要模式。汽车、出租车、上下班交通车以及公车占据了主要的交通。它们都是人们自然的选择。对于大多数到机场的人来说，汽车提供了最好的性价比。旅客和工作人员之所以看重它，是因为这种进场形式能够在整个大城市区域高效方便地分送客流。这种形式也正好迎合不同需求的人。他们中有的更看重便捷性，而不特别在乎花费，有的则比较看重价格。对于机场经营者来说，高速公路投资较低，只需建造一小段连接现有道路网即可，而且高速公路还创造了停车需求利润，这是很多机场的主要收入之一。

(2)轨道交通。目前世界上有轨道交通的机场40余个,但是,有些机场的轨道交通承担客运量份额很小,没有起到应有作用,尤其是在以汽车交通为主的美国。一般来说,轨道进场交通方式和高速公路竞争通常是很困难的。不过有研究指出,在有以下条件时,轨道交通比高速公路更具有竞争性:

①超大型机场,有足够多出发和到达的旅客;
②容易衔接一个高效率的城市公共交通系统;
③汽车进出机场不便,比如位居人工岛的香港赤腊角机场和大阪关西机场;或偏远的机场,如奥斯陆或者吉隆坡国际机场。

2. 机场内道路交通系统

机场内道路交通系统主要是用来满足机场各功能分区地面交通流及车流量的需要,包括航站区进出道路、重复循环道路、航站楼前正面道路、机场内部的工作道路等。航站区进出道路包括从机场进出通道至航站大楼、航空货物区、停车场等设施的道路,重复循环道路连接始发和到达旅客客流至航站区进出道路的道路设施。航站楼正面道路直接把车辆分布到航站楼的各个特定地点,如果是多座航站体系,则可能有超过一条航站楼正面道路。航站楼正面道路中最受关注的是航站楼前车道边。机场内部的工作道路分为受限制和非限制两种,非限制工作道路用于货物、服务、航空货物、飞行饮食和其他服务;受限制工作道路包括用于机场维修区域和消防、营救、燃料和货物等的道路,以及停车区域的限制使用的工作道路。

根据航站楼的构型,机场内道路交通系统有集中式、分段式、分散式和组合式4种构型。

(1)集中式布局。当航站楼由单一的建筑物或连续的建筑系列组成时,地面交通系统一般由连续的和集中设置的各个组成部分组成,见图9-17a)。除了可能供始发和终到旅客车辆用的垂直或水平分隔外,所有旅客车辆一般都通过相同的道路,同时公共停放和租用车辆设施也是集中设置。对于这种形式布局,航站单元通常沿着航站区进出道路扩展,并保留原有的进出道路系统。我国的一些中小型机场通常采用这种形式。

(2)分段式布局。将航站建筑划分为始发旅客一侧和到达旅客一侧,或将各航空公司组合在建筑物的任何一侧,以使平面上分离不同的交通量,见图9-17b)。例如始发旅客使用一组航站正面道路,而到达旅客用另一组航站正面道路;或是将特定的航空公司的旅客安排在航站单元的特定一侧。

(3)分散式布局。当航站综合体由分散的单元航站建筑组成时,车流在航站进出通路和航站正面道路分隔,机场进出和航站进出通路汇集的交通从分隔的航站设施进出。停放车辆和出租车辆设施以航站单元为基础进行组合,如图9-17c)所示美国的肯尼迪国际机场和堪萨斯国际机场。

(4)组合式布局。航站系统由直线方式设置的一系列航站建筑组成,见图9-17d)。美国达拉斯沃斯国际机场和休斯敦国际机场采用这类系统。进出道路为集中设置的道路。

二、机场设计指标计算

(一)跑道长度设计

跑道的功能是供飞机起飞和着陆,是机场最重要的组成部分。如果跑道的长度设计过长,就会多占土地,从而造成浪费;如果设计偏短,则会影响飞机起飞和着陆的安全,或者使

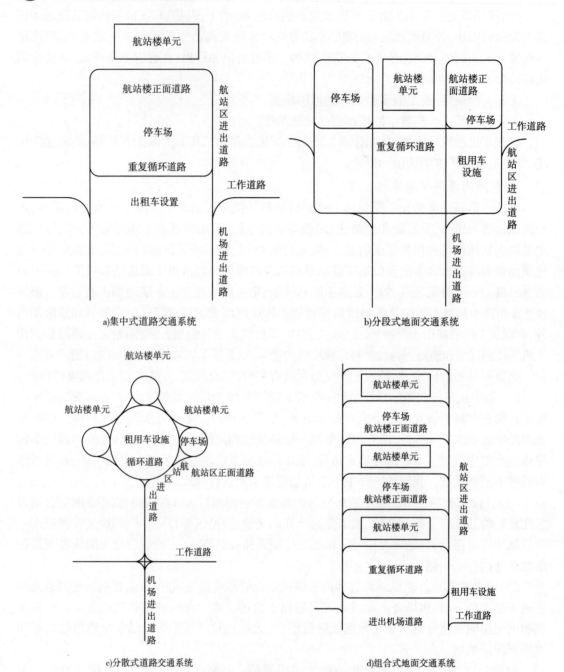

图9-17 机场内道路交通系统布局图

得飞机不能满载起飞,影响经济效益。所以跑道长度设计是机场设计的主要项目之一。

1. 飞机起飞着陆过程对跑道长度的要求

(1)正常起飞。正常起飞是指全部发动机正常工作情况下的起飞。如果跑道端不设净空道,则跑道长度应保证飞机在整个起飞阶段的安全,其长度为:

$$L_a = 1.15 S_T \tag{9-2}$$

式中：L_a——飞机正常（全发）起飞所需跑道长度（m）；
　　　S_T——飞机正常的起飞距离（m）；
　　　1.15——考虑驾驶误差及飞机用旧后性能降低等的安全系数。

如果跑道端设有净空道，跑道及净空道的长度应保证飞机在整个起飞阶段的安全，即符合式（9-3）的要求。跑道长度按式（9-4）计算确定。

$$L_a + L_c = 1.15 S_T \tag{9-3}$$

$$L_a = 1.15(S_R + C S_h) \tag{9-4}$$

式中：L_c——净空道长度（m）；
　　　S_R——飞机正常的起飞滑跑距离（m）；
　　　S_h——飞机正常的起飞初始爬升距离（m）；
　　　C——系数，美国取 $C=0.5$，英国及俄罗斯取 $C=0.33$。

(2) 故障起飞。飞机在起飞滑跑过程中有一台临界发动机（也称关键发动机，指离机身侧向最远的发动机）出现故障，如果继续起飞，则跑道长度或跑道及净空道长度（如果设有净空道）应足以保证继续起飞安全；如果中断起飞，则跑道长度或跑道及停止道长度（如果设有停止道）应足以保证中断起飞安全。

飞机在起飞滑跑过程中有一台临界发动机发生故障，是继续起飞还是中断起飞，主要取决于决断速度 V_1 和故障速度 V_E（发动机出现故障时的飞机滑跑速度）。而决断速度与跑道、净空道及停止道的长度有关，下面分4种情况说明。

① 跑道端不设净空道和停止道。当故障速度较小为 V_{E_a} 时，由于中断起飞距离 S'_S 较短，见图9-18的 a 点，所以应中断起飞，保证飞机在跑道内安全停住。当故障速度较大为 V_{E_b} 时，由于继续起飞距离 S'_T 较短，见图9-18的 b 点，所以应继续起飞，保证飞机在跑道内安全完成初始爬升（爬升至10.7m高）。在 $V_{E_a} \sim V_{E_b}$ 之间有一个速度 V_1，见图9-18的 c 点，相应的飞机中断起飞距离与继续起飞距离相等，V_1 称为决断速度。当故障速度 $V_E < V_1$ 时应中断起飞；当 $V_E > V_1$ 时应继续起飞。

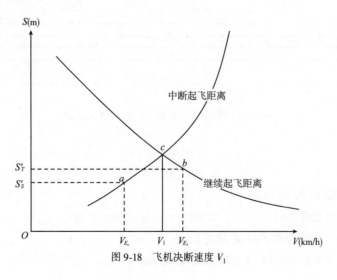

图9-18　飞机决断速度 V_1

从图 9-18 可见,由于 V_1 时所需跑道最长,因此跑道长度应根据 V_1 时的继续起飞距离 S'_T 或中断起飞距离 S'_S 确定见图 9-19 及式(9-5)。与式(9-2)对比,式(9-5)的起飞距离没有乘安全系数 1.15,这是由于现代飞机发动机发生故障的可能性很小,而在起飞滑跑过程中于决断速度 V_1 最不利的情况下发生故障更是罕见的缘故。由于这种跑道长度按等长的继续起飞距离和中断起飞距离确定,因此称为等长跑道长度或平衡跑道长度。

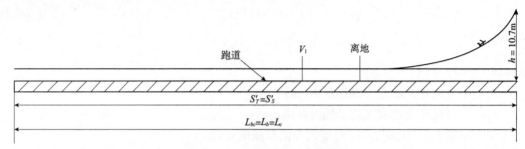

图 9-19 跑道端不设净空道和停止道

$$L_{bc} = L_b = L_c = S'_S = S'_T \tag{9-5}$$

式中：L_{bc} ——起飞一发故障所需跑道长度(m);
L_b ——一发故障继续起飞所需跑道长度(m);
L_c ——一发故障中断起飞所需跑道长度(m);
S'_T ——飞机一发故障的继续起飞距离(m);
S'_S ——飞机一发故障的中断起飞距离(m)。

②跑道端设长度相同的净空道和停止道。平衡跑道长度不经济,不宜采用。可考虑在跑道端设长度相同的净空道和停止道来减短跑道长度,见图 9-20。净空道不能太长,应符合式(9-6)要求,使跑道长度足以保证起飞滑跑安全。跑道长度由式(9-7)计算确定。

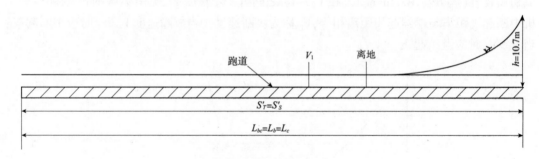

图 9-20 跑道端设长度相同的净空道和停止道

$$l_c = (1-C) S'_h \tag{9-6}$$

$$L_{bc} = S'_T - l_c = S'_R - l_s \tag{9-7}$$

式中：l_c ——净空道长度(m);
l_s ——停止道长度(m);
S'_R ——飞机一发故障的起飞滑跑距离(m);
S'_h ——飞机一发故障的起飞初始爬升距离(m)。

飞行区场地的长度(指包括跑道和停止道等的长度)若按等长的继续起飞距离和中断起飞距离确定,则称为等长场地长度或平衡场地长度。

③跑道端设长度不同的净空道和停止道。飞行区如按平衡场地长度确定,则占地较多。为了减少占地,宜在跑道端设较长的净空道及较短的停止道,见图 9-21。净空道长度应符合式(9-5)要求。

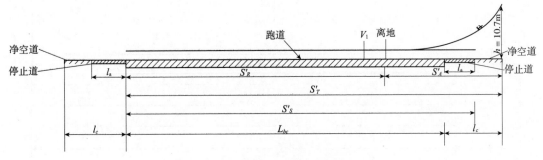

图 9-21 跑道端设长度不同的净空道和停止道

跑道和净空道长度应能保证飞机继续起飞安全。跑道长度 L_b,由式(9-8)计算确定。

$$L_b = S'_S - l_s \tag{9-8}$$

跑道和停止道长度应能保证飞机中断起飞安全。跑道长度 L_c 由式(9-9)计算确定。

$$L_c = S'_S - l_s \tag{9-9}$$

L_b 和 L_c 与决断速度 V_1 有关。应选取最佳 V_1 值,使 $L_b = L_c$,从而达到跑道长度 L_{bc} 最短,即

$$L_{bc} = L_b = L_c \tag{9-10}$$

④跑道端只设净空道。跑道端设停止道,可以减短跑道长度。但由于跑道两端都要设长度相同的停止道,因此占地较多。在土地较紧张的地区,为了减少占地,可以考虑在跑道端只设净空道,不设停止道,见图 9-22。

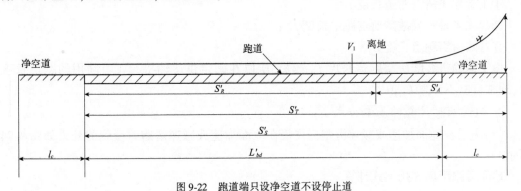

图 9-22 跑道端只设净空道不设停止道

跑道和净空道长度应能保证飞机继续起飞安全。净空道长度应符合式(9-5)要求。跑道长度 L_b 由式(9-7)计算确定。

跑道长度应能保证飞机中断起飞安全,其长度 L_c 由式(9-11)确定。

$$L_c = S'_S \tag{9-11}$$

应选取最佳 V_1，使 $L_b = L_c$，从而达到跑道长度 L_{bc} 最短，见式(9-10)。

(3)着陆。飞机通常以 3°下滑角进行降落，见图 9-23，在接近跑道时把油门收至慢车状态。通过跑道入口上空的高度为 15m(50ft)。进入跑道入口上空后就逐渐拉平，两组主轮先接地，然后前轮接地。飞机接地后就制动，打开减速板和反推力装置，以便减速滑跑和停住。跑道长度通常按不打开反推力装置的情况来确定。

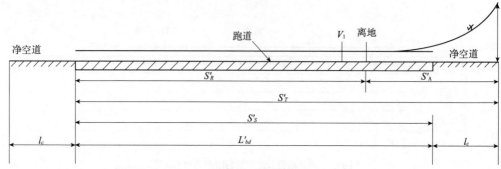

图 9-23 飞机着陆

着陆距离 S_d 是指飞机在跑道入口上空至停住的水平距离。着陆所需跑道长度应按式(9-11)确定，以确保飞机着陆安全。

$$L_d = K \cdot S_d \tag{9-12}$$

式中：L_d——飞机着陆所需跑道长度(m)；

S_d——飞机在主跑道上不使用反推力装置的着陆距离(m)；

K——考虑驾驶误差及跑道潮湿等的安全系数，通常 $K=1.67$。

(4)对跑道长度的要求。跑道长度应保证飞机在不利条件下起飞着陆安全。不利条件是指飞机质量较大、气温较高、气压较低、无风、逆坡起飞、顺坡着陆、驾驶不够准确等。

跑道长度应由下列三种长度的最大值确定：

①正常起飞所需跑道长度 L_a；

②起飞出现一发故障所需跑道长度 L_{bc}；

③着陆所需跑道长度 L_d。

由于运输机着陆所需跑道长度 L_d 较短，所以在确定供运输机起飞着陆用的跑道长度时，通常可以不计算 L_d 值。

2. 跑道长度计算的基本公式

(1)飞机在地面加速或减速滑跑。飞机在地面加速或减速滑跑时受到的外力如图 9-24 所示。

地面滑跑距离 S 用下式计算：

$$S = \int_{V_a}^{V_b} \frac{m(V - V_w)\mathrm{d}V}{F - fmg - (C_x - fC_y)\dfrac{\rho V^2}{2}S_w \pm mgi} \tag{9-13}$$

式中：S——飞机地面滑跑距离(m)；

V_w——分解到与飞机滑跑方向一致的风速(m/s)；

$V-V_w$——飞机相对于地面的滑跑速度(m/s);
V_a、V_b——在滑跑起点及终点的速度(m/s);
C_x、C_y——阻力系数和升力系数;
S_w——机翼面积(m^2);
ρ——空气密度(kg/m^3);
V——空速(m/s);
F——发动机推力(N);
m——飞机质量(kg);
g——重力加速度(m/s^2);
i——跑道纵坡,顺坡取"+"号,逆坡取"-"号;
f——摩擦系数,起飞加速滑跑时为滚动摩擦系数,中断起飞减速滑跑时为带制动的摩擦系数。

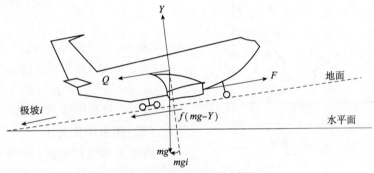

图 9-24 飞机滑跑时受力情况

(2)飞机拉起爬升。飞机离地后边加速边爬升,其受力情况见图9-25。图中 θ 为航迹角。

沿航迹方向和垂直航迹方向的动力学方程为:

$$F - Q - mg\sin\theta - m\frac{dv}{dt} = 0 \quad (9\text{-}14)$$

$$Y - mg\cos\theta + mV\frac{dv}{dt} = 0 \quad (9\text{-}15)$$

由式(9-14)和式(9-15)可得:

$$a = \frac{dv}{dt} = \frac{1}{m}(F - Q - mg\sin\theta) \quad (9\text{-}16)$$

$$\frac{d\theta}{dt} = \frac{1}{mV}(mg\cos\theta - Y) \quad (9\text{-}17)$$

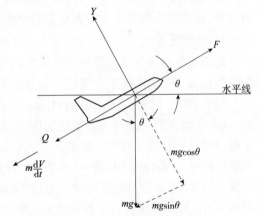

图 9-25 飞机拉起爬升事受力情况

飞机在拉起爬升段飞过的水平距离 S_h、上升高度 h 及航迹角 θ 的计算公式为:

$$S_h = \int_{V_{LOF}}^{V_2} \frac{(V-V_w)\cos\theta dV}{a} = \int_{V_{LOF}}^{V_2} \frac{m(V-V_W)\cos\theta dV}{F-Q-mg\sin\theta} \quad (9\text{-}18)$$

$$h = \int_{V_{LOF}}^{V_2} \frac{(V-V_W)\sin\theta dV}{a} = \int_{V_{LOF}}^{V_2} \frac{m(V-V_W)\sin\theta dV}{F-Q-mg\sin\theta} \quad (9-19)$$

$$\theta = \theta_0 + \frac{d\theta}{dt} = \theta_0 + \frac{1}{mV}(mg\cos\theta - Y)\Delta t \quad (9-20)$$

式中：V_{LOF}——离地速度(m/s)；

V_2——起飞安全速度(m/s)；

θ_0——初始航迹角，飞机刚离地时 $\theta_0 = 0°$；

Δt——时间增量(s)。

(3) 飞机进场拉平。飞机进场拉平是指从跑道入口(通常为跑道端)上空至接地,其水平投影距离 S_a,见图 9-26 及下列公式。

$$S_a = \frac{15}{\tan\theta} + R \cdot \tan\frac{\theta}{2} \quad (9-21)$$

$$R = \frac{V^2}{g(n-1)} \quad (9-22)$$

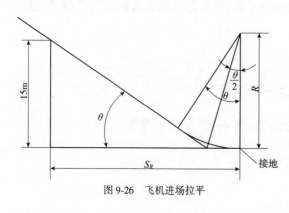

图 9-26 飞机进场拉平

式中：θ——飞机下滑角，通常 $\theta = 3°$；

R——飞机拉平段的圆周半径(m)；

V——飞机拉平段时的飞行速度(m/s)；

n——过载因子，通常为 1.2。

(二)跑道体系设计

跑道体系包括跑道(结构道面)、道肩、净空道、停止道、跑道安全带、防吹坪等。其中,跑道安全带可分为升降带、跑道端安全区两部分。在前面我们已经重点介绍了跑道长度的计算,在这就不赘述了。接下来主要介绍跑道宽度及系统中其他部分的设计。

1. 跑道宽度

跑道宽度由飞机主起落架外轮缘之间的距离、飞机起飞和着陆时对跑道中心线的横向偏离度以及必要的附加安全宽度三部分组成。

调查表明,飞机起飞和着陆时对跑道中心线的横向分布,近似呈标准正态分布,在跑道两端 300m 长度范围内,75%飞行次数的横向偏离值在 1.77m 之内,其标准差为 0.773m；在跑道中部,75%飞行次数的横向偏离值在 3.556m 之内,其标准差为 1.546m。跑道宽度的附加安全宽度的作用,一是避免飞机万一"出轨";二是防止喷气发动机吸入松散材料。重要跑道的附加宽度一般取 15m。国际民航组织 ICAO 的《国际民航公约》附件十四和我国的《民用航空运输机场飞行区技术标准》(以下简称技术标准)中对各飞行区等级的跑道最小宽度列于表 9-2。

跑道最小宽度　　　　　　　　表 9-2

飞行区等级指标 I	飞行区等级指标 II					
	A	B	C	D	E	F
1	18	18	23	—	—	—
2	23	23	30	—	—	—

续上表

飞行区等级指标Ⅰ	飞行区等级指标Ⅱ					
	A	B	C	D	E	F
3	30	30	30	45	—	—
4	—	—	45	45	45	60

2. 道肩

道肩为紧邻结构道面边缘的条状结构物,其作用为抵御喷气气流的吹蚀,防止松散材料吸入喷气发动机内,减少飞机偶然驶离跑道时受损的危险性,以及作为承载维护设备和应急设备场地和通道。

道肩宽度一般为1.5m,当飞行区等级指标Ⅱ为D、E的跑道宽度小于60m时,道肩宽度是跑道加道肩的总宽度为60m。邻接跑道的道肩表面同跑道表面接平,道肩的横坡应较跑道横坡大0.5%~1%,但其最大值不宜超过2.5%。

3. 停止道、净空道

设置停止道时,停止道宽度应同与之相接的跑道与道肩总宽度相一致。停止道的坡度和变坡限制与跑道相同,但对跑道两端各1/4长度部分的0.8%坡度限制无需应用于停止道。对于飞行区等级指标Ⅰ为3、4的跑道,在停止道与跑道相接处和沿停止道中线竖曲线处最小半径可降至10000m。

净空道的起始点为全强度跑道或停止道(若设置的话)的末端,它的宽度为150m,在跑道中心延长线两侧对称分布。净空道中心线两侧各22.5m范围内的坡度、变坡应与跑道的相一致,但允许孤立的凹地(如横穿净空道的排水明沟)存在,其他地面不允许超出1.25%的升坡。在净空道区域内除了有跑道灯之外不能有任何障碍物,且跑道灯应是易碎件。

4. 升降带

升降带的长度应自跑道端或自停止道端(若设置的话)向外至少延伸30m(飞行区指标Ⅰ为1并为非仪表跑道)或60m(其他场合)。升降带宽度(自跑道中线及其延长线向每侧延伸)应不小于表9-3中的规定值。

升降带宽度(m) 表9-3

飞行区等级指标Ⅰ	1	2	3	4
仪表跑道	75	75	150	150
非仪表跑道	30	40	75	75

5. 跑道端安全区

在升降带两端,飞行区指标Ⅰ为3、4级跑道和1、2级的仪表跑道,需设置安全区,以免着陆飞机冲出跑道或过早接地。

安全区的长度不小于90m,其宽度为跑道宽度的2倍。安全区内地面应平整,除必需的并符合易折要求的助航设备外,不应有任何危及飞行安全的固定物体。安全区的纵向变坡应尽可能平缓,避免突然变化或反坡;降坡不大于5%,横坡不大于5%。安全区的坡度设置应满足起降的净空要求,不得突出于进近面或起飞爬升面。

6. 防吹坪

不设停止道的跑道端应设防吹坪。防吹坪自跑道端至少向外延伸60m,其宽度等于跑道道面加道肩的总宽度。防吹坪表面应与其相连的跑道表面齐平,结构应能承受飞机气流的吹蚀。防吹坪表面的颜色宜与跑道表面颜色有显著差别。防吹坪的坡度应与升降带坡度相同。

(三)滑行道设计

滑行道是连接飞行区各个部分的飞机运行通道。根据滑行道的作用和位置,滑行道分为入口滑行道、出口滑行道、平行滑行道、快速出口滑行道、联络滑行道以及机坪滑行通道等。

1. 滑行道宽度、坡度的确定

滑行道直线段的道面宽度,依据飞机主起落架外轮缘间距以及主起落架外轮缘与滑行道道面边缘之间的最小净距(即飞机轮迹的最大允许横向偏离)决定。

为了防止松散材料(石子或其他东西)被吸入喷气发动机内和防止滑行道两侧地面被吹蚀,飞行区指标Ⅱ为C、D、E和F的滑行道两侧应设对称的道肩。为减少飞机偶尔滑动时受到损坏的危险性,在滑行道外设置滑行带安全区。滑行带内除了必要的助航设备之外,不得有危害飞机滑行的障碍物。滑行带与滑行道道面或道肩相接处及靠近滑行道的区域应整平。

滑行道直线段道面的宽度、道面与两侧道肩的总宽度、滑行带以及滑行带整平区的宽度应不小于表9-4中的规定值。

滑行道设计标准(单位:m) 表9-4

飞行区等级指标Ⅱ	A	B	C	D	E	F
滑行道道面	7.5	10.5	18(15)①	23(18)②	23	25
道面+道肩	—	—	25	38	44	60
滑行带(单侧)	16.25	21.5	26	40.5	47.5	57.5
滑行带平整区(单侧)	11	12.5	12.5	19	22	30
外轮缘至道面边缘的最小净距	1.5	2.25	4.5(3)①	4.5	4.5	4.5

注:① 括号内数值适用于纵向轮距小于18m的飞机;
② 括号内数值适用于主起落架轮外缘距小于9m的飞机。

2. 最小间隔距离的计算

滑行道中心线同平行跑道或滑行道中心线之间,或者同物体之间要保持一定的间隔距离。这一距离取决于飞机翼展、飞机对滑行道中心线的最大允许偏差以及安全间距。

(1)滑行道中心线同平行跑道中心线的最小间距S,按滑行道飞机的翼尖不侵入跑道升降带的要求确定:

$$S = \frac{W_S}{2} + \frac{R_S}{2} \tag{9-23}$$

式中：W_S——翼展(m)；
　　R_S——跑道升降带宽度(m)。

(2)平行滑行道之间的最小距离 S，按下式确定：

$$S = W_S + 2X + Z_1 \tag{9-24}$$

式中：X——主起落架轮外缘到滑行道边缘的最小净距(m)，其规定值见表9-4；
　　Z_1——两架相邻滑行飞机翼尖间的安全距离(m)，其规定值见表9-5。

(3)滑行道中心线同物体之间的最小距离 S，按下式确定：

$$S = \frac{W_S}{2} + X + Z_2 \tag{9-25}$$

式中：Z_2——飞机翼尖与物体之间的安全距离(m)，其规定值见表9-5。

(4)机位滑行通道中心同物体之间的最小距离，按下式确定：

$$S = \frac{W_S}{2} + d + Z_2 \tag{9-26}$$

式中：d——机位处主起落架的允许横向偏离(m)，由于滑行速度较小，其值小于 X，规定值见表9-5。

安全间隔 Z 及横向偏离 d（单位：m）　　　　　　　　　　表9-5

飞行区等级指标Ⅱ		A	B	C	D	E	F
安全间隔	Z_1	3	3	4.5	7.5	7.5	7.5
	Z_2	4.5	5.25	7.5	12	12	12
横向偏离	d	1.5	1.5	2	2.5	2.5	2.5

3. 出口滑行道的确定

跑道的出口滑行道，在交通不太繁忙的机场，连接在跑道两端，随着飞机起降架次的增加，在跑道中段设有一个或几个跑道出口与滑行道相连，以便降落的飞机迅速离开跑道，提高跑道容量，减少延误。出口滑行道与跑道的交角可以是直角，也可以是锐角。直角出口时，由于转角大，飞机进入出口滑行道的速度小，因而占用跑道时间较长；锐角出口有利于飞机高速滑出，故又称之为快速出口滑行道。快速出口滑行道与跑道的交角一般在 $25°\sim45°$。

出口滑行道的设置位置(一般以距跑道入口的距离 D 计)，与飞机在跑道入口处的速度(又称飞机入口速度或进近速度)、进入入口后在空中与地面的减速度有关。出口滑行道位置 D 的计算式为：

$$D = \frac{v_1^2 - v_{TD}^2}{2a_1} + \frac{v_{TD}^2 - v_E^2}{2a_2} \tag{9-27}$$

式中：v_1——飞机近进速度(m/s)；
　　v_{TD}——飞机接地速度(m/s)，可假设 v_1 比 v_{TD} 小 2.6~4.1m/s；
　　v_E——飞机进入出口滑行道时的速度(m/s)；
　　a_1——飞机在空中的平均减速度，约为 0.76m/s^2；
　　a_2——飞机在地面的平均减速度，约为 1.62m/s^2。

各种飞机的进近速度是不同的,ICAO将它划分为5类,见表9-6。不同进近速度的飞机,要求不同的出口位置,因而,出口滑行道的数值取决于使用跑道的飞机类型和各类飞机数量。

飞机的进近速度(km/h)　　　　　　　　　　　　　　　表9-6

类别	A	B	C	D	E
进近速度	<169	169~223	224~260	261~306	307~491

出口滑行道位置的选择,还要考虑其他因素,如航站楼机坪的位置、空中交通管制处理的方式、其他跑道及出口的位置、滑行道体系的交通流组织等。

快速出口滑行道的典型设计如图9-27所示。快速出口滑行道应在弯道内侧设置增补面,转出弯道后有一直线段,其长度应使飞机滑行到与其相交的滑行道之前能完全停住。快速出口滑行道的设计速度、平曲线最小半径等设计标准列于表9-7。

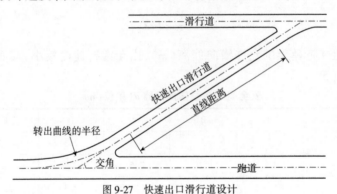

图9-27　快速出口滑行道设计

快速出口滑行道设计标准　　　　　　　　　　　　　　　表9-7

飞行区等级指标Ⅰ	3、4	1、2
出口设计速度(km/h)	90	65
最小曲线半径(m)	550	275
滑行道中线标志起点距曲线起点(m)	60	30
直线段最小长度(m)	75	35

4. 曲线增补面

滑行道弯道的转弯半径应满足飞机转弯性能的要求,见表9-8。飞机转弯时鼻轮与主起落架轮系转弯半径不同,因此弯道处滑行道道面需要加宽,见图9-28。飞机鼻轮沿滑行道中线标志滑行时,飞机的主起落架外侧主轮与滑行道道面边缘之间的净距应满足表9-4中的规定值。

滑行道平曲线半径　　　　　　　　　　　　　　　　　表9-8

滑行速度(km/h)	16	32	48	64	80	96
平曲线半径(m)	15	60	135	240	375	540

三、机场流线组织

根据流线的定义及流线上流动的实体，机场的流线可分为旅客流线、行李流线和飞机流线。合理有效地组织机场流线能够确保整个航空运输流程的高效率。

（一）旅客和行李流线组织

1. 旅客和行李流程

旅客和行李流程如图9-29所示。

（1）非中转流程。非中转旅客流程包括国内出发、到达和国际出发、到达四类。

①国内出发。旅客必须经过的功能区按顺序依次为车道边、值机区、安检区、候机区、登机口。其中旅客需要在功能区办理的相关手续：

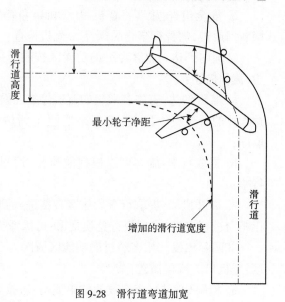

图9-28 滑行道弯道加宽

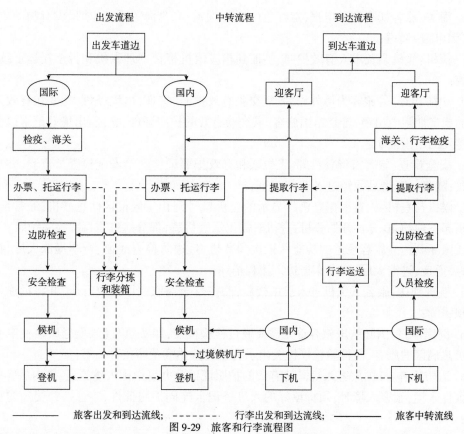

图9-29 旅客和行李流程图

a. 值机：旅客凭机票及本人有效身份证件到相应值机柜台办理乘机和行李托运手续，领取登机牌；

b. 安全检查:旅客将登机牌、飞机票和有效身份证件凭证交给安检员查验,旅客从金属探测门通过,随身行李物品须经 X 光机检查;

　　②国内到达。旅客经过的功能区按顺序依次为登机口、行李提取大厅、迎客大厅、车道边,流程描述:

　　a. 航班到达:若旅客乘坐的航班停靠在航站楼登机桥,可以经登机桥沿连廊进入一楼到达大厅的行李提取厅;若旅客乘摆渡车到达航站楼到达大厅,下车后可直接进入行李提取厅;

　　b. 提取行李:旅客可以根据航班号,通过行李转盘显示屏,查知行李所在的转盘提取行李;

　　c. 离开机场:提取行李后旅客直接进入到达大厅,可以与亲友会面,或到宾馆接待及问讯柜台进行咨询,或到银行兑换货币;可选择机场巴士或出租车等交通工具离开机场。

　　③国际出发。旅客经过的功能区依次为车道边、值机区、海关通道、边防检查通道、候机区、登机口。流程描述:

　　a. 检验检疫检:查有效的健康证明;若旅客前往某一疫区,还应进行必要的免疫预防疫苗接种;

　　b. 海关:旅客如有物品申报,走红色(申报)通道,办理海关手续;如果没有物品申报,走绿色(无申报)通道;

　　c. 值机:凭机票及本人有效护照、签证到相应值机柜台办理乘机和行李托运手续,领取登机牌;

　　d. 边防检查:若旅客为境外旅客,需交验有效护照、签证、出境登机卡,并在有效入境签证上的规定期限内出境;若是本国旅客,需交验有效的护照证件、签证、出境登记卡以及有关部门签发的出国证明;

　　e. 安全检查:旅客需将登机牌、飞机票和有效护照证件交给安全检查员查验,并从探测门通过;随身行李物品须经过 X 光机检查;

　　f. 候机与登机:旅客根据登机牌显示的登机口号到相应候机区休息候机;通常情况下,在航班起飞前约 40 分钟开始登机;登机时需出示登机牌,部分航班需再次检验护照。

　　④国际到达。旅客经过的功能区依次为登机口、边防检查通道、行李提取大厅、行李转盘、海关通道、进港大厅、到港车道边。流程描述:

　　a. 航班到达:旅客下飞机进入航站楼后,前往行李提取大厅提取行李,并将沿途依次办理各项手续;

　　b. 健康申报:国际航班旅客首先需要通过检验检疫,如实填写《入境健康检疫申明卡》;来自黄热病区的旅客,向检验检疫机关出示有效的黄热病预防接种证书;

　　c. 边防检查:外国旅客入境需持有效的护照证件并办妥中国入境签证;国内旅客凭有效护照证件入境;旅客入境时,须将填好的入境登记卡连同护照证件、签证一并交边防检查站查验;

　　d. 提取行李:旅客根据航班号,通过行李转盘显示屏,查知行李所在的转盘提取行李;

　　e. 海关/检验检疫:如果旅客有物品申报,走红色(申报)通道,办理海关手续;如果没有物品申报,走绿色(无申报)通道;

f. 离开机场：进入到达大厅，旅客可以与亲友会面，或到宾馆接待及问讯柜台进行咨询，或到银行兑换货币；出了到达大厅，旅客可以选择机场巴士或者出租车等交通工具离开机场。

（2）中转流程。根据旅客航空进港航班与目标中转航班类型的不同，中转流程分为4类：国内中转国内、国内中转国际、国际中转国际、国际中转国内。

①国内转国内。旅客经过的功能区依次为登机口、中转区、专机登机口。需办理的手续有：

a. 国内航班到达：下飞机后旅客经登机桥或摆渡车进入航站楼；

b. 办理中转手续：如果旅客经登机桥进入航站楼，可直接前往中转柜台办理中转手续；如果旅客乘摆渡车到达航站楼，下车后前往国内中转柜台办理中转手续；

c. 国内航班登机：办理完中转手续后，旅客可直接前往安检口接受安全检查，然后在候机区候机；通常情况下，在航班起飞前30分钟开始登机。

②国内转国际。旅客经过的功能区依次为登机口、行李提取大厅、海关通道、边防检查通道、安检区、登机口。流程描述：

a. 国内航班到达：旅客下飞机后经登机桥或摆渡车进入航站楼；

b. 提取行李：旅客根据航班号查知托运行李所在的转盘提取行李；

c. 检验检疫：旅客应持有必要的健康证明，并进行必要的免疫预防接种；

d. 海关：旅客如果有物品申报，走红色（申报）通道；如果没有物品申报，走绿色（无申报）通道；

e. 值机：旅客在值机区办理行李托运手续，并换取登机牌；

f. 边防检查：旅客应持有效护照证件、签证、出境登机卡以及有关部门签发的出国证明；

g. 安全检查：旅客需持登机牌、飞机票、有效护照证件等通过安全检查；

h. 国际航班登机：旅客到相应登机口候机，登机时要出示登机牌。

③国际转国际。旅客经过的功能区依次为登机口、中转柜台、边防检查通道、安全检查通道、登机口。流程描述：

a. 国际航班到达：旅客下飞机后经登机桥或摆渡车进入航站楼过境厅；

b. 办理中转手续：中转手续依次为办理乘机手续、边防检查、安全检查；

c. 国际航班登机：旅客办理完中转手续后，可前往候机区，到相应候机口登机，登机时需出示登机牌。

④国际转国内。旅客经过的功能区依次为登机口、行李提取大厅、行李转盘、海关通道、中转柜台、安检通道、登机口。流程描述：

a. 国际航班到达：旅客下飞机后经登机桥或乘摆渡车进入航站楼；

b. 健康申报：乘坐国际航班的旅客，首先需要通过检验检疫，如实填写《入境健康检疫申明卡》；来自黄热病区的旅客，需向检疫机关出示有效的黄热病预防接种证书；

c. 边防检查：旅客需持有效护照证件、签证、入境登记卡；

d. 提取行李：旅客根据航班号查知托运行李所在的转盘，提取行李；

e. 海关/检验检疫：旅客如有物品申报，走红色（申报）通道；如果没有物品申报，走绿色（无申报）通道；

f. 办理中转手续:到国际转国内行李托运处办理航班中转手续;

g. 安全检查:旅客需要准备好登机牌、飞机票、有效身份证件等通过安全检查;

h. 国内航班登机:到相应登机口候机,登机时需要出示登机牌。

2. 旅客和行李流线系统组成

(1)办票柜台设施。航空公司用于办理机票事务、行李交付等的设施,办票柜台是旅客进入后的第一个目标,因而在设计时应使他们一进入便知道其位置。大厅的尺寸取决于办票柜台线总长度、柜台前旅客排队的长度和周围流通的空间。为使旅客尽早办理票务和交运行李,办票柜台的布置宜使旅客流平行地通过大厅,并以最短的距离到达登机门位(图9-29)。所需办票柜台的种类和数目,取决于高峰小时登机旅客数、旅客到达航站楼的时间分布、柜台办理手续的速率和服务水平等。无行李旅客的自助办票柜台应放置在大厅入口附近的醒目之处。

(2)安全检查设施。出发旅客在登机前必须通过安全检查点的检查。安全检查点设置在办票区和出发候机室之间,具体位置随航站楼布局(方案)和当地法规而异。分散设点(每个登机门位)要比集中设点需要更多的工作人员和设备。

(3)政府管制。政府管制包括海关、边防和检疫,是国际航班旅客必须通过的关卡。国际和国内航班旅客通常不允许混合,必须提供专门的安排。各国的管制要求和办理次序并不相同。我国现行的次序是:出发旅客先经过海关,再办理票务,然后经过边防(出境),国内也有部分机场采用海关后置布置;到达旅客先经过边防(入境)和检疫,最后通过海关。各个关卡设立的位置应考虑这一处理次序,以保持旅客流的速率和连续。

(4)行李设施系统。对于大多数行李处理系统而言,主要由值机系统、交运行李安检系统、行李分拣系统、行李中转系统以及早到行李储存系统组成。

①行李值机系统。始发旅客在出发大厅的办票柜台办理行李交运手续时,将行李放在称重/贴标签输送机上,办票员完成行李的称重、贴标签工作。标准行李由称重/贴标签输送机输送到过渡输送机,此时系统向收集输送机预定窗口,在收集输送机的空窗口到达后,行李自动输送到收集输送机上。

②交运行李安检系统。系统包括高速AT机、计算机判读工作站、CT设备检查、CT设备人工判读、炸药探测、液体探测/人工开包检查。高速AT机检查判定为可疑的行李,由输送机送至地面离线进行检查;行李由工作人员送至CT检查设备进行安全检查。需要开包检查的可疑行李由输送线送至行李房地面,由人工送至开包间进行开包检查。行李安检系统还配备了爆炸物微量探测仪(ETD)对炸药、毒品及液体进行探测。

③行李分拣系统。分拣机接收始发行李、中转行李、早到行李,配置人工编码站。行李经过分拣系统分拣后将送至始发装载输送机、早到行李储存系统(EBS)、人工编码站(MES)以及弃包转盘。

④行李中转系统。中转行李到港后由中转输送线进入分拣系统,由分拣机将行李分拣至始发装载输送机、弃包转盘或早到行李储存系统。具体处理方式:中转行李如果是在当前航班开放时间段的国内中转,将根据航班、地点等信息被分拣至各个始发装卸位;如果中转行李不在当前航班开放时段且不进入早到行李存储系统的中转,分拣机将行李分拣至弃包转盘,由人工处理;如果中转行李不在当前航班开放时段、且能进入早到行李储存系统的中

转,将分拣至早到行李储存系统储存。

⑤早到行李储存系统。如果行李进入系统的时间早于相应装运转盘的开放时间(但不早于一个参数制订的时间,例如 24 小时),则此行李经过安全检查确认放行后被导入到 EBS。系统中存在皮带式 EBS 和托盘式 EBS。对于绝大多数操作来说,这两种 EBS 发挥着相同的功能。

皮带式 EBS:它的通道分为 6 段(总共有 10 个单独的驱动装置),在一段装满后,行李从一段推入到下一段,直到装满为止。由于行李的尺寸不同,所以无法计算出 EBS 内某一具体行李的准确位置,也无法找到每一段中有多少件行李。只要有一部分行李需要从 EBS 释放出来时,整个通道将被释放。其中将有部分(有时是数量众多的)行李必须返回至 EBS 中。这些行李的返回要求它们在分拣机处再次进行分拣。

托盘式 EBS:可以准确地得知通道上的托盘尺寸,从而可以计算出每个通里每一段上有多少个托盘。行李的释放方法与皮带式 EBS 相同。在托盘 EBS 附近有一个返回回路,用于将不需要的托盘重新导入至 EBS。

早到行李经分拣机送至早到行李储存系统,在航班开放时间时自动进入分拣机,分拣至始发装卸输送机。

(二)飞机进离港流线组织

1. 飞机进离港流程

飞机从落地、滑行、到位,直到飞机再次推出、滑行、起飞的整个过程中,不但涉及管制系统和地面指挥系统对其的作业指挥和调度,还包括对飞机所做的一系列地面保障工作。飞机具体的进离港流程如下:

(1)进入目的地飞航情报区;

(2)与目的地飞航情报区区域管制中心联络,按照指示下降至一定高度后与近场台联络,照指引依跑道的进场路线飞;

(3)飞机降落并离开跑道后与地面管制联络,遵照滑行指示,滑行到指定等候点;

(4)在等候点联络机坪管理,取得指示进入泊位;

(5)等待地面作业服务(包括要完成旅客下飞机、卸货作业、集装箱中部、前部下舱、机上配餐作业、厕所清洗作业、飞机加水作业、整理客舱作业、地面加油作业、给发动机灌注蒸馏水作业、机务进行全面检查作业、装货作业、旅客上飞机等多项任务);

(6)飞行员与地面台联络,取得后推许可;

(7)飞机后推;

(8)飞行员表示准备好滑行后,地面指示飞机滑行到跑道前的等候点;

(9)到等候点后,飞机与塔台联络,取得起飞的许可;

(10)飞机起飞;

(11)起飞后,塔台会把飞机交给离场管制,飞机就会按照管制员指示爬升至管制员许可的高度,如果没有特别的问题,例如需要等候其他飞机飞过等,离场台就会在出发许可中发出飞航高度的指示,并在大约 2 万英尺把飞机交给区域管制;

(12)与区域管制联络,按照指引继续爬升并照飞行计划航行;

(13)离开出发地。

2. 飞机进离港流线系统组成

1) 空中交通管制设施

(1) 地空通信设施。地空通信设施是独立的无线电台,配备自动记录设施。区域管制室的地空通信设施,能与管制区内的航空器进行直接、迅速、不间断和清晰的双向通信;进近管制室的地空通信设施是专用频道,能与管制区内的航空器进行直接、迅速、不间断和清晰的双向通信;塔台管制室的地空通信设施,能与机场管制范围内的航空器进行直接、迅速、不间断和清晰的双向通信。

(2) 航空固定通信设施。包括报文通信和直通电话。

①区域管制室配备航空固定报文通信设施,与下列空中交通管制单位通信联络:

a. 管制区内的进近管制室、塔台管制室、机场空中交通服务报告室;

b. 相邻的国内和国外的区域管制室、进近管制室;

c. 管制区所在地区的管理局调度室、飞行情报中心;

d. 总调度室。

②进近管制室配备航空固定报文通信设施,与下列空中交通管制单位通信联络:

a. 管制区内的塔台管制室、机场空中交通服务报告室;

b. 相邻的塔台管制室、机场空中交通服务报告室、有关的区域管制室、进近管制室;

c. 管制室所在地区的区域管制室、管理局调度室、飞行情报中心;

d. 总调度室。

③塔台管制室配备航空固定报文通信设施,与下列空中交通管制单位通信联络:

a. 机场空中交通服务报告室;

b. 相邻的塔台管制室、进近管制室、机场空中交通服务报告室;

c. 机场所在地区的飞行情报中心、区域管制室、进近管制室、管理局调度室;

d. 总调度室。

④机场空中交通服务报告室配备航空固定报文通信设施,与下列空中交通管制单位通信联络:

a. 相邻的机场空中交通服务报告室、塔台管制室、进近管制室;

b. 机场所在地区的飞行情报中心、区域管制室、管理局调度室、塔台管制室;

c. 总调度室。

⑤区域管制室配备直通电话等通信设施,与下列单位通信联络:

a. 管制区内的进近管制室、塔台管制室、相关机场空中交通服务报告室;

b. 相邻的国内和国外的有协调移交业务的区域管制室、进近管制室;

c. 管制区所在地的管理局调度室;

d. 民航总局飞行流量管理单位;

e. 有关的军航管制室;

f. 有关的海上救援中心;

g. 为本单位提供服务的气象室;

h. 为本单位提供服务的航空通信部门;

i. 为本单位提供服务的航行通告室。

⑥进近管制室配备直通电话通信设施,与下列单位通信联络:

a. 管制区内的塔台管制室、机场空中交通服务报告室;

b. 相邻的有协调移交业务的进近管制室、塔台管制室、机场空中交通服务报告室、区域管制室;

c. 管制区所在地的区域管制室;

d. 有关的军航管制室;

e. 为本单位提供服务的气象室;

f. 为本单位提供服务的航空通信部门;

g. 为本单位提供服务的航行通告室;

h. 直接控制的导航台。

⑦塔台管制室、机场空中交通服务报告室,配备直通电话通信设施,与下列单位通信联络:

a. 机场所在地区的区域管制室、进近管制室;

b. 相邻的有协调移交业务的进近管制室、塔台管制室、机场空中交通服务报告室、区域管制室;

c. 机场援救与应急处置部门;

d. 机场现场指挥中心;

e. 停机坪管理服务部门;

f. 机场灯光部门;

g. 为本单位提供服务的气象室;

h. 为本单位提供服务的航空通信部门;

i. 为本单位提供服务的航行通告室;

j. 直接控制的机场导航台。

⑧空中交通管制单位之间的航空固定通信设施,具有下列功能:

a. 直通电话,用于雷达管制移交目的,能够立即建立通信;用于其他通信,15s之内建立;

b. 报文通信、报文传输时间不超过5min;

c. 空中交通管制单位使用的直通电话通信设施有自动记录功能,自动记录保存30天;自动记录与飞行事故有关征候,按照要求长期保存,直至明确已不再需要保留为止。

(3)导航设施。无线电导航设施对飞机在复杂气象条件下能否准确着陆影响很大。

①无方向信标台(NDB)。无方向信标台与机载无线电罗盘配合工作,用以测定飞机与信标台的相对方位角,引导飞机沿预定航线飞行、归航和进场着陆。

②全向信标台(VOR)。全向信标台与机载全向信标接收机配合工作,能全方位、不间断地向飞机提供方位信息,用于引导飞机沿预定航线飞行、归航和进场着陆。

③测距台(DME)。测距台与机载设备配合工作,不间断地为飞机提供距离信息,用以引导飞机沿预定航线飞行、归航和进场着陆。

④精密进近雷达站(PAR)。精密进近雷达站向着陆方向交替发射水平和垂直扫描波束,接收飞机的反射回波,测定其位置,用以引导飞机进场着陆。

⑤仪表着陆系统(ILS)。仪表着陆系统由机载航向、下滑、指点信标接收机和地面航向台、下滑台、指点信标台组成,为飞机提供航向道、下滑道和距跑道着陆端的距离信息,供在复杂气象条件下引导飞机进场着陆用。

(4)气象设施。机场气象设施有观测设施、气象雷达、气象卫星资料接收处理系统、气象资料传真广播及接收系统、民航气象数据库及网络服务系统等。机场配备的设施,应根据机场等级、航空业务量、当地气象条件复杂程度,以及该机场在全国气象信息网络中的地位等确定。气象观测设施是最基本的设施,有气象遥测站、自动气象观测系统、气象观测场等三种。气象遥测站的传感器设在室外规定地点,在气象室内可读取风、气温、气压、湿度、能见度、降水、天气现象等测定数据。自动气象观测系统除具有类似气象遥测站的设备外,还有跑道视程仪和激光测云仪等。气象观测场用于人工观测,是气象遥测站和自动气象观测系统的备用设施,原则上每个机场均应设置。

2)地面作业设施

飞机地面作业工作主要有:摆渡车安排,机舱清理,食品供应,行李货物装卸,加油、垃圾、污水、饮水车安排等。主要需要以下的设施:

(1)客梯车。帮助旅客、工作人员上下飞机。它需要预先到航班停机位等待,飞机到位即靠上,中间不能离开,飞机关门后离开。

(2)摆渡车。运送远机位航班旅客和机组。对于出港航班而言,它需要在远机位登机口等待,上满旅客后运送到指定航班机位;对于进港航班来说,它需要提前在航班机位等待,上满旅客后运送到候机楼指定位置。

(3)行李车。运送散装行李。

(4)加油车。为飞机加油,在飞机到位后与上客完成之间作业。

(5)清洁工车。送清洁小组到指定机位服务。

(6)食品车。装卸飞机上的餐食。

(7)货车。运送散装货物。

第三节 空港物流园区规划设计

一、概述

(一)空港物流园区的意义

航空物流园区以航空飞行器及机场地面配套设施为核心运输服务手段,以信息平台及相关高新技术为主要支持,集中体现了以市场为导向、以客户为中心、以多赢为目的的个性化、多功能的柔性服务思想,其精髓是基于航空运输方式下的系统集成和优化,促进地区产业升级,成为地区经济发展重要推进器。建设航空物流园区的主要意义在于:

(1)满足周边地区制造业及商业系统对航空货运快速高效的运输需要,促进地方经济的发展。

(2)便捷有效衔接供应链上下游企业,为航空公司及航空货运代理人提供公平公正的综合物流服务平台。

(3)通过建设航空物流园区,对机场自身现有货运营运体系及资源进行整合,有效节约机场地面处理成本,同时为驻场服务企业提高转运效率,从而降低整个供应链的物流运作成本。

(4)通过航空运输的中枢辐射效应,进一步拓展地区的国际物流需求,促进外向型经济的发展。

(二)航空物流园区的特点及其功能要求

1. 空港物流园区的特点

航空物流园区与一般物流园区相比具有自身的特点,其在货物运输方式、服务对象、区位选址条件、对设施设备的要求等方面均有其独特性。

(1)航空物流园区的货物是由航空飞行器运输。虽然航空物流园区可以连接公路、海运、铁路等多种运输方式,但其最主要的运输手段依然是航空运输,这是航空物流园区区别于其他物流园区的根本特点。

(2)航空物流园区的服务对象主要针对高附加值、时效性要求较高的产品,比如电子产品、鲜活货物、服装样品等。

(3)航空物流园区的区位选址基本限定在机场范围内,这样才能充分发挥航空运输快速便捷的特点,同时兼顾多种运输方式的结合,因此航空物流园区的选址问题与一般物流园区相比较更为明确,所受的约束条件也较多。

(4)航空物流园区的货物主要是航空运输,因此其对基础设施设备的要求也高于一般物流园区,比如必须具备飞行跑道、货机坪、飞行导航系统等,不仅仅是便利的交通条件、良好的仓储设施、顺畅的信息流动等。

(5)普通仓储功能在航空物流园区中的弱化,特殊仓储功能的需求随之增加。这一特点也是因航空运输便捷快速的特性而来。航空运输货物通常在 24 小时之内就可安排航班运出,货物流转速度之快不是一般运输方式所能及,因此所需要的普通暂存货物仓储功能需求也不断增加。如航空运输中经常出现的贵重物品、鲜活货物、危险品等,这些都需要通过符合国家标准的特种仓库来进行储存。而随着国际交流的增加,为了给国际航空物流提供便利的转运条件,航空物流园区通常都需要建设海关监管仓库、保税仓等特殊功能仓库来满足需求。

2. 空港物流园区的功能要求

航空物流园区与一般物流园区一样,从理论上讲需要具备一些基本的功能来保证航空物流的高效顺畅。

(1)综合运输功能。在航空运输为主要运输方式的基础上,构筑公路、海运甚至铁路运输等多种运输方式相结合的转运平台,以机场为核心形成海陆空网络运输综合优势,方便航空公司及航空货运代理人借助这一平台,在规定的时间内将客户的商品运抵目的地。航空物流园区还可以根据货运代理或航空公司的具体要求,组织地面运输工具,形成辐射一定范围的地面配送网络,以尽可能方便客户,节约物流成本。

(2)储存功能。在航空物流园区的特点中已经提到,普通仓储功能已经弱化,相对而言特定仓储的作用日益得到提升,在航空物流园区中应根据实际情况规划设计普通仓库和特定仓库的规模及具体功能,同时结合高效率的分拣、传送、储存设备,保证仓储环节的安全、有效,为后续的货物流转做好准备。

(3) 装卸搬运功能。这是为了加快货物在航空物流园区的流通速度必须具备的功能。为了适应航空运输的特性,航空物流园区应配备专业化的装载、卸载、提升、运送、码垛等机械,以提高装卸搬运作业效率,减少作业对货物造成的损毁。

(4) 包装功能。航空物流园区的包装作业目的不是要改变货物的销售包装,而在于通过对销售包装进行组合、拼配、加固,形成适于物流和配送的组合包装单元。

(5) 流通加工功能。和普通物流园区一样,航空物流园区也可以具备一些基本的加工职能,包括贴标签、制作和粘贴条形码等,主要是为了方便货物的生产和销售。

(6) 物流信息处理功能。由于现代物流已经离不开信息系统,因此将在各个物流环节的各种物流作业中产生的物流信息进行实时采集、分析、传递,并向航空公司、货运代理人以及货主提供各种作业明细信息及咨询信息,这对航空物流园区是相当重要的。航空物流园区在具备基本功能的前提下,结合机场发展的实际条件还可以拓展其增值性功能。

(7) 结算功能。航空物流园区的结算功能是物流园区对物流功能的一种延伸。航空物流园区的结算不仅仅只是物流费用的结算,在从事代理、配送的情况下,航空物流园区还可以替货主或航空公司向收货人或者货运代理人结算货款等。

(8) 进口保税和出口监管功能。这一功能是配合机场向国际化发展而在航空物流园区中设置的,通过提供这种增值服务功能,可以大大促进国际航空货运市场的发展,有效推动国际物流的拓展,在航空物流园区的范围内为航空货运代理人提供更加便利的国际物流条件,与此相结合还可以扩展代理报关业务等。

(9) 物流系统设计咨询功能。航空物流园区的设计和建设在国内尚无成熟的经验可循,其作为一个复杂的物流系统,需要集合多方面的人才的知识和智慧,逐步培养自身的航空物流专家,对航空物流系统进行设计、实施和评价。因此,航空物流园区可以利用这种人才和知识经验的优势,开展物流系统设计咨询方面的工作。这一方面可增加航空物流园区经营企业的价值和竞争力,另一方面通过将这些知识和经验进行共享,不断促进航空物流理论与实践的创新。

(10) 物流教育与培训功能。航空物流园区的运作需要航空公司、货运代理人、货主等多方面的理解和配合,通过向这些营运主体提供物流培训服务,可以培养这些主体与航空物流园区经营者之间的认同感,可以提高物流管理水平,也便于贯彻物流作业标准。

功能靠设计而来。每个航空物流园区的功能集合都不会完全一样,有的物流园区可能只提供上述前6项基本功能中的部分功能,但这些功能特别强大,能够满足园区的需求,这也是完全可以的。航空物流园的经营者在设计功能时要确定核心功能和辅助功能,辅助功能可能会使物流园区不一定只做物流,还可能做商流、信息流、资金流,甚至建设配套的生活服务区域,为园区运作单位的工作人员提供完善的生活后勤保障服务,进而能够取得经济效益。

随着信息技术在世界范围内的普遍应用,物流成为约束商品流通的真正瓶颈,现代航空物流园区应该更多地考虑如何提供增值性物流服务,这些增值性物流服务是物流园区基本功能的合理延伸,其作用主要是加快物流过程、降低物流成本、提高物流作业效率、增加物流的透明度等。提供增值性服务是现代航空物流园区赢得竞争优势的必要条件,每个航空物流园区都可以根据自身特点拓展增值服务,因此在设计航空物流园区功能时需要创新。

二、空港物流园区规模估算

(一)物流园区总体规模

空港物流园区用地规模:

$$S = S_h + S_z + S_p \tag{9-28}$$

式中:S——空港物流园区总用地规模;

S_h——物流核心功能区用地面积;

S_z——物流增值功能区用地面积;

S_p——包括园区管理、公共服务等功能的物流服务支持区面积。

1. 空港物流核心功能区用地规模预测

根据预测的航空物流需求量以及经验系数,对空港物流核心功能区用地面积 S_h 进行预测。

$$S_h = k_1 \cdot Y \tag{9-29}$$

式中:k_1——经验转换系数;

Y——航空货运需求量(万吨)。

根据国内空港物流园区(如浦东空港物流园区、重庆空港物流园区等)物流核心功能区与航空货运量的比例关系,k_1 一般取值范围为 5~8。

2. 空港物流增值功能区用地规模预测

借鉴国外机场的发展经验及国内同类机场空港物流园区相关规划,物流增值功能区是物流园区发展的重要区域,具有良好的市场前景和发展空间。

3. 空港物流服务支持区用地规模预测

根据核心功能区和增值功能区的用地规模的预测,物流服务支持区规划用地采用如下预测模型:

$$S_p = \frac{1-m}{m} S_1 \tag{9-30}$$

式中:S_p——包括园区管理、公共服务等功能的物流服务支持区面积;

S_1——包括运输、仓储、加工、保税等功能的各功能区总用地面积;

m——生产用地占总面积的比例系数。

参考国内外经验,空港物流主要以发展航空货运为依托,故物流服务支持区面积一般控制在50%以上,例如日本、德国等国的物流园区的物流生产和生产相关用地基本在60%~70%。

(二)物流园区建设规模的确定方法

1. 类比法

类比法,也称为横向借鉴法,就是不进行航空物流量的预测,而直接通过国内外一些与拟建设园区条件相似(如地区经济指数、交通条件等)的已有空港物流园区来大致估算其规模。表9-9为国内外著名空港物流园区或功能区相关指标。

国内外空港物流园区或功能区相关指标 表9-9

物流设施或功能区名称	位　置	总建筑面积（m²）	建筑容积率	地块的长度和宽度(m)	建筑楼层
Tradeport	香港	31434	2.2	N.A.	3层
Schenker	新加坡樟宜	25750	0.9	150180	3层
BAXGlobal	新加坡樟宜	55740	2.0	150180	3层
Menlo	新加坡空港物流园区	12994	1.0	71190	3层
AMB	新加坡空港物流园区	7319	0.5	89165	2层
EXEL	新加坡空港物流园区	26490	0.7	260150	2层
EXEL	上海外高桥保税区	13369	0.5	180150	1层
EXEL	上海金桥开发区	11000	0.5	150150	1层
Alliance	美国得克萨斯	6968	0.25	N.A.	1层

资料来源：Lantau Logistics Park at Siu Ho Wan。

为了减少地区、环境等差异带来的误差，不能直接根据其他城市空港物流园区的规模来确定自身空港物流园区的规模，而是要根据一定比例类推。比较常用的对比指标有城市经济规模、航空物流需求规模等。类比公式为：

$$S_1/S_2 = G_1/G_2 = Q_1/Q_2 \tag{9-31}$$

由此可得：
$$S_1 = S_2 \times G_1/G_2 = S_2 \times Q_1/Q_2 \tag{9-32}$$

式中：S_1、S_2——空港物流园区的基础设施面积；

G_1、G_2——城市区内生产总值；

Q_1、Q_2——城市航空物流总量。

公式在一定程度上减小了误差。但是从表9-9可以看出，即使城市在经济状况和其他方面具有可比性，各个地区和城市的建筑容积率却有较大的差别，类比时要注意建筑容积率对需要面积的影响。比如香港是容积率很高的城市，由于地价高、土地资源紧缺，香港的建筑空间利用率非常高。

2. 参数法

参数法也称为物流量配算法，就是通过预测航空物流园区物流量（如总吞吐量、仓储量等）指标，进行空间规模的换算。目前换算法主要有：单位处理量用地系数来换算法或作业区面积累积法、或物流强度换算法。

（1）单位处理量用地系数换算法。单位处理量用地系数法的基本公式如下：

$$S = b(Q/365) \tag{9-33}$$

式中：S——空港物流园区生产用地规模；

b——单位物流量用地系数（m²/年·吨），即物流强度的倒数；

Q——空港物流园区的年处理量，一般是预测的空港物流园区适站量或吞吐量。

该方法只需要预测空港物流园区的总物流处理量，并且直接得到空港物流园区的总面积。该方法一般用于空港物流园区的规模初算和概算。

(2) 物流强度换算法。物流强度换算法，主要应用在航空货物强度比较稳定、有一定规律的功能模块，如航空快件中心规模的计算。需要说明的是，这里的物流强度是指功能区的建筑面积。物流强度换算法的基本公式归纳为：

$$S = Q/(\varepsilon \cdot FAR) \tag{9-34}$$

式中，Q——航空货物预测量；

ε——物流强度；

FAR——城市当地的容积率。

【本章小结】

本章在介绍枢纽机场相关概念、基本组成、类别和功能的基础上，详细阐述了枢纽机场的功能区布局、流线组织和相关指标计算方法。讨论了空港物流园区的规划问题，主要内容包括物流园区的功能分析、功能区布局和规模确定等，从总体上搭建了枢纽机场设计的基本知识框架。

【案例分析】

案例1 上海浦东空港物流园区规划。

根据物流园区的规划功能以及不同功能区的业务特点、作业方式和布置形式，上海浦东空港物流园区规划布置7大功能区。

1. 航空口岸和航空货站

该区将建有保证航空货物在机场快速运转，完成航空货物报关、三检等作业流程的航空通关中心。同时将设定进出口海关监管区，主要为货运代理企业的航空货物提供监管、仓储以及进出口拼接、查验等服务。

建设集暂存、分拣、信息反馈及航空公司地面代理为一体的航空快件中心，最大限度地满足航空快递时效性要求。

航空货站区由国际货区和国内货区组成，是连接航空货物与飞机的必经通道，为进出货站的货物提供安检、计重、打板装箱/拆板装箱、货物存放、吨控、装卸飞机、分拨等服务，主要面向航空公司和货运代理公司。贵重物品及鲜活品处理中心和危险品库也设置在货站区内。

2. 保税物流中心

保税物流中心建有仓库区，提供货物在保税物流中心内的暂存业务，解决出口退税问题。中心内设立的简单加工区提供简单的保税加工服务，如产品测试、分拣、包装与再包装、分拣标注等。

另外，保税物流中心还可为生产性企业提供高效的保税物流配送服务，帮助企业真正实现JIT生产和零库存。今后，随着国际航线的扩大，可进行多式联运、国际中转业务。

3. 多式联运中转区

该区域以实现多式联运功能为主，包括堆场、转运作业区和停车场等。可实现与港口、汽车场站以及周边邻近机场之间的海、陆、空货物相互快速转运，形成优势互补；也可为在物流园区内开展多式联运的物流企业提供便利的口岸条件。

4. 第三方物流服务区

(1) 城市和区域快速配送区。该区域主要提供城市消费品配送服务，货物特点是品种多、批次多、批量小等，企业运用专门配送车辆开展市域配送。

(2)仓储服务区。主要吸引物流企业和周边工业园区企业,为客户提供商业和生产性配送、仓储等服务。

5. 国际贸易与展示区

在物流园区内设置国际贸易与展示区,有助于优势产业的集聚发展和中小企业扩大市场、整合资源。

6. 会展仓储配送中心

设置会展仓储配送中心,通过其双向传递作用,保障会展物流链条的通畅。其营运须满足货种多、规格各异、小批量多批次、时间集中度高、周期性不强、应急状况频繁、配送目的地单一等会展物流的要求。

7. 综合配套服务区

主要设置物流园区管理服务机构,如园区管委会、国际国内货代、各种专业项目公司、银行、保险、邮政服务、商业网点、餐饮、商务住宿和休闲设施等,实现物流信息服务、综合配套服务、物流咨询与培训功能及完善配套的中心管理服务功能。

案例2 虹桥机场综合交通枢纽的功能布局。

虹桥国际机场地面运输系统较为完善。虹桥综合交通枢纽整合了虹桥机场、高铁和磁悬浮火车三大核心交通设施,大大加强了虹桥和浦东两场在长三角中的竞争力。虹桥综合交通枢纽的规划提出了以下4条规划原则:

(1)高标准、高要求,建成一流的交通枢纽;

(2)以人为本,方便旅客,便捷换乘;

(3)最大限度满足功能,强化服务,安全高效;

(4)可持续发展,集约利用资源,环保节能。

通过规划设计,虹桥交通枢纽主要交通设施规模如图9-30所示,能够承担预测的110万人次的处理需求。

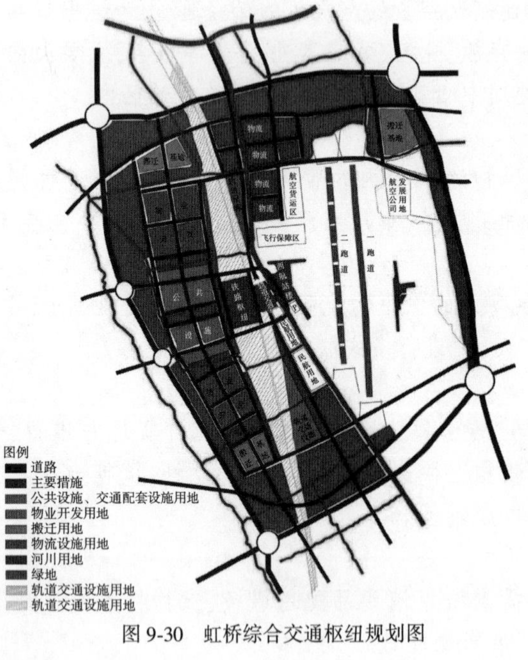

1. 枢纽客运道路交通系统

虹桥综合交通枢纽所在地区当前东西向交通受沪杭铁路、虹桥机场等影响,南北向交通受京沪铁路、吴淞江等阻隔,路网结构贯通性差。在流量分析的基础上,枢纽地区道路网络系统在规划上进行了调整和优化,确定以"一纵三横"辅助快速路为骨架的枢纽外围交通系统。其中,"一纵"为南北向的华翔高架;"三横"为东西向的青虹路高架、北翟路高架和漕宝路高架。机场、磁浮和高铁三大枢纽核心设施的客流主要通过封闭式高架快速路进入,地区开发新增交通量和现有交通量依靠地面交通系统,以保证枢纽设施的正常运营。

2. 二号航站楼陆侧交通系统规划

由于虹桥综合交通枢纽毗邻虹桥机场西

图9-30 虹桥综合交通枢纽规划图

边界进行开发和建设,使得二号航站楼成为这一综合枢纽的有机组成部分,与高速铁路、磁悬浮、地铁和公交运输系统融为一体。综合交通枢纽在陆侧进场交通和旅客换乘方面为虹桥国际机场带来了极大便利条件。具体从以下几点对二号航站楼陆侧交通系统的规划进行分析。

1) 结合枢纽大交通的客运道路体系

在枢纽外围"一纵三横"的基础上,利用枢纽内部的三条快速通道(青虹路高架、徐泾中路高架、七莘路高架)和地面配套道路,辅以合理有序的交通组织,有效地解决了机场客、货、工作人员交通需求。

同时,为了满足二号航站楼的旅客集散需求,结合到发客流的组织形式,规划方案沿航站楼出发层南北两侧设置了高架车道边,到达客流利用七莘路地面道路设置了到达车道边(巴士及出租车)。此外,在七莘路与SN6路间布置有东交通中心,中心内部为巴士车站、南北两侧为社会车辆停车楼。

2) "一纵三横"空间构架的旅客步行换乘体系

虹桥机场二号航站楼旅客换乘主要通过与航站楼西侧融为一体的东交通中心来承担。东交通中心的规划设计主要抓住"一纵三横"构架的设计理念,通过设置空间层次上的交通主轴,不仅能满足东交通中心与二号航站楼、磁浮车站、公交站点以及地铁车站的高效、便捷、安全的衔接,而且合理的布局与土地利用,既提高了土地和空间的利用率,有效地控制了投资和运营成本;同时也提高了服务水平,方便了旅客,充分体现了"以人为本,最大便利"的规划理念。

3) "分类管理,公交优先"的多车道边设置

虹桥机场二号航站楼的车道边由楼前高架车道边(出发)、楼前地面车道边(到达)、东交通中心车道边共同组成。

(1) 车道边的交通组织原则

①分类管理,车种分流。二号航站楼的楼前车道边需要满足社会车辆、出租车、线路巴士、专线巴士和旅游巴士等多种交通方式的停靠和上下客需求。结合枢纽建筑层次布局,所有车辆的出发与到达层面均分离设置,避免不同需求的人流、车流在车道边产生的相互干扰。

②公交优先,以人为本。在枢纽的规划、设计、营运中均需突出体现公交优先的先进理念,力求使乘坐公交的旅客进出枢纽的步行距离最短,使枢纽旅客与公交的换乘更紧密、便捷。

(2) 车道边设计

①楼前出发车道边。枢纽高架快速道路系统南北分区,南进南出、北进北出。因此出发层车道边也分南北两套,分别服务于南北两个方向的客流。同时每侧又分内外两层车道边,以提供充足的停靠长度来满足不同车种对车道边分配的需求。

②楼前到达车道边。到达车道边分内外两层,到达层出租车远期共需18个发车位,航站楼到达层门前单侧停车。由于发车位较多,考虑分两组在内侧车道边北部上乘客,社会大中型巴士安排在外侧车道旁。

③东交通中心车道边。东交通中心的车道边主要设置在两处,一处在交通中心地面层,主要为长途巴士服务;另一处设置在与航站楼夹层相连的交通服务中心大通道处,主要为社会车辆服务。

4)节能环保的敞开式停车库

为了满足远期目标发展的需求,东交通中心规划南北两个停车库和南北两个地下停车场。南北两个停车库主要为二号航站楼、磁浮虹桥站服务,整个车库主要给接送客人的社会车辆使用。南北两个地面停车场主要为社会巴士(大中巴)接送客人使用。车库所有层面四面敞开,四周设置斜坡式下沉绿化庭院,一直延伸到停车楼最下一层,地面高程以下的停车层也有良好的采光通风,并且便于各层人员快速疏散。

【实训题】

1. 以某枢纽机场为例,收集和调研资料,模拟进行该枢纽机场的规划与设计,包括功能区的确定、功能区的布局以及相关规模的确定等内容。

2. 以某枢纽机场为例,收集和调研资料,模拟进行该空港物流园区的规划与设计,包括园区的功能区的确定、功能区的布局以及相关规模的确定等内容。

【复习思考题】

1. 简述机场的功能。
2. 机场由哪几部分构成?各部分作用是什么?
3. 机场是如何进行分类的?
4. 机场规模的确定方法有哪些?
5. 飞行区包括哪些部分?
6. 跑道的基本参数有哪些?跑道的长度、宽度和方位与哪些因素有关?
7. 跑道的布置形式有哪几种基本构形?
8. 滑行道的主要功能是什么?滑行道系统主要由哪几个部分组成?
9. 什么是机场净空区?
10. 飞行区的设施主要包括哪些?各有什么作用?
11. 候机楼包括哪些部分?各部分有什么作用?
12. 地面运输区由几部分组成,各有何作用?
13. 如何进行机场的旅客、行李流线组织?
14. 如何进行飞机进离港流线组织?
15. 空港物流园区的建设规模确定方法有哪些?

第十章 城市公共交通枢纽功能布局设计

【课前导读】 本章讨论了城市交通枢纽布局设计问题。第一节介绍了城市交通枢纽的基本概念、分类、功能定位、设计原则、选址和交通组织等。第二节阐述了常规公交枢纽功能区布局设计，主要包括常规公交枢纽的组成和布置方式。第三节阐述了BRT换乘枢纽功能区布局设计，主要包括BRT的基本概念、系统构成、枢纽的布局设计等内容。第四节阐述了地铁枢纽功能区平面布局设计，主要包括地铁枢纽的概念、构成、平面布局和相关指标计算等内容。

【知识学习目标】 掌握城市交通枢纽的基本概念和设计思路。掌握常规公交、BRT换乘枢纽和地铁枢纽的功能区布局和相关指标计算方法。

【能力培养目标】 建立城市交通枢纽布局设计的理论和方法体系，使学生具备常规公交枢纽、BRT换乘枢纽和地铁枢纽的功能区布局设计能力。

【教学重点】 城市交通枢纽的基本概念、功能定位、设计原则与交通组织；常规公交枢纽的布局设计以及相关指标计算；BRT枢纽的布局设计以及相关指标计算；地铁枢纽的布局设计以及相关指标计算。

【教学难点】 常规公交枢纽的布局设计以及相关指标计算；BRT枢纽的布局设计以及相关指标计算；地铁枢纽的布局设计以及相关指标计算。

第一节 概　　述

一、城市公共交通枢纽概念

(一) 城市公共交通枢纽基本概念

城市公共交通枢纽是以公共交通(包括全方式的公共交通，以下简称公共汽车交通为公交)为主的城市多方式交通的集散地，是公交网络的锚固节点，是道路网、公交网、信息网"三网合一"的载体，提供出行方式转换与组合、客流集散等多元功能。

(二) 城市公共交通枢纽划分

当前城市公共交通枢纽尚无统一的划分标准，本文主要介绍两种分类方法。

1. 按枢纽性能划分

交通枢纽具有不同的层次,从交通功能、承担的客流性质、交通方式的组合、布置形式、服务区域等不同分析角度,可以将交通枢纽分为若干类别,如表10-1所示。

不同性能的城市交通枢纽分类 表10-1

枢纽性能	枢 纽 分 类
交通功能	对外客运交通枢纽、市内客运交通换乘枢纽、地段客运换乘枢纽、特定设施客运枢纽
客流性质	中转换乘型枢纽、集散型枢纽、混合型枢纽
交通方式	线路换乘枢纽、方式换乘枢纽、复合型枢纽
布置形式	立体式枢纽、平面式枢纽
服务区域	都市级枢纽、市区级枢纽、地区级枢纽

2. 按各城市不同分级指标划分

不同城市根据不同的分级指标对交通枢纽进行等级划分,例如北京、广州、深圳、上海等地就根据当地情况选取相应分级指标对交通枢纽分级,如表10-2所示。

国内主要城市轨道交通枢纽分级情况 表10-2

城市	分 级 指 标	分级概况和分级标准
北京	√ 衔接方式种类; √ 衔接的轨道交通线路数	√ 一级枢纽:与大型对外交通枢纽衔接的轨道交通枢纽; √ 二级枢纽:轨道交通线路之间的换乘枢纽以及轨道交通与多条常规公交线路衔接的换乘枢纽; √ 三级枢纽:与常规公交站点衔接的轨道交通车站
广州	√ 衔接的交通方式种类; √ 枢纽所在地的土地开发类型	√ 客运枢纽站:与大型对外交通枢纽衔接的轨道交通枢纽; √ 公交枢纽站:位于大型常规公交枢纽、线路衔接处或CBD地区的轨道交通枢纽; √ 公交换乘站:与一般常规公交枢纽衔接的轨道交通枢纽; √ 一般换乘站:与常规公交站点衔接的轨道交通车站
深圳	√ 衔接方式种类; √ 枢纽所在地的土地开发类型	√ 综合换乘枢纽:位于大型常规公交及对外交通枢纽的衔接处或对外口岸、城市主次中心的轨道交通枢纽; √ 大型换乘枢纽:位于常规公交枢纽衔接处或片区中心的轨道交通枢纽; √ 一般换乘枢纽:与常规公交站点衔接的轨道交通车站
上海	√ 衔接的轨道交通线路数	√ 大型换乘枢纽:三条市区级或两条市域级线路节点; √ 换乘车站:两条市区级线路衔接的节点; √ 一般车站:其他轨道交通车站

(三)城市公共交通枢纽功能定位

交通枢纽作为锚固城市交通网络体系的基础及衔接各种客运交通方式的纽带,是公共交通网络中不同交通方式、不同方向客流的转换点,在城市和城市交通中的功能主要体现在以下两个方面。

1. "点"上的交通衔接功能

衔接功能是指交通枢纽从整体上作为一个衔接点,根据居民的出行需求,把不同线路、不同交通方式的交通出行与运输活动连接成为整体。具体而言,一是枢纽可以和所服务区域内的需求点相连接,实现客流从需求点到枢纽中心的汇集和从枢纽中心到目的地的分散;二是枢纽和枢纽之间相连接,实现规模化的网络输送功能,降低客运成本;三是枢纽可以实现城市内外交通的衔接,有效改善内外交通由于运输组织方式差异造成的"瓶颈"现象。

2. "面"上的客流集散功能

交通枢纽可以利用各枢纽站场系统及其连接的公交线路,实现"点"到"面"的功能扩张。枢纽的客流集散主要是针对运输对象而言,公共交通枢纽利用枢纽中心的吸引性,以扩大吸引面为目标,为公交网络提供客源和疏散客流,实现客流向公交干线的汇集和向公交支线的渗透。

二、城市公共交通枢纽建设标准

(一)枢纽交通设计原则

枢纽交通设计应树立"以人为本,兼顾人车关系"理念,并遵从如下原则:
(1)缩短出行者在枢纽内的走行距离与时间,并提高其安全性;
(2)充分、合理利用空间,适当分离不同交通方式的空间,减小公交车辆迂回距离;
(3)减少枢纽对周边交通系统的影响,实现共赢;
(4)保障残障人士的出行便利;
(5)改善枢纽的候车、照明、通风等综合环境;
(6)提供必要的附属设施,如调度、零售、防灾等设施。

(二)客运交通枢纽选址及交通组织

1. 枢纽选址

(1)位置选择要符合城市总体规划的布局要求。选址既要最大限度地方便乘客出行,又要尽量减少对城市运转的干扰和影响。客运交通枢纽必须与城市客运交通干路有方便的联系,尽量不影响客运交通干路的畅通。

(2)客运枢纽应与城市其他各项交通运输设施合理地配合和衔接,以方便乘客中转换乘,其位置宜布置在客流量较大的主干道附近和城市集散环路附近,并且方便地通过公共交通与铁路客站、航空站和客运码头相联系。

(3)大城市、特大城市应根据城市主要客流集散点分布和公共交通线路网布置,分规模设多个客运枢纽。对外客运交通枢纽可结合城市对外客运设施布置,设置在城市中心区的边缘。

(4)公共交通换乘枢纽应以公共交通线路网规划为依据,设置在公共交通干线的交汇处,或多条线路共用的首末站。

(5)在城市外围,应将公交首末站或城市轨道交通车站设置为吸引个体小汽车交通换乘的客运枢纽。

(6)大型居住区附近,应设置公共交通客运枢纽。

(7)用地条件及规模应符合客运枢纽建设的相关规定要求。

2. 枢纽交通组织

(1)分离枢纽内部及周边各种交通的流线,建立通畅、安全的步行和换乘通道。

(2) 优化枢纽衔接设施及信息提供服务，提高换乘有序性。
(3) 合理布置枢纽中公共汽车、出租车及社会车辆、自行车的停车区。

第二节 常规公交枢纽功能布局设计

常规公共汽车是按照指定线路行驶在城市道路上，在固定站点停靠的公共交通车辆，一般也称为常规公交。常规公共汽车是使用最为广泛的公交车辆，具有机动灵活、设施投资小、适应性强的特点。但是，常规公交易与其他交通相互干扰，道路交通较为拥堵时，运营速度低、可靠性较差。为弥补常规公交的这些缺点，很多城市在道路上开辟公交专用车道，给予常规公交优先通行权，减少其他交通方式带来的干扰，从而有效提高公交的运营速度和可靠性。一条常规公交线路的单向客运能力一般为 0.8~1.2 万人次/h，送达速度在 15~25km/h 之间，一般条件下为 15km/h。

为满足特定的交通需求，常规公交还有多种形式，如单位班车、校车、旅游公交、商场巴士、需求响应公交等。单位班车是由单位提供接送员工上下班的公交方式；校车专为中小学生提供接送服务，校车产业在美国和欧洲一些发达国家起步较早，国内校车产业发展较晚，大部分城市尚未形成规范统一的校车服务市场；旅游公交是专为游客提供的高品质公交服务；商场巴士一般是大型商场或超市为顾客提供的巴士服务；需求响应公交是由乘客通过电话或网上预约提出需求而专门提供的公交服务。

一、常规公交枢纽组成

公交站场根据服务对象与服务功能，可分为中间停靠站、首末站、枢纽站、停车场、维修保养场、培训场地和附属设施。一处场站往往同时具备多个功能而形成综合场站。

1. 中途停靠站

公交线路中途停靠站一般有路边停靠站和港湾式停靠站两种。站台长度由停靠线路数和高峰时段停靠车辆数确定。

中途停靠站选址应考虑乘客上下车和换乘方便，并能按要求完成车辆的"停"和"行"任务，选择在客流集散点附近。几条公交线路重复经过同一路段时，中途停靠站宜合并。

中途停靠站点的站距受乘客出行需求、公交车辆运营管理和道路系统等影响，在整条线路上是不等的。市中心区客流密集，乘客乘距短，上下站频繁，站距宜小，平均站距为 500~800m；城市边缘区、郊区线，站距大些，平均站距可为 800~1000m。交叉口附近设置中途停靠站时，一般设在过交叉口 50m 以外处；车辆较多的主干道上，宜设在 100m 以外。

2. 首末站

首末站是公交线路的始发车站或终点站。公交首末站的选址宜靠近人口比较集中、客流集散量较大而且周围留有一定空地的位置，如居住区、火车站、码头、公园、文化体育中心等。位置宜选择在紧靠客流集散点和道路客流主要方向的同侧，并在城市道路以外的用地上。

公交首末站的规模应按所服务的公交线路所配营运车辆的总数来确定。一般配车总数（折算为标准车）大于 50 辆的为大型站点，26~50 辆的为中型站点，小于 26 辆的为小型站点。

根据服务线路数，首末站通常分为一般终点站和服务性终点站。一般终点站指 1~2 条线路的首末站或末站，终点站有标志明显、严格分离的出口和入口，1条路首、末站布置2~3个泊位。服务性终点站是一种将车辆掉头、公共汽车停放与上下客、旅客候车和调度用房等多种设施合在一起的小型站场，需要容纳若干线路。服务性终点站通常为2~4条线路提供终点作业服务，最小用地要求为2000m²。设施与用地规模应根据营运车辆数量、线路多少及站的等级确定。

与公交首末站相连的出入口道应设置在道路使用面积较为充足、服务水平良好的道路上，尽量避免平面交叉口。必要时出入口可设置信号控制，以减少对周边道路交通的干扰。

3. 枢纽站

枢纽站为3条以上主要公交线路的首末站，或与其他重要交通设施的交汇处，或多条公交线路的交汇处。公交枢纽站通常位于火车客运站、长途汽车站、客运码头、轨道交通站点、大型居住区、市区内客流中心等附近。在居住区、大型住宅、区域的商业中心、工业区等可设置小型公交枢纽站。枢纽站至少要设置4条发车通道，其中至少一条要加宽以便超车。枢纽站还应提供调度室、用餐与停车区及其他辅助设施。

应设置公交枢纽站的地区包括航空枢纽、铁路枢纽、公路交通枢纽、客运码头、轨道交通枢纽、大型居住区、市区内客流中心等。枢纽站一般布设在干道一侧或另辟专用场地。

公交换乘枢纽规划应以尽量减少换乘给乘客带来的不便为前提，设置在乘客目的地或出发地集中的交通网络节点上，并且只要公交网络结构和场所允许，应该将尽量多的公交线路集中在少量的换乘站，以减少乘客的换乘次数。

4. 公路停车场与保养场

公交停车场只用于公交车辆下班后停放及进行低级保养和小修的场地。保养场承担营运车辆的高级保养任务。保养场可分为大中型、小型两种，小型保养场年保养能力为200辆，大中型保养场年保养能力为500辆左右。

各类公交枢纽站和一般首末站分类、功能及用地规模取值可见表10-3。

各类公交枢纽站、首末站用地规模参考　　　　　　　　　表10-3

	分类	主要功能及特点	用地规模（m²）
公交枢纽站	综合客运枢纽的公交枢纽站	综合客运枢纽是集多种交通工具和多种任务于一身的综合性的多功能客运站，是多种交通方式衔接所形成的大型客流集散换乘点，尤其是多种对外交通方式与市内公交衔接点	6000~10000
	大中型公共交通换乘枢纽的公交枢纽站	大中型公共交通换乘枢纽是城市中心区主要客流集散，轨道交通线路间换乘，截留外围城镇、郊区、远郊区进入中心城区的小汽车、城乡公交车的客运枢纽	4000~7000
	一般公共交通换乘枢纽的公交枢纽站	一般公交换乘枢纽是指地面公交之间、地面公交与轨道交通间的一般换乘枢纽	3000~4000
	外围里点中心镇集散	主要是服务中心镇周围乡村公交与城乡公交的换乘功能	3000~4000
首末站	中心的公交枢纽站	公交始发车站或终点站	1500~3000

二、常规公交枢纽布局

为了确保公交枢纽交通集散功能的发挥,城市中公交枢纽的布局应与城市中心体系相结合。在用地条件允许的情况下,规划应尽量使公交枢纽的布局与城市中心的规模、等级和职能相匹配,满足城市中心交通出行的需求。在用地条件紧张的城市中心,规划还可以采用多布点、混合式和立体化等方式,充分利用城市空间资源引导交通枢纽布局。

为了确保公交枢纽交通集散功能的发挥,城市总体规划中的用地布局应围绕公交枢纽进行优化。一方面,为了适应公交枢纽周边地区可达性好、土地价值高的特点,规划应优化用地布局,使公共服务设施和就业岗位集聚在公交枢纽周边;另一方面,为了减缓和避免公交枢纽出现潮汐式的交通需求特征,应在公交枢纽周边地区布局一定规模的居住用地,促进该地区的交通减量。

(一)公交的首末站

公共交通的首末站宜设置在城市道路以外的用地上。为了更加充分发挥首末站的作用,首末站布置应考虑以下几个因素。

(1)为了减少车辆行程和工时浪费,公共交通车辆一般分别停放在交通路线的首末站。因此公共交通首末站也是车辆掉头、待发的场地。应考虑乘客候车、车辆回转、短时间停车、调度和行车人员休息的用地需求。一个首末站的用地可按 $1000\sim1400m^2$ 计算。

(2)回车场应设在客流集散的主流方向同侧。其出入口不得直接与快速路、主干路相接。

(3)环形回车时,车行道的最小转弯半径不小于公共交通车辆最小转弯半径的 2 倍,则公共汽车要求车行道宽一般为 $25\sim35m$;无轨电车为 $30\sim40m$。

(4)利用交叉口回车或绕街坊回车。最好在路边另设专用停车场地(图 10-1),因为终点也是车辆调度较多之处。当客运负荷低峰时,路线上有部分车辆需要暂时停歇。另外,车辆加水、清洁、保养和小修工作也需要有一定的场地。

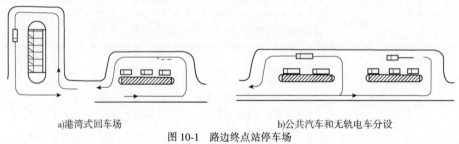

a)港湾式回车场　　　　　　　　b)公共汽车和无轨电车分设

图 10-1　路边终点站停车场

(5)终点回车如采用绕街坊行驶,必须注意道路上的交通情况。公共汽车绕街坊可顺时针或逆时针回转,一般以顺时针为宜,它只有右转弯,但也要注意第一次左转弯应设立在哪个交叉口适当见图 10-2a)。至于无轨电车,为了减少架空接触线的交叉,应该反时针方向绕行,见图 10-2b)。

(二)公交的中途停靠站

公交中途停靠站的布置,直接影响乘客乘车距离、车辆运行速度和道路的通行能力。停靠站布置不当,特别是在交叉口停靠站设置的不合理,会造成道路交通不畅,甚至阻碍视线,影响交通安全。此外,车辆在停靠站频繁制动和起动,容易破坏路面。因此,停靠站布置的合理并能相对固定,可使客运能力与客运负荷相协调,保障交通安全。同时,应采取有力措施,加固停靠站的路面,以防其过早损坏。

公交中途停靠站主要布置在客流集散点,如火车站、商场、干道交叉口、工矿企业等。有时还要考虑地形、特殊的治安要求等。在大量人流集中的地方,为了乘客乘换车方便,各路线的站点常集中设置于一处,此时,最好在路边另辟专用场地,以便换

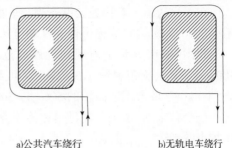

a)公共汽车绕行　　　　b)无轨电车绕行

图 10-2　车辆绕街坊进行回车

车和候车之用。根据具体交通情况,往往需要合理调拨公共车辆,组织区间掉头车。车辆在道路上的掉头对交通影响很大,应尽量避免。同时应考虑在适当的地段(如在较宽的车行道)或交叉口组织区间掉头车。

合理设置公共交通中间停靠站点,需要对客流的流向、流量进行调查和分析,运行过程中,发现问题逐步加以调整。

(三) 停靠站的布置

停靠站间距过小,会增加乘客乘车的时间,车辆速度不高,且频繁制动、起动,轮胎与燃料消耗大。反之,停靠站间距过大,虽然提高了车辆运行速度,乘客乘车时间减少,但对于乘客乘车则不便,增加了步行时间。公共交通车站以按表 10-4 的站距布置为宜。

公共交通站距(单位:m)　　　　　　　　表 10-4

公共交通方式	市 区 线	郊 区 线
公共汽车与电车	500~800	800~1000
公共汽车大站快车	1500~2000	1500~2500
中运量快速轨道交通	800~1000	1000~1500
大运量快速轨道交通	1000~1200	1500~2000

中间停靠站布置主要考虑站位及港湾站设置,站位一般位于街道交叉口附近,以方便乘客换乘相交道路上的公交车。但公交车站离路口又不能太近,否则会干扰交叉口的交通,影响交叉口的通行能力。我国规定在道路平面交叉口和立体交叉口上设置的公交车站,换乘距离不宜大于 150m,并不得大于 200m。干道上公交车站一般设置为港湾车站(图 10-3),以减少公交车辆停靠站占用机动车道对其他车辆行驶的影响。《城市道路交通规划设计规范》规定,路段上公交车站同向换乘距离不应大于 50m,异向不应大于 100m;对置设站应在车辆前进方向迎面错开 30m。

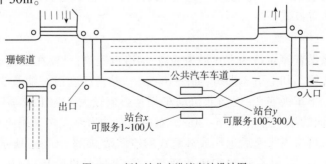

图 10-3　新加坡公交港湾车站设计图

在平行通道上有快速公共交通(快速公交线、轨道交通)时,与之平行的公交线路站间距不应过大,为短途客流提供便利性和可达性,为快速公共交通提供补充和驳运。

我国《城市道路交通规划设计规范》规定,公交站距市区线500~800m,郊区线800~1000m;快速公交市区线1.5~2km,郊区线1.5~2.5km。公交车站服务面积以300m半径计算,不得小于城市用地面积的50%,以500m半径计算,不得小于90%。

公交首末站,由于车辆进出和停放要占用一定的面积,因此,应设置在城市支路或交通量较小的地段。新建设的大型居住小区、开发区应预留公共交通线路终点站位置,为将来开辟公交线路作准备。我国规定公交首末站应设置在城市道路以外的用地上,每处用地面积可按1000~1400m^2计算。公交车辆调度中心工作半径不应大于8km,每处用地面积可按500m^2计算。

公交枢纽站一般位于城市客流集散点,如火车站、商业中心等(图10-4)。枢纽站的布局重点是做好不同线路之间的换乘衔接,减少换乘距离,同时应做好枢纽站内公交车辆进出站的交通组织,使其有序进出,减少交通冲突。

图10-4 上海漕溪路公交枢纽站

公共交通车辆在道路交叉口附近设站时,可过交叉口设站或不过交叉口设站。前者的优点是不妨碍右转弯车辆的行驶;后者的好处则是减少二次停车。无轨电车最好在交叉口前(即不过交叉口)设站。

各种公共交通车辆在一起设站时,行车频率小的应放前面;如果汽车与无轨电车行车频率相差不多,则应将无轨电车的站放在公共汽车的前面,这是因为无轨电车起动比较迅速,对后面的车辆行车有利,避免产生堵塞现象。

(四)停靠站在道路平面上的布置方式

停靠站在道路平面上的布置应以不直接侵扰机动车辆的通行及保证交通安全为原则,主要有以下几种布置方式:

1. 沿人行道边缘设置

沿人行道边缘设置停靠站的方式最为普通,构造也简单,只要在人行道上辟出一定的用地作为站台供乘客候车和上下车即可,如图10-5a)。站台高度最好能有30cm,并予以铺砌,这种站台对乘客上下车最安全,但与非机动车相互影响较大。为了减小停靠站对车行道宽度的压缩,来往方向的站点宜错开15~30m。对单幅路的道路大多采用此种设置。对于较窄的道路,有条件时,可将人行道后退成港湾式的停靠站,如图10-5b)所示。这样,车辆停靠站时就可不占用车行道,也不影响车辆的通行。港湾两端的形状,应按行车轨迹来确定,但为便于施工,可将反曲线改为直线。港湾的长度根据车型以能容纳两辆车为宜。

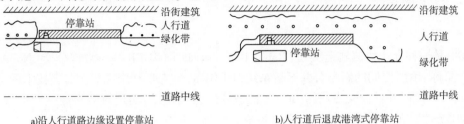

a)沿人行道路边缘设置停靠站　　　　b)人行道后退成港湾式停靠站

图 10-5　沿人行道边设置停靠站

在机动车与非机动车同向行驶的道路上,沿人行道边设置停靠站台,公交车辆在进出停靠站时要穿越非机动车流,相互有影响。为了避免这种影响,在一些单向交通的道路上,则可组织机动车与非机动车分向行驶(图 10-6)。实践证明,这样可以提高车速和保证交通安全。

2. 沿机动车道与非机动车道之间的分隔带设置

三幅路的道路通常采用沿机动车道与非机动车道之间的分隔带设置停靠站的方式(图 10-7)。此种设置方式虽然对非机动车的交通影响小,但乘客需要穿行非机动车道。为保障乘客安全,在分隔带设置站台,应将绿化带改为一定宽度和长度的铺砌道面,在横穿道路地点设置人行横道线、立路牌、站台灯等以便识别。

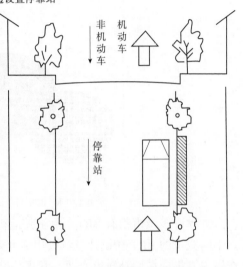

图 10-6　机动车与非机动车反向行驶

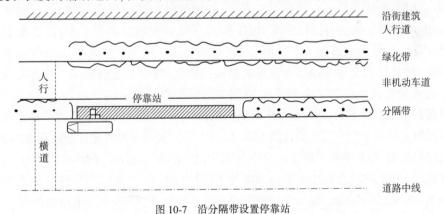

图 10-7　沿分隔带设置停靠站

第三节　BRT 换乘枢纽功能布局设计

快速公交系统,简称 BRT(Bus Rapid Transit),是目前世界上成功推广的一种新型公共交通措施。其投资及运营成本比轨道交通低,而营运效果接近于轨道交通,是一种服务介于轨道交通和常规公交之间的交通方式。

一、BRT 概述

(一) 定义

BRT 是一种介于快速轨道交通(Rapid Rail Transit,简称 RRT)与常规公交(Normal Bus Transit,简称 NBT)之间的新型公共客运系统(图 10-8)。它是利用现代化公交技术配合智能交通和运营管理,开辟公交专用路(道)和建造新式公交车站,实现轨道交通式营运服务,达到轻轨服务水准的一种独特的城市客运系统。

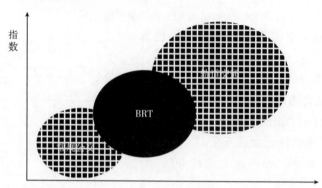

图 10-8　BRT 与轨道、常规公交服务功能比较

全世界许多城市都有 BRT。由于其运行灵活,并且建设起来既迅速又经济,使其广受欢迎。不同城市的 BRT 在设计、运行、用途及效率方面都各不相同,但是,归结起来,BRT 的特殊作用主要集中在填补轨道交通与常规公交之间的服务薄弱范围。轨道交通是一种适合长距离、大范围的运输工具,服务直径一般在 30km 以上;常规公交通常的服务范围适宜在 15km 左右。BRT 所能为广大市民提供的服务,恰恰弥补了这二者之间的空白,服务范围适宜在 20~30km 之间。从运行速度来看,BRT 接近于轨道交通的服务水平,运送能力又大于常规公交,因此,在轨道交通尚未形成网络、常规公交又不能完全满足居民出行需求的情况下,BRT 是一种良好的交通选择。在轨道交通形成网络之后,它也能成为一种有效填补轨道交通和常规公交服务空白的交通工具,具有很大的发展空间。

国外很多城市发展 BRT 已有五六十年的经验,其中最具影响力的成功例子是巴西库里蒂巴和加拿大渥太华两个独立型的高等级 BRT,以及近年发展起来的哥伦比亚波哥大的 BRT。综观这些成功的范例,都是结合了城市自身特点,应用 BRT 理念,建设不同形式的 BRT。

在国内外,BRT 的理念和技术视各城市的不同特点而不尽相同,与快速公交系统相同定义的还有高容量公交车系统、高品质公交车系统、捷运公交、公车专用道路系统等。总结国内外的参考文献,经常引用的 BRT 定义包括以下几种:

美国交通部(Federal Transit Administration,FTA)的定义:BRT 是结合轨道交通系统的品质及常规公交运输的弹性,运行在专用道路、高承载车道、快速道路或一般街道上,结合使用智能交通技术、公交运行优先、低污染与低噪声车辆以及快速便利的收费系统,并且结合交通引导土地(TOD)发展政策的运输模式系统。

《快速公共汽车交通系统设计规范》(CJJ 136—2010)中将快速公共汽车交通(BRT)定

义为:以大容量、高性能公共汽电车沿专用车道按班次运行,由智能调度系统和优先通行信号系统控制的中运量快速客运方式,简称快速公交(BRT)。本教材以此定义为最终定义。

BRT与常规公交最大的差异在于常规公交没有专用路权,红灯停等时间过长,乘客上、下车时间过长以及上车付费方式耗时且不便,因此,BRT是利用改良型的公交车,营运在公交车专用道上,具备普通公交车的营运灵活性,并撷取快速上下客的特性,是一种快捷、舒适、便利、安全的公共交通方式(表10-5)。

公共交通方式　　　　　　　　表10-5

名称	系统	运行车速（km/h）	容量（万人/h）	造价（亿元/km）	建设周期（年）
RT（轨道交通）	LRT	25~30	0.8~2	1~2	3~5
	HRT	30~40	2~5	2~7	—
	CRT	40~60	1~5	—	
BRT（快速公交）	Bus way	30~60	1~2	0.2~1	1~2
	Bus lane	20~25	0.8~1.2		
	与HOV共用车道	20~40	0.8~1		
NB（常规公交）	Bus	10~20	0.4~1		
	Trolleybus	10~15	0.3~0.8		

（二）BRT系统构成

完整的BRT系统应当由专用车道、专用车辆、专用车站和智能信息系统4部分组成。这4部分相互独立,同时又相互联系,共同组合在一起,才能发挥出BRT的最佳效益。

1. 专用车道

专用的公交车道是确保BRT快速、畅通运行的基本保证。从定义来看,BRT是一种拥有相对独立的物理设施、交通运行空间和信号控制的交通方式。然而从对"快速公交系统"这一理念的实际应用形式、使用范围以及BRT车道的专用程度和服务档次的划分来看,BRT在道路上的运行模式可以分为三个层次:使用公交专用路(Bus way)、使用公交专用道(Bus lane)及使用与合乘车(HOV)共用车道。

第一层次:公交专用路(Bus way)。公交专用路是指在特定的城市道路上,公交车享有全部的、排他性的绝对使用权。公交专用路的设置方式包括全封闭的高架公交专用道路、全封闭的地面公用道路(图10-9)和半封闭公交专用道(图10-10)。

图10-9　全封闭的公交专用路

图10-10　半封闭的公交专用路

第二层次:公交专用道(Bus lane)。公交专用道是指在特定路段上,通过标志、标线等划出一条或几条车道给公交车专用;同时,公交车享有在其他车道行驶的权利。采用的设计方式包括中央公交专用道(图10-11)、单侧双向公交专用道、边侧公交专用道(图10-12)、逆向公交专用道和城市高架路下的公交专用道。开辟公交专用道,确保公交车快速行驶的条件,是实现BRT的基础,因而也是BRT的决定性组成部分。

第三层次:公交车与合乘车(HOV)共用车道。这是指在特定道路上划出公交车与合乘车共同使用的道路(图10-13)。应用最成功的城市是加拿大的渥太华。

BRT的公交车辆主要运行在专设的公共交通专用的车道或道路上。公交专用车道的设置方式一般包括如下几种:中央公交专用车道;边侧公交专用车道;单侧双向公交专用车道;逆向公交专用车道;城市高架路下的公交专用道。

图10-11 中央公交专用道

图10-12 边侧公交专用道

图10-13 与HOV共享的专用车道

BRT 的运送速度和运送能力主要取决于公交专用道路或车道的设置方式。全封闭的公交专用道路（图10-9）可以提供大容量以及快速的公交服务，与一般轨道交通的服务水平接近或相当。一般公交专用车道由于受到交叉口信号的约束，其运送速度及能力都会下降，因此，应在交叉口设置公交优先信号系统，必要时，可对道路功能进行适当调整，以避免其作为机动车主要通行道路。

2. 专用车辆

研制专用的公交车辆，使其具有铰接式大容量、多车门、两边开门、低底板、乘坐舒适和智能型等特点，并可使用清洁能源，这是 BRT 的重要组成部分。BRT 车辆一般应采用低底板、色彩鲜艳并统一的公交车辆，以方便乘客上下车，并与普通公交车辆相区别。通常还应采用大型铰接车以提高系统的运输能力及降低营运成本。当然，车辆最好能采用排污低的清洁车辆。特别建造的轨道交通式的 BRT 车站，具有检售票、等候车、上下客、行车信息发布等功能，这也是 BRT 不可缺少的组成部分。

3. 专用站台

开放式站台如图10-14 所示，能配合公交专用道或公交专用路的设站地点，提供乘客所需候车的空间，不采取进出管制，因此，可以保持原有公交线路的班次、收费等管理模式。

a) BRT开放式站台　　　　　　　　　　　　b) BRT开放式站台

图 10-14　开放式站台

为了节约公交车在车站的停站时间，封闭式站台的设计考虑了以下因素：对车站进出进行管制，设置收费设施以节省收费时间；站台高度与公交车辆底板齐平，以节省乘客上下车时间；配合车辆停站定位，引导站上乘客在车门位置候车，提高上下车效率。

BRT 的车站和枢纽设施应具备方便乘客上下、集中换乘，以减少换乘距离和时间的功能。BRT 车站包括了许多轨道交通车站（如岛式站台）的特性，在车站上设置收费系统和公交运营的信息管理系统，设置高站台以便于乘客上下车等。

如有可能，BRT 车站建筑设计有明显的特征，以体现出与普通公交车站的区别，便于乘客识别 BRT 车站的位置。此外，根据 TOD（Transit Oriented Development）原则，在 BRT 的车站和枢纽设施周围往往是城市用地密度较高的地区，因此，设置车站也应考虑周边土地的开发需要。

BRT 的收费系统一般采用与轨道交通类似的收费体系。收费是在车站或枢纽点上完成的,便于乘客快速上下车。如 BRT 采用大型铰接车辆,站下收费可以保证所有车门同时上下客,减少乘客上下车时间,以提高整个系统的营运能力及效率。

4. 智能信息系统

布设各种形式的公交线路,为乘客提供多种方向和不同路径的快速直达和换乘方便的乘车条件,最大限度地吸引乘客。这是决定 BRT 成败的关键组成部分。

BRT 营运保障体系包括营运组织机构和营运保障设施。营运组织机构包括目前规划及实施的管理机构、营运期的管理以及营运机构。营运保障设施一般包括智能化的交通管理手段,如道路交叉口采用公共交通信号优先系统、公交车辆采用全球定位系统、公交营运车站采用信息管理系统等(图 10-15)。

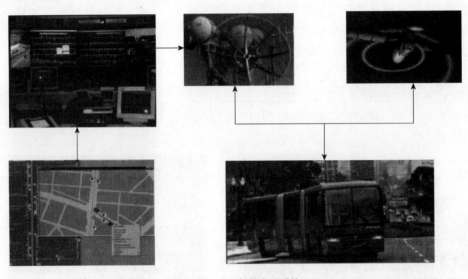

图 10-15　BRT 智能交通系统

(三)系统类型

根据在公共交通系统中不同的功能特点,可将快速公交分为以下 5 种类型:

(1)公共交通的主体。将常规公交网络中主要客流走廊上的线路升级为快速公交线路,使快速公交成为地面公交的主体,这实际上是对常规公交的全面升级。

(2)公共交通的骨干。将常规公交网络中少数客运量较大的线路升级为快速公交线路,提高其服务质量和运输能力,把快速公交线路作为地面公交的骨干。

(3)作为轨道交通的过渡。轨道交通建成以前,将快速公交布置在轨道交通客流走廊,作为轨道交通的过渡。

(4)作为轨道交通的延伸。快速公交线路布置在轨道交通线路的客流走廊延伸部分,拓展公交的服务范围。

(5)与轨道交通混合使用。快速公交与轨道交通共同组成城市公交系统骨干网络。

对于不具备轨道交通建设条件或在决策时不能确定是否需要建设轨道交通的特大城市和大城市,如巴西库里蒂巴、哥伦比亚波哥大等一些南美城市以及我国的昆明、常州等城市,可将 BRT 系统规划建设为整个城市公共交通系统的主体或骨干,并与常规公交网络良好地接驳换乘,如图 10-16~图 10-19 所示。

第十章 城市公共交通枢纽功能布局设计

图10-16 巴西库里蒂巴快速公交专用车道

图10-17 哥伦比亚波哥大快速公交专用车道及车站

图10-18 中国昆明快速公交专用车道

图10-19 中国常州快速公交专用车道及车站

对于已建成或规划在建轨道交通系统的特大城市，BRT系统的推广应用需要结合轨道交通的规划和建设进行。由于BRT系统具有运量大、投资少、建设周期短、营运灵活等特点，可以与轨道交通相互配合。在轨道交通系统规划待建和建设过程中，将BRT线路布设于待建轨道交通的客流走廊上，既能够解决当前的客流出行需求，又能够为未来轨道交通培育客流和预留空间。轨道建成后，将BRT线路布设到轨道交通线路的客流走廊延伸部分，或在轨道交通走廊未覆盖的主要客流干道布设，同时注重与轨道交通车站的接驳换乘，起到强大的客流集散效果和相得益彰的互补作用。如美国迈阿密选择快速公交作为迈阿密地铁系统的延伸线（图10-20）。

二、BRT换乘枢纽布局设计

（一）选择适宜的车站形式

一般来说，BRT的车站要提供多个上下车的地方。沿着公交专用道路的车站往往有超车道，这样，快车就可超过停在车站的车辆。有时候，车站还应有防止行人穿越的设施。无论是简单的街边天棚型结构，还是公共汽车专用型结构，车站设计均应能吸引人，同时又要独特。主要的BRT车站应尽可能像重轨车站或通勤轨道车站一样的舒适。

（1）根据车站的设置分类。可以分为侧式站台和岛式站台两种。侧式站台多用于公交

图 10-20　美国迈阿密公交专用车道与自动售票机

专用道和 HOV 专用车道,通过设置行人天桥、电扶梯等过街设施进行连通。布里斯班、渥太华等城市都是采用这种站台形式,如图 10-21、图 10-22 所示。

图 10-21　布里斯班 BRT 车道的行人过街天桥　　　图 10-22　加拿大渥太华的 BRT 车站

岛式站台一般应用于设置标准比较高的公交专用道和 HOV 专用车道,也用于轨道交通。在 BRT 中使用的话,对车道的专用性和车辆选择的要求比较高,往往需要 BRT 车辆在左侧或两侧设有车门。这样,不仅会提高 BRT 的车辆成本,而且会限制 BRT 车辆在城市一般道路上的运行和在普通车站上的停靠。只有哥伦比亚波哥大的 BRT、英国剑桥的无轨电车等是采用这种站台形式。

(2)根据车站的位置分类。可分为路端式车站和路中式车站两种形式。路端式车站的设置也包括两种类别,一种是在通过交叉口之前设置的近端式车站,另一种是通过交叉口设置的远端式车站。对于侧式站台,设置近端式车站(图 10-23)是当 BRT 线路在交叉口没有转向操作的情况下实施,否则,需配合专用的信号相位控制,才可以顺利进行转向行驶,而不干扰其他车辆。相交道路有公交路线转向进入专用道的,则要采取远程停靠等方式,不然会影响直行车辆和相交道路转向而来的公交车辆行驶。在专用道上的 BRT 路线需要转向时,可以采用远端式车站(图 10-24),可使公交车有足够的距离和时间进行变道,减少对其他车辆的干扰。当两条道路相交的角度不足 90°时,为减少对交叉路口交通流的干扰,应采用远端式车站。对于岛式站台,站台设于路口处,也分为近端式车站和远端式车站(图 10-25)。岛式站台有助于主支线的转乘,适合设于路线一端终点在郊区的情况。

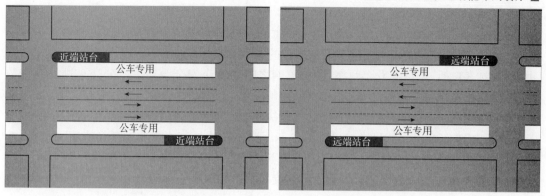

图 10-23　侧式近端站台布设示意图　　　　图 10-24　侧式远端站台布设示意图

路中式车站是在专用车道的路段中央远离交叉路口的地区设置停靠站。对于侧式站台，设置路中式车站的情况包括街廓过长或路段中央为主要客流产生地区、交叉路口行人交通量过多且与候车乘客发生干扰、交叉路口交通路形特殊导致公交车不易停靠、BRT 车辆必须进行左转但无法设置远端停靠站时。对于岛式站台，车站设于路段中间，可以避免受其他交通方式的影响，但乘客穿越马路较不方便（图 10-26、图 10-27）。

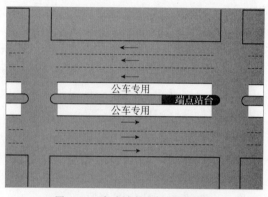

图 10-25　岛式端点站台布设示意图

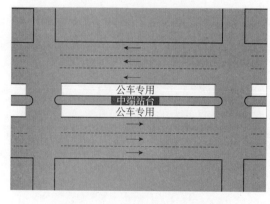

图 10-26　岛式中端站台布设示意图

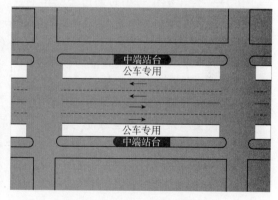

图 10-27　侧式中端站台布设示意图

BRT 通道的规划站距，一般城市中心区域控制在 400~600m 之间，外围区或郊区则在 800~2000m，甚至更大。进行 BRT 通道规划时，当遇有专用道上大量 BRT 车辆进行转向运行的路口、公共交通需求量急剧变化处（如 BRT 车辆由符合设置需求标准降为低于设置需求标准的地点），车站都需要进行特殊设计。由于道路几何特性等条件的限制（包括路型急剧变化处、道路宽度变化处、单行道与双向道交接处、圆环或桥梁及道路端点处等），也需要进行特殊设计。对其他非 BRT 的公交车辆路线，有必要进行调整和整合，有利发挥整体效益。

(二)设计合理的车站容量

一条公交线路的运载能力一般是由最繁忙的公交停靠站的运载能力或公交线路运载能力决定的。通常高峰时段主要乘客上下泊位的客流和换乘量决定了一条公交线路的运载能力,基本要素包括:车站的发车频率、公交车辆之间的最小安全距离以及公交车辆的座位数和站位数等。

车站月台的长度主要由停车泊位的数量决定,泊位越多,月台越长,而停车泊位的数量又取决于 BRT 车辆停靠的班次数量。BRT 专用路车站的月台一般设 2~3 个乘客登车点,而终点站和重要的换乘站通常设有更多的登车点。

(1)每个停车泊位每小时可以通过的公交车辆数估算:

连续流:

$$C_b = \frac{3600}{(1+C_v Z) + t_c} \tag{10-1}$$

间断流:

$$E_b = \frac{3600_c^g}{B(g/c + Z_a C_v) + t_c} \tag{10-2}$$

式中:g——绿灯时间;
c——信号灯周期长;
C_v——停靠时间变化系数,取 0.6;
D——停靠时间;
t_c——间隔时间(通常 10~20s);
Z_a——标准正态变化偏差值;
E_b——停车泊位每小时通过公交车辆数。

(2)公交车站每小时的公交车运载能力估算:

$$C_v = C_b N_b \tag{10-3}$$

式中:C_b——停车泊位的运载能力;
N_b——有效停车泊位数;
C_v——公交车站每小时的运载能力。

(3)公交车站的乘客运载能力估算

$$P_b = C_b B \tag{10-4}$$

式中:B——每辆公交车上乘客数;
C_b——停车泊位运载能力(车/停车泊位/小时);
P_b——乘客量/停车泊位/小时。

第四节 轨道交通枢纽平面布局设计

一、概述

(一)枢纽的构成

城市轨道交通枢纽一般是由城市轨道交通、常规公交、换乘通道、站厅、停车场、服务设施6个子系统组成,见图10-28。各子系统作为城市轨道交通枢纽的有机组成部分,相互区别、相互联系、相互作用,为实现出行者换乘舒适、安全和换乘时间最短这一总体目标而服务。城市轨道交通和常规公交是城市公共交通体系中最主要的交通方式。枢纽内换乘通道如同一座桥梁将不同交通方式连接起来,出行者可以利用换乘通道从一线转入另一线,或从一种交通方式转向另一种交通方式,完成出行过程。站厅的合理布设是减少换乘时间的关键之一。静态交通设施是吸引出行者由私人交通方式向公共交通方式转移,实现公交优先战略的重要手段。服务设施可以提高枢纽的开发强度,实现土地的综合利用,同时又可使出行者在候车时间内完成购物和商务等活动,从而减少单纯候车时间和出行次数。枢纽6个子系统相互制约、相互协调,充分发挥各自的功能和优势,促使系统达到整体功能的优化。

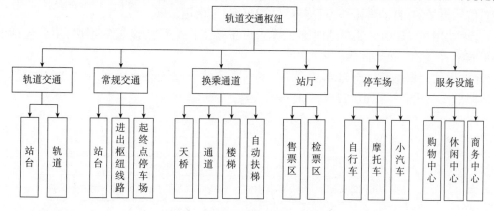

图10-28 城市轨道交通枢纽系统构成

(二)车站类别

(1)根据规模可分为小型站、中型站和大型站。

(2)按车站与地面相对位置可分为地下车站、地面车站和高架车站。

(3)按车站的营运性质可分为终点站、一般中间站、中间折返站和换乘站等。

(4)按车站结构形式和施工方法可分为明挖站、暗挖站等。

(5)按车站站台形式可分为岛式车站、侧式车站、一岛一侧、一岛两侧等车站形式。

(6)按车站服务的对象及功能可以分为城市标志站(作为城市的象征或著名建筑物)、与干线或机场等交通连接的换乘枢纽站(完成与机场或其他交通方式的接续运输过程)、市郊地区车站、农村地区车站等。

(三)车站组成

对城市轨道交通系统来说,车站一般包括主体、出入口及通道、通风道及风亭(地下)和其他附属建筑物。

车站主体是列车的停车点,它不仅要供乘客上下车、集散、候车,一般也是办理营运业务和营运设备设置的地方。

车站主体根据功能的不同,可分为以下两大部分:

(1)乘客使用空间。乘客使用空间又可分为非付费区和付费区。

①非付费区。是乘客购票并正式进入车站前的活动区域。它一般应有较宽敞的空间、售检票区的位置,根据需要还可设银行、公用电话、小卖部等设施。非付费区的最小面积一

般可以参照能容纳高峰小时 5min 内聚集的客流量的水平来推算。

②付费区。包括站台、楼梯和自动扶梯、导向牌等，它是为乘客候车服务的设施。

对于一般的城市车站来说，非付费区的面积应略大于付费区。乘客使用空间是车站设计的重点，设计时要注意人流流线的合理性，以保证乘客方便、快捷地出入车站。

（2）车站用房。车站用房包括营运管理用房、设备用房和辅助用房三部分。

①营运管理用房。是车站营运管理人员使用的办公用房，主要包括站长室、行车值班室、业务室、广播室、会议室和公安保卫室等。

②设备用房。是为保证列车正常运行、保证车站内良好环境条件和在灾害情况下乘客安全所需要的设备用房，主要包括通风与空调用房、变电所、综合控制室、防灾中心、通信机械室、信号机械室、自动售检票室、冷冻站、配电室、工区用房等。

③辅助用房。是为保证车站内部工作人员正常工作生活所设置的用房，主要包括卫生间、更衣室、休息室、茶水间等。

车站用房应根据营运管理需要设置，在不同车站只配置必要房间，尽可能减少用房面积，以降低车站投资。图 10-29 为一般车站设施组成示意图。

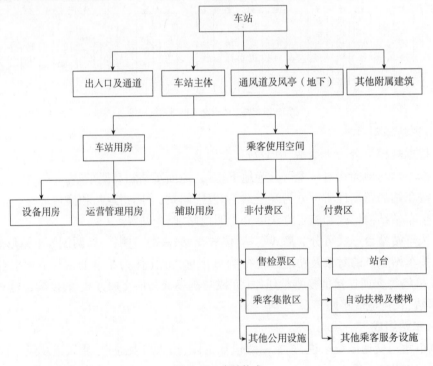

图 10-29　车站构成

（四）典型车站形式

根据车站的功能需要，车站用房组合的不同、施工方法的不同、地形环境的差异等使得车站形式千变万化，难有一定之规。这里在总结国内外案例的基础上，对一些常见的典型车站形式加以介绍。

1. 下岛式（侧式）双层（局部双层）车站

这是国内最常用的一种车站形式，一般采用明挖法施工，必要时也可采用暗挖法施工，埋置深度一般不超过20m。图10-30为岛式车站与侧式车站的横剖面。

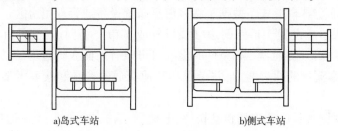

a)岛式车站　　　　b)侧式车站

图 10-30　车站横剖面

岛式车站空间利用率高,可以有效利用站台面积调剂客流,方便乘客使用,站厅及出入口也可灵活安排。缺点是车站规模一般较大,不易压缩。

一般来说,侧式车站不如岛式车站站台利用率高,对乘客换方向乘车也造成不便。但由于站台设置在线路两侧,售检票区可以灵活地设置,车站两侧也可结合空间开发统一利用,设置单层车站的条件也优于岛式车站。

2. 地下双洞(或三洞)岛式车站

这种车站一般采用暗挖法施工,根据地质条件确定车站的埋深。站厅一般根据周围环境条件采用明挖法或结合地面建筑设置。图 10-31 是一个双洞岛式车站示意图。

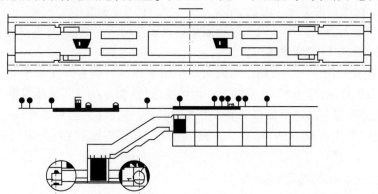

图 10-31　双洞岛式车站

这种车站一般在地质条件较好、地面不具备敞口明挖条件的地段采用。其优点是施工时可减少对地面环境的干扰,乘客使用也比较方便。缺点是施工难度相对较大。

二、地下车站总平面布局

车站总平面布局包括车站中心的位置(站位)、车站的外轮廓范围以及出入口风亭的确定等,它是车站设计的关键环节。由于影响因素甚多,车站总平面布局在设计中往往很难落实,一般需反复研究论证,才能获得好的设计方案。

(一)车站平面布置原则

(1)站厅层布置应分区明确,依据出入口的位置和数量、楼梯与扶梯的位置和数量、售检票系统的位置和数量以及换乘要求对客流进行合理地组织,避免和减少进出站客流的交叉,合理布置管理、设备用房,应满足各系统的指标要求。

(2)站台层布置需以车站上下行远期超高峰小时设计客流量来计算站台宽度,根据线路走向及换乘要求确定站台形式。根据车站客流量布置设备或管理用房区。

(3)车站出入口应设置于道路两边红线以外或城市广场周边,需具有标志性或可识别性,以利于吸引客流、方便乘客。有条件的出入口可兼有地面人行过街的功能。出入口规模应满足远期预测客流量的通过能力,并考虑与其他交通的换乘和接驳大型公共建筑所引起的客流量。

(4)车站主要服务设施应包括自动扶梯、电梯、售票机、检票机、空调通风设施等。

(二)车站总平面布局设计的步骤

为尽可能减少方案的重复,车站总平面布局的设计可按以下步骤进行:

1.分析影响因素

影响车站站位和总平面布局的因素主要有以下几个方面:

(1)周围环境。主要包括:现状道路及交通条件、公交及其他交通方式站点设置、周围建筑物功能性质及基础、规划落实情况以及文物古迹和可能的山地、河流等自然条件。

(2)建筑物拆迁和管线改移条件。主要包括:车站周围现状建筑物和地下管线的使用情况、拆迁改移条件以及规划建筑物和管线方案及可能的实施时间。

(3)施工方法。不同的施工方法对车站站位和总平面布局影响甚大,要结合地质条件和周围自然状况,提出可能的施工方法,结合总平面方案一同考虑。

(4)客流来源及方向。车站的主要功能是最大限度地吸引客流,要根据主要客流的来源和方向考虑站位和出入口通道的位置。

(5)综合开发的条件。结合城市轨道交通车站建设进行综合开发越来越引起人们的重视,尤其在城市密集区,寸土寸金,应寻求一切可能条件,使车站与其他建筑物相结合。

上述因素是确定车站总平面布局最主要的因素,哪些是作为边界条件确定下来的,哪些应该在方案比较中进行取舍的,都要一一落实清楚,只有弄清这些,方案设计才有坚实的基础。

2. 根据功能要求构思总体方案

在构思总体方案时,只有首先弄清车站整体的功能要求,弄清车站的特点与性质,才能有的放矢地进行总体方案设计。不同的车站,除提供乘客上下车场所这一相同的功能外,还各有特点,大致可分为以下几种具有某种典型功能的车站:

(1)以换乘为主要功能的车站。主要应考虑乘客的换乘条件,以尽可能减少换乘距离为主要因素进行设计,并留有足够的换乘能力。

(2)接驳大型客流集散点的车站。要考虑突发性客流特点,留有足够的乘客集散空间,并创造快捷的进出站条件。

(3)有列车折返运行需要的车站。以列车在车站的营运能力为主,考虑车站配线的设置以及由此带来的车站站位及平面布局的变化。

(4)有与建筑物开发结合要求的车站。应考虑结构的统一性,并分清各种客流的流向,要使进出站客流有独立的通道并尽量减少与其他客流的交叉干扰。

(5)有其他特殊功能需要的车站。包括远期需进一步延伸的起点站、与其他交通系统的联运站等。

当然,车站的功能需要远不止以上几种,一般是以上几种或其他功能需要结合在一起的组合,在确定站位和布局时,对此都要加以细致的考虑。

3. 确定出入口与风亭的数量及位置

在总体构思完成,站位大致确定后,最重要的工作就是确定车站出入口和风亭的数量和位置。车站出入口和风亭位置的确定,往往对总平面布局有很大影响,有时甚至是决定性的影响,"有出入口才有车站"在某种意义上也反映了出入口的重要性。

车站的出入口数量可根据进出站客流的数量以及方向确定。首先要满足进出站客流的通过能力;其次,应尽可能照顾各个方向的客流,以方便乘客进出站。《地下铁道设计规范》(GB 50157—92)规定:"车站出入口的数量,应根据客运需要与疏散要求设置,浅埋车站不宜少于4个出入口。当分期修建时,初期不得少于两个。小站的出入口数量可酌减,但不得少于两个。"

风亭的数量与采用的空调和通风设备方式有关,一般由环控专业确定。出入口和风亭位置的选择应注意以下几点:

(1)单独设置的车站出入口的位置一般选在城市道路两侧、交叉口或有大量人流的广场附近,出入口宜分散均匀布置,以最大限度地吸引乘客。

(2)单独修建的地面出入口和地面通风亭,其位置应符合当地城市规划部门的规划要求,一般设在建筑红线以内。如有困难不能设在建筑红线以内时,应经过当地城市规划部门的同意,再选定其位置。地面出入口的位置不应妨碍行人通行。

(3)要考虑城市人流流向设置出入口,不宜设在城市人流的主要集散处,以免发生堵塞。

(4)车站出入口应设在较明显的位置,以便于识别。

(5)车站出入口和地面通风亭不应设在易燃、易爆、有污染源并挥发有害物质的建筑物附近,与上述建筑物之间的防火安全距离应符合有关规范的规定。

(6)应尽可能创造条件使车站出入口、风亭与周围建筑物结合,尽可能减少用地和拆迁。

(7)车站出入口应尽可能与城市过街地道、天桥、下沉广场结合,以方便乘客、节约投资。

4. 绘制车站总平面布置图

在以上工作的基础上,要根据设计方案进行车站总平面布置图的绘制。根据设计阶段的不同,图纸内容深度也不同。平面图一般在1/500地形图上进行,主要应包含以下内容:

(1)车站中心的详细位置,包括线路里程、坐标等;
(2)车站主体的外轮廓尺寸,包括端点的线路里程、关键点的位置坐标等;
(3)出入口、风亭通道的位置、长度、宽度;
(4)出入口、风亭的详细位置、尺寸、坐标等;
(5)车站线路及区间的连接关系;
(6)车站周围地面建(构)筑物情况、地形条件等;
(7)与车站有关的设施情况等。

在换乘方式的实际应用中,若单独采用某种换乘方式不能奏效时,则可采用两种或多种换乘方式组合,以达到完善换乘条件、方便乘客使用、降低工程造价的目的。例如,同站台换乘方式辅以站厅或通道换乘方式,使所有的换乘方向都能换乘;在岛式站台中节点换乘方式,必须辅以站厅或通道换乘方式,才能满足换乘能力要求;站厅换乘方式辅以通道换乘方式,可以减少预留工程量,等等。这些组合的目的,是力求车站换乘功能更强,既保证具有足够的换乘能力,又使得工程实施及乘客使用方便。

(三)换乘站形式及设计

1. 换乘站形式

根据换乘车站的平面位置,换乘车站分为以下几种形式:

(1) "一"字形换乘。是两个车站上下重叠设置构成"一"字形组合的换乘车站,一般采取站台直接换乘或站厅换乘。图 10-32 为这种换乘站的简要示意图。

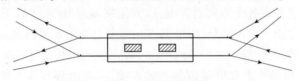

图 10-32 "一"字形换乘站示意图

下面是"一"字形换乘的几个实例:

东京地铁表参道站 表参道站是日本东京地铁银座线和地铁半藏门线之间的换乘站,其站台和站线布置如图 10-33 所示。共设有两个岛式站台,将银座线布置在两个岛式站台之间,而将半藏门线布置在两个岛式站台的外侧。其换乘特点是同一方向的列车换乘在同一站台上完成。

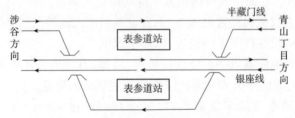

图 10-33 东京地铁表参道换乘站布置示意图

东京赤坂见附站 赤坂见附站是日本东京地铁银座线和地铁丸内线之间的换乘站,如图 10-34 所示,两条线路中相同方向的线路布置在同一层平面上,并使两个平面上下平行,以便组织方便的换乘方式。其换乘特点是同一方向的列车换乘可以在同一站台上完成,而相反方向的列车换乘只要上下楼梯或者通过自动扶梯即可完成。

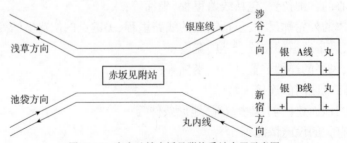

图 10-34 东京地铁赤坂见附换乘站布置示意图

香港太子、旺角、油麻地站 香港太子、旺角、油麻地站是地铁荃湾线和地铁观塘线之间的 3 个连续换乘站。在一期工程建设时,就将该 3 个换乘站按两层结构进行设计和建造,通过两条线路在站间设置立体交叉,从而使所有方向的换乘都能在同站台上实现，如图 10-35 所示。

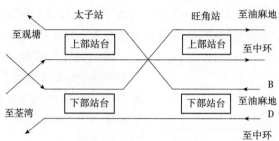

图 10-35　香港地铁太子、旺角换乘站布置示意图

（2）"L"形换乘。两个车站平面位置在端部相连构成"L"形，高差要满足线路立交的需要。这种车站一般在相交处设站厅进行换乘，也可根据客流情况，设通道进行换乘。其简要示意图如图 10-36 所示。

（3）"T"形换乘。两个车站上下相交，其中一个车站的端部与另一个车站的中部相连，在平面上构成"T"形，一般可采用站台或站厅换乘，如图 10-37 所示。

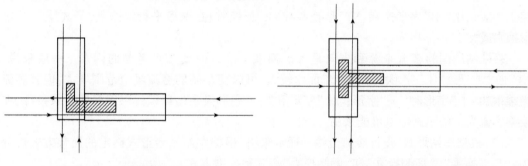

图 10-36　"L"形换乘站示意图　　　　图 10-37　"T"形换乘站示意图

图 10-38 是北京地铁环线与北京地铁一线相交的复兴门站换乘示意图，两站设置在不同的高度上，能组织立体换乘，且从环线下楼梯可直接进入一线的站台。但由于两线车站叠

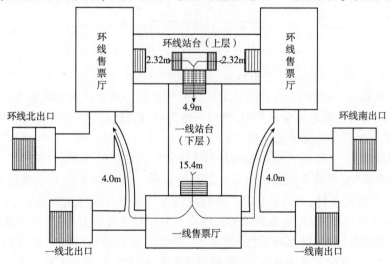

图 10-38　北京地铁一线复兴门站换乘示意图

合部分较少,从一线到环线要通过较长的一段地下通道才能进行换乘。

(4)"十"字形换乘。两个车站在中部立交,在平面上构成"十"字形。这种车站一般采用站台直接换乘或站厅加通道换乘,其简要示意图如图10-39所示。

(5)"工"字形换乘。两个车站设置在同一水平面,换乘通道和车站构成"工"字形。这种车站一般采用站厅换乘或站台到站台的通道换乘。图10-40给出了"工"字形换乘站的简要示意图。

2. 换乘站设计

换乘站的设计要在常规车站设计的基础上,重点考虑以下几个问题:

(1)依据线路位置和客流方向,确定换乘关系。两条线之间的换乘关系一般取决于两条线路的走向和站位条件。在两条交叉的线

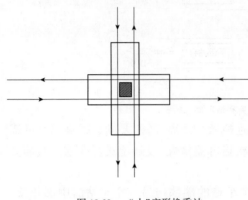

图10-39 "十"字形换乘站

路上一般采用"十"字形换乘、"T"形换乘或"L"形换乘;在两条平行线路上,可选择"一"字形换乘或"工"字形换乘。

换乘站周围的客流来源和方向是考虑换乘站形式时要重点考虑的因素。一般来说,"T"形、"L"形、"工"字形照顾的客流面比较大,可以使车站的客流吸引范围增大,但其客流换乘不如"十"字形和"一"字形;"十"字形和"一"字形换乘站可以提供很好的换乘条件,在换乘客流为主的车站应尽可能采用。

(2)根据车站形式,设计客流流线。通常来讲,根据车站站台形式确定的换乘方式可分为:"岛岛换乘"、"岛侧换乘"和"侧侧换乘"等几种换乘方式。

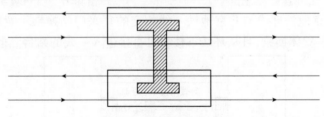

图10-40 "工"字形换乘站

①"岛岛换乘"。是指两个岛式站台车站之间的换乘。由于这种方式两车站之间直接换乘的节点只有一个,换乘能力受到局限,所以一般需要辅以通道换乘,来解决客流较大问题。目前北京地铁复兴门车站就采取这种方式。

②"岛侧换乘"。是指岛式站台车站与侧式站台车站之间的换乘。

③"侧侧换乘"是指两个侧式站台车站之间的换乘。其换乘节点可增加到4个,为换乘客流创造了很方便的条件,可以根据站位和环境情况自如地处理客流的换乘。

无论采取哪种换乘方式,换乘客流的流线应与进出站客流分开,并尽可能便捷顺畅。

(3)根据预测客流量,计算换乘楼梯(通道)宽度。换乘楼梯(通道)宽度的计算除采用上述车站(通道)宽度的计算方法外,还应根据换乘客流的特点,加以具体分析考虑。

①换乘客流量。换乘客流一般属于集中的间断型客流,它是随着两条线列车的到发而

形成的,因此,在一段时间内,其换乘客流量除取决于预测的小时客流量外,还与两条线列车的营运间隔有关。

② 换乘楼梯(通道)宽度。在计算换乘楼梯(通道)宽度时,要重点考虑乘客数量,以为换乘客流提供足够的通行和疏散空间为宗旨。

如换乘客流不需重新购票,一般不会形成集聚客流(即排队)。但由于通道间的输送能力不同,例如楼梯与通道交接处,会形成客流聚集,应在此考虑一定的空间集散条件。

(4)结合车站结构和施工条件,考虑远期预留。随着施工技术水平的进步,换乘车站的预留空间逐步从土建施工时一步到位(如北京地铁环线预留的换乘站),过渡到只预留将来可能施工的条件,即从土建预留到条件预留。这样可大幅度降低初期工程造价,避免投资的浪费。要做到条件预留,必须对近远期的车站方案和工程实施方案进行周密的考虑,尤其要考虑在远期施工换乘车站时,不能影响已营运车站的使用,并确保营运安全。

三、地铁枢纽相关指标计算

1. 站台的长度及宽度

(1)站台长度 L。站台长度为远期列车编组长度加上允许的停车附加距离。对轻轨列车,停车附加距离一般可取 4m 左右。即:

$$L = ln + 4 \tag{10-5}$$

式中:l——城市轨道交通车辆长度(包括挂钩);

n——车辆联挂节数。

对于远期列车编组在 6~8 辆的城市轨道交通系统,站台长度一般在 130~180m。

(2)站台宽度。站台宽度根据车站远期预测高峰小时客流量、列车运行间隔时间、结构横断面形式、站台形式、楼梯及自动扶梯位置等因素计算确定。我国目前现行的规范和标准对站台宽度尚无统一计算方法,现介绍设计中常用的几种计算模型。

① 模型 1

侧式站台宽度:

$$B_1 = \frac{MW}{L} + 0.48 \tag{10-6}$$

式中:B_1——侧式站台宽度(m);

M——超高峰小时每列车单向上下车人数;

W——人流密度,按 $0.4\text{m}^2/$人计算;

L——站台有效长度(m)。

岛式站台宽度:

$$B_2 = 2B_1 + C + D \tag{10-7}$$

式中:B_2——岛式站台宽度(m);

B_1——一侧站台宽度(m);

C——柱宽(m);

D——楼梯、自动扶梯宽(m)。

② 模型 2

$$A = NWaP_车(P_上+P_下)/100 \tag{10-8}$$

式中：A——站台总面积(m^2)；

N——列车车厢数；

W——人流密度，按 0.75m/人计算；

a——超高峰系数，一般取 1.2~1.4；

$P_车$——每车厢人数；

$P_上+P_下$——上、下乘客百分数，一般取 20%~50%。

侧式站台宽度：

$$B_1 = A/L + 0.48 + B' \tag{10-9}$$

岛式站台宽度：

$$B_2 = 2B_1 + C + D \tag{10-10}$$

式中：A——站台总面积(m^2)；

B_1——侧式站台宽度(m)；

B_2——岛式站台宽度(m)；

C——柱宽(m)；

D——楼梯、自动扶梯宽(m)；

B'——乘客沿站台纵向流动宽度，一般取 2~3m；

L——站台有效长度(m)。

③模型 3

侧式站台宽度：

$$B_1 = qP/L + b + b_1 \geq B_{1min} \tag{10-11}$$

式中：B_1——侧式站台宽度(m)；

q——远期每列车超高峰小时上、下车设计客流量之和(人)，为远期高峰小时的 1.2~1.4 倍；

P——站台上人流密度(0.33~0.75m^2/人)，通常取 0.5m^2/人；

L——站台有效长度(m)；

b——站台边缘安全带宽度，地铁规范为 0.45m；

b_1——乘客沿站台纵向流动宽度，为 2~3m；

B_{1min}——无柱式侧式站台允许最小宽度，地铁规范为 3.5m，一般侧式车站的站台宽度 4~6m，无立柱时偏小，有立柱时偏大。

岛式站台宽度：

$$B_2 = 2qp/L + 2b + nC + D \geq B_{2min} \tag{10-12}$$

式中：B_2——岛式站台宽度(m)；

n——站台横断面方向的立柱数目；

B_{2min}——岛式站台允许最小宽度，地铁规范为 8m；

其余符号意义同前。

一般岛式站台宽度为 8~10m，横向并列的立柱越多，站台宽度越大。以上海地铁 1 号线为例，大型车站站台宽度为 14m，中型车站站台宽度为 10~12m，小型车站站台宽度为

8m。为保证车站安全营运和安全疏散的基本需要，我国《地下铁道设计规范》(GB 50157—92)中规定了车站站台的最小宽度尺寸，如表10-6所示。

车站技术标准　　　　　　　　　　　　　　　　表10-6

车站站台形式		站台最小宽度(m)
岛式站台		8.0
多跨岛式站台车站的侧站台		2.0
无柱侧式站台车站的侧站台		3.5
有柱侧式站台的侧站台	柱外站台	2.0
	柱内站台	3.0
通道或天桥		2.5
出入口		2.5
楼梯		2.0

一般在设计中，根据车站等级规定的站台宽度，基本上都能满足要求。表10-7给出了北京地铁一期工程的车站尺寸。

北京地铁一期工程的车站尺寸(m)　　　　　　　表10-7

项目 \ 岛式车站	规模		
	大	中	小
站台总宽	12.5	11	9
站台中跨集散厅宽	6	5	4
站台面至顶板底高	4.95	4.55	4.35
侧站台宽	2.45	2.10	1.75
站台纵向柱中距	5	4.5	4
站台长度	118	118	118

除了上述主要参数外，车站还有其他一些设施，如通道、自动扶梯、检票口及人行道等，它们也需要满足一定的通行能力要求。在我国地铁设计规范中，车站各部位的通行能力宜符合表10-8的标准。

地铁车站各部位通行能力要求　　　　　　　　　表10-8

部位名称	小时通行能力(人)	部位名称	小时通行能力(人)
人工检票口(月票)	3600	人工售票口	1200
人工检票口(车票)	2600	半自动售票机	900
自动检票机	1800	自动售票机	600

2. 车站大厅

车站大厅(简称站厅)的作用是将进出车站的乘客迅速、安全、方便地引导到站台乘车或使下车乘客迅速离开车站，因而它是一种过渡空间。站厅的面积主要由远期车站预测的客流量大小和车站的重要程度决定，目前还没有固定的计算方法，一般根据经验和类比分析确定。

3. 检售票设施

售票可分为人工售票、半人工售票及自动售票三种。人工售票与半人工售票亭的尺度相同。半人工售票的方式为人工收费找零、机器出票，售票机是主要售票设备。人工售票亭、自动售票机数量计算公式如下：

$$N_1 = M_1 \cdot K / m_1 \tag{10-13}$$

式中：M_1——使用售票机的人数或上下行上车的客流总量（按高峰小时计）；

　　　K——超高峰系数，选用 1.2~1.4；

　　　m_1——人工售票每小时售票能力，取 1200 人/h；自动售票机每小时售票能力取 600 人/(h·台)。

上述公式是标准的高峰小时客流人次买票所需的售票亭或自动售票机的数量。随着票务形式的改变和社会售票点的增多，如部分票面采用储值磁卡、公交 IC 卡等，售票点不局限于地铁车站内，也可设在地下商场或地面各便利店，这样站厅内的售票机（亭）数量将可大大减少。

进出站检票口的数量必须根据高峰小时客流量来计算：

$$N_2 = M_2 \cdot K / m \tag{10-14}$$

式中：M_2——高峰小时进站客流量（上下行）或出站客流量总量；

　　　K——超高峰系数，选用 1.2~1.4；

　　　m——检票机检票能力取 1200 人/(h·台)。

4. 楼梯及通道尺寸

自动梯和楼梯台数及宽度的计算，按出站客流乘自动梯向上到达站厅层考虑。自动梯台数 N_3 的计算：

$$N_3 = NK / n_1 n \tag{10-15}$$

式中：N——预测下客量（上下行）（人/h）；

　　　K——超高峰系数，选用 1.2~1.4；

　　　n_1——每小时输送能力，取 8100 人/h（自动梯性能为梯宽 1m，梯速为 0.5m/s，倾角为 30°）；

　　　n——楼梯的利用率，选用 0.8。

楼梯和通道的尺寸一般要在满足防灾要求的基础上，根据客流量计算确定，可采用如下公式计算：

$$B = Q/N + M \tag{10-16a}$$

式中：B——楼梯或通道宽度（m）；

　　　Q——远期每小时通过人数；

　　　N——楼梯和通道的通过能力（人/h）；见表 10-9；

　　　M——楼梯或通道附属物宽度。

也可以利用如下的公式计算：

$$B = NK / n_2 n \tag{10-16b}$$

式中：N——预测上客量（上行）（人/h）；

　　　K——超高峰系数，选用 1.2~1.4；

n_2——楼梯双向混行通过能力,取 3200A/(h·m);

n——利用率,选用 0.7。

根据目前的经济条件,上述楼梯及通道尺寸以向上出站疏散客流乘自动扶梯、向下进站客流走步行楼梯的模式而设置。在实际使用中,步行梯也有向上的疏散客流。在有条件设置和使用上、下自动扶梯的情况下,步行梯的宽度将作适当调整,相当部分的进站客流将被自动扶梯分担,步行梯宽度可缩小。根据地铁规范,在公共区中的步行梯宽度不得小于 1.8m。

楼梯和通道最大通过能力如表 10-9 所示。

楼梯和通道最大通过能力 表 10-9

名　　称		每小时通过人数
1m 宽通道	单向通行	5000
	双向通行	4000
宽楼梯	单向下楼	4200
	单向上楼	3700
	双向混行	3200
1m 宽自动扶梯		8100
1m 宽自动人行道		9600

根据地铁规范规定,为保证一定的通过能力,通道或天桥的最小宽度不应小于 2.5m,楼梯宽度不小于 2m。

在计算车站设施时,还有一些相关参数需要确定。例如,计算进出口宽度时,乘客行走密度一般取 1.2 人/m²,行走速度一般取 1.0m/s。单向行走时楼梯通过能力一般按每米 70 人/min(下行)、63 人/min(上行)及 53 人/min(混行)计算。通道通行能力则按每米 88 人/min(单向)、70 人/min(双向)计算。垂直楼梯踏步宽度一般取 300~320mm,高度取 150~165mm(最大不超过 170mm);阶梯每升高 3m,应增设宽为 1.2~1.8m 的休息平台。地下车站升降高度超过 6m 时,可考虑设自动扶梯。

在日本,站台旅客流动速度取每米 78 人/min,台阶上的流动速度取每米 51 人/min,通道流动速度取每米 84 人/min。

5. 站台高度

站台高度是指站台面距轨面的高度。站台按高度可分为低站台和高站台,其选择需要与车型匹配。

站台与车厢地板高度相同称为高站台,一般适用于流量较大、车站停车时间较短的场合。高站台对残疾人、老年人上下车很有利。考虑到车辆满载时弹簧的挠度,高站台的设计高度一般低于车厢地板面 50~100mm。

站台比车厢地板低时称为低站台,适宜于流量不大的场合。

我国湘潭电机厂研制的轻轨样车地板面距轨面高度为 950mm,车辆第一踏步距轨面为 650mm。因此,一般将 900mm 高度的站台称为高站台,650mm 者称为低站台;也有人称 400mm 为低站台,650mm 为中站台。

站台设计要有排水措施。一般,站台横断面应有2%的坡度,地下站可设1%的坡度。

6. 轨道中心与站台边缘距离

根据车辆类型确定的建筑限界给定了从轨道中心到站台边缘的距离,实际设计时还要考虑10mm左右的施工误差。若轻轨车体宽度为2.6m,则轨道中心线至站台边缘的距离可选定为1.4m。

如前所述,站台应布置在平直线段上。特殊情况下需要设在曲线上时,轨道中心至站台边缘距离 L 可按下式确定:

$$L = L_1 + E + 0.8C \tag{10-17}$$

式中:L_1——轨道中心到建筑限界边的距离加10mm施工误差;

E——曲线总加宽;

C——线路超高值。

7. 车站照明设施

照明对改善车站室内环境起相当重要的作用,它不仅保证城市轨道交通系统运行所需的照度要求,而且在光照艺术处理下,可增添人们对地下空间的亲和感。在城市轨道交通车站中,照明灯具按布置方式分主要有整体照明、局部照明和灯箱照明。

整体照明是城市轨道交通车站照明的主要形式,要考虑布置方式及照明灯具的形式,一般以长条形日光灯为主,具有较好的显色系数;也可与其他形式的荧光灯和一些筒灯组合布置。灯具尽量以直接照明的方式为好,这样有利于提高光照效率和便于灯具维修更换。灯具的布置形式要和顶面用材有机结合,这样才能取得较好的光照艺术效果。

灯箱照明在地铁中应用较多。广告灯箱的引进,增加了车站的光照度标准,同时增添了车站内部的色彩和人情气氛。而指示标识灯箱则是城市轨道交通车站功能的重要信息亮点,人们通过它的指引,可以安全无误地完成旅程。而标识灯箱的艺术造型又是体现现代化地铁车站室内环境的元素之一。

8. 无障碍设计

为了体现"以人为本"的设计理念,城市轨道交通车站内应实施无障碍通行设计。针对城市轨道交通车站设置的不同位置,采取两种不同的设计方法:一种是车站位于道路地面以下,出入口位于道路的两侧,残疾人乘坐的轮椅可挂在楼梯旁设置的轮椅升降台下至站厅层,然后再经设置于站厅的垂直升降梯下达到站台;另外也可以直接自地面设置垂直升降梯,经残疾人专用通道到达站厅,然后再经设置于站厅的垂直升降梯下达到站台。对于盲人,设置有盲道,自电梯门口铺设至车厢门口。另一种形式是车站建于街坊内的地下,车站的垂直升降梯可直接升至地面,因此,在地面直接设有残疾人出入口,以方便残疾人的使用。

9. 设备用房和管理用房

车站用房面积受组织管理体制、设备的技术水平等制约,变化较大。它一般根据工程的具体特点和要求,由各专业根据本专业的技术标准和设备选型情况,结合本站功能需要进行确定。

表10-10是根据我国目前城市轨道交通的建设水平和实际工程经验进行归纳总结提出的车站各类用房的面积,可供规划阶段参考。

各类车站用房面积(m²) 表10-10

车站控制室	25~35	站厅层客流大的一端
站务室	10~15	站厅层
会计室	20~30	站厅层
会议室	20~30	站长室附近
行车主值班室	15~20	不设车站控制室时设在站厅层
行车副值班室	8~10	站台层
安全保卫室	10~20	站厅层客流量大的一端
工作人员休息室	10~20	无要求
更衣室	10~20	无要求
清扫员室	8~10	站厅层
清扫工具间	2~6	站厅、站台各一处
盥洗室及开水间	10~15	站台层
厕所	10~20	站台层
售票处	每处5~8	站厅层
问讯及补票处	每处2~3	靠近售票处
乘务员休息室	10~20	无要求
工区	10~20	按需要设置
牵引变电所	320~460	按需要设在站台层
降压变电所	130~210	一般在站台层
环控及通风机室	1300~2000	站厅层两端或站台层

车站的各类用房是决定车站规模的最大因素,应想尽一切办法减少各类用房面积,以减小车站规模,降低车站造价。

10. 风亭、风道及其他附属建物

风亭、风道的面积取决于当地气候条件、环控通风方式和车站客流量等因素,由环控专业计算确定。

风亭、风道的设置,除要与周围环境相结合外,着重要考虑内部的工艺流程,将尽可能多的设备安置在风道内,缩短地下车站的长度。

有时车站根据全线功能需要,需考虑其他附属建筑物。如盾构始发井等会对车站规模有很大的影响,这时,应尽可能考虑与车站其他设施共建或利用剩余空间,以减少车站规模。

11. 车站防灾设计

车站防灾包括车站紧急疏散、车站消防和车站防洪(防涝)。

(1)车站紧急疏散。车站内所有人行楼梯、自动扶梯和出入口宽度总和应分别能满足远期高峰小时设计客流量在紧急情况下,6min内将一列车满载乘客和站台上候车乘客

(上车设计客流)及工作人员疏散到安全地区。此时车站内所有自动扶梯、楼梯均作上行,其通过能力按正常情况下的90%计算。垂直电梯不计入疏散能力内。车站设备用房区内的步行楼梯在紧急情况下也应作为乘客紧急疏散通道,并纳入紧急疏散能力的验算。车站通道、出入口处及附近区域,不得设置和堆放任何有碍客流疏散的设备及物品,以保证疏散的畅通性。

(2)车站消防。车站内划分防火分区,中间公共区(售检票区或站台)为一个防火分区,设备用房区各为一个防火分区。有物业开发区的车站,物业开发区为独立的防火分区。每个防火分区内设两个独立的、可直达地面的疏散通道。所有的装修材料均按一级防火要求控制。

(3)车站防洪(涝)。车站防洪(涝)设计按有关设防要求执行。地面站应考虑防洪要求。

(4)车站装修。车站装修应根据交通性建筑的特点,即以速度、秩序、安全、通畅、易识别性等为前提,力求简洁明快,体现交通建筑的特色。装修设计既要考虑全线车站的统一性,还要有各自的个性。所选择的装修风格、材料、机理、色彩力求与地面环境、车站规模以及站内环境相协调,同时改善地下封闭空间的沉闷和压抑感。所选用的装修材料应具有不燃、无毒、经济耐久及便于清洗的性能,在公共区人流集中或接触到的地方,同时具有足够的强度和抗冲击性。地面及楼梯装饰材料采用防滑、耐磨材料。按需要在设备与管理用房及公共部分考虑采用具有吸音、防潮性能的装修材料。

【本章小结】

本章在介绍城市交通枢纽相关概念、功能定位、设计原则和相关交通组织的基础上,详细阐述了常规公交枢纽、BRT换乘枢纽和地铁枢纽的系统构成、功能布局以及相关指标计算等内容,从总体上搭建了城市交通枢纽功能布局设计的基本知识框架。

【案例分析】

案例1 库里蒂巴的BRT换乘枢纽站的平面布局。

库里蒂巴的BRT与其他公交系统之间的换乘是通过枢纽站来实现的。在BRT的轴线上分布了十来个大型换乘枢纽站。这些枢纽站通过工作人员来实现封闭式管理,乘客在枢纽站内可以实现不同类型公交线路间的免费换乘。与轨道交通车站相比,枢纽站的平面换乘步行距离较短,换乘时间少,而且更容易组织多方向同台换乘(图10-41)。

图10-41 库里蒂巴的BRT换乘枢纽站

由于库里蒂巴城市发展及道路交通系统沿 BRT 轴线两侧呈对称式布置,因此,枢纽站两侧的公交线路的换乘也是对称的。在枢纽站内,两侧布置了一个长站台,行驶于 BRT 上的红色双铰接巴士、绿色巴士和橙色巴士可以驶入该站台。该站台可以同时停靠三辆上述不同颜色的车辆,从而实现了三种不同线路之间的同台换乘,尤其是绿巴和橙巴与 BRT 的换乘。在枢纽站两侧之外侧各布置了一个圆筒站台,圆筒站台与枢纽站中央的长站台相连。圆筒站台外停靠的是银色巴士。银色巴士的乘客通过圆筒站台进入枢纽站内的长站台,实现与其他三种线路的相互同台换乘。除了同台换乘外,如果乘客需要换乘对面的线路,可以通过枢纽站两侧的平面人行道进入对面的长站台。与轨道交通换乘站不同,库里蒂巴的 BRT 枢纽站是一个开放式的大型换乘站,没有设置专门的隔离栏或围墙,但其结果与轨道交通换乘站一样,实现了不同线路之间的免费换乘。由于没有设置专门的隔离栏,因此,在枢纽站站台两侧安排了专门的工作人员,以防止非换乘乘客没有购票就进入站台区。由于对向换乘需要穿越两个站台之间的车辆行驶区,车辆进出与乘客换乘容易造成干扰,存在安全上的不足。

案例 2 某市地铁 8 号线 A 站。

1. 设计依据

(1) 国家标准《地下铁道设计规范》(GB 50157—92)和《城市快速轨道交通工程项目建设标准(试行本)》;

(2) 地铁 8 号线初步设计技术要求;

(3) 有关行业法规、标准、规范;

(4) "稳定方案初步审查意见";

(5) "地铁 8 号线初步设计中间成果审查意见";

(6) A 站既有结构初步测量结果。

2. 站址环境

该站位于某环路交叉路口。环路为快速路,交通量非常大,其周围有近 30 条公交线车站。本站与环线同时建成,呈上下"十"字形布置并有环状通道联系,站西北方向有城铁站、国铁站,客流很大,交通繁忙。

3. 车站总平面布置

(1) 车站主体于 20 世纪 70 年代建成,但四个出入口中只有西南出入口原位不动,东南、东北出入口为另设,西北出入口原位扩大。

(2) 东南出入口占用城市绿地,东北出入口设在立交桥东北角空地上,斜隧道明挖,有平房拆迁问题。西北口除斜隧道外,地下地上均在道路红线以内,出入口北侧地上、地下均为交通枢纽工程用地。

(3) 东南、东北出入口地下均预留外部出口一处。

4. 车站规模

车站等级——甲级;站台形式——岛式;站台宽度——12.9m。

乘降宽不满足要求。超高峰系数若采用 1.3,站台总宽为 12.71m,基本满足要求。

5. 车站建筑设计

本站主体与 4 个出入口及 4 个方向通道工程已于 20 世纪 70 年代建成,故该站主要是按 8 号线的技术要求对车站进行改造,其改造与整修的范围为车站主体与出入口两部分。

(1)站台拆建。由于 8 号线采用 B 型车,对界限提出新的指标要求。改造的原则与措施:最大限度地满足界限要求,但对二级人防主体结构不改变,站台边距线路中心的限界(1500mm)可满足,站台距轨顶高度可满足(1020mm),轨顶距隧洞顶的高度难以满足,即已建车站线路部分最低结构高度为 4400mm,而建筑限界要求高度为 4710mm,须最大限度地降低轨顶高度以调整高度方向的建筑、设备限界。站台高度也随之下降,与站台相联结的楼梯也必须改造。

(2)在已建成的车站管理与设备用房范围内,按使用的功能区关系及使用面积重新布置各类用房。其布置原则为,人防用房既考虑平战结合,又保持二级抗爆等级,人防设备用房不占用。各专业设备用房预留有管线、洞孔,所以尽量保持原位不动。

6. 车站的换乘关系

该站与环线均为岛式车站,环线在上(南北向)、8 号线在下(东西向),两站呈"十"字形布置。除站台中部可换乘两个车站外,两个端厅均有联结通道,即两站换乘方式为中心换乘与通道换乘相配合的混合换乘方式,换乘便捷、通畅,换乘流线不交叉,但必须将两站站端的站厅(共 4 个)及通道(4 个)均作为付费区。将售检票部分(两站共用)设在 4 个方向的出入口部分,故 4 个出入口均需重新设计及改造。

7. 车站附属设施——通道、出入口、风亭

连接环线与 8 号线端部的 4 个通道连接 4 个方向的出入口,除西南通道外,其余 3 个方向的通道均需新开洞与新设及改建出入口相接。

(1)西南出入门。即靠近地面处的"T"形出入口。已建出入口上部为二层框架建筑,售检票厅就设在首层,即出入口建筑不需扩建,只需改建。通往地下的斜隧道,净宽 7.5m,深 10.3m,按 8 号线技术标准可设上、下行扶梯各一部。现已有上行扶梯,拟在斜隧道内增设下行自动扶梯一部。但增设下行扶梯及拆建斜通道楼梯时需封闭此出口。

(2)东南出入口。原东南出入口按规划部门意见移设在立交桥匝道之外,故待新的东南出入口建成后将原出入口封闭,但需利用其位置作停放环控冷却塔用地。新设东南出入口位于绿地与人行道之间,入口处设斜隧道深 13.38m,并设上下行扶梯。售检票厅设在地下 13.38m 高程处,检票厅北端设通道与原有东南通道相接,可进入环线南厅与 8 号线东厅。

(3)东北出入口。原东北出入口移到匝道东侧空地上,新设出入口与原东北出入口呈隔道平行布置,售检票厅设在地下,并新设通道与原通道相接。该厅高程为 -14.6m,设有上下行扶梯,原出入口在新设出入口开通后即可停用,并且对与该出入口相连的风亭进行技术改造以达到或接近 8 号线风亭技术标准。

(4)西北出入口。该口地面环境复杂,西侧有地铁 14 号线起点站、国铁,北有交通枢纽,其红线距现西北出口外墙不足 12.5m,南侧为不足 4m 宽的人行道,人行道外为立交桥西北匝道。

图 10-42 所示为 A 站西南出入口首层平面图。

第十章 城市公共交通枢纽功能布局设计

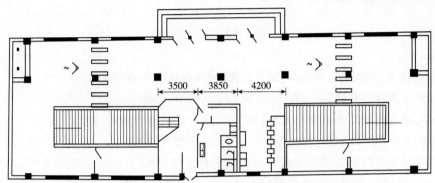

图 10-42 A 站西南出入口首层平面图(尺寸单位：mm)

【实训题】

1. 以某城市为背景,收集和调研资料,模拟进行该城市的公交枢纽布局设计。
2. 以某城市为背景,收集和调研资料,模拟进行该城市的 BRT 换乘枢纽布局设计。
3. 以某城市为背景,收集和调研资料,模拟进行该城市的地铁枢纽布局设计。

【复习思考题】

1. 城市公共交通枢纽的概念。
2. 城市公共交通枢纽按照功能可划分为哪几类？这几类枢纽应分别设置在什么位置？
3. 交通枢纽设计中"以人为本,兼顾人车关系"的理念在设计中具体体现在什么地方？
4. 发展公交都市可以采取哪些措施？
5. 常规公交中的停靠站可以沿人行道路边缘设置,也可以在人行道后退呈港湾式设置,这两种设置形式有何分别？
6. 快速公交系统(BRT)的定义是什么？
7. 根据 BRT 的不同功能特点,可以将其分为哪些类型？
8. 地铁枢纽布局设计过程需要考虑的主要问题是什么？

参 考 文 献

[1] 张超,李海鹰.交通港站与枢纽[M].北京:中国铁道出版社,2009.
[2] 张远.运输港站与枢纽[M].南京:东南大学出版社,2008.
[3] 毛保华.城市轨道交通规划与设计[M].北京:人民交通出版社,2011.
[4] 董千里.交通运输组织学[M].北京:人民交通出版社,2008.
[5] 段智.城市客运综合交通枢纽交通功能评价和方法研究[D].北京交通大学,2007.
[6] 姚志刚,武颖丽,周伟,等.公路运输站场空间结构演化分析[J].长安大学学报(自然科学报),2007,(02).
[7] 罗仁坚.关于交通运输枢纽若干问题的辨析[J].综合运输,2008,(07).
[8] 宋百超.城市公共交通枢纽布局规划研究[D].合肥工业大学,2007.
[9] 凌志强.城市公共交通枢纽交通设计方法研究[D].南京林业大学,2010.
[10] 周立.城市公路客运枢纽布局规划方法研究[D].北京交通大学,2008.
[11] 张三省.道路运输枢纽的层次与类别分析[J].交通企业管理,2007,(07).
[12] 吴强.公路枢纽总体布局规划研究[D].天津大学,2004.
[13] 刘军.区域物流视角下公路运输枢纽站场规划研究[D].同济大学,2008.
[14] 朱胜跃.综合客运交通枢纽分类分级研究[J].铁道经济研究,2012,(02).
[15] 郭峰.城市综合交通枢纽的衔接换乘研究[D].华中科技大学,2004.
[16] 康伟中.城市交通枢纽布局研究[D].西安建筑科技大学,2005.
[17] 陈富昱.城市公交枢纽布局方法研究[J].城市交通,2004,(04).
[18] 易浩.城市客运交通枢纽的层次化布局研究[D].北京交通大学,2007.
[19] 王秋平,刘军立,严宝杰.城市货运交通枢纽布局方案模糊评价研究[J].城市问题,2004,(03).
[20] 钱坤.城市公共交通枢纽规划设计方法研究[J].山西建筑,2012,(20).
[21] 李仲先.交通枢纽建设对打造区域性中心城市的影响研究[J].商业时代,2011,(11).
[22] 王萍.交通运输对区域经济发展作用分析[J].边疆经济与文化,2007,(07).
[23] 周凯科.基于交通网络的综合客运交通枢纽对外衔接对策研究[D].长安大学,2008.
[24] 杜丽娟.城市综合交通枢纽设计研究[D].长安大学,2008.
[25] 贾倩.综合交通枢纽布局规划研究[D].长安大学,2006.
[26] 张三省,姚志刚.公路运输枢纽规划与设计[M].北京:人民交通出版社,2007.
[27] 谈至明,赵鸿铎,张兰芳.机场规划与设计[M].北京:人民交通出版社,2010.
[28] 钱炳华.机场规划设计与环境保护[M].北京:中国建筑工业出版社,2000.
[29] 吴念祖.虹桥国际机场总体规划[M].上海:上海科学技术出版社,2010.
[30] 吴念祖.虹桥国际机场二号航站楼综合体设计[M].上海:上海科学技术出版社,2010.
[31] 胡大伟.公路运输枢纽规划[M].北京:人民交通出版社,2008.
[32] 秦灿灿.大型机场旅客集疏运体系规划研究[D].上海:同济大学,2007.
[33] 万建军.深圳机场航空物流园区规划研究[D].上海:上海交通大学,2010.

[34] 张宁.优化以机场为主体的综合交通枢纽[J].交通发展,2008.

[35] 罗洪群,王青华.市场调查与预测[M].北京:清华大学出版社,2011.

[36] 郭子坚.港口规划与布置[M].北京:人民交通出版社,2011.

[37] 王建军,严宝杰.交通调查与分析[M].北京:人民交通出版社,2004.

[38] 胡列格.交通枢纽与港站[M].北京:人民交通出版社,2003.

[39] 徐双应.公路客运站运输需求预测模式研究[D].大连:大连海事大学硕士论文,2006.

[40] 黄伟.综合交通枢纽的客流预测分析[J].北京:城市交通,2004.

[41] 倪同和.道路交通规划关键指标预测方法研究[D].吉林:吉林大学博士论文,2011.

[42] 胡思继.交通运输学[M].北京:人民交通出版社,2001.

[43] 李伟.城市客运换乘枢纽多目标灰关联综合评价研究[J].交通运输工程与信息学报,2004.

[44] 杨涛.公路网规划[M].北京:人民交通出版社,1998.

[45] 刘其斌,马桂贞.铁路车站及枢纽(第二版)[M].北京:中国铁道出版社.2004.

[46] 宋年秀,王耀斌.运输枢纽与场站设计[M].机械工业出版社,2006.01.

[47] 汪长江.港口物流学[M].杭州市:浙江大学出版社,2010.02.

[48] 韩雪.国内外港口物流园区功能的比较与借鉴[J].中国港口,2010(1).

[49] 李玉民,等.物流园区规划建设规模确定方法[J].交通运输工程学报,2004(6).

[50] 徐春秋,等.一种基于货运吞吐量的物流园区用地规模测算方法[J].科技管理研究,2011(17).

[51] 顾亚竹,周溪召.港口集装箱物流园区规模的研究[J].中国航海,2006(3).

[52] 冯俏兵.从港口物流到港口物流园区[J].建筑与环境,2009(2).

[53] 王淑琴,刘伟.带控制结构的物流园区平面布置法[J].上海第二工业大学学报,2009(2).

[54] 杨传波,蒋惠园,潘宁楠.港口物流园区总体布局初步方案的优化[J].交通企业管理,2011(12).

[55] 王明文,关宏志,刘兰辉,等.港口城市规划中港口的功能定位(以温州港为例)[J].北京工业大学学报,2003(1).

[56] 吴心宏.港口发展功能定位的探讨(以上海为例)[J].城市公用事业,2010.24(2):7-21.

[57] 中华人民共和国交通部.JTJ 211—99 海港总平面设计规范[S].人民交通出版社,2008.1.

[58] 贡金鑫,郭大慧,何文辉.国外港口工程结构设计标准体系[J].水运工程 2009(2):73-77.

[59] 刘建军,崔鹏.建设以港口为主体的综合交通枢纽[J].中国港湾建设,2008(06).

[60] 古璇,古龙高.建设连云港区域性国际交通枢纽——加快建设新亚欧大陆桥东方桥头堡系列研究之六[J].大陆桥视野,2011(09).

[61] 潘海啸,杜雷.城市交通方式和多模式间的转换[M].上海:同济大学出版社,2001.

[62] 邵黎霞,滕旭秋,裴玉龙.城市道路与交通[M].北京:科学出版社,2010.

[63] 罗伯特·瑟弗洛.公交都市[M].北京:中国建筑工业出版社,2007.
[64] 冯树民.城市公共交通[M].北京:知识产权出版社,2012.
[65] 张泉,黄富民,杨涛,等.公交优先[M].北京:中国建筑工业出版社,2010.
[66] 陆锡明,王祥,朱洪.综合交通规划[M].上海:同济大学出版社,2003.
[67] CJJ 136—2010 快速公共汽车交通系统设计规范[S].北京:人民交通出版社,2010.
[68] 陆锡明.快速公交系统[M].上海:同济大学出版社,2011.
[69] 毛保华,李夏苗,王明生.城市轨道交通规划与设计[M].北京:人民交通出版社,2006.
[70] 杨晓光,等.交通设计[M].北京:人民交通出版社,2010.
[71] 杨涛,过秀成,张鉴,等.库里蒂巴一体化公共交通系统[J].城市交通,2009.5.
[72] CJJT1 5—2011 城市道路公共交通站、场、厂工程设计规范[S].北京:中国建筑工业出版社,2013.
[73] 陈小鸿.城市客运交通系统[M].上海:同济大学出版社,2008.
[74] 汪泓,周慧艳.机场运营管理[M].清华大学出版社,2008.10.
[75] 真虹.港口管理[M].人民交通出版社,2009.11.
[76] 汪希时.智能铁路运输系统ITS-R[M].中国铁道出版社,2004.1.
[77] 王笑京,沈鸿飞,马林,等.中国智能交通系统发展战略[M].北京:人民交通出版社,2006.12.
[78] 吴兆麟.综合交通运输规划[M].北京:清华大学出版社,2009.11.
[79] 李筱毅,潘威.大型综合交通枢纽建设思考[J].都市快轨交通.2012(2).
[80] 陈璟.城市群综合运输体系发展方向研究[J].综合运输,2012(5).
[81] 魏东,刘斌,兰桂茹.典型城市综合运输枢纽规划思路与实践[J].综合运输,2011(12).
[82] 胡思继.综合运输工程学[M].北京:北京交通大学出版社,2007.1.
[83] 沈志云,邓学钧.交通运输工程学[M].人民交通出版社,2003.9.
[84] 张剑波.交通运输枢纽系统研究[J].中国科技博览,2011(35).
[85] 李洋,崔炳谋.综合客运枢纽的功能设计及方案优选评价[J].城市轨道交通研究,2011(11).
[86] 王桦.大型综合交通枢纽交通管理系统的设计与实现——以上海虹桥枢纽为例[J].交通与运输(学术版),2011(2).
[87] 强蓉蓉,黄裕婕,刘姝,等.公路运输枢纽综合管理信息系统的建设研究[J].公路交通科技(应用技术版),2010(10).
[88] 王云生.铁路交通运输枢纽系统分析[J].今日科苑,2010(10).
[89] 丁军华.关于连云港综合客运枢纽发展的思考[J].交通世界,2011(22).